Abhandlungen zur Kunst-, Musik- und
Literaturwissenschaft, Band 324

Günter Eichs späte Prosa

Einige Merkmale der Maulwürfe

von Michael Kohlenbach

1982

Bouvier Verlag Herbert Grundmann · Bonn

CIP-Kurztitelaufnahme der Deutschen Bibliothek
KOHLENBACH, MICHAEL:
Günter Eichs späte Prosa: einige Merkmale d. Maulwürfe / von Michael Kohlenbach. — Bonn: Bouvier, 1982.
(Abhandlungen zur Kunst-, Musik- und Literaturwissenschaft; Bd. 324)
NE: GT

ISBN 3-416-01679-3

ISSN 0567-4999

Inhalt

I.

Ein knappes Jahrzehnt nach seinen letzten Publikationen ist die
öffentliche Erinnerung an den Schriftsteller Günter Eich immer
noch vor allem orientiert am liebgewordenen Klischee vom mehrfach mit renommierten Preisen ausgelobten Lyriker und Hörspielautor, der mit seinen Werken der westdeutschen Nachkriegsent-
wicklung das sattsam benötigte Selbstvertrauen literarisch ver-
brämte. Als überzeitlich-zeitloser Mahner in seiner Naturpoesie
verharmlost und als Traumprotokollant des gesellschaftlichen Un-
terbewußtseins in seiner Funkliteratur der fünfziger Jahre vereinnahmt, residierte dieses Wunschbild eines 'poeta laureatus'
im Reich idealistischer Unverbindlichkeit, von woher die schönen
Künste die Wirklichkeit nur mehr verschönern können.
Die mit zunehmendem Alter prononcierter vorgetragene Anstrengung
Eichs, sich solcher Fehlbeurteilungen zu erwehren, blieb bei zugleich hartnäckiger Rückbesinnung auf die unbefragt probate Eti-
kettierung als späte Absonderlichkeit weitgehend unbeachtet. Das
1972, noch kurz vor dem Tod vom Autor selbst zusammengestellte
"Lesebuch"[1], das dem vom herrschenden Rezeptionsverhalten un-
deutbaren Spätwerk gleichsam testamentarisch den proportional
gewichtigsten Akzent verleiht, vermochte kaum, Korrekturen am
offiziös propagierten Bild des Dichters zu veranlassen. Eichs
Literatur seiner letzten Lebensjahre, die bei Erscheinen Kritik
und Publikum mit Ratlosigkeit bereicherte, ist so am heute noch
präsenten Verständnis dieses Schriftstellers weit weniger beteiligt, als es der oft genug unmißverständlich formulierten Intention ihres Autors entspräche.[2]

---

[1] Günter Eich, Ein Lesebuch, ausgewählt von G. Eich, hg. von
Susanne Müller-Hanpft, Ffm., 1972; cf. Kersten, l.c.

[2] Zu welch grotesken Schlußfolgerungen diese bemerkenswerte
Vernachlässigung des Eichschen Spätwerks verführen und ermutigen kann, wird in der Publikation von Post, l.c., lesbar;
der Autor meint zwar, auf das Gesamtwerk einzugehen und es
"zwischen Angst und Einverständnis", so der Untertitel seiner
Schrift, begrifflich postieren zu können, widmet dabei aber
kaum einen textlich überprüfbaren Gedanken dem Œuvre nach
'59; er argumentiert so kontinuierlich gegen belegte Selbst-
äußerungen Eichs, die er, indem er sie fortan ignoriert, offenbar "richtigzustellen" glaubt; cf. etwa l.c., p. 12ff; dazu cf. auch Holger Pausch, Review, in: Seminar, vol. XIV,
1978, p. 236f.

So hatten seinerzeit auch die 1968 und 1970 edierten "Maulwürfe"[1] eine zwar spontane und spannungsgeladene Rezeption erfahren, die aber, soweit sie publiziert worden ist, bei näherer
Sicht die Primärtexte tendenziell unlesbar gemacht hat. Die extrem unterschiedlichen Einschätzungen und Bewertungen, wie sie
zumeist in quasi-feuilletonistischer Attitüde von Autorenkolle-
gen und Tageskritikern vorgetragen wurden, basieren in der Mehrzahl auf Textverständnissen, die, da sie unausgesprochen bleiben,
sich einer seriösen Problematisierung entziehen.
Die sich vor allem in Rezensionen artikulierende Reaktion, die
von überschwenglicher Begeisterung bis zur oft kokett und selbst-
gefällig eingestandenen Verständnislosigkeit reicht, simplifi-
ziert fast ausnahmslos die diesen Texten wesentliche technische
und gedankliche Komplexität. Das allzu rasch und unvorsichtig
hantierende Interesse an Rubrifizierungen literarischer Phänomene zerstört die Kommunikationschance ästhetischer Mitteilungen
um so nachhaltiger, je strenger das Mitgeteilte die Intention
verwirklicht, den Vereinnahmungstendenzen auch des begrifflich
klassifizierenden Zugriffs sich zu widersetzen; die in den meisten Besprechungen eloquent präsentierte Irritation konventioneller Lesegewohnheiten, wie sie für die Maulwürfe charakteristisch
sei, büßt sofort da ihre Funktion ein, wo sie zum festgestellten
Moment einer sie vermeintlich objektivierenden Darstellung degradiert wird. Die als solche benannte Fremdheit gilt oft schon
als überwunden, wenn sie durch einen geschickt ausgeführten Zu-
ordnungsakt in ein vertrautes, also handhabbares Schema placiert
werden kann.[2]
Daß eine derartige Integration im Falle der Maulwürfe nur gelingt, indem grundlegende Textelemente ignoriert bleiben, erweist die bisherige Rezeption als nicht bloß ergänzungsbedürftig;

---

[1] Zuerst erschienen in den Prosabüchern "Maulwürfe", Ffm., 1968,
und "Ein Tibeter in meinem Büro", Ffm., 1970.

[2] cf. Großklaus, l.c., p. 348: "(...) die Gefahr besteht, daß
ein primär literaturhistorischer Ansatz, der vornehmlich Ein-
flußnahmen, Rezeptionsvorgänge, 'Entwicklungen' beschreiben
möchte, den Blick verstellt für die jeweilige ästhetische Organisation des Werks, für jeweils verschiedene Strategien,
die gleiche und vergleichbare Kunstmittel verschieden ein-
setzen."

zu fordern ist auch, daß den Rezensionen, die ja Publikumser-
wartungen formieren, deutlich widersprochen werden muß, da sie
mit ihren Globaleinschätzungen sowohl die Typenvielfalt dieser
Textsorte als auch die Dimensionalität des Einzeltextes unzulässig reduzieren[1] und so die Zugangsmöglichkeiten zu den von
vornherein aufgrund hoher Aktualität leicht verderblichen Prosastücken nahezu verspielen. Erklärungen, die als Verständnishilfen gedacht nicht auch ihre Inadäquanz den qualitativen Anforderungen der Texte gegenüber offenlegen, wirken ihrem Zweck zuwi-
der; sie torpedieren, wozu sie provozieren sollten: die Emanzipation vom überkommenen Literaturgebrauch.[2]
Angesichts der vielerseits erkannten Problematik des Eichschen
Spätwerks verwundert es, daß eine dezidiert wissenschaftliche
Konzentration auf die fraglichen Texte, bei nur wenigen Ausnahmen, bisher nicht geleistet worden ist. Die schon allgemein zu
konstatierende Berührungsscheu der Wissenschaft bezüglich zeit-
genössischer Literatur mag im besonderen auch durch die außerge-
wöhnlichen Rezeptionsschwierigkeiten, welche die Maulwürfe hervorrufen und die selbst mittels verfeinerter Analysemethoden
kaum auszuräumen sind, motiviert sein.

---

[1] So wird z.B. kaum ernsthaft der Versuch unternommen, auf Affinitäten zwischen den Maulwürfen und den früheren, schon als
klassisch mißverstandenen Werken Eichs aufmerksam zu machen;
das in seiner Undifferenziertheit unbrauchbare Theorem
vom 'neuen Eich' erhält sich unbeschadet durch die Mehrzahl der
Publikationen und übersieht so völlig etwa die auffallende
motivische Konstanz des Gesamtwerks; es scheint mir, daß Eich
mit seinen Texten frühgefaßte literarische Intentionen verwirklichen wollte, deren Ausdruck in den Arbeiten bis etwa
1965 er von der Rezeption mißachtet glaubte; eben weil der
'neue Eich' nicht der 'alte' ist, stellt er ihn in neuem Problembewußtsein wieder vor.

[2] Da die Maulwurfrezeption in einem eigenen Kapitel referiert
werden soll, sei hier nur darauf verwiesen, daß sich mittlerweile auch schon Kritik an der Kritik regte; nicht nur freilich gegen seine eigene Untersuchung gerichtet, ließe sich
mit Schafroth 1976, l.c., p. 135f., anmerken, daß die allerorts "angewandte Methode, einzelne Sätze und Stellen zu zitieren, das Verständnis fast schon unerlaubt leicht" mache;
diese die Textentstellungen charmant verharmlosende Formulierung erfährt ihre notwendige Zuspitzung, wenn derselbe Autor,
ibid., wohl zurecht bedauert, daß der erfreuliche Auflagener-
folg "zum Teil auf dem Mißverständnis basieren mag, die Maulwürfe seien vor allem vergnüglich, verspielt und skurril",
- ein Mißverständnis, zu dem die Rezensenten nicht nur zum
Teil beigetragen haben.

Bei der Erarbeitung von Texten, die ihr Verfasser als "Meditationen"[1] versteht und die er wohl auch als solche bewußt und
stringent konzipiert hat, erwachsen dem wissenschaftlichen Bewußtsein, das sich je schon der Diskursivität und den Kriterien
nachprüfbaren Vermittelns verpflichtet weiß, fundamentale Probleme der Aufnahme und Aussage, welche sich aus der forcierten In-
kompatibilität von (szientistisch arbeitendem) Erkenntnissubjekt
und (artistisch gearbeitetem) Erkenntnisobjekt hinsichtlich der
vom Subjekt realisierten Verfahrensweisen (Forschungs- und Dar-
stellungsmethoden) herleiten.[2]

In gewisser Weise stellen die Maulwürfe Exemplare eines Kommuni-
kationstyps dar, der die Grenzen logisierbarer und rational sank-
tionierter Vermittlungsmöglichkeiten transzendiert hat; ihre Darstellung selbst vollzieht sich vermittels einer Expressivität,
deren verbalisierte Resultate bewußt den Anspruch auf Vernunft-
legitimation nicht mehr erheben. So gliedern sich diese Texte jener Menge von Phänomenen ein, in Hinsicht auf welche sie suggerieren, die szientistische Erkenntnis könne ihnen nicht angemessen gerecht werden.

Es konfrontiert sich dem Literaturwissenschaftler als Objekt seiner Arbeit das Selbstbildnis eines Bewußtseins, das von sich zu
behaupten scheint, weiter entwickelt zu sein als das es betrach-
tende. Diese Behauptung ist im wissenschaftlichen Vorgehen
schlechterdings nicht argumentativ zu falsifizieren, da ein solcher Versuch sich nur erneut demselben Vorwurf der Unangemessen-
heit auslieferte.[3] Es scheint, als ob die Reflexionsleistungen

---

[1] cf. GW, IV, p. 414; wenn nicht anders erwähnt, wird Günter
Eich, Gesammelte Werke (=GW), Band I - IV, l.c., zitiert.

[2] cf. Adorno 1970, l.c., p. 47: "Negation der absoluten Idee,
ist er (sc. der in 'zweiter Reflexion' veränderte Gehalt; -MK)
nicht länger mit Vernunft derart in Identität zu setzen, wie
der Idealismus es postulierte; Kritik an der Allherrschaft der
Vernunft, kann er seinerseits nicht länger vernünftig nach den
Normen diskursiven Denkens sein. Die Dunkelheit des Absurden
ist das alte Dunkle am Neuen. Sie selber ist zu interpretieren,
nicht durch Helligkeit des Sinns zu substituieren."

[3] Eich verarbeitete das Swinegelmotiv aus dem Märchen, um diese
Reflexionsfalle darzustellen; von seinen Texten/Maulwürfen
sagt er in der ihnen vorgestellten "Präambel", cf. GW, I, p.
302: "Anderen Nasen einige Meter voraus. Wir sind schon da,
könnten sie rufen, aber der Hase täte ihnen leid."

moderner Literatur den sich auf herkömmliche Weise selbstverge-
wissernden Erkenntnismustern diskursiven Denkens überlegen sei-
en; und es scheint, daß die Literaturwissenschaft nur registrie-
ren kann, wie fähig Literatur ist, ihre weitergespannten Verba-
lisierungsmöglichkeiten auch selbstbewußt auszudrücken.[1]
Diesem Sachverhalt liegt ein fundamentales Problem zugrunde: muß
man Literatur und das wissenschaftlich organisierte Denken als
unterschiedliche Modelle intellektueller Aneignung von Wirklichkeit nehmen, so fragt sich, inwieweit die nicht kongruenten Weisen des Erkennens und Darstellens beider es überhaupt zulassen,
Ergebnisse des einen in das jeweils andere Modell zu übersetzen;
wenn man mit Wellershoff[2] Literatur als Simulationstechnik versteht, so müßten die dieser Technik sich verdankenden Resultate
eine mögliche Integration in wissenschaftliches Denken ausschließen; der künstlerische Text, in welchem sich ein Bewußtsein nie-
derschlägt, das über qualitativ und intentional komplexere Aus-
drucksmöglichkeiten verfügen kann als dasjenige seiner wissenschaftlichen Registrierung, bleibt freilich auch dann beschreibbar, wenn er Mitteilungen transportiert, die ihrer Vielschichtigkeit wegen dem direkten Blick einer an Eindeutigkeit genormten
Erkenntnisperspektive sich verbergen; nur verstärkt sich, will
man den Zusammenhang von Prozeß und Resultat nicht leugnen, eben-
dadurch die Skepsis, das Mitgeteilte könne sich seinem Wesen nach
den Bedingungen des rigideren Kommunikationssystems ohne Schaden
einverleiben lassen: man kann dasselbe nicht auch anders sagen,
solange die Weise der Vermittlung dem Vermittelten wesentlich ist;
dies Problem manifestiert sich schon am simplen Beispiel der Mehr-

---

[1] In seiner Arbeit über "Fiktion bei Beckett" etwa stellt Iser
1972, l.c., p. 413, zum Text von "Endgame" fest: "Zwar läßt er
verschiedene Konsistenzbildungen zu; doch gerade solche Sinngebungsakte zeigen an, daß damit nur eine der vorhandenen Textebenen erfaßt worden ist, so daß der Betrachter von 'Endgame'
seine eigene Bedeutungsprojektion dementieren muß, will er sich
ebenfalls auf die von solchen Akten ausgeschlossenen Textebenen
beziehen. So verlockt das 'Endgame' seinen Betrachter zum Dementi der konstituierten Bedeutung; (...dadurch) ermöglicht es
eine moderne, wohl nur durch Literatur zu vermittelnde Erfahrung, die es erlaubt, die eigenen Bedeutungsprojektionen so
weit zu hintergehen, daß man in ein Verhältnis zu den Dispositionen gelangen kann, die die je individuellen Sinngebungsakte
steuern. Damit werden auch die Freiheitsgrade deutlich, die dem
Dementi der eigenen Konsistenzbildung entspringen."

[2] cf. Wellershoff, l.c., p. 161.

deutigkeit eines Wortes (die Sensation einer Polyvalenz wird weder durch ihren Begriff gedeckt, noch kann sie unmittelbar wissenschaftlich wiedergegeben werden), um so eindringlicher an der eines ganzen semantischen Komplexes. Die "Fähigkeit der Textelemente, in mehrere Kontextstrukturen einzugehen und dementsprechend verschiedene Bedeutungen zu erhalten, ist eine der tiefbedeutsamen Eigenheiten des künstlerischen Textes."[1] Die Translation kompakter Mitteilungen, die nicht zuletzt mithilfe mehrdeutiger oder Unbestimmtheitsrelationen ihren Sinn erhalten, in ein Kommunikationssystem, das seinem Selbstverständnis nach ebendiese Bedeutungsrelationen nicht duldet, funktioniert defizitär; der Erkenntnisgewinn durch Analyse von wesentlich Synthetischem ist, strenggenommen, Schein.[2]

Das hier nicht in extenso und bloß im Tenor des Versicherns Vorgetragene wird sich, insofern ihm Geltung zukommt, wieder und klarer in der Textkonfrontation bemerkbar machen. Dort ist auch der Ort seiner konkreten Problematisierung; doch soll die Vermutung vorangestellt werden, daß es die kennzeichnende interne Dialektik am Textphänomen selbst ist, was dem wissenschaftlichen Erkennen die Einsicht in die eigene Unzulänglichkeit nahelegt: Texte sind wesentlich ambivalent; sie verdanken sich einem Herstellungsprozeß und erscheinen in dieser Hinsicht als dessen Resultate; zum andern sind sie aber, als Objekt ihrer Rezeption, Ausgangspunkt eines zweiten Prozesses; das Schreiben und das Lesen als produktive Tätigkeiten verhalten sich zum Text, der sie aneinander bindet, auf durchaus unterschiedliche Weise. Der Autor erarbeitet ein Produkt, das aufgrund gesellschaftlicher Vertriebsmechanismen potentiellen Lesern zugeführt wird; nach dem ökonomischen Werttausch stellt das als Produkt Vermittelte sich unmittelbar dar als Rohmaterial einer eigenständigen, intellektuellen Prozedur, des Rezeptionsvorgangs.

Wissenschaftliche Rezeption mag teilweise noch von der Absicht

---

[1] cf. Lotman, l.c., p. 96.

[2] Eichs häufig geäußerter Unwille, seine literarischen Arbeiten unliterarisch zu kommentieren, etwa in Hilde Domin (Hg.), Doppelinterpretationen. Das zeitgenössische deutsche Gedicht zwischen Autor und Leser, Ffm., Bonn, 1966, p. 88, Anm., findet wohl auch in diesem Umstand eine seiner Begründungen.

bestimmt sein, die Rekonstruktion der ursprünglichen, texterstel-
lenden Tätigkeit zu leisten, um damit zum sogenannt authentischen
Verständnis beizutragen; die Aussichtslosigkeit dieses Versuchs
beginnt dort, wo der Text als Objekt die Spuren seiner Genese
verbirgt, das heißt, im Rezeptionsvorgang aktiv zu werden scheint;
daß es Weisen auch des sprachlichen Fingierens gibt, die ihre Voraussetzungen durch Hereinnahme in den Fiktionszusammenhang un-
kenntlich machen, ist eine Entdeckung sprachbewußter Literatur,
auf die auch, wie zu zeigen sein wird, der Texttyp Maulwurf reflektiert. Eine rationale Beschreibung solcher vorstellbarer Sinngebungsakte bleibt äußerlich und trägt nur wenig zu ihrer Kommunizierbarkeit bei. Eine Sprache etwa, die ohne und gegen die für
Sprach- und Literaturwissenschaft obligate Trennung von Inhalt
und Form oder deren Spielarten sich ereignet, ist in terminologi-
schen Systemen nicht mehr abbildbar, die diese perspektivischen
Klassifikationen axiomatisch verwenden müssen.
Andrerseits: beschränkt sich das wissenschaftliche Interesse auf
die Wirkungsweise von Texten, so ist die quantitative und quali-
tative Unabschließbarkeit von Rezeptionsversionen der hauptsäch-
liche Beeinträchtigungsgrund für die Brauchbarkeit der Forschungen; erst wenn der approximierende Charakter wissenschaftlicher
Erkenntnis auch in der Darstellungs- und Verfahrensweise seinen
ihm entsprechenden Ausdruck findet, kann gewährleistet sein, daß
erkenntnistheoretische Probleme nicht zugunsten leichtfertiger
Ergebnisse vernachlässigt werden. Das verpflichtet dazu, dem Er-
kenntnisprozeß, den literarische Texte herausfordern, selbst un-
eingeschränkte Aufmerksamkeit zu widmen.
Moderne und das ist Sprache reflektierende und sie experimentell
behandelnde Literatur irritiert so nicht nur den gemeinen Leser,
dessen Aufnahmegewohnheiten seiner Unkenntnis wegen sich nicht
fortentwickeln; sie irritiert auch den ihren Irritationseffekt
zu Begriff bringenden Wissenschaftler, indem sie nicht länger
sich zum Objekt seiner den traditionellen Argumentations- und Ein-
schätzungsmustern hörigen Verfahrensweise unterdrücken läßt, sondern gerade dagegen ihre subjektiven,das vorfindliche Selbstverständnis auch des wissenschaftlichen Bewußtseins beeinträchti-
genden Möglichkeiten setzt. Wünschenswert wäre eine Literaturwissenschaft, die ihre Aufgabe darin sähe, sich an ihrem Objekt, der

Literatur, abzuarbeiten, um so das Kommunikationsangebot der Literatur gegen das wachsende gesellschaftliche Desinteresse hervorzuheben; solange dies nicht geschieht, festigt sie, auch gegen ihren Willen, den gegenwärtigen Zustand, wonach Literatur, ins Getto ihrer vermeintlichen Unverbindlichkeit vertrieben, nur noch, wenn überhaupt, unverbindlich zur Kenntnis genommen werden kann.[1]

Diese Arbeit beschränkt sich darauf, exemplarisch ausgewähltes Textmaterial zu kommentieren und so einige Charakteristika der Maulwürfe zu verdeutlichen, auf welche die bisherigen Bearbeiter weniger oder gar nicht aufmerksam gemacht haben; dabei bleiben gattungspoetologische Fragen, sowie mögliche literaturhistorische Zuordnungen von sekundärem Interesse; insbesondere soll die Literarität der fraglichen Texte nicht 'bewiesen' werden; angestrebt ist allerdings, solche Einschätzungen vorbereiten zu helfen. Die Darstellung wurde so konzipiert, daß auf ein selbständiges Methodenkapitel verzichtet werden konnte.

Vielmehr sollte versucht werden, von Beobachtungen am Einzeltext ausgehend zu entwickelten Fragestellungen fortzuschreiten. Die dabei präsupponierten ästhetischen und theoretischen Bestimmungen werden je nach Bedarf diskutiert; ein systematisches Literaturkonzept wird nicht zugrundegelegt, soll aber auch nicht, durch

---

[1] Diese hier nur einleitend, thetisch und rudimentär vorgetragenen Gedanken finden bei Heinrichs, cf. l.c., eine extensivere Thematisierung; der Autor, der "neue Beschreibungsmöglichkeiten für Literatur" in einer "Literaturtheorie zwischen Kunst und Wissenschaft", ibid., p. 6, prüfen will, wählt zum Motto des Kapitels "Zur Konstruktivitätsthematik in Kunst (Literatur) und Wissenschaft (Logik)", p. 20, einen Ausschnitt aus Ludwig Wittgenstein, Philosophische Untersuchungen, § 108: "Was wird nun aus der Logik? Ihre Strenge scheint hier aus dem Leim zu gehen. - Verschwindet sie damit aber nicht ganz? - Denn wie kann die Logik ihre Strenge verlieren? Natürlich nicht dadurch, daß man ihr etwas von ihrer Strenge abhandelt. - Das 'Vorurteil' (im Text kursiv -MK) der Kristallreinheit kann nur so beseitigt werden, das wir unsere ganze Betrachtung drehen. (Man könnte sagen: Die Betrachtung muß gedreht werden, aber um unser eigentliches Bedürfnis als Angelpunkt.)" - Heinrichs realisiert mit seiner nicht ausschließlich wissenschaftliche Argumentation vermittelnden Darstellungsform das, was er für Literaturbearbeitung fordert: den "Spielraum Literatur" nicht durch normativ selektierende Verfahrensweisen von vornherein einzuengen; cf. auch p. 21ff.; (bei Zitaten soll die Schreibweise: ' (...) ' Kursivdruck markieren).

geeignete Metareflexion für Kritik immun gemacht, erstellt werden. Das anvisierte Ziel besteht vorrangig in der phänomenologi-
schen Ausweisung der Textsorte Maulwurf, deren essentielle Eigenschaften auf ihre kommunikative Funktion zu untersuchen sind;
ein sortenspezifisches Textmodell allerdings würde nur die Vari-
antenvielfalt des Maulwurfdiskurses desavouieren.[1] Damit soll
keineswegs die epistemologische Nützlichkeit solcher Modelle[2]
auch für die Literaturwissenschaft generell bestritten werden;
einzig das leitende Interesse dieser Untersuchung, die Komplexität der Originale gegen die drohenden Tendenzen simplifizieren-
der Rezeption zu sichern, verbietet, die diversen Textgestal-
tungen in formal-modellierte Raster einzuschreiben, die dann für
die Berücksichtigung eventueller Differenzqualitäten nicht mehr
sensibilisierbar sind.
Deshalb soll den zu leistenden Einzeltextanalysen ausgiebig Raum
geboten werden; ihre hermeneutischen Ergebnisse werden von den

---

[1] Einen informativen Einblick in die kaum noch überschaubare
Forschungsliteratur (auch des Auslands) zu Problemen der Dif-
ferenzierbarkeit von Textsorten aus linguistischer Sicht geben Gülich/Raible 1972, l.c.; dieselben Autoren, cf. Gülich/
Raible 1977, l.c., haben eine Darstellung von Textmodelltheorien vorgelegt, die neben allgemeinen Textmodellen der Linguistik unter besonderer Berücksichtigung der Arbeiten von Har-
weg, Weinreich, Heger und Petöfi auch solche behandelt, die
der Beschreibung speziell von Erzähltexten dienen sollen; ausgehend von den Anfängen der Erzähltextanalyse, cf. Vladimir J.
Propp, Morphologie des Märchens, München, 1972, werden dabei
verschiedene Modelle (Bremond, Todorov, van Dijk, Wienold) als
Beispiele unterschiedlicher theoretischer Ansätze untersucht;
ob aber die - quantitativ sehr produktive und geradezu hektische - Entwicklung solcher Bestrebungen in einer zu wünschenden Konsolidierungsphase der Literaturwissenschaft einen Weg
aus dem Dilemma etwa der Genre- oder Gattungstheorie aufzeigen kann, oder ob sie im Gegenteil deren objektbedingte Probleme bloß in Schematismen und Matrixkosmetik verfremdet,
bleibt abzuwarten; für die Eichschen Maulwürfe jedenfalls
scheinen die mir bekannten Textmodelltheorien schon insofern
nicht applikabel zu sein, als sie auf ihrer Flucht in die
textscheue Abstraktion den - gerade für diese Prosa typischen -
Unbestimmtheitsmomenten kaum Beachtung zu schenken geneigt
sind; in Richtung auf Formalisierung und Formalisierbarkeit
die Literaturbehandlung näher an das diesbezüglich maßstabge-
bende Eindeutigkeitsideal der - solcherart ja naiv mißverstandenen - Naturwissenschaften bringen zu wollen, vergäbe nur
die Bedingung dafür, den besonderen Erkenntnismodus literarischer Werke zu würdigen.

[2] Zum Modellbegriff cf. Herbert Stachowiak, Gedanken zu einer
allgemeinen Theorie der Modelle, in: Studium Generale, 18,
1965, pp. 432 - 463.

Erörterungen zu Textrepertoire und Textstrategien ergänzt; die
hierzu ausgewählten Fragestellungen werden repräsentative Realien, Motivfigurationen und Topoi der Eichschen Maulwurfarbeit
diskutieren helfen, die also auch als Elemente zu einer kompila-
torischen Semantik dieser Texte beitragen sollen.

Da alle Ergebnisse als provisorische genommen werden wollen,
sind auch die diese Untersuchungen beschließenden Überlegungen
zur Maulwurflogik, sowie zur poetologisch-ästhetischen Bestimmung der späten Eichprosa probeweise durchgeführt; es soll ein
möglicher Entwicklungsgang in der Auseinandersetzung mit literarischen Texten, die als Beispiele moderner Esoterik gelten, auf-
gezeigt werden und nicht durch die geschönte Wiedergabe seines
Resultats verdeckt bleiben; die Turbulenzen, in welchen um Verständnis bemühte Lektüre und Bearbeitung der Maulwürfe sich vollziehen, verlangen, nachdrücklich sichtbar gemacht zu werden; sie
selbst sind ein Moment der den Texten beigegebenen Intention.

II.

1.

Den Anlaß zur Konzentration bildet ein gleichsam als Leseprobe
vorgestellter Text; die ihm folgende Kommentierung stellt sich
zur Aufgabe, seine spezifische Konstruktions- und Darstellungsform so weit zu eruieren, daß er als konsistenter Mitteilungs-
komplex rezipierbar wird. Die Explikation wesentlicher Textphänomene bietet der Rezeption Verständnishilfen an, welche die
schon vorhandene, je subjektiv determinierte Erwartung in Richtung auf die Originalität des Textes modifizieren sollen.
In der Absicht, den Prozeß des zu erwartenden Erkenntnisgewinns
von allem Anfang an transparent und problematisierbar zu halten,
sammelt die erste Analyse textkonstituierende Elemente, indem
sie, den Lesevorgang nachbildend, das Textkontinuum Satz für
Satz sich erarbeitet. Der Prototyp jeder Lektüre, auch der wissenschaftlich orientierten, ist die Tätigkeit des Lesens, also
die sukzessive Aneignung von Bedeutung bildenden Zeichen. Die
angestrebte Bedeutungserkenntnis einer Mitteilung in schriftli-
cher Textgestalt gelingt dem Leser - vorausgesetzt er verfügt
über eine anwendbare Dekodierfähigkeit -, um so eher, je aus-
nahmsloser die Zeichenordnung der (Chrono-)Logik dieser konventionellen Lektüreversion entspricht; nutzt der Text noch andere
Anschlußtypen als diejenigen, die sich aus der Zeichenfolge ergeben, so widersetzt er sich damit dem Leseverständnis durch
vorläufige Bedeutungsverweigerung, und der Lesevorgang läuft so
lange leer, bis der Rezipient sich von seinen Aufnahmegewohnheiten emanzipiert.
Will er den Text nicht ignorieren, so veranlaßt dieser ihn, seine Rezeptionsmöglichkeiten zu überprüfen und weiterzuentwickeln
und sie so den konkreten Anforderungen des Erkenntnisobjekts anzupassen. Insoweit sich von der Satz für Satz-Betrachtung her die
Notwendigkeit erweist, den Lesevorgang zugunsten anderer, komplexe Texteigenschaften adäquater aufnehmenden Rezeptionstechniken
auszubilden, soll die erste Textbeschreibung als eine vorberei-
tende Einübung in die dem Maulwurfcharakter angemessene Rezeptionshaltung verstanden werden.

Dieser methodologisch gesehen vergleichsweise naive Ansatz
rechtfertigt sich aufgrund zweier Motive: zum einen soll das,
was mit Irritation gemeint, in seiner Begrifflichkeit aber schon
wieder gelöscht ist, möglichst eigenständig zum Ausdruck kommen;
denn erst das provoziert das seine Leseerfahrungen beachtende
Bewußtsein zur Kultivierung der von ihm mitgebrachten Aufnahmegewohnheiten; zum andern soll gerade der Umschlag von vorwissen-
schaftlicher zu wissenschaftlicher, das heißt ihren eigenen Vollzug kritisch behandelnder Texterarbeitung einsichtig gemacht werden. Denn nur dem Bewußtsein dieser zweiten Stufe ist es möglich,
die Bedingungen für die Rezeption von auf den ersten Blick schwer
oder unlesbar erscheinenden Texten zu problematisieren.

Zur Textwahl ist anzumerken: "Telefonisch" wurde herausgesucht,
weil es dem quantitativen Umfang nach repräsentierend für den
Durchschnitt der Maulwürfe steht; darüberhinaus erfüllt es die
Kriterien, nicht zu den gern zitierten Stücken zu gehören und
auf Anhieb wohl so gut wie keine Konsistenzbildungen anzubieten,
worin nicht zu unrecht ein Zusammenhang gesehen werden könnte;
auch nach mehrmaligem Durchlesen erschien der Text hermetisch,
unzugänglich; erst nach der Klärung auch solcher Textelemente
mit primär denotativem Stellenwert zeigte es sich, daß dieser
Maulwurf nicht sich jeder Bedeutung entziehende Sprache aktualisiert, sondern sich einer bestimmten, herauslesbaren Thematik
widmet; "Telefonisch" wurde erstmals 1970 veröffentlicht, nach
Angabe der Gesammelten Werke am 8. 9. 1969 verfaßt.[1]

Telefonisch

Ein kalter Draht zum vierten Schuljahr, niemand antwortet, der
man sein könnte, man muß sein Leben erfinden. Baumlange
Kerls überall und wenn man hinsieht, ist es ein Wald. Da lohnt
sich eben noch ein Schluckauf, aber man hat Mumps und bittere   5
Mandeln. Und was sind Messerschnitt und Vergiftungen wert?
Alles nur Bühnendolche, eine Knollenblättertrilogie, ein wilhelminischer Doppelmörder. (Er galt als begabt, verschrieb sich
aber der Natur und wurde Wunderschäfer im Lippischen, heilte
mit Spucke). Und andere Beispiele.   10
So vergeht die Zeit, wenn auch die Spucke geblieben ist. Hinter
den offenen Fenstern zeigen sich die Sprichwörter und alles hat
auch sein Gegenteil. Man sucht nach Gewißheit, fährt eigens
nach Heisterbach, aber auch da ist die Zeit nicht. Manchmal (aus
dem kalten Draht) spricht es einen an, glaubt man jedenfalls,   15

---

[1] cf. Eich, Ein Tibeter in meinem Büro, l.c., p. 23; cf. GW, I,
    p. 437.

aber es ist zugleich ein Rauschen in der Leitung. Man fragt wie
bitte und notiert sich dann, daß Heimbuchen unwiderleglich
sind, wenn auch verhältnismäßig selten. Oder man soll zwischen den heißen Küchentöpfen nach dem Herdbuch suchen, -
ein Herdbuch für jeden Herd, das ist zuviel, da zieht man sich   20
auf seinen Mumps zurück und auf die wilhelminische Dramaturgie (die Geschichte eine moralische Anstalt).
Unsere Aufsatzhefte lagen unten im Stoß, werden aber noch von
teutoburgischen Schäfern als Orakel benutzt. Über dem Dache
sas die Kaze und schaute zu. Vorläufig ungenügend. Aber man   25
wartet auf den kalten Draht, hartnäckig, während die Revolutionäre Speck ansetzen.

Die von der Titelvokabel evozierte Assoziation wird vom ersten
Satz des Textes[1] wieder aufgenommen; das Vorstellungsbild einer
Kommunikation über den Fernsprecher bestätigt sich, jedoch ohne
daß seine Spezifizierung auch Verdeutlichung leistet. Den Anru-
fenden, Verbindung Suchenden motiviert anscheinend eine Identi-
fikationserwartung: er hofft, daß sich jemand meldet, "der man
sein könnte". Die Sprechrichtung weist "zum vierten Schuljahr",
das Gespräch kommt nicht zustande, "niemand antwortet". Der Autor
(Sprecher/Schreiber) dieses Satzes stellt sich nicht vor, er
mischt sich unter das generalisierende Subjekt "man"; die von ihm
mitgeteilte Erfahrung ist allgemein und seine eigene. Wie in (re-
signativer?) Reaktion schließt die Feststellung "man muß sein Leben erfinden".
Die Version "kalter Draht", vergleichsweise leicht zu dechiffrie-
ren, läßt vermuten, daß die gemeinte Kommunikationsverbindung,
wenn überhaupt, selten und nicht ohne Störung benutzt worden ist;
mit dem Ausdruck heißer Draht ist insbesondere die für Krisenzei-
ten eingerichtete telefonische Sofortverbindung zwischen den politischen Großmachtzentren Washington und Moskau bezeichnet worden; die Wortnachbarn "Leben erfinden" lassen den Bereich der unmittelbaren Realität mit dem der Potentialität oder Fiktion ("erfinden" als fingere und invenire), die gewöhnlich durch Gegen-
satzbildung auseinander gehalten werden, zusammenkommen.
Da Eich offensichtlich keinen vorerst bestimmbaren Sprechrollen-
träger als Vermittler einsetzt, kann vermutet werden, daß er auch
seine eigene vita für den Vorstellungshintergrund des Textes re-

---

[1] cf. GW, I, p. 349f.; dort textidentisch mit früheren Publikationen; der Zeilensatz ist übernommen, die -numerierung von
mir.

14

klamiert[1]; dann ließe sich interpretieren, der jetzt Schreibende versuche, über die zeitliche Entfernung hinweg, mit dem zehnjährigen Schulkind, das er war, einen dem Telefonat vergleichbaren Kontakt aufzunehmen.

Dieser erste Satz bleibt in seiner Uneindeutigkeit; die ineinander schwankenden Vorstellungen von Telefongespräch (Gleichzeitigkeit, räumliche Distanz) und Selbstgespräch (personale Identität) lassen sich nicht mehr stabilisieren; der Folgesatz ignoriert offenkundig diesen unbefriedigenden Zustand, er sorgt
nicht für dessen Aufhebung. Spontan ist er nicht einmal als
Fortführung der erhaltenen Mitteilung zu lesen; weder semantische, noch andere sprachliche Elemente scheinen sich auf das
bisher Erfahrene zu beziehen.

Für sich betrachtet repräsentiert er in seiner elliptischen Erscheinungsform das Resultat einer komplizierten Montage; er berichtet von der Korrektur einer abstrusen, zumindest aber ungewöhnlichen Wahrnehmungstäuschung, wobei die für die Satzkomposition benutzten Sprachteile nur mühsam aus der synthetischen
Endform zu destillieren sind: so verarbeitet der Ausdruck "Baumlange Kerls" sowohl den Kolloquialismus 'ein Kerl, lang wie ein
Baum', als auch die Bezeichnung 'die langen Kerls' für die von
Friedrich Wilhelm I. von Preußen geschaffene Leibgarde aus besonders großen Soldaten. Mögliche autobiographische Reminiszenzen[2] verbinden sich mit soldatisch-militärischen Assoziationen
zu einer neuen semantischen Einheit[3], deren funktionale Verwertbarkeit für die ganze Mitteilung bedeutsam wird.

Das oft gehörte Sprichwort 'Man sieht vor lauter Bäumen den Wald

---

[1] Das Verhältnis Biographie - Werk reflektiert Eich u.a. in
"Marktflecken", cf. GW, I, p. 331f., dort: "Da steht das Ego
in jeder Zeile, es verbirgt am besten."

[2] Bekanntlich spielt die eigene Körpergröße, nicht nur bei
Schulkindern, für das Selbstwertgefühl oft eine entscheidende
Rolle; Eich, "Ohne Kommentar einssiebzig", cf. ibid., p. 366,
so auch passim, verspielt an mehreren Stellen parodistisch
die semantische Ambiguität von: Größe; cf. noch ibid., pp.
154 ("Handel und Wandel"), 327, u.a.; hier vielleicht das Gefühl des Bedroht- und Dominiertwerdens, sich klein vorkommen,
etc.

[3] Anzumerken ist, daß Eichs viertes Schuljahr (cf. Z. 2) wohl
in die Kriegsjahre 1917/18 fiel.

nicht mehr'[1] bezeichnet die mißliche Erfahrung, in der Konfrontation mit übermäßig vielen Einzelheiten den Blick für das allgemein vorgestellte Ziel oder Problem einzubüßen; es wird hier
ebenso zitiert wie das bekannte Motiv aus Shakespeares Macbeth[2],
wo, wie das Hexenorakel angedroht hatte, der Wald von Birnam auf
Dunsinane sich zubewegt; der fingierte Wald verbirgt dort die
Feinde, durch die Macbeth umkommen wird; entpuppt sich also auf
der Bühne und für Macbeth der vermeintliche Wald als das feindliche Heer unter Macduff, so suggeriert der Maulwurfsatz eine um-
gekehrte, dabei nicht weniger Erschrecken auslösende Wahrneh-
mungskorrektur: die bedrohlichen, militärisch verdächtigen baum-
langen Kerle erweisen sich als das Pars pro toto der friedli-
chen deutschen Natur.

Wieder sind also Assoziationskomplexe unterschiedlicher Themati-
ken miteinander verkoppelt: der Lebenszusammenhang des Schul-
kinds, zu dessen damaligem Lernpensum die Aufarbeitung gutpreu-
ßischer Tradition mit Sicherheit gehört haben wird, militärisch-
kriegerische Bedeutungsaggregate, - und noch einmal das Span-
nungsverhältnis Realität - Fiktion, hier repräsentiert durch die
Anspielung aufs Bühnengeschehen.

Auch der dritte Satz schließt sich in seiner unmittelbaren Aussage nicht bruchlos dem bisherigen Text an; diese wiederholte, den
Leser irritierende Erfahrung wird zudem noch dadurch provozie-
rend verstärkt, daß ein den Satz einleitendes "Da" eine harmonische, Begründung versprechende Fortsetzung vorspiegelt: das Neue
sei vom Gesagten her verstehbar.

In der Situation, wie sie vorgeblich einsichtig dargestellt sei,
"lohnt sich eben noch", also gleichsam als letztverbleibende
Möglichkeit der Reaktion, "ein Schluckauf"; "aber" die Realität,
"Mumps und bittere Mandeln", verdrängt die Spekulation über Loh-
nenswertes; in Verbindung mit Mumps dürfte beim Ausdruck bittere
Mandeln die Assoziation von Mandelentzündung angestrebt sein,
beide gelten als infektiöse Kinderkrankheiten, Schluckauf aber

---

[1] cf. dazu GW, I, p. 336: "Oft stehen sie, die Bäume, in Grup-
pen zusammen, das ist bekannt, aber man wird hineingeboren,
so daß man den Blick dafür verliert.", aus "Vergeblicher Versuch über Bäume", ibid., p. 335f.

[2] act V, sc. V.

als psychosomatisch motivierte Beeinträchtigung des Wohlbefin-
dens[1]; alle würden wohl bei einer Bewertung mit negativen Attributen konnotiert.

Die Selektion von Schluckauf als einzig Erstrebenswertem ist deshalb nur dann aufzuklären, wenn man die Bedeutung, die diesem
Phänomen im Aberglauben[2] zukommt, mitbedenkt; dort gilt er unter anderem als Anzeichen für die vermutete Tatsache, daß jemand an den vom Schlucksen Befallenen (in betont sympathischer
Absicht) denkt oder sich erinnert.[3] Das Wort Mumps meint in
seiner Herkunftssprache, dem Englischen, nicht bloß Ziegenpeter,
sondern auch üble Laune, Deprimiertheit, Apathie.[4] Bittere Mandeln, ein Gewürz, werden als Grundsubstanz zur Herstellung des
an sich giftigen Benzaldehyds Bittermandelöl verwendet.
Der in seiner primären Bedeutung völlig aus dem bisher vom Text
erstellten Vorstellungsrahmen herausfallende Satz zielt mithilfe
der Polysemien des benutzten Sprachmaterials auf eine Festigung
der die einzelnen Informationen fundierenden Situation ab: ein
gegenwärtiges "man", von welchem die biographische Person Eichs
eventuell gedeckt wird, versucht, mit dem "man", das es einmal
war, in ein Gespräch zu kommen; die bei dieser Selbstbetrachtung
aufsteigenden Erinnerungen präsentieren eine Anzahl disparater,
kaum harmonisierbarer Vorstellungsinhalte; deren Vagheit initiiert eine polyvalent funktionierende Folge von Gedankenverbin-
dungen. Die Vergegenwärtigung des Erinnerten verschmilzt dieses
mit dem Vollzug der Erinnerung.
Die jetzt (Z. 6) folgende Frage thematisiert wieder die Werthaf-
tigkeit negativ besetzter Phänomene und korrespondiert so mit
der Behauptung vom sich lohnenden Schluckauf; diese Phänomene in

---

[1] Für Eich ist das "Bett hüten", cf. GW, I, p. 157, ausgezeichnetes Moment der Erinnerung an seine Kindheit; an zahlreichen
Stellen, so etwa ibid., p. 334: "Aber wenn ich an Masern und
Mumps denke, ist auch das lange her.", finden sich sogar Text-
kongruenzen; letzteres aus "Schlüssel", ibid., p. 333f.

[2] cf. Bächtold-Stäubli, l.c., Stichwort.

[3] Damit könnte dann auch die Beziehung des jetzt im Text sich
Erinnernden zum Erinnerten charakterisiert sein.

[4] Könnte ebenso wie "Schluckauf" als atmosphärische Bestimmung
der Befindlichkeit des sich Erinnernden gelesen werden.

ihrer Gesamtheit genommen als mögliche Erfahrungen eines Lebens-
laufs, so bietet sich die sprichwörtliche Wendung von den bitter-
sten Erfahrungen, die angeblich die wertvollsten seien, an. Die
explizierten Vorstellungsinhalte Verletzung ("Messerschnitt"[1])
und "Vergiftungen" sind subkutan vom Gesagten schon vorbereitet;
sie lassen sich auf die Gewaltmotive (Z. 2/3) und unmittelbar auf
die Rede von den bitteren Mandeln zurückbeziehen.

Die den Text fortsetzende Aufzählung beantwortet die Frage nicht
in einem logischen Sinne; dennoch ist sie als direkte Reaktion
zu deuten: das einsetzende "Alles nur" entspricht einer abwerten-
den, aus Resignation (oder Melancholie?, cf. die Sekundärbedeu-
tung von Mumps) nicht mehr zu Differenzierungen bereiten, Unlust
und Abwehr bekundenden Sprechgeste; die Frage stimuliert Emotionalität, die im rhetorischen Sprachduktus (Ausweichen, Beiseite-
schieben, Ignorieren) manifest wird.

Die Aufzählung benachbart nicht-kontingente Phänomene: es sind
dies die Attrappe einer (Mord-)Waffe, ein phantastisches Misch-
objekt aus Natur- und Kunstassoziationen[2] und zuletzt ein Ge-
waltverbrecher, der aufgrund des beigegebenen Adjektivs in die
historische Epoche der letzten deutschen Kaiserzeit zu rechnen
sein könnte.

Durch die unkommentierte Serialisierung nicht-konvergenter Asso-
ziationselemente wird hier eine Konzentration von bisher evozierten Vorstellungsbildern erreicht, wobei wieder das Thema Lebens-
realität – Fiktion (Theater-, Romanwelt) betont wird. Durch stilistische Mischtechniken (Kontamination, mehrfacher semantischer
Chiasmus) und akzentuiert durch phonästhetische Figuren (Häufung
der Doppelkonsonanten, Umlautstrukturierung) erreicht Eich ein
Höchstmaß an Sprachökonomie, das auch für die textuellen Bezüge
von erstaunlicher Relevanz ist. Die Montage reklamiert so auch

---

[1] Dies Wort als Bezeichnung eines (Kinder-, Mode-)Haarschnitts
vielleicht auch Element einer 'privaten Mythologie'.

[2] Bei solchen Wortschöpfungen wie "Knollenblättertrilogie" ist
freilich eine umfassende Bedeutungserklärung nicht möglich;
solche poetischen Setzungen können sich bei Eich den simpel-
sten Anlässen verdanken; vielleicht hatte er mit diesem Neologismus nur, etwa in seinem Lexikon, die Darstellung der
kleinen Dreiergruppe von Knollenblätterschwämmen im Blick; cf.
etwa "Abschließend", GW, I, p. 140, dort: "(...)/ Ging ein in
die Ab-/ bildungen aus Meyers Lexikon,/ Brehms Tierleben.//".

die schon aktualisierten Komplexe Gewalt ("-dolche", "-mörder"),
Vergiftung ("Knollenblätter"-pilze), Natur (im Text bisher von
einem sehr suspekten "Wald", Z. 4, vertreten, erscheint sie wiederum in einer pejorativen Konnotation). Nimmt man den an dieser
Stelle mir nicht identifizierbaren "Doppelmörder" als den in
Eichgedichten an zwei Orten namentlich genannten Sternickel[1],
so ergibt sich eine weitere Verbindung zu ausgezeichneten Motiven jener kindlichen Phantasie, mit welcher der Autor in erneuten Kontakt treten will.

Durch das Ineinsscheinen von (nachträglich erstellter?) fiktiver
und erlebter Realität, wie es der Text nahelegt, weiten sich die
Erinnerungsversuche des vorgestellten Subjekts zu einer regel-
rechten Fahndung ("erfinden", Z. 3, jetzt als verbum intensivum
verstanden) nach dem gesicherten Bestand des eigenen Lebens aus.
Der Lebenszusammenhang ist eigenartig fremd, kommt dem Rückblick-
kenden immer mehr wie ein mitangesehenes Theaterstück (Tragödie,
Macbethallusion, etc.) vor; die Lebenserfahrungen im einzelnen,
nur undeutlich und schemenhaft eruiert, erscheinen in summa als
schmerzhafte, entsetzende, krank und schwach machende; die Atmosphäre ist bedrückend, gewalttätig, vergiftet.

Der folgende Satz ist seiner Textposition wegen als Kurzbiogra-
phie des eben vors Gedächtnis wiedergerufenen Mörders zu verstehen.[2] Durch die Setzung in Klammern suggeriert der Verfasser,
es handle sich um eine Mitteilung von marginaler Wichtigkeit; dabei wird auf einen Lebensweg verwiesen, der trotz hoffnungberech-
tigenden Anfangs der Meinung des Mitteilenden zufolge "aber" weniger erfolgreich fortgesetzt wurde. Die Feststellung, der Betreffende habe sich der Natur verschrieben, erinnert buchstäb-

---

1) cf. GW, I, p. 141: "Kinder- und Hausmärchen", dort "Auf Rüben-
   äckern zuhause,/ Sternickel,/ ein wilhelminischer Mörder,/
   steinern, (...)"; cf. ibid., p. 190f.: "Oder, mein Fluß", dort
   "(...) und die Erzählungen/ der Großmutter, die den Mörder
   Sternickel sah -// (...)"; letzteres von Eich unveröffentlicht, ebenso ibid., p. 192f.; August Sternickel wurde 1913 im
   Kreis Lebus (der Geburtsstadt Eichs), nachdem er sich sieben
   Jahre dem polizeilichen Zugriff entzogen hatte, aufgegriffen,
   mußte sich wegen mehrerer Mordtaten verantworten und wurde
   noch im selben Jahre hingerichtet; sein Name war bis lange
   nach dem Weltkrieg der Bevölkerung des Oderbruchs zum Begriff
   geworden.

2) Ob sich auch dieser Satz auf den historischen Sternickel beziehen ließe, konnte nicht ermittelt werden.

lich an Eichs selbstkritische Äußerungen[1] gegenüber Gedichten,
in welchen er sich selber der Natur als vorrangigem Thema verschrieben[2] habe.
Der Satz steht im Imperfekt und übernimmt so stärker erzähleri-
sche Funktion als der übrige Text, dessen beinah zeitloses Präsens er indirekt intensiviert. Der Titel "Natur", worunter Teile
des schon bestimmten Assoziationsgeflechts zu subsumieren sind,
wird expliziert und in engen Zusammenhang gestellt mit einem
exponiert paranormalen, als irrational qualifizierten Weltver-
halten (Wunderheilung); mit der Nennung von Wundertaten und Hei-
lungen durch Speichelauflegen (auch: Bibelassoziation, Messias-
attribute) wird wieder (wie Z. 5) der Sinnzusammenhang Aberglauben vergegenwärtigt. Ob mit den Wörtern "Lippischen" und "Spuk-
ke" auch ein Verweis auf das Sinnfeld von Mund, Sprache, Sprechen intendiert ist, soll vorerst unentschieden bleiben; die ex-
akte geo-topographische Angabe verwirrt insofern, als sie zu
einer dann nicht ermöglichbaren Interpretation herausfordert.[3]
Auffallend ist noch, daß frühere semantische Korrelationen (Gewalt, insbesondere "Messerschnitt"), verbunden mit dem Verbum
heilen und phonetisch akzentuiert durch das überdies alliterie-
rende "wurde Wunderschäfer" ein nicht genanntes Reizwort anbieten, dessen semantisches Umfeld textkonstitutive Bedeutung besitzt: Wunde, Verwundung.[4]
Der nun folgende Zusatz (vom Typ einer Fußnote) muß als Anmer-
kung zum vor der Klammer Gesagten gedeutet werden, wobei diesem
nachträglich exemplarische Relevanz bescheinigt wird; durch den
Verweis auf weitere "andere Beispiele" erschwert Eich die Lese-
orientierung: die (Z. 7f.) hervorgerufenen, heteromorphen Vor-

---

[1] Neben zahlreichen Stellen in den Maulwürfen und den späten
Gedichten, auch zwei Interviewbemerkungen über seine naturly-
rische Produktion, cf. GW, IV, pp. 408ff., 414f.

[2] Zu beachten das Wortspiel durch die Vieldeutigkeit von: (sich)
verschreiben.

[3] Ohde, l.c., p. 91, stellt, anläßlich seiner Analyse des Gedichts "Gärtnerei" (GW, I, p. 109) fest: "Die oft bei Eich zu
beobachtende Ortsbenennung schafft reale Nähe und Vertrautheit mit ihren Elementen, die Basis, auf der die Verfremdung
im folgenden aufbaut."

[4] Ohde, ibid., p. 94, weist schon auf die Verarbeitung solcher
'Tabuworte' hin.

stellungsbereiche sind durch diesen Hinweis kaum leichter einander zuzuordnen, ihr Beispielcharakter bleibt immer noch schwer dechiffrierbar.

Es scheint, als habe sich nach der narrativen Exkursion über das Doppelleben des Doppelmörders die Artikulationslust des Sprechers vollends erschöpft. Die schon vorher stark elliptische Sprache wird weiter zum Kürzel diminuiert, das nicht mehr entwickelt und ausführt, was es meint, als ob eine vorausgesetzte Evidenz die Explikation überflüssig werden lasse.

Der Absatz, als Sprechpause genommen, ermöglicht Rekapitulation: die aufgenommenen Sätze imitieren das Durcheinander eines noch ungegliederten Erinnerungsvorgangs; die einzelnen erinnerten Bilder und Bildfragmente sind unverbunden; die verwendete Sprache wirkt eher deiktisch als explikativ; Konsistenzen werden auf der Textoberfläche kaum, und wenn, dann ohne Versicherung vorgeschlagen; die Vokabeln (vor allem Substantive) erscheinen als Repräsentanten komplexer mentaler und Erlebniszusammenhänge; in ihrer Uneindeutigkeit und Inkontinuität reizen sie zur Interpretation; das Assoziationsvolumen ist nicht exakt bestimmbar; ein jeweils provisorischer Verständnisrahmen ist eigenständig vom Leser zu konstruieren; dies wird vom Autor durch die Wahl des Sprachmaterials motiviert und partiell unterstützt (legitimierende Bestätigung von Konsistenzvermutungen); das Sprachmaterial verweist in der Hauptsache auf seine textexternen Konnotationen; von dort her bieten sich unterschiedliche Typen von Interpretamenten an.

Der den zweiten Abschnitt (Z. 11ff.) einleitende Satz beinhaltet zwei Mitteilungen; der syntaktisch konzessive Anschluß findet in der semantischen Konkurrenz von Vergehen und Bleiben seine Entsprechung. Die Evokation von "Zeit" entäußert die exquisite, jedoch latent gebliebene Vorstellungsstruktur des ersten Abschnitts. Das einleitende "So" (cf. Z. 4, "Da") und die Wortwiederholung[1] "Spucke" simulieren, daß die neuen mit den schon ge-

---

[1] Zur irritierenden Leistung solcher phonetischer 'Echos' gehört anscheinend ihr intendierter Frustrationseffekt; sie unterstellen prima vista einen Bedeutungszusammenhang, der dann vom zur Deutung provozierten Leser nicht ermittelt werden kann; der Text suggeriert seine Erklärbarkeit, was, solange sie nicht zu bewerkstelligen ist, den Interpreten verunsichert.

gebenen Informationen des Textes kontaktieren, was vom unmittelbaren Inhalt der Rede dann nicht bestätigt wird.
Die Aussage verdankt sich der Verarbeitung konventioneller Redewendungen. Über das Tabuwort (cf. S. 19, Anm. 4) spricht die Schmerz und negative Lebenserfahrungen oberflächlich harmonisierende Beschwichtigungsfloskel, die Zeit heile (schon alle) Wunden, dem Text dazwischen; die ebenso häufig zu hörende Trivialfeststellung 'so vergeht die Zeit' wird durch Konfrontation mit dem in sein Gegenteil verkehrten Sprichwort 'es bleibt einem (jdm.) die Spucke weg' von ihrer Abgenutztheit gereinigt; die neue Version des alten Sprichworts, das ja 'verdutzt, erschreckt sein, sprachlos werden' meint, inspiriert zur Parallelbildung: die Zeit bleibt, bleibt stehen, vergeht nicht. Der so vervollständigte Chiasmus und die realisierte Textgestalt stehen dann in mehrwertiger Gegensätzlichkeit: das Bleiben/Vergehen von Zeit gegen das Bleiben/Vergehen der Fähigkeit sich zu äußern, sich auszusprechen[1], einer Situation oder einem Prozeß gegenüber souverän zu bleiben. Die hier zugrundegelegte semantische Mehrschichtigkeit im Wort "Zeit" (Lebenszeit, historische Zeit, absolute Zeit, etc.) multipliziert die darauf reagierenden Bedeutungselemente des Textes und bildet sie auf unterschiedlichen, sogar inkohärenten Koordinationsfolien ab.
Die Mitteilungen des Folgesatzes können wieder nicht als Fortführung eines sukzessiv gestalteten Berichts gelesen werden; die beiden Aussagen scheinen einander gleichgültig zu sein, ihre Bedeutung für die (fiktive) Handlungssituation (Lebensrückblick?) ist nicht einzusehen. Vielmehr verweist die Vokabel "Sprichwörter" auf eine wesentliche Teilmenge des im Text verwendeten oder vom Text mitaufgerufenen Sprachmaterials; es ist schon auf Kolloquialismen, Sprichwörter, Idiome und andere sprachliche ready-mades aufmerksam gemacht worden, die direkt oder durch Metamor-

---

[1] Man könnte hier die Thematisierung von Problemen eines neuzeitlichen Sprachbewußtseins interpolieren, von dem zahlreiche Texte moderner Literatur zeugen: Sprache als Sublimation einer unmittelbaren, als sprachlos vorgestellten Existenzerfahrung (z.B. Temporalität); nicht mehr sprechen können, nichts mehr als sagbar empfinden, und dennoch sprechen müssen; Sprache als Therapie (qua Selbstvergewisserung) gegenüber einer Daseinsunsicherheit; Untauglichkeit jeder, auch dichterischer Sprache; dann vielleicht auch die heilende Spucke, Z. 9f., als Sprachmetapher zu lesen.

phosen, Mutationen und Derivationen in den Text eingegangen
sind[1]; das Gesagte würde so bestimmte Konstruktionsprinzipien
der Textgestaltung, quasi von einer Metaebene her, notieren. Die
selbst wiederum zu einem umgangssprachlichen Fertigartikel depra-
vierte Einsicht in die Gegensatzdialektik ("alles hat sein Gegenteil") ist auch nicht bloß ein inhärenter Bestandteil der
primären Mitteilung (Lebenserfahrungen, bestimmte Erlebnisse als
einander gegensätzliche, widersprüchliche gesehen), auch nicht
nur eine metakritische Bezugnahme auf diese Ebene (Anspielung
auf die Herstellungstechnik des vorigen Satzes); als Leseanwei-
sung genommen überträgt sie dem Rezipienten die Kompetenz, die
bisher erfahrenen Informationen mit ihrem Gegenteil zu ergänzen.
Dadurch wird die schon aufgewiesene multiple Valenz der Textteile erneut (durch Verdoppelung ihrer Indices) erhöht.
Proportional damit steigt der Grad der Unbestimmtheit, wie ihn
die singulären Mitteilungen anzeigen. Nimmt man die Wiederholung
"alles" etwa als einen Verweis auf die vorher (Z. 7f.) applizier-
ten Beispiele, so erfahren diese nicht bloß eine Erweiterung in
Hinsicht auf "andere Beispiele" (Z. 10), sondern jetzt auch in
Richtung auf Gegenbeispiele. Die Einsicht pointiert die damit
durchschaute falsche Einseitigkeit des Ausgesagten (nicht nur für
die unmittelbare Textnachbarschaft); in gewisser Weise streicht
der Ausdruck die Gültigkeit des gesamten Textes, indem er die unzureichende Tauglichkeit der im Aussagen sich etablierenden Po-
sitivität (Bestimmung) hinsichtlich multifunktionaler (Bedeu-
tungs-)Relationen offenlegt; ja, er hebt selbst noch die Tätigkeit, der er sich verdankt (Aussagen machen), auf, indem er sie
unter das durch sein Verdikt Sabotierte logisch subsumieren muß.
Der Text existiert somit (positiv) als gesetzte Mitteilung und
(durchgestrichen, negiert) als deren mitgemeintes "Gegenteil".
Seine Sprache bestimmt sich gleichursprünglich durch das, was
sie sagt, wie durch das, was sie nicht sagt, aber eben dadurch
bestimmt.

---

[1] Die Sprichwörter zeigen sich "Hinter den offenen Fenstern";
cf. GW, I, p. 304, "Kehrreim", dort: "Ein Fenster, dem Gewöhnlichen geöffnet.", etc.; das Fenster ist wohl hier wie
dort als sensible Nahtstelle zwischen den Sphären von Intimität und Öffentlichkeit zu verstehen; "Kehrreim" wird in dieser Arbeit noch ausführlich besprochen werden.

Ein solcherart bewußt konstruierter Text appelliert an den Leser,
dieses nur negativ Bestimmte aufzufinden. "Was es aufzufinden
gilt, läßt sich als Gegenteil des Negierten ausmachen, und das
heißt, daß Opposition, Kontrafaktur, Spiegelbildlichkeit - kurz,
binäre Strukturen, einen Referenzrahmen bereitstellen, der das
Auffinden des durch die Negation Intendierten regelt. In diesem
Sinne funktionieren dann auch die vielen Negationen, durch die
literarische Texte auf soziale Situationen einzuwirken vermögen.
Wenn aber solche Referenzrahmen abgebaut oder gar bewußt verschwiegen werden, dann wandelt sich Negation in Negativität;
statt einer Aufforderung verspüren wir eine Sogwirkung."[1]
Der bisherige Text ließ es kaum zu, ein von ihm sich herleitendes
Vorstellungsbild zu stabilisieren; durch raschen, scheinbar unmo-
tivierten Abbruch der sich jeweils eben konstituierenden Assoziationsfolge, durch Inkohärenz der gewählten, überdies oft unein-
deutigen oder eindeutig mehrdeutigen Motive und durch Unbestimmtheit der situativen Definition verhinderte er das Zustandekommen eines gesicherten Orientierungsrahmens beim Leser.
Die von dessen Interpretationsleistungen erstellten Konsistenzen blieben unscharf, vermochten nicht, die diffundierenden Mitteilungen festzuschreiben. Der nicht-stringente Fortgang der Rede provozierte differente, miteinander konkurrierende Deutungs-
verfahren.
Während der Autor den narrativen Gestus seiner objektgerichteten
Aussagen auch jetzt kontinuierlich beizubehalten scheint, springt
der Text unversehens auf eine Reflexionsstufe, von der her auch
auf einige seiner Konstruktionsweisen (Verarbeitung speziellen
Sprachmaterials, Inversions-, Kontradiktionstechniken) verwiesen
wird; mit demselben Moment, in welchen Eich - in den beiden Satz-
folgen ohne "man" - dem Leserverständnis seinen Text partiell
öffnet, entzieht er ihn der jetzt drohenden Leichtverständlich-
keit: die nahgerückten Textmitteilungen verlieren ihre Unanfecht-
barkeit, indem diese vom Text explizit negiert wird. Der als partiell negierter, voll relativierter zurückbleibende Bestimmungs-

---

[1] cf. Iser 1975, l.c., p. 54; diese Bemerkung ist einem Essay
zu Becketts Prosa entnommen; sie zur Erläuterung der betreffenden Eichstelle heranzuziehen, behauptet auch, eine in dieser Hinsicht relevante Affinität zwischen beiden Schriftstellern voraussetzen zu können, die aber hier nicht eigens reflektiert werden kann.

gehalt übt einen verstärkten, weil differenzierten Kommunika-
tionsimpuls auf den Rezipienten aus. Der Text, der bisher bloß
seine einzelnen Elemente im Fortgang zurückgenommen hatte, nimmt
sich jetzt als die virtuell angebbare Gesamtheit aller zu Text
gewordenen Vorstellungen zurück; er setzt sich selbst einer neu-
en Unbestimmtheit aus, die als qualitativ höherwertige den Leser
als subjektive Ungewißheit über die intendierte Funktion des Textes erreicht.
Der nächste Satz widmet sich wieder dem schon bekannten Textsubjekt "man". Von ihm werden zwei, anscheinend miteinander in Verbindung zu setzende Handlungen berichtet, die "aber" offensichtlich ihren beabsichtigten Zweck nicht erfüllen. Die Suche "nach
Gewißheit"[1] schließt, wie nahegelegt wird, eine Fahrt "eigens
nach Heisterbach" ein; diese Implikation wird kommentarlos gegeben, so als vermute der Berichtende, sie sei schon einleuchtend;
in Heisterbach erfährt "man", "auch da ist die Zeit nicht."
Der Suggestionsraum des Satzes könnte so beschrieben werden: der
nach sich selbst in Rückbesinnungen Ermittelnde, im Text von
sich selbst Sprechende erfährt (gerade auch dabei) sich als auf
der Suche; er sucht Gewißheit und findet die Zeit nicht; das Interesse gilt, quasi gleichzeitig und gleichgewiß, Gewißheit und
Zeit; ob es auch anstrebt, die Gewißheit der Zeit und/oder die
Zeit der Gewißheit ausfindig zu machen, bleibt denkenswert. Das
Gesuchte verbindet er mit dem Ort Heisterbach, so als sei es
dort zu finden; er "fährt eigens", also in der bestimmten Absicht hin, muß jedoch (enttäuscht?, bestätigt?) feststellen, daß
es "auch da" (heißt wohl: wie auch schon anderswo) nicht anzu-
treffen ist.[2] Das zuvor (Z. 11) ausgesprochene Vergehen der
Zeit als Fortgehen, Verschwinden genommen, gewinnt in dieser Vorstellung buchstäblich einen Raum, in welchem es sich abspielen
kann. Zeit und Raum überwinden die sie auseinanderhaltende Gren-

---

[1] Dieser Ausdruck ist wohl nicht zuletzt auch als Eichs char-
mant-ironische Anspielung auf die Lesersituation zu verstehen;
die nicht nur mitfühlende Anteilnahme gilt einem Leser, der,
bei schwindendem Textverständnis, darauf angewiesen ist, nach
Gewißheiten zu suchen.

[2] Die Sprache hält schon die Vorstellung bereit: hinter der Zeit
her sein, der Zeit hinterhersein, auch so, als habe die Zeit
einen Fluchtweg genommen.

ze (des Bewußtseins), wie es ja auch schon das kuriose Bild vom
Telefonat mit der eigenen Kindheit voraussetzt.

Der metrisch durchrhythmisierte Satz (nach Auftakt sechs vollständige Daktylen plus zusätzlicher spondeischer Kadenz) mit auffallender phonästhetischer Signifikanz ("ei"-Assonanzen) ist seiner Bedeutung nach abhängig vom assoziativen Vermögen des Terms
"Heisterbach". Vermutet man hinter der Nennung des Ortsnamens[1]
nur ein irgendwie biographisch relevantes Signal, so wird deren
textdeterminierende Funktion unterschätzt: das sicher berühmteste
Mitglied der ehemaligen Zisterziensergemeinschaft im Kloster Heisterbach (Siegkreis) war Caesarius, der Verfasser des "Dialogus
magnus visionum atque miraculorum" (ca. 1200). Dieses Buch voller
Wundererzählungen und Berichte von merkwürdigen unerklärlichen
Begebenheiten stellt eine umfangreiche Materialkollektion des
mittelalterlichen Aberglaubens dar, den sein Verfasser wohl auch
seinerseits wesentlich befruchtet haben muß[2]; unter anderem soll
auf ihn nämlich die Vorstellung zurückgehen, daß Gefahr und Teufel durch die Geste des Ausspuckens[3] ('Pfui Teufel') vertrieben
werden können (cf. auch Z. 10f.).

Noch stärker aber scheint die Reflexion auf die Sage vom (anony-
men) Mönch von Heisterbach intendiert, nach welcher ein am Bi-
belwort: "denn tausend Jahre sind vor dir (sc. Herr; -MK) wie
der Tag, der gestern verging" (Psalm 90, 4)[4] zweifelnder Bruder

---

[1] cf. S. 19, Anm. 3; erste Hinweise zu Heisterbach verdanke ich
Oberhauser, l.c., p. 427f.

[2] cf. Bächtold-Stäubli, l.c., Stichwort: Caesarius von Heisterbach.

[3] cf. ibid., Stichwort: Spucke.

[4] Vers 10 desselben Psalms: "siebzig Jahre währt unser Leben,
wenn es hoch kommt, achtzig; was sein Stolz war, ist Mühe gewesen und Elend, denn es fähret schnell dahin, als flögen wir
davon..." liegt kryptomer auch einer Stelle des Textes "In das
endgültige Manuskript nicht aufgenommenes Bruchstück einer
Memoire", cf. GW, I, p. 298ff., zugrunde: "(...) und wenn's
hoch kommt, ist es Mühe und Arbeit gewesen, das kommt bestimmt
hoch (...)", p. 300; dieser virtuos geschriebene, oft von Si-
tuationskomik bestimmte Text - der Monolog eines abgefallenen,
zu einem Elefanten degradierten Engel, der nun seine Identität
als Individuum völlig verloren zu haben scheint -, ist die em-
phatisch-leidenschaftliche, skurril vorgetragene Schmährede
all jener, die, von je verschiedenen Positionen aus, mit

nach einem nachmittäglichen Spaziergang durch den Heisterwald
überrascht erleben mußte, daß mittlerweile drei Jahrhunderte
vergangen waren.[1] Eine sprachinterne Kontingenz motiviert diese
eine Schlüsselstelle einnehmende Vokabel zusätzlich: "Heister"-,
womit heute allgemein eine Laubholzpflanze bezeichnet wird, die
für Forstkulturen und Alleen aufgezogen wird, meinte im Mittel-
alter (wie heute noch französisch: hêtre) Buche/Föhre.

---

nichts mehr einverstanden sind und sich nicht einmal vor der
Zwecklosigkeit scheuen, selbst gegen das Unabänderliche (Zeitlichkeit, Sterbenmüssen u.a.) zu wettern; in einem Motivver-
gleich würden sich zahlreiche Parallelen zum vorliegenden
Maulwurf aufzeigen lassen; die Darstellung solcher Makrostruk-
turen wäre für ein genaueres Verständnis der einzelnen Texte,
die diese phasenweise ablichten, unverzichtbar; sie könnte
verdeutlichen, daß die Radikalität der einzelnen Texte sich
der eines Bewußtseinssubstrats verdankt, das sie, gleichsam
spontan und immer fragmentarisch, vorstellen; erst die Synopse aller Texte vermittelt Position und Perspektive der einzelnen, die sich dann als Varianten weniger, starkkonturierter
Gestalten eines noch zu bestimmenden (negativistischen?) Welt-
und Selbstverständnisses auffassen ließen. So ergibt sich in
summa ein Ensemble bewußt gemachter Existentialien, dessen
aktualisierte Darstellungen ein erhebliches Quantum an Kultur-
und Traditionsgut thematisch mitverarbeiten. Die Herkunft der
von Eich herangezogenen Motive ist umso eher überzeugend anzugeben, je sorgfältiger ihren Kohärenzen nachgegangen wird. Das
Fehlen jeglicher Konkordanzen und die immense Variabilität bezüglich motivischer Referenzen schließt die intensive Realisierung dieser Einsicht, zumindest für diese Arbeit, aus.

[1] Diese sagenhafte Episode wird noch einmal in dem sehr späten
Eichgedicht "Steuererklärung", cf. GW, I, p. 175f., angedeutet;
dessen Schlußstrophe lautet: "Hier warten wir/ auf den Mönch
von Heisterbach,/ auf sein rundes/ Gesicht, das wir einmal hatten./ 'Ach die Bilanz!' Er kommt atemlos./ Sind wir's?/ Wir erkennen ihn nicht mehr."; dort auch weitere Assoziationen mit
Kommunikationsvorstellungen: "Briefschaften", "Telefonnummern",
"Verabredungen"; es ist die alte, bei Eich bis zuletzt themati-
sierte "Hoffnung auf ein Telefon, das in andere Sphären
reicht, einen Telexanschluß, den man im Tode nötiger braucht
als im Leben.", cf. ibid., p. 325f., das Maulwurfstück: "Erste
Notiz zu einem Marionettenspiel", die sich hier ausdrückt: "In
anderen Sprachen" sprechen zu können, in denen sich die "Botschaften des Regens" mitteilen (lassen), das "Naturgeheimnis"
und die "Träume"; diese ungesicherte, wohl auch unmögliche
Sprache, der sich Eichsche Dichtung asymptotisch annähern möchte, ist die ständige Herausforderung des sich im schon Verstandenen einrichtenden Bewußtseins; das Wunder, das Unerklär-
bare wirken wie auch die fragwürdigen Projektionen des Aberglaubens als Anlaß zur Verunsicherung; cf. auch ibid., p. 372f.,
den Maulwurf "Ries", dort: "Diese Wunder überschätzen wir
nicht, jeder hat seine Plätze, sie halten sein Leben zusammen.
Der menschliche Geist ist schon dabei, ein besseres Gleichgewicht zu finden, schade. (...)".

So laufen diverse Assoziationsstränge, die den Text zusammenhal-
ten, in "Heisterbach" ineinander: morphologisch knapp reformuliert kreuzen sich die vom Text latent evozierten Vorstellungen
Zeit/Lebenszeit, Aberglaube/Wunder, Natur(-verbundenheit, cf.
etwa "-schäfer", Z. 9)/Wald. Obwohl die Exkursion dorthin also
erfreuliche Einsichten (auch in die Technik der Textgestaltung)
vermitteln konnte, darf nicht vergessen werden, daß auch da
nicht ist, was "Man sucht".
Der folgende Satz nimmt in seiner primären Bedeutung wieder das
Bild vom Ferngespräch (mit sich selber) auf. Merkbar zitiert der
Ausdruck vom "kalten Draht", hier in der Textmitte, den Anfang;
durch Einklammerung wird das Sprechen parenthetisch, bloß ver-
weisend; der Vermerk scheint nicht notwendig, bestenfalls hilfreich. Der Satz selber ist gebildet mit einigen polysemantischen Sprachelementen, deren singuläre Bedeutungen eigenständig
bezugnehmen aufs Textganze; der Ausdruck 'es spricht jemanden an'
ist sowohl aus der Kommunikationssituation, wie sie fingiert worden ist, zu verstehen, wie er aber auch einverständiges Zustim-
men zu einem (hier nicht näher) bestimmten Sachverhalt bezeichnen kann; nachdem das Angesprochensein schon durch "Manchmal"
und "glaubt man jedenfalls" Einschränkungen erfahren hat, wird
es erneut durch den "aber"-Satz relativiert: das "Rauschen in
der Leitung" dokumentiert, daß dies vorgestellte Telefonat nicht
störungsfrei stattfindet; als terminus technicus der Kommunika-
tionswissenschaften meint "Rauschen (im Kanal)" jede fremdverur-
sachte beeinträchtigung der Produktions- und Rezeptionsmöglichkeiten einer Mitteilung; hinzu kommt, daß der Term Rauschen auch
den Assoziationskomplex Natur (Wald, Bäume, Bach, letzteres erst
gerade phonetisch vorbereitet durch Heister-"bach") wieder aufnimmt.
Jetzt scheint "jedenfalls" eine Gesprächsverbindung hergestellt
zu sein; die konventionelle Klärungsfrage "wie bitte"[1] deutet

---

[1] cf. dazu das Gedicht "Namen", GW, I, p. 175: "Namen mit i/
oder Namen mit o,/ umsonst versuche ich/ mich an Konsonanten/
zu erinnern.// Es rauscht vorbei/ wie ein Telefonrauschen,/
wie wie./ Ich horche angestrengt./ Viele Gespräche/ im Jahre
1200,/ sie betreffen mich,/ aber die Aussprache ist anders,/
ich habe Mühe./ Jemand mit a spricht/ auf mich ein,/ eine Art
Händedruck,/ den ich nicht erwidere,/ ein Schluck Wein/ ein-
getrocknet,/ ein übriggebliebenes u,/ ein vergebliches Ypsi-
lon."

auch jetzt noch zumindest auf akustische Verständigungsschwie-
rigkeiten; die sich dem Gespräch verdankende Notiz jedoch läßt
darauf schließen, daß den dem Leser bekannten Gesprächsteilneh-
mer eine Information erreicht hat, die für ihn von Bedeutung
sein muß. Woher diese Mitteilung kommt, wer sie gibt und worin
ihre Relevanz besteht, wird nicht angegeben. Der Kontext ist erneut unzureichend hergestellt, die expliziten 'Nachrichten' des
Textes wirken vorerst beliebig; das Interesse des Berichtenden
an der Unwiderlegbarkeit von "Heimbuchen" kommt überraschend,
warum er davon überhaupt Notiz nimmt, bleibt ganz und gar uneinsichtig.[1]

Das Telefonat, von dem uns der, welcher dabei nicht zu sprechen
scheint, berichtet, ist offensichtlich ein Gespräch über Bäume,
- ein Thema, das für Lyriker seit Brechts Warnung heikel und
verdächtig geworden sein muß.[2] Eich hat oft in seinen früheren
Gedichten, auch in der von Brecht gemeinten und attackierten
Weise, über Bäume gesprochen[3], dies dann aber mehr und mehr und
erstaunlich vielfältig in selbstkritischen Reflexionen[4] proble-

---

[1] Nach allem Nachschlagen ist es eine ernste Frage geblieben,
wo ihre Existenz überhaupt belegt ist; sollte es tatsächlich
diese Buchenart geben, so ist sie mit Sicherheit "verhältnismäßig selten"; Eich könnte aber auch die Wiedergabe eines
Hörfehlers (Kommunikationsstörung) andeuten wollen; von 'Hain-
buchen' soll sich 'hanebüchen' herleiten.

[2] cf. Bertolt Brecht, Gesammelte Werke, Bd. 9, Ffm., 1973, p.
722ff., "An die Nachgeborenen", dort: "Was sind das für Zeiten, wo/ Ein Gespräch über Bäume fast ein Verbrechen ist/
Weil es ein Schweigen über so viele Untaten einschließt!/
(...)"; wie sehr dies Gedichtbruchstück zur Stellungnahme
herausfordert, zeigt die Reaktion Celans; cf. Paul Celan, Gedichte in zwei Bänden, Bd. 2, Ffm., 1975, p. 385: "Ein Blatt,
baumlos/ für Bertolt Brecht:/ Was sind das für Zeiten,/ wo
ein Gespräch/ beinah ein Verbrechen ist,/ weil es soviel Ge-
sagtes/ mit einschließt?"-

[3] Stellvertretend nur: "Wer möchte leben ohne den Trost der
Bäume!", cf. GW, I, p. 79, die berühmte, oft zitierte An-
fangszeile des Gedichtbands "Botschaften des Regens" (1955).

[4] Wieder nur stellvertretend zwei "Lange Gedichte", cf. ibid.,
p. 166f., "Vorsicht", "Die Kastanien blühn./ Ich nehme es zur
Kenntnis,/ äußere mich aber nicht dazu.", und "Zwischenbe-
scheid für bedauernswerte Bäume", "Akazien sind ohne Zeitbe-
zug./ Akazien sind soziologisch unerheblich./ Akazien sind
keine Akazien."; der Übertitel "Lange Gedichte" übrigens ist
wohl auch ein sarkastischer Hieb auf jene Literaten, die sich
zusammenfanden, um öffentlich darüber zu palavern, wie lang

matisiert und ist dann im Maulwurf "Vergeblicher Versuch über
Bäume"[1] zu einer Formulierung seiner Position gelangt, die ihre
Widersprüchlichkeit nicht verbirgt: "Bleiben wir bei den Bäumen,
bei denen man nicht bleiben kann."[2] Da, wie es im Text heißt,
die Heimbuchen "verhältnismäßig selten" (den Verhältnissen[3] gemäß selten?) sind, ist ihre (obzwar unwiderlegliche) Existenz
ein Spezialfall, eine Randerscheinung; die Beschäftigung mit ihnen erweist sich als exzentrische Liebhaberei; die Information
aus dem Telefon scheint den Erwartungen des Textsubjekts (cf. Z.
2/3) nicht zu entsprechen.

Der konzessive Anschluß "wenn auch" erinnert an das syntaktische
Muster des siebten Satzes (Z. 11); solcher Figurenparallelismus
(nach dem gleichen Wiederholungsprinzip wie bei den phonetischen
Echos) schafft eine Textverfassung nach einer wenn auch abstrakten Geordnetheit; je auffälliger solche Referenzen wirken (etwa
durch hohe Frequenz oder exponierte Stellung), desto entschiede-
ner erfüllen sie die Funktion, dem Leser als orientierende Signale zu dienen; ohne schon damit die Syntax des Textes semantisie-
ren zu wollen, sei auf das häufig binäre Gefüge der Satzkonstruk-
tionen hingewiesen, wie es in den ausdrücklichen, bisweilen auch
unterschlagenen (etwa Z. 2) zwar-"aber"-Relationen oder den
"wenn auch"-Einschränkungen sich zeigt: in solchen Strukturen
kommt dem Folgeterm eine gegen die Ausgangsbehauptung einräumen-
de, sie teilweise zurücknehmende Funktion zu; die Aussage büßt

---

Gedichte zu sein hätten (cf. Walter Höllerer, Thesen zum lang-
en Gedicht, in:Akzente, H. 2, 1965, Nachdruck jetzt: Zweitausendeins, 1962 - 1965, Bd. 3, Ffm., 1975, p. 128ff., und die
wohl von ihm angezettelte Diskussion darüber in den Folgenum-
mern derselben Zeitschrift).

[1] cf. GW, I, p. 335f.

[2] Eichs Auffassung von Aufgabe und Möglichkeit der Kunst (speziell Literatur, spezieller Lyrik) soll hier nicht verkürzt
vorweggenommen werden, seine Stellungnahmen zu Brecht (etwa:
"Abgeneigt/ prominenten Friseuren,/ Fürstenhochzeiten,/
Brechtplatten,/ realistischer Literatur", cf. ibid., p. 277f.,
aus dem Gedicht "Lange Gedichte") sprechen deutlich für sich.

[3] Vielleicht Anspielung auf die Refrainzeile "Doch die Verhältnisse, sie sind nicht so." des ersten Dreigroschen-Finales,
cf. Brecht, l.c., Bd. 2, p. 430ff.; solche feinziselierten
Zitate sind im Maulwurfdiskurs nie auszuschließen, jedoch leider nur sehr schwer nachzuweisen.

so, in ihrem Verlauf, von ihrem kategorialen Charakter ein, indem ihre Gültigkeit sie relativierenden Konditionen ausgesetzt wird.

Der nächste und längste Satz des Textes ist formal unterteilt durch einen Gedankenstrich; vor dieser Zäsur wird eine (soziale?) Handlungsnorm formuliert; die darin implizierte Aufforderung ist vom Kontext her nahezu unverständlich; warum sie erteilt wird und wie sie zu erfüllen sei, wird nicht erklärt; die Bedeutung des einleitenden "Oder" ist ambivalent; mit dem Verbum "suchen" in Verbindung gebracht, bezieht es sich auf Satz neun (Z. 13f.)[1]; man kann es dann als alternativ und als rektifizierend verstehen; andrerseits scheint aber die Order ("man soll") die zweite Mitteilung des unbekannten Telefonpartners zu sein; dann erfüllte "Oder" eine bloß enumerierende Funktion.[2]

Jedenfalls, - so lese ich nach dem rhetorisierenden Gedankenstrich - zeigt der Berichtende eine überraschend heftige, impulsive Reaktion auf das eben erhaltene, anscheinend (auch) ihm geltende Gebot; es erscheint ihm wohl mehr eine Zumutung als eine Überforderung, wenn er, als fühle er sich in ungerechtfertigter Weise gemaßregelt, seinen Unmut ausdrückt ("das ist zuviel"), sich abwendet, sich zurückzieht.

Mit der Vokabel "Herdbuch", das hier in Zusammenhang mit den "heißen Küchentöpfen" leicht auch als Kochbuch, wie wohl beabsichtigt, mißverstanden werden kann, wird ein Zuchtstammbuch bezeichnet, das den Stammbaum sowie die Leistung von Zuchttieren dokumentiert. Vermutlich zielt Eich metaphorisch auf Familienstammbuch[3] ab, da auch die Häufung von "Herd", verbunden mit der (dadurch nachträglich motivierten[4]) Silbe Heim aus "Heimbu-

---

[1] Dann zu lesen als: "Man sucht nach Gewißheit (...) Oder man soll (...) nach dem Herdbuch suchen."

[2] Dann zu lesen als: "man" vernimmt, "daß Heimbuchen unwiderleglich sind (...) Oder" aber, daß "man (...) nach dem Herdbuch suchen" soll.

[3] cf. etwa: "Schaut in euer Familienstammbuch, da steht schon manches drin.", aus dem schon zitierten "Bruchstück (...)", GW, I, p. 298ff.

[4] cf. S. 28, Anm. 1.

chen" (Z. 17), die Konsoziation Heim und Herd, ein Hendiadyoin
für trautes Familienglück, Häuslichkeit, nahelegt; die dann
stark pejorative (bestialifizierende) Metapher würde also neben
dem Topos der Prädetermination durch die Vorfahren[1] auch Zeu-
gung, Sexualität assoziieren.[2]
Auch wird die lautliche Verwandtschaft von Herd und Herde bewußt ausgenutzt; letztere verweist zurück auf die Erwähnung vom
"Wunderschäfer" (Z. 9); mitgemeint sind offensichtlich auch die
Bedeutungen von Herd als Krankheitszentrum (cf. "Mumps", Mandelentzündung, Z. 5f.) und von Herde als träge Menschenmenge, aber
auch religiös-christlich, als Gemeinde Gottes.
Schließlich wird über die Lautreihe "-buchen", "-buch suchen"
auf den trivialkonventionellen Rat, bei Gewitter Buchen aufzu-
suchen, Eichen auszuweichen[3], angespielt; der Text konstruiert
mit dieser Andeutung die Vorstellung, es gelte einer Gefahr zu

---

[1] Vielleicht im Tenor von "Bewendung", dort: "Und der grandiose
Grundgedanke der Psychologie, Herkunft bäbä gleich Denken bäbä, erweist sich als ungenügendes Laxativum.", cf. GW, I, p.
368; zum selben Motivzusammenhang cf. auch die Maulwürfe "Erinnerung an morgen oder noch weiter zurück" und "Frühgeburt",
ibid., p. 367f.

[2] Die (auch symbolisch oft verwertete) Konnexion zwischen Nahrungsaufnahme und Sexualtätigkeit könnte hier dem Text zugrundeliegen; daß Eich die Kollimation der beiden Assoziations-
linien im Auge haben könnte, würden auch Stellen belegen wie:
"Mit dem ersten Semmelbiß weiß ich, daß Zeus sich die Wehen
ersparte (...)", aus "Schöne Frühe", ibid., p. 344f., und "Für
Erotik interessiere ich mich auch. Auf der Suche nach dem Indirekten blättere ich in Sexfibeln. Seegurken wären geeignet,
dummerweise stelle ich sie mir weiblich vor.", aus "Dreifache
Post", ibid., p. 385f., u.a.; ob und inwieweit die durch ihren
bestimmten Artikel irritierenden heißen Küchentöpfe selbst als
Sexualsymbol taugen, kann ich nicht entscheiden.

[3] cf. "Botanische Exkursion", dort: "Buchen und Eichen kann ich
nur bei Gewitter unterscheiden. Ich bin Botaniker, auf Darm-
flora spezialisiert. Worunter sich größere Volksmengen versammeln, sind Buchen, unter den Eichen bleibt es leer. Ein Kollege, Ordinärbotaniker, behauptet, es sei des Reimes wegen.",
ibid., p. 371; hier wird deutlich, daß Eich mit seinem Familiennamen spielt; vielleicht ist sogar die Opposition Biographie
(Eich, Eichen) versus Werk (Buchen, Bücher) beabsichtigt; der
Maulwurf jedenfalls reflektiert durchgängig auf Probleme des
schriftstellerischen Selbstverständnisses, etwa: "Auch in der
Poesie suche ich mein Thema vergeblich.", ibid.

entgehen, sich auf sie nicht einzulassen, sich an ihr die Finger
nicht zu verbrennen (- der Herd mit "den heißen Küchentöpfen"
jetzt als Krisen-, Gefahrenherd genommen -), statt dessen eher
in der vertrauten Umgebung von Heim und Herd (Familie) oder im
geschützten Kollektiv der Herde (Glaubensgemeinschaft) Sicherheit zu suchen. Die spezifische Uneindeutigkeit dieser Textstelle soll nicht durch allzu bestimmte Interpretationsangebote sim-
plifiziert werden; eine verbale Konturierung der vom Text (vor
allem durch auch textexterne Bezüge des Sprachmaterials) provozierten Sinnzusammenhänge würde deren gewollt irisierenden Charakter mißachten. Hingewiesen sei deshalb nur auf die auffällige Opposition von heiß[1] und kalt ("kalter Draht"), die das Relikt eines im Text nicht mehr erkennbaren Assoziationsverhält-
nisses zu sein scheint. Solche von der realisierten Textgestalt
verdeckten, sie dennoch substantiierenden Beziehungen verunsichern insofern den Leser, als er den Text als unvollständig,
vom notwendigen Informationsbedarf her ungesättigt wahrnehmen
muß.
Die Version "ein Herdbuch für jeden Herd" klingt, als Motiv für
den sprachgestisch ausgedrückten 'Rückzug', wie die ironisch-
distanzschaffende Rezitation eines gehaßten Werbeslogans oder
einer anderen bestimmte Verhaltensweisen popularisierenden Phra-
se.[2] Die (vom "man") eingesehene Situation scheint klar, eindeutig nur eine (dann verständliche) Reaktion zuzulassen; die
Textfügung "da (...)" wiederholt ihr syntaktisches und sprach-
gestisches Vorbild (Z. 4/5); es ist die unbezweifelbare Faktizität eines fürs Subjekt inakzeptablen Zustands (Ereignisses, Interesses), von der es sich resigniert zurückzieht (zu beachten
die auch speziell militärische Bedeutung des Verbums): das, wogegen "man" ist, wogegen "man" aber nicht ankommt; das Reservat

---

[1] Wieweit hier der diverse Wortgebrauch von heiß assoziations-
stimulierend wirkt, müßte eigens untersucht werden; heiß als
gefährlich (heißes Eisen), ereignisreich (heiße Nacht), span-
nungsgeladen (politisch heißer Sommer), temperamentvoll (heiße Musik) hochaktuell (brandneu), etc.

[2] Nach dem Typ: eine Bibel in jedes Haus, ein Arierpaß für jede
Familie; diese letzte Assoziation leitet sich über die semantische Brücke: Herdbuch, Zuchtbuch, Zucht (Ordnung, Reinheit),
Rassenpolitik; dann könnte Heim und Herd das individuell-pri-
vate, kleinbürgerlich gefärbte Komplement zum öffentlichen Faschismus zitieren; diese Deutung soll noch gestützt werden.

ist durch "Mumps" (cf. Z. 5, sowie S. 15 und S. 16, dort auch
Anm. 3) und "die wilhelminische Dramaturgie"[1] ausgewiesen;
letztere wird durch eine in Klammern gesetzte Beifügung gekennzeichnet, die an einen Schillerschen Essaytitel erinnert: die
Substituierung von Bühne durch "Geschichte" erweckt die Vorstellung der Austauschbarkeit von Kunstwerk und Historie; Geschichtsverlauf und Handlungsgang innerhalb des Dramas werden als kom-
mensurabel suggeriert, der artspezifische Unterschied[2] zwischen
geschichtlich-realer und artistisch-fingierter Entwicklung ist
so unausgesprochen geblieben. Dennoch ist das Wilhelminische
(vielleicht auch ein Name fürs 'typisch Deutsche') dieser Dramaturgie nicht exakt zu identifizieren; Assoziationen ans Preußen-
tum (Friedrich Wilhelm I., "-lange Kerls", Z. 3/4), an die Zeit
Kaiser Wilhelms II. (speziell 1. Weltkrieg, "Draht zum vierten
Schuljahr" gleich 1917/18, Z. 2) und sogar an Shakespeare (Z. 3,
und "Bühnendolche", Z. 7) könnten hier beabsichtigt zusammenlau-
fen.[3]

---

[1] Durch Wortwiederholung: "wilhelminische(r)" Referenz zu Z. 7f.

[2] cf. etwa "Salz", GW, I, p. 320, dort: "Ein Musikhistoriker erklärt uns den Affenbrotbaum, - das ist im großen ganzen immer
die Lage. Wir wundern uns nicht, Völker- und Landeskunde sind
wir gewöhnt, wir trinken Bier dagegen. Die Historie trinkt
Wasser gegen den Durst. Das sind die Unterschiede, wir sind
stolz darauf."

[3] Übrigens könnte auch die Goethesche Romanfigur Wilhelm Meister
diese Dramaturgie für sich reklamieren; von diesem Helden wäre
ja mit Recht zu sagen, daß er, insbesondere während seiner
Kindheit, das Leben als Theater und das Theater als Leben verstehen wollte; seine Bildung und Entwicklung werden durch die
Bühne (mit)bestimmt: Puppenspiel, Laien- und Wanderbühnen,
Hof- und Stadttheater sind Schauplätze seines Werdegangs; genügte das allein schon, auch seine Geschichte am Assoziationskomplex des Maulwurfs partizipieren zu lassen, so gibt es darüber hinaus auch textliche Referenzen; Wilhelm erzählt seiner
Geliebten im achten Kapitel des 1. Buches etwa: "Wenn uns in
der Schule die Weltgeschichte vorgetragen wurde, zeichnete ich
mir sorgfältig aus, wo einer auf eine besondere Weise ersto-
chen oder vergiftet wurde, und meine Einbildungskraft sah über
Exposition und Verwicklung hinweg und eilte dem interessanten
fünften Akte zu."; auch die Bühnendolche aus "Telefonisch"
hatten in Wilhelms Kinderstube, wie auch in seiner Phantasie
einen hervorragenden Platz erhalten; cf. Johann W. Goethe,
Wilhelm Meisters Lehrjahre, zitierte Ausgabe München, 1979;
der Maulwurf, der ja auch "Leben erfinden" zu müssen glaubt,
hat also vielleicht auch in diesem klassischen Text gewühlt.

Ebenso bleibt unklar, ob auf ein von eigentümlichen Geschichts-
auffassungen (Historie als Welttheater) beeinträchtigtes Kunst-
verständnis oder umgekehrt auf ein von besonderen Kunstrich-
tungen (etwa Naturalismus?) beeinflußtes Geschichtsverständnis
abgehoben werden soll: auf eine wie Kunstwerke inszenierte Geschichte (Staatskunst, Kriegskunst unterm Titel: téchnē) oder
auf eine Geschichte nachzeichnende Bühnenkunst. Daß Eich, nach
seinem Rückzug von den Herden, das eine wie das andere (wie wohl
auch den Mumps) mehr als aufgezwungene Bleibe denn als akzepta-
blen geistigen Aufenthaltsort verstehen würde, kommt in der ironischen Pseudoanerkennung der Geschichte als "moralische Anstalt"[1] zum Ausdruck: weder kann Geschichte (Historie), wie
Eich sie sieht[2], als Moral vermittelnde Veranstaltung apostrophiert werden, noch dürfte Kunst (Geschichte jetzt als story,
fiction) als Surrogat fürs geschichtlich Unerfüllte[3] den Eichschen Intentionen entsprechen.

Der dritte und letzte Textabschnitt expliziert nun wieder ganz
deutlich Erinnerungsbilder an die Schulzeit des Sprechers. Mit
dem Possessivpronomen "Unsere" ordnet sich das Textsubjekt "man"
einer bestimmten, abgrenzbaren, aber nicht genannten Menschen-
gruppe (vielleicht einer Generation) ein. Es scheint, als könne
es sich jetzt in der Vergangenheit (tempus imperfectum) besser
wiedererkennen; die Identifikationsschwierigkeiten sind momentan
behoben, die Aussage scheint zum ersten Mal gewiß und genau; es
geht um die "Aufsatzhefte", die sich "unten im Stoß" (Heftstapel)
befanden; sie und das in sie Geschriebene "lagen" nicht obenauf,
waren nicht offen sichtlich, nicht gleich einsehbar, blieben

---

[1] cf. nur: "Geschichte gilt nicht,/ wir wollen schuldig bleiben./ (...)", aus "Sklaveninsel", GW, I, p. 196.

[2] cf. "Ta dip", ibid., p. 346f., dort: "Das Geheul der Stein-
zeit hat nicht geendet, meine Scheiterhaufen knistern, die Zukunft reicht weit zurück."

[3] cf. das Statement: "Lyrik ist überflüssig, unnütz, wirkungs-
los. Das legitimiert sie in einer utilitaristischen Welt. Lyrik spricht nicht die Sprache der Macht, - das ist ihr ver-
borgener Sprengstoff.", aus: "(Thesen zur Lyrik)", ibid., IV,
p. 413; oder: "Durch Texte kann man gar nichts verändern.",
aus einem Interview, 1971, ibid., p. 414f.

verdeckt, ja von anderem unterdrückt[1]; "Stoß" muß aber auch in
seiner weiteren Bedeutung berücksichtigt werden: als heftige,
auch feindliche Bewegung, als Ruck, als Impuls.[2] Die vermeintlich harmlosen Aufsatzhefte[3] der Volksschulkinder gelten "teutoburgischen Schäfern" als Orakeltexte; wieder wird durch morphologische und semantische Äquivalenzen die Erinnerung an frühere Textstellen affiziert; "Orakel", was genau, man beachte den
Texttitel, Sprechplatz bedeutet, verweist auf Aberglauben, Uner-
klärliches, nur rätselhaft, wunderlich Vermittelbares (cf. dazu
"Schluckauf", "Spucke", die Heisterbachsage); der schon (Z. 9)
"im Lippischen" beheimatete "Wunderschäfer" taucht nun in der
Schar seiner Berufskollegen erneut auf; so sehr man aber bei der
Vokabel Schäfer an friedliches Idyll und Naturverbundenheit denken mag, überhaupt ans Pastorale, so unvermittelt bieten sich
mit dem Adjektiv teutoburgisch Reminiszenzen an Armins Cherus-
kerschlacht an (cf. die oxymorische Semantik des zweiten Satzes,
Z. 3/4); die Bewegung vom "Lippischen" zum "teutoburgischen" ist
somit also auch mehr (anti-)temporal als räumlich-geographisch.
Das Wort denotiert hier, indem es ein sekundäres Moment seiner
lexikalischen Skala favorisiert, primär einen geschichtlichen
Sinnzusammenhang (wieder die Vorstellung von gewaltsamer, mili-
tanter Auseinandersetzung, Krieg) der Antike; übrigens wird es
sich wohl außerdem um eine verborgene Anspielung auf den gleicherweise geschichtsorakelnden wie deutschtümelnden Schriftsteller Wilhelm (!) Schäfer handeln, dem Eich - vielleicht schon als
Schulkind - eine Version der Sage vom Mönch von Heisterbach zu

---

[1] Dies nicht nur im ideologischen Sinne; Eich, der oft die Orte
unter der Oberfläche, noch unterhalb von Grund und Boden (cf.
nur die Titel "Unter Wasser", "Untergrundbahn", "Unterirdisch") als den seinem (durch Maulwürfe (!) repräsentierten)
Bewußtsein zukommenden Bereich empfunden haben muß, meint damit wohl die noch alle Gründe unterschreitende Untergründig-
keit.

[2] Wie etwa in: Vorstoß, Stoßtrupp, etc.; vielleicht klingt auch
Stoßzeit als Bezeichnung für geschichtliche Umwälzung mit.

[3] Eich spielt an anderer Stelle: "Niemand nimmt ihm seine Kernsätze ab, keine Verschwörung ringsum. Plastikbomben schwer er-
hältlich, seine Genossen lebten vor hundert Jahren (...)", aus
"Mein Schuster", cf. GW, I, p. 311f.; vielleicht auch hier
"Aufsatz-" in seiner waffentechnischen Bedeutung, wie etwa
auch Messer ihre "-hefte" haben.

verdanken gehabt haben könnte.[1]

Eich läßt einen kurzen, bescheidenen Orakelspruch folgen; dieser soll offensichtlich auch als ein ins Aufsatzheft geschriebener Satz gelesen werden können; durch Herauslösung aus seinem voraussetzbaren Kontext verliert er an Informationsgehalt; der Kontextverlust wirkt änigmatisierend; das Resultat dieser Opera-

---

[1] cf. Wilhelm Schäfer, Der Mönch von Heisterbach, in: W. Sch., Erzählende Schriften, Bd. 2, München, 4. Aufl., 1918, p. 14; diesem schwärmerischen Poeten aber verdankt die Literatur auch eine dem Geist des Nationalsozialismus durchaus angemessene, ihn antizipierende Geschichtsdarstellung, das rhythmische Prosaepos "Die dreizehn Bücher der deutschen Seele", München, (1922) 1935; dieses Machwerk hebt an mit: "Deutscher, der du die Geschichte deiner Herkunft hören willst, bemerke zuvor, wie alles Geschichtete entseelt ist, Stein und Staub für die suchenden Sinne (...)"; wie sehr dieser Autor als Protektor der von Eich (Z. 21/22) genannt-ungenannten wilhelminischen Dramaturgie in Frage käme, bezeugt nicht nur dieses sein Hauptwerk, worin die Geschichte nun wirklich eine moralische, wenn auch eine speziell deutsch-moralische Anstalt zu sein scheint; Schäfer hielt auch, 1932, eine "Festrede in Weimar zur Tagung des Bühnenvolksbundes" mit dem erstaunlichen Titel "Die Schaubühne als nationale Anstalt" (cf. "Deutsche Reden von Wilhelm Schäfer", München, 1933, p. 228ff.), worin er ausführte: "In seiner mythischen Eigenschaft ist das Theater keine moralische Anstalt, wie Schiller es in seiner berühmten Rede vom Wahren, Schönen und Guten aus nannte, sondern eine nationale Anstalt. Nicht dem 'Wahren, Schönen und Guten' sollte deshalb an seinen Toren eingemeißelt stehen, sondern: 'Dem deutschen Volke'", cf. l.c., p. 231; und: "Eine andere Kunst als volkstümliche gibt es nicht; im Namen der Dichtung kann es nur ein nationales Theater geben. Das nationale Theater ist nötig, damit der Einzelne im Bühnen=Erlebnis den Mythos der eigenen Volkheit erfahre. Wer es bedroht, bedroht unsere Volkheit; und wer unsere Volkheit bedroht, der ist unser Feind, gegen den wir uns wehren müssen auf Tod und Leben!", cf. ibid., p. 238; kann die Rezeption des Schäferschen Werks diesem Maulwurf tatsächlich vorausgesetzt werden, dann würde "teutoburgisch" auch das antikisierende Selbstverständnis des Faschismus ironisieren; der Rede von den Aufsatzheften käme eine besondere kulturkritische Bedeutung zu: "Unsere" ließe sich dann als Kollektivperson lesen für all jene (Aufsätze, literarisch) Schreibenden, die aktiv oder passiv (durch Schweigen, "unten im Stoß") das Aufkommen der Hitlerära mit ermöglichten und so den dann folgenden Stoß der Geschichte eigentlich unterstützten; inwieweit das wiederum auf das aus dem Telefon übermittelte Gebot und den dadurch motivierten Rückzug auf Mumps und Kunst (Dramaturgie) zu beziehen wäre, hängt davon ab, eine wie große Vielschichtigkeit der Leser im Text gelten läßt; es scheint nach bisheriger Leseerfahrung allerdings angebracht, auch in sich gegenläufige Textbewegungen nicht auszuschließen; dies würde bedeuten, daß einsinnige semantische Referenzbildungen vom Text selbst verunmöglicht würden.

tion ist, daß der Leser den ihm zugemuteten Informationsschwund
durch eigene Fiktionsbildung neutralisieren muß, will er den
Satz nicht als sinnkonstitutives Textelement ignorieren. Ob
auch hier Kindermund die Wahrheit kundtut[1], wird davon abhängen,
inwieweit dem Orakelcharakter des Satzes nachgegangen wird, also
wie applikabel die für autonome Konsistenzsetzung notwendige Le-
sertoleranz ausgebildet ist; mit der Evokation Orakel könnte
dann auch die geeignete Modifikation der Erwartungshaltung beim
Rezipienten intendiert sein.
Primär ist die an drei Stellen fehlerhafte Orthographie auffällig, dann die wohl dialektal motivierte Deviation (über statt
auf) und die betont harmlose Aussage, die der Satz, eine alltäg-
liche Szene beschreibend, vermittelt; die für Orakelsprüche obligate Tief- und Hintersinnigkeit initiiert eine Art hermeneutischer Imagination, an die hier auch als Komponente der Text-
auslegung vom Autor appelliert wird. Die elliptische Verwendung
des Verbs (zuschauen, eigentlich zweistellig) provoziert Fragen
wie: wem oder wobei schaut die Katze zu?; der Kontext könnte
entscheiden helfen, aber der Kontext ist nicht vorhanden; die
Nullstelle läßt alles und nichts für gleich möglich erscheinen;
vielleicht soll der Akt des Zuschauens gegenüber anderen denkba-
ren Verhaltensweisen herausgestellt werden?; die Passivität des
bloß Rezipierens, das Voyeurhafte, beobachten anstatt mithan-
deln?; da der Katze[2] im Quasisystem des weissagenden Aberglaubens eine schier unübersehbare Fülle von Funktionen zugemutet
wird, ist auch ihre Identifizierung kaum zu leisten: ihr Auftauchen kann nahezu alles prophezeien, gleichermaßen Günstiges
wie Widriges; ohne weitere Attribute ist sie ein vollkommen
überdeterminiertes Signum, das die üblichen (denotatrepräsen-
tierenden) Funktionen des Signals zugunsten der einen, auf sich
zu verweisen, aufgegeben hat: im Maulwurf "Äquinoktium"[3] heißt

---

[1] Es ist schon (etwa S. 19, S. 21) angemerkt worden, daß der
Text wohl auch über dann von ihm verdeckte Sprachfertigteile
konstruiert ist; die an manchen Stellen suggestive Rede des
Kommentars soll hypothetischen Verweischarakter ausdrücken.

[2] cf. Bächtold-Stäubli, l.c., Stichwort.

[3] cf. GW, I, p. 339.

es schlicht: "Die Katze hat recht."; dort ist es ihr Schweigen,
das ihr recht gibt.[1]

Das sibyllinische Moment kommt zum Ausdruck, ohne daß es als
durchschaubar sich erweist; es sei denn, die graphemische Gestalt
des Satzes wird betrachtet, als leiste sie die Verschlüsselung:
die Subtraktion (Graphemtilgung) von 's' in "sas" (eigentlich:
saß) legt die Abbreviationen: SA, SS nahe, ähnlich wie das aus
Katze subtrahierte 't' durch Addition am Termschluß Kazet (KZ)
ergäbe; diese Spekulation[2] wird unterstützt durch die Verarbeitung der Grapheme für Dachau an phonetisch prononcierten Positionen, was wiederum darauf verweist, daß der Gesamttext Termkol-
lagen wie "buchenWald" (Z. 17, Z. 4), "Anstalt"(s)-, "HeimLei-
tung" (Z. 22, Z. 17, Z. 16), etc. zuläßt[3]; der Assoziationskomplex Nationalsozialismus, Hitlerfaschismus, wie er durch Gewalt-,

---

[1] Dieser von Mythemen ausgefüllte Text vollzieht äußerlich die
Bewegung, die Antonyme Wahrheit und Lüge zu synonymisieren:
"Das Schweigen der Nacht ist verdächtig, auch das Schweigen
unserer Katze. Warum sprechen sie nicht endlich, sie wissen
doch verschiedenes.// Lügen haben kurze Beine und lange Ohren,
dazwischen ist alles möglich, Schönheit und Gestalt. Die Wahrheit hat Akne und Furunkulose, das haben Lügen nicht. (...)
Und warum nicht gleich schweigen? Die Katze hat recht. (...)
Wir strecken uns, verlängern uns mit Gewalt. Der rötliche
Schimmer im Schwarz unserer Katze überwältigt uns, wir erfahren für Augenblicke die Wahrheit. Sie hat kurze Beine und
lange Ohren."-

[2] Die Substitution von 'Ü' durch 'Ö' kann nicht vergleichbar
erklärt werden; die Vermutung, es handele sich beim fraglichen Satz um ein (mehr oder weniger) vollständiges Anagramm,
fand bislang keine Bestätigung; dasselbe gilt für die Hypothese, hinter dem Orakelsatz verberge sich ein nachweisbares
Zitat.

[3] Überhaupt regen die eruierten Konstruktionstechniken, die
den Text hervorbringen, dazu an, sie eigenständig auch auf
seine Endform zu applizieren: würde man einzelne Elemente
des Textes, so wie er das Material bestimmter vorgefundener
Sprachteile, montieren, so könnte man, bloß die morphologische Ebene betrachtend, bilden: ZeitGeschichte, dolchStoßGe-
schichte, etc.; unterstellt, daß sich ähnliche reflektorische Transformationen auch bei anderen Texten als möglich
erweisen, so müßte man untersuchen, inwieweit die Maulwürfe
nicht bloß auf sie anwendbare Deutungstypen autogen einfüh-
ren, sondern auch die Assoziationsregeln, denen sie entspringen, gleichsam didaktisch für den Leser einüben; ob von
dort die Feststellung, cf. Bichsel, l.c., p. 143, "Günter
Eich macht den Leser zum Autor", ihre ganze Berechtigung erfährt, soll damit nicht vorentschieden sein.

Kriegs- und Vergiftungsvorstellungen indirekt provoziert sein
mag, könnte dann den Text auch durchgängig strukturieren: so
ließe sich der von der Textnorm abweichende Imperfekt "lagen"
(Z. 23) auch mit seiner phonetisch-graphemischen Ähnlichkeit zu
Lager motivieren.[1]
Nach all diesen Dechiffrierungsversuchen bleibt der Satz dennoch,
als was er sich ankündigte: ein schwer zu enträtselnder Orakelspruch, dessen niedergeschriebene Version, als Satz in einem
Schulheft gelesen, schon ihrer Orthographie wegen das Prädikat
"ungenügend" verdiente. Daß auch diese Beurteilung "Vorläufig",
also mit (zeitlich) eingeschränkter Gültigkeit, gegeben wird,
meint wohl nicht zuerst die Veränderungsmöglichkeiten im System
der Rechtschreibung[2]; ebenso nämlich kann auch das Sprechen wie
im Orakel disqualifiziert sein, wie ja auch das Orakel selbst
"vorläufig" für den, der es als Weissagung nutzen will, "ungenügend" ist.

------

[1] Vermutlich müßte dann in "heilte" (Z. 9) eine Entstellung des
Deutschen Grußes und in "Messerschnitt" (Z. 6) eine Anspielung auf Messerschmitt (Flugzeugbau für die Kriegsrüstung)
wiedererkannt werden; auch die tausend Jahre der Sage fänden
so ihre historisch unrühmlichste Entsprechung; cf. dazu auch
S. 32, Anm. 2, sowie die problematische Referenz zu Wilhelm
Schäfer, S. 35f.

[2] cf. den Anfang von "Steuererklärung", GW, I, p. 175f.: "Ver-
rottete Briefschaften (-inzwischen/ Silbentrennung und Orthographie geändert-)/ (...)", und: "(...) und die Wage schreibt
sich neuerdings mit zwei a.", aus dem Maulwurf "Späne", ibid.,
p. 317f.; hier steht das bewußt nicht voll ausgespielte Wortspiel Waage/wägen/wagen und der damit relevant werdende Wandel in der Orthographie eventuell für die Unbeständigkeit
des immer schon für gültig Gehaltenen, in einem System Etablierten, das bei Eich, wo immer es sich auch zeigt, den Argwohn am Positiven erweckt; cf. dazu auch die von Heise, l.c.,
p. 183, bekanntgegebene Briefstelle, wo der Sprachgag vollständig ausgereizt wird: "Ich habe mich sehr gefreut über
Ihre zunehmende Neigung zu meinen Gedichten, obwohl und weil
ich diese Übungen ebenso gut wie schlecht finden kann und sie
in tristen Momenten nur als Ausdruck schizophrenen Verhaltens
zur Welt begreife. (Warum auch nicht, sage ich im nächsten,
besseren. Oder ist es der schlechtere? Da wäre wieder ein Ansatz zu einem Waage-Spiel: Immer rechts und links abwechselnd
ein Gran zulegen. Ein Wage-Spiel. Oder ein Gramm - so geht
wie in diesem Beispiel alles endlos fort.)"; an dieser Passage
aus der Eichschen Korrespondenz wird auch deutlich, daß sich
die unterschiedlich seriösen Argumente des Maulwurfdiskurses
oft den naheliegend entlegenen privaten Reflexionen ihres
Autors verdanken.

Der Schlußsatz, wieder durch "Aber"-Anschluß (cf. S. 29) einge-
leitet, bildet letzte texterläuternde Opposition: "man", immer
noch mit dem "kalten Draht" beschäftigt, "wartet", "während"
(temporal, aber auch adversativ zu verstehen) "die Revolutionäre" dick und behäbig werden; der Ausdruck "Speck ansetzen" (zu
beachten die Gegenüberstellung "hartnäckig" versus Specknacken,
redneck) verweist noch einmal in die Sphäre der Küche, wo offensichtlich Geschichte stattfindet [1], "Herd" jetzt als Herd einer
Revolution genommen; die Attribute fürs wartende "man" (gleich
energisch, unduldsam) und für die Revolutionäre, die faul zu
sein oder zu werden scheinen, wirken durch Vertauschung oxymo-
risch. Die Un-Tätigkeit des Wartens wird emphatisch als die Aktivität, für die es sich noch lohne [2], unbeugsam zu sein, Rück-
schläge zu überwinden, weiterzumachen, vorgestellt.
Es soll noch auf die (auch optisch) strukturierende Funktion
der Klammersetzung hingewiesen werden. Die drei über den Text
verteilten Klammern sind so angelegt, daß sie dessen Mittelteil
einleiten und abschließen, sowie sein Zentrum markieren. Diese
Anordnung findet eine analoge Entsprechung in der Streuung des
Ausdrucks: kalter Draht, der zu Anfang und Ende des gesamten
Textes erscheint, wie auch in dessen Mitte, wo er sich mit der
Klammersetzung überschneidet.
Dieser jetzt abgeschlossene Textkommentar sollte die literari-
sche Vorlage nicht ins vereinfacht Eindeutige übersetzen; er

---

[1] cf. auch: "In der Küche weint der Haushalt ohne Hemmung.",
aus "Hausgenossen", GW, I, p. 312f.; und: "Ordnung kommt keine in die Welt, solange der Abwasch nicht vor dem Essen abge-
waschen werden kann.", aus "Bewendung", ibid., p. 368; und
noch: "So ist unser Haus, voller Überraschungen, ein langes
Laster besuchte uns und blieb zwei Jahre auf der Küchenbank.
(...) Das lange Laster - anderswo sagt man auch Elend - ist
so verschwunden als wäre es nie dagewesen, eine eigens für
uns erfundene Bilocation.", aus "Das lange Laster", ibid., p.
340f.; mit diesem Kolloquialismus für ein im Wachstum auf-
schießendes Kind werden Hunger und Elend als geschichtlich
verschuldetes Unglück thematisiert.

[2] cf. die Thematik des dritten Satzes, Z. 4ff.; cf. auch die
zugleich die elfte Marxsche Feuerbachthese wie die lateini-
sche Sentenz: tempora mutantur et nos mutamur in illis, ver-
spielende Textpassage aus "Ta dip", ibid., p. 346f.: "(...)/
Die verändert werden muß, die Welt muß. Wir verändern uns
mit, das ergibt sich so oder es strengt an, keine Ausreden.
Preußisch programmiert, da fährt einem der Gesang als Arbeit
in die Kehle und alle Muße ist durchwachsen. Mehr Talent fürs
Depressive."-

wollte bloß Informationen und Hinweise anbieten, die teilweise
vom Text selber nahegelegt wurden, teilweise auch aus anderen
Maulwürfen bereitgestellt werden konnten, um auf einige spezifische Konstruktionstechniken dieses gelesenen Stückes aufmerksam zu machen.

Daß es sich bei "Telefonisch" um einen den Vollzug der menschlichen (Selbst)Erinnerung wiedergebenden, ihn auch reflektieren-
den Text handelt, dürfte ohnedies offenkundig geworden sein[1];
welch überraschend großes Quantum an Assoziationsmaterial durch
welch überraschend geringes Textvolumen dabei affiziert werden
konnte, ist besonders insofern bemerkenswert, als die verstän-
dig bedauernde Rede von abbrechendem Darstellungsfluß, semantischen Zäsuren, Bildschnitten, etc., wie sie auch fürs vorgenom-
mene Beispiel charakteristisch sind, zu oft unhinterfragt mit-
zumeinen scheint, daß Sprachzerstörung zugleich schon Kommuni-
kationszerstörung bedeute; demgegenüber ließe sich gerade betonen, daß eine wie auch zu definierende Normalsprache, ihrer
pragmatischen Mitteilungsfunktion wegen immer schon auf denotative Eindeutigkeit abzielend, nicht länger den Maßstab für Kommunikationsleistung abgeben kann, wenn andere künstliche (und
künstlerische) Sprechverfahren quantitativ ökonomischere, qualitativ gründlichere und intensivere Mitteilungsweisen realisieren. Literatur wie die Maulwürfe kann dann aber auch nicht mit
einer an normalsprachlichen Standards orientierten Hermeneutik
rezipiert werden, da diese für die Sinnkonstitution dieser Texte über keine adäquate Resonanz verfügt.

Statt einer systematischen Zusammenfassung der in der Betrachtung beobachteten Textcharakteristika soll nun paradigmatisch
der Fiktionalitätstyp des Maulwurfs problematisiert werden;
dies Interesse verweist vorrangig auf die Frage nach der fiktionalen Identität des Textsubjekts, sowie nach dem von ihm realisierten und für den Leser sinnkonstitutiv ausgestalteten Zeitbe-
wußtsein.

---

[1] cf. dazu, um das diesbezügliche Problembewußtsein des Maulwurfs nicht zu unterschätzen, das Eichsche Paradox: "Ich bemerkte,/ daß Erinnerung eine Form von Vergessen ist.// (...)",
aus "Fortsetzung des Gesprächs", GW, I, p. 147ff.; die Attitüde des Erinnerns ist dann auch eine in den Maulwürfen sehr
häufig eingenommene Reflexionsposition.

2.

Als eingesetztes Textsubjekt fungiert "man"[1]; die im Maulwurf
durch Assoziationsimpulse vermittelten Erlebnis- und Erfahrungs-
bilder sind wesentlich die des sich in ihrer Darstellung selbst

---

[1] Übrigens ein von Eich in den Maulwürfen nicht allzu häufig in
Anspruch genommenes, dann aber mit Skepsis betrachtetes In-
kognito; die meisten Rezensionen gehen anscheinend davon aus,
daß es sich bei den Texten um eine Art Bekenntnisliteratur
ohne jede dramaturgische Brechung handle, worin der Autor
sagt, was er denkt; daß er auch in Gestalten denken und also
Gestalten denken und sagen lassen könnte, was er denkt und
was nicht, und auch, was er von diesen Gestalten denkt, wird
trotz Eichs jahrzehntealter Hörspielproduktion nicht ausreichend erwogen; peinlich wird diese nicht in Frage gestellte
Kongruenz von Autor und Textsubjekt, wenn man etwa Maulwürfe
wie "Episode", cf. GW, I, p. 314, betrachtet; es ist dann wenig hilfreich von einem ironischen Text zu sprechen, wenn man
die spezifische Verfassung der Ironie nicht untersucht; daß
sich rudimentär Psychogramme der Textsubjekte erstellen lassen, die dann mehr oder weniger deutlich die Genese ihrer
Fiktion sichtbar machen, zeigen auffällig etwa "Ein Nachwort
von König Midas", ibid., p. 338f., und "Jonas", ibid., p.
328f., wo sich das Textsubjekt namentlich vorstellt; daß
auch bei scheinbar nicht-fingierter Ichperson der Verdacht,
es träte in Wahrheit doch eine auch konstruierte Figur auf,
begründet ist, zeigt der Maulwurf "Carstensen", ibid., p.
363f.; der dort sich wiederholende Satz "Carstensen hat mich
gefahren (...)" ist buchstäblich übernommen aus Aichingers
Hörspiel "Besuch im Pfarrhaus", cf. Ilse Aichinger, Wo ich
wohne. Erzählungen Gedicht Dialoge, Ffm., 1963, p. 133ff.,
besonders p. 151ff.; dort schon kehrt der Satz refrainartig
wieder, von der mit "Zweites Kind" bezeichneten Rolle gesprochen; zur Funktion der Namensgebung bei Aichinger cf.
Friedrichs, l.c., insbesondere etwa p. 143; dieser frühere
literarische Zusammenhang liegt unbezweifelbar als ein die
Gestalt auch des Maulwurfsprechers konstituierendes Element
zugrunde; wenn es im Eichtext heißt: "Carstensen erschien
vor zehn zwölf Jahren, so lange fährt er schon.", so bezeichnet der angegebene Zeitraum ziemlich genau den zwischen den
Entstehungsdaten von Hörspiel und Maulwurf (1959/61 und
1970); die behauptete Differenz von Autor und Textsubjekt
eskamotiert ja nicht die Möglichkeit, daß sich der Autor
(partiell) vom sprechenden Textsubjekt repräsentieren läßt,
heißt aber, daß es bisweilen weitaus angemessener sein kann,
die Texte als sprachliche Entäußerungen bestimmter Bewußt-
seinsgestalten denn als Rede individueller Subjekte (historischer Figuren, Eich selber) zu nehmen: die Textsubjekte
selber haben es in den Maulwürfen ja oft auch mit Figuren zu
tun, die keineswegs prototypische Vertreter einer personalen
Identität (als Resultat menschlicher Individuation) zu sein
beanspruchen; so gehen nur zum Beispiel in die allein von ih-

darstellenden Subjekts. Wie aber ist dieses Subjekt vom Text her
wahrzunehmen?; ist seine Namenlosigkeit nur symptomatisch für
die Weise, in der man immer schon von sich spricht? Ohne in die
unauslotbaren Tiefen von Sein und Zeit einzutauchen, sei hier
- verkürzt und bloß als Verständigungsmittel - eine phänomenologische Bestimmung des "Man" vorgestellt[1]:
"Das Man ist überall dabei, doch so, daß es sich auch immer
schon davongeschlichen hat, wo das Dasein auf Entscheidung
drängt. Weil das Man jedoch alles Urteilen und Entscheiden vor-
gibt, nimmt es dem jeweiligen Dasein die Verantwortlichkeit ab.
Das Man kann es sich gleichsam leisten, daß 'man' sich ständig
auf es beruft. Es kann am leichtesten alles verantworten, weil
keiner es ist, der für etwas einzustehen braucht. Das Man 'war'
es immer und doch kann gesagt werden, 'keiner' ist es gewesen.
In der Alltäglichkeit des Daseins wird das meiste durch das,
von dem wir sagen müssen, keiner war es. (...) Jeder ist der Andere und Keiner er selbst. Das Man[2], mit dem sich die Frage
nach dem Wer[2] des alltäglichen Daseins beantwortet, ist das
Niemand[2], dem alles Dasein im Untereinandersein sich je schon
ausgeliefert hat."

---

rem Namen getragene Gestalt der "Laura" in "Lauren", cf. GW,
I, p. 353, Züge der von Petrarca, Schiller und anderen
(nicht nur literarisch) verehrten historischen Personen ein,
zu denen dann weitere, ursprünglich nicht zugehörige Daten
beigefügt werden, etwa der Hinweis, Laura sei "Gestorben 1899
im Tropeninstitut der Universität Tübingen."; vom Tropenmedi-
zinischen Institut der Universität Tübingen ist dann zu erfahren, daß im fraglichen Jahr das fragliche Institut noch gar
nicht existiert habe, was die Mehrdeutigkeit des Terms Tropen
in Erinnerung bringen könnte; die Textsubjekte verdanken also
offenbar ihre jeweilige (oft komplexe) Identität erst den Texten, denen sie dann aber auch nicht gänzlich logisch vorausgesetzt werden dürfen; die konkrete Person des Autors (Eich)
ist dann bloß mögliches Bestandteil der Konstitution des Textsubjekts; ob und inwieweit die einzelnen Stücke bekenntnis-
hafte Erklärungen des Autors abgeben, kann also nur im Einzelfall entschieden werden; so können auch Verweise auf vermutete Parallelstellen immer nur als problematische Interpretamente eines kohärent vorgestellten Maulwurfdiskurses, nicht
aber als reziprok funktionierende Belege gebraucht werden.

[1] cf. Martin Heidegger, Sein und Zeit, Tübingen, ^{12}1972, p.
126ff., Zitat p. 127f.; wie nah oder fern die existential-
ontologische Man-Analyse Heideggers dem Denken Eichs stehe,
kann freilich hier nicht debattiert werden.

[2] Im Text kursiv.

Der Existenzspielraum des "Man" ist die Alltäglichkeit des Daseins, seine Domäne die Schnittfläche, wo anonyme Privatheit auf
gesellschaftlich produzierte Ununterscheidbarkeit der Individuen
trifft. Nicht in exponierten Situationen, wo die Individualität
des Einzelnen gefordert und sichtbar wird, sondern dort, wo noch
jeder als Einzelner dem andern gleich ist, partizipieren alle
am Man; es ist weniger die Summe von allen, eher das allen Gemeinsame, ihr existentiell-biographischer Durchschnitt; Unterschiede abschattend wird, spricht man vom Man, "die Einebnung
aller Seinsmöglichkeiten"[1] als vollzogen gedacht. "Das Selbst
des alltäglichen Daseins ist das Man-Selbst[2], das wir vom
eigentlichen[2], das heißt eigens ergriffenen Selbst[2] unterscheiden. Als Man-Selbst ist das jeweilige Dasein in das Man
zerstreut[2] und muß sich erst finden."[3]
Eich vermittelt in "Telefonisch" individuelle Erfahrungen, ohne
sie individualisierend zu benutzen; das vierte Schuljahr hat jeder für sich, aber eben auch jeder von allen erlebt; Kindheits-
erfahrungen werden nicht in dem Maße konkretisiert, daß sie
nicht auch als Allgemeingut[4] einer sozial-kollektiven Erinnerung erscheinen könnten: man kennt das, was der Text assoziieren
läßt; es scheint, als gelinge es nicht, sich selbst in der In-
differenz des Alltäglichen zu profilieren; retrospektiv erweist
das Leben sich als beschädigt eben auch dadurch, daß Identifizierung als Selbstfindung verunmöglicht scheint.
Eklatant demonstriert dieser Text das Mißlingen der Erinnerung
(als Gespräch mit sich selbst); indem das Textsubjekt beabsichtigt, sich auf sich zu konzentrieren, wirft sich immer mehr der
Außenwelt Zugehöriges auf (der persönliche Lebenslauf als Ab-
bildungsfolie für Geschichtsverlauf und Zeitgeschehen), worin es
sich zerstreut hat; diese Zerstreuung ist nicht durch Erinnerung

---

[1] cf. Heidegger, l.c., ibid.

[2] Im Text kursiv.

[3] cf. ibid., p. 129.

[4] cf. aus "Bei der Betrachtung von Schillers Feder", GW, I, p.
381f.: "'Man' sage ich, - ich weiß, daß es nicht erlaubt ist.
Aber ich hoffe auf etwas Allgemeines, (...)"; - dieser Text,
wie alle Maulwürfe mit einer GW-Seitenzahl über 380, gilt als
erst posthum veröffentlicht.

reparabel; kaum präsentiert sich ein Motiv, so wird es durchs
nächste verdrängt; Erinnerung vermittelt so die in sich zerbro-
chene Struktur der Erlebnisfolge; Leben erscheint in ihr nicht
als kompakter Komplex, sondern als lose Anhäufung einander in-
adäquater Fragmente; die Sprache, in der über sich gehandelt
werden soll[1], ist die Sprache aller, die Sprache der Sprichwörter, die fertiggemachte Sprache; der authentische Anteil des
Selbst an dem, was man ist und war, ist kaum noch zu ermitteln;
das gelebte Leben läßt sich erinnern nur im Modus des Ungesicherten, als ob jede Entäußerung Entfremdung mitgesetzt hätte;
konfrontiert mit der Hermetik des kretischen Paradox ("alles
hat sein Gegenteil") schlägt das Bestimmen des Eigenen in frem-
delndes Orakeln um.

Die eigenartige Textstruktur unterstützt diese Vorstellung von
der Unmöglichkeit, Bilanz zu ziehen, nach Sinn und Zweck, nach
dem Wert des eigenen Lebens zu fahnden. Alles vom Text Gesetzte
wird auf seiner Oberfläche sofort wieder durch Assoziationsbruch
oder Konsistenzeinschränkungen vollständig oder teilweise gelöscht; aber nicht nur die syntaktischen Anschlüsse (allein
sechsmal explizit ein das Vorausgesetzte relativierendes "aber",
cf. noch einmal S. 29) und die motivische Diskontinuität bringen
zum Ausdruck, daß Selbstversicherung scheitert; es ist vor allem
auch das Moment der Zeitlichkeit, was die Bezugnahme des Man auf
sich stört: man findet sich nicht mehr ungebrochen vor, es wird
fraglich, ob sich durch Zeit durchhält, was man selbst (gewesen)
sein könnte.

Der ganze Text, fast ausnahmslos im Präsens gehalten, ist eine
schwer konturierbare Kontamination von Aktualität (der Gegenwart; die Situation: jemand hängt am kalten Draht) und der Pseu-
dorealität (vergegenwärtigter Vergangenheit); die einzelnen
Textelemente sind nicht eindeutig einem dieser Bereiche zuzuordnen, da auch eine Vermengung von Erinnern und Erfinden angedeu-

---

[1] Eich reflektiert passim vor der (Un-)Möglichkeit, "man" zu sagen, die Problematik der ersten Person, des "Ich" als Textsubjekt, so etwa: "Ich ist ein Heuchler, ein Dummkopf, ein un-
empfindlicher Mensch. Aber wenn ich mir so konkret komme, la-
che ich bloß.", aus "Ich stehe neben mir", cf. GW, I, p. 395;
cf. noch aus "Marktflecken", ibid., p. 331f.: "Da steht das
Ego in jeder Zeile, es verbirgt am besten."-

tet wird (Z. 3); die gedoppelte Fiktion entsteht dadurch, daß
ein hier eingesetztes Textsubjekt für sich selber spricht und
daß der Text nichts anderes ist, als was der Leser vom "man"
erfährt. Der Leser ist also auf einen Erzähler (Erzähler?) angewiesen, der selber im Unklaren darüber zu sein scheint, welcher modale Status (Realität oder Fiktion) dem von ihm Geäu-
ßerten zukommt. Wenn aber die Realität (als erlebte Vergangenheit) dieses Sprechers möglicherweise durch Fiktion ersetzbar
ist, dann verfällt der Erzähler mit seiner Glaubwürdigkeit, das
Erzählte aber bleibt - quasi unverursacht - als Rest zurück.
Die evozierten Momente sind als solche der realen Vergangenheit
fragwürdig geworden, nicht aber als Relata einer Erinnerung,
die sich auf Reales oder Fingiertes beziehen kann.
Der sich Erinnernde verschwindet in der Art, wie Sicherinnern
dargestellt wird. Das je Erinnerte wirkt vor der Weise, sich zu
erinnern, sekundär und fast beliebig. Das Textsubjekt repräsentiert deshalb nicht nur eine konkrete, sich an ihr Leben erinnernde Person (etwa Eich), sondern gleichsam auch diejenige Be-
wußtseinsinstanz, die alles menschliche Erinnern mit dem Argu-
ment Fiktionsbildung in Frage stellt; insofern spielt sich im
Text modellhaft der Vorgang der Selbstnegation ab. Die Realität
des Textes aber begründet die Illusion, er existiere außerhalb
der Selbstnegation implizierenden Zeitlichkeitsverfassung[1]:
Fiktion - jetzt auch als künstlerisches Schaffen - wird alternativ dem Lebensvollzug gegenübergesetzt; sie ermöglicht ein
Selbst, das im Laufe der Zeit (reales Leben) immer wieder zunich-

---

[1] Die Temporalität der Existenzverfassung scheint überhaupt
eines der Eich zum Schreiben provozierenden Motive zu sein;
"Nach meiner Vermutung liegt das Unbehagen an der Wirklichkeit in dem, was man Zeit nennt. Daß der Augenblick, wo ich
dies sage, sogleich der Vergangenheit angehört, finde ich
absurd.", cf. GW, IV, p. 441f.; von diesem frühen programma-
tischen Satz aus der oft zitierten Rede "Der Schriftsteller
vor der Realität" (1956) bis zum späten Maulwurfskalauer "Endlich weiß man, was Zeit ist: Solang man auch trödelt, es wird
nicht früher.", aus "Zeit und Zeitung", ibid., I, p. 306,
läßt sich die Zeitthematik als sachproblematisches wie poeto-
logisches Philosophem des Eichschen Werks nachweisen; insofern scheint Eich an einem traditionellen Selbstverständnis
der Literatur zu partizipieren, wonach das in ihr Mitgeteilte immer einem Sprechen gegen die Zeit und gegen den Tod angehört.

te wird, eben dadurch, daß sie diese Selbstvernichtungsprozeduren, weil sie reflektorisch außerhalb bleibt, überstehen kann.
Zeit interessiert den Maulwurf "Telefonisch" nicht als abstraktes Kontinuum, das all unsere Vorstellungen und lebenswirklichen Möglichkeiten umfaßt hält; sie wird ihm stattdessen Thema als konkrete Abfolge[1] verlustig gehender Augenblicke; nicht als transzendentaler Besitz menschlicher Intelligenz, als den Kant Zeit analysiert, zeigt Zeit sich in der Zeit des Lebens einzig als Zeitverlust.
Eich, auf der Suche nach der verlorenen Zeit, archäologisiert aber nicht primär in romantisch beschwörender Geste das für immer Unwiederbringliche; die vom resignativen, deskriptive Weitschweifigkeit ablehnenden Sprechduktus deutlich gemachte Melancholie keimt vielmehr aus der Einsicht, wie unzulänglich die Raum-Zeit-Koordination von begrifflich bestimmter Wirklichkeit mit dem intimen Selbstbewußtsein subjektiven Lebens in Einklang zu bringen ist. Eichs Relativität verneint die erhoffte Gleichzeitigkeit von gelebter Lebensphase und bewußter Bezugnahme darauf; indem er nicht nur argumentativ behauptet, sondern im Text von dessen Subjekt imaginativ vorführen läßt, daß das Moment des Bewußtseins immer schon in Differenz zum Lebensvollzug sich vorfindet, unterstützt er eine Vermittlungsskepsis, die etwa erzählendes Abbilden von vorgegangener Wirklichkeit als schlechte Imitation disqualifizieren müßte. Ein seiner selbst gefährlich unsicher gewordenes Subjekt konfrontiert mit der von ihm nicht mehr in vertretbarem Zusammenhang[2] zu vermittelnden Zeit seines

---

[1] Die Intention, das Abstrakte durch poetische Definition zu konkretisieren, wird u.a. im Maulwurf "Bewendung" sprachspielerisch eingestanden: "Damit könnten wir es bewendet sein lassen, sein Bewenden haben können, es bewendet haben sein, - wie auch immer. Ich meine die Bewendung, die ja auch selten ist, ein Phänomen der Grilltechnik, nicht der Politologie, sonst wäre sie viel bekannter. Die Bewendung begegnete mir neulich wie Gogol seine Nase, gerade in ein Taxi steigend. Endlich ein Abstraktum konkret geworden, ich war glücklich, das Konkrete ist so selten und man sieht es sofort ein und begreift gleich (...)", cf. GW. I, p. 368.

[2] Der Argwohn gegen solche von der Vernunft geforderten und vom Verstand beigetragenen Zusammenhänge ist nicht nur bei Eich Teil seines, wie es oft heißt, schier unbegrenzten Ideologieverdachts; cf. den Text "Schlechte Wörter" seiner Frau Ilse Aichinger, in: "schlechte Wörter", Ffm., 1976, p. 7f.:

vermeintlichen Lebens, - diese Konstruktion und der verbale
Spielraum vor dem Hintergrund verfügbarer Sprache sind Eichs
Elemente, um mimetisch die (scheiternde) Selbstbezugnahme der
historischen Individualität zu thematisieren.

Dieser Mimesis ans Mißlingen selbstversichernder Identifikation
wird vom Autor ein hochsensibles Assoziationsvolumen anvertraut;
bei weitgehendem Verzicht auf die ansonsten fiktionsbildenden
Illusionskomponenten traditioneller Prosa (plot, character, etc.)
- womit selbstredend auch die Möglichkeit rigider Rezeptionskon-
trolle seitens des Autors abnimmt -, erfüllt die Zeichenaggrega-
tion des Textes die für die Konsistenzverfassung notwendige In-
tegrationsleistung.[1] Insofern ist das Textsubjekt als Sprechrol-
lenträger auch das Medium, vermittels dessen es zu der spezifischen sprachlichen Organisation der Maulwurfrede kommt; das Textsubjekt ist ja real wie auch in der Absicht der Fiktion die zu
Wort kommende Autorität, in deren Verbalverhalten der Umschlag
konnotativer Relationen in denotierende Bedeutung nachprüfbar angelegt ist.

Während dem Textsubjekt, so wie seine Sprache gewertet werden
muß, die intendierte Kommunikationsaufnahme mit der eigenen Vergangenheit nicht gelingen will, bezeigt dieselbe Sprache als
Maulwurfdiskurs des Autors Eich ihre Fähigkeit, noch die faktisch scheiternden Prozeduren des Erinnerungsversuchs für die
Nachvollziehbarkeit des Lesers aufzubereiten. Die Sprache des
Textprotagonisten, die diesem offensichtlich seinen eigenen Lebensvollzug nicht mehr akzeptabel zu vermitteln vermag, vermittelt eben dadurch die Einsicht in ihr Scheitern.

Ähnlich wie das Textsubjekt seiner intentional definierbaren
Perspektive verhaftet ist, so ist der Leser des Maulwurfs dem
funktional zu definierenden Perspektivismus des Textes verhaftet. Das den Text diktierende "man" ist die einzig auftretende
und verantwortliche Instanz, und von seiner Kompetenz hängt die

----

"Ich bin auch bei der Bildung von Zusammenhängen vorsichtiger
geworden. (...) Niemand kann von mir verlangen, daß ich Zusammenhänge herstelle, solange sie vermeidbar sind. Ich bin
nicht wahllos wie das Leben, für das mir auch die bessere Bezeichnung eben entflohen ist.".-

[1] Zum weiten Feld des literarischen Illusionsbegriffs cf. Lobsien, l.c., insbesondere p. 61ff.

Überzeugungskraft der durch es selbst vorgestellten Erfahrungen
ab. Eich, der ja nicht in persona die Sprache ergreift, kann die
Hermetik dieses Prozesses nur insofern öffnen, als er zuläßt,
daß seinem Protagonisten Darstellungsbrechungen unterlaufen, die
dann dem Leser Distanzierungschancen einräumen würden. Solche
Brüche könnten durch die prismatisch beigesteuerten Assoziations-
bündel, die mit der durch den Sprecher mehr oder weniger souverän beherrschten Sprache in den Text einfallen, ausgelöst werden. Während das Textsubjekt fraglos noch seiner ursprünglichen
Absicht folgt, den jetzt Bewußtseinserweiterung versprechenden
Kontakt zu ihm wesentlichen Stationen seines Lebensweges aufzunehmen, wird der Leser als Zeuge dieses Prozesses nicht nur an-
gehalten, ihn mit seiner eigenen Lebens- und Selbsterfahrung zu
vergleichen, sondern er wird darüber hinaus aufgefordert, die
indirekt erscheinende Thematik des an der Temporalität seiner
Existenz objektiv zerbrochenen Selbst (der Fiktion) als gemeinte
Aussage des Maulwurfs zu erwägen.
Die von Eich benutzte Darstellungsstrategie des Maulwurfs würde
somit nahelegen, in dem Text "Telefonisch" eine exemplifizieren-
de Formulierung von Grundproblemen der eigenen - auch poetischen - Daseinsbewältigung zu sehen, wie sie sich unter den herauslesbaren Bedingungen einer sich selbst definierenden, proba-
tiv operierenden Experimentalfigur entwickeln ließe. Einer solchen Darstellung käme notwendigerweise bloß transitorische Bedeutung zu. Die Vermittlungschance der indirekten Mitteilung,
in deren Ernst der partiell-anonyme/-pseudonyme Charakter des
größten Teils Eichscher Maulwurftexte gründet, ermöglicht dann
Problempräsentationen, die nicht unter Hinweis auf die Distanz
zur authentisch-historischen Person Eichs von ihrer Gültigkeit
einbüßen.
In diesem thematischen Zusammenhang sei kurz auf den Anfang des
Maulwurf "Altern"[1] verwiesen, der ähnlich das Motiv der personalen Selbstannahme aufwirft. "Auf dem Löschblatt sind noch
Briefe zu lesen, Scheckunterschriften, Liebe, Gedichtzeilen, alles gegen mich. Wer macht sich die Mühe, mein Feind zu sein?",

---

[1] cf. GW, I, p. 336f.

soweit die ersten beiden Sätze des Textes. Hier artikuliert das Textsubjekt "ich" die Erfahrung, daß ihm alles, was von ihm geschrieben und hervorgebracht wurde, jetzt (spiegel)verkehrt, gegen es gerichtet, ja feindlich vorkomme.[1] Eich stellt die Bewegung des menschlichen Bewußtsein in der Zeit als ein andauerndes Widerrufen, Sichwiderrufen dar; die Chance zur gelingenden Identitätserfahrung wird nur für den dauerlosen Augenblick gesehen.[2] In der Ausnahmslosigkeit, mit welcher er Zeit als identitätszerstörend denunziert, distanziert er sich auch von dieser Identität, einem Basistheorem abendländischen Denkens, selbst.[3]

Das in der Maulwurfsprache aktive Bewußtsein entwickelt sich zu einer Dimension, welche von zu Gestalt gewordenen Erinnerungen, die im Sprechen Selbständigkeit erlangen, bevölkert wird[4]; Vor-

---

[1] cf. auch die spezifisch auf das schriftstellerische Selbstverständnis abzielende Stelle, GW, I, p. 372, aus "Exkurs über die Milz": "Einmal ausgesprochen ist für immer gesagt, zu meinem Leidwesen. Man möchte manches wieder einatmen und in der Milz hinterlegen, ziemlich tief links außen, man möchte seine bescheidenen Geheimnisse behalten."; cf. dazu Schafroth 1973, l.c., p. 475, der auf das enthaltene Horazzitat aufmerksam macht; zu "Milz" in der mythischen Anatomie der Griechen Sitz des Gedächtnisses, griechisch: splen, auch Wurzelwort zu Spleen.

[2] Etwa: "Er kennt die Verspätung, er weiß, wir kommen mit unsern Träumen nicht nach, höchstens die Erdnüsse sind eins mit ihren Sekunden. Und was nützt uns das? Sie sind schädlich, sind nicht einmal Nüsse.", aus "Nach Bamako", cf. GW, I, p. 320f.

[3] Hierzu etwa die diversen Versionen eines im Eichschen Spätwerk paasim auftretenden Topos: "Ich habe Schmerzen, wo ich nicht bin. In einer Zimmerecke oben, die ich auch mit dem Besen nicht erreiche, ein Pochen wie in einem wehen Finger. In einer andern Ecke ein ziehender Schmerz, rheumatisch könnte man sagen. Vor und hinter mir und an beiden Seiten, während ich an meinem Schreibtisch sitze und Tabletten esse.", aus "Phantomschmerzen", ibid., p. 322f; mit diesen und ähnlichen Formulierungen, cf. nur noch ibid., p. 396: "Auch wo ich nicht zuhause bin (...)", scheint Eich auf ein früheres, von ihm und seiner Frau poetisch behandeltes Thema zu antworten, cf. dazu nur das "Botschaften"-Gedicht "Wo ich wohne", ibid., p. 91, sowie Aichingers Erzählung gleichen Titels, in: I.A., Wo ich wohne, Ffm., 1963, wiedergedruckt in: I.A., Nachricht vom Tag, Ffm., 1970, p. 66ff.

[4] cf. etwa "Ein Tibeter in meinem Büro, GW, I, p. 362f.

stellungen von Einheit werden erschüttert und aufgegeben[1]; das
Wahrnehmbare erscheint beziehungslos, Zusammenhänge sind frei
gesetzt, aufgebbar[2]; dem Leser werden so selektiv Sinnfügungen
zugemutet, die, gemessen an seinen konventionellen Denktechni-
ken, paradox sein müssen, von den einzelnen Texten aber - quasi
jenseits der reinen Verstandesbegriffe[3] - Legitimation erfahren. Wenn Eich sagt, er wolle "eine Realität gewinnen (...)
durch das Wort"[4], so ist es gewiß auch eine Gegenrealität zu
derjenigen, die durch standardisierende Rationalität nur immer
bestätigt werden kann.
Zweck dieses knappen, lemmatischen Überblicks, der keineswegs
vollständig übers fragliche Motiv informieren kann, ist die Verdeutlichung des Hinweises, daß und wie sehr ein entwickeltes,
weiterreichendes Verständnis der Maulwurfprosa von der Berücksichtigung auch die Einzelstücke übergreifender Strukturen abhängt, die ja erst in der Gesamtheit der Texte dem Leser promis-
cue sichtbar werden; diese Einsicht will keinesfalls die Stringenz und die poetische Abgeschlossenheit verneinen, mit denen
der Einzeltext ausgestattet ist, - und die nachzuweisen, Aufgabe von Textkommentaren und Einzelanalysen bleibt. In dem Maße
aber, wie die Konzentration auf einen singulären Maulwurf den
Verdacht provozieren mag, das oft vorschnell rezeptierte Herme-

---

[1] Bis in die Zerstörung der Satznorm hinein; cf. "Landausflug",
GW, I, p. 321f., dort: "Ein Vogelpaar belebt den First. Es
schnäbelt, sie schnäbeln, was man ihnen gar nicht gestatten
sollte, da es Geier sind. (...) Wie ist es möglich, daß auch
sie es an der Liebe teilnimmt? Es genügte, wenn ihre Nachkom-
men aus Schmutz entstünden. Nein, Gottes Vogel ist das nicht,
sind nicht."-

[2] "Gehör heißt fünf Minuten lang synoptische Sätze. Fünf Minuten heißt Zeit oder Himbeere oder Forellenquintett. Himbeere
heißt Zustand, Forellenquintett eine chemische Verbindung
von eßbar und Quantentheorie. Man kennt sich aus.", aus "Erinnerung an morgen und noch weiter zurück", ibid., p. 367f.;
"Es ist an der Zeit, die Selbstmordquote der Metzger nachzuschlagen. Die Zusammenhänge sind deutlich, wenn ich auch
nicht weiß, welche Zusammenhänge.", aus "Landausflug", l.c.

[3] cf. etwa die Verballhornung von Kausalitätsrelationen in
"Zaubersprüche", ibid., p. 351.

[4] cf. ibid., IV, p. 414 (aus einem Interview, 1971).

tismusetikett[1) sage bisweilen weniger über die genau zu lesen-
den Texte als über die hermeneutische Verschlossenheit ihrer
Rezipienten aus, muß auch eine problemorientierte Bearbeitung
des gesamten Textvolumens den Stellenwert der Einzelexemplare
im Ganzen der Gattung zu bestimmen ermöglichen.
Wie die bisherige Erörterung zeigte, lassen sich vielfältige Bezüge von einem zum anderen Text dieser Spezies nachweisen; das
Interesse am möglichst ausgebildeten Verständnis des jeweiligen
Textes muß daher um die Erkenntnisperspektive bereichert werden,
in welcher das Zusammensein der individuellen Maulwürfe in der
Schar ihrer Genossen erst in Erscheinung tritt.[2)
Es soll also versucht werden, im Blick auf das Textmaterial und
im Vollzug einer ersten Übersichtslektüre einige Merkmale der
Maulwurftexte nun kennenzulernen und sie so zusammenzustellen,
daß sie provisorisch als Textsorte aufzufassen sind und daß die
nächste eingehende Textbetrachtung sich konkret formulierten
Fragen widmen kann. Präferenzen werden dabei solchen Beobachtungen zukommen, die das über Eich bisher Geschriebene - einige
der wichtigeren publizierten Stellungnahmen zu den Maulwürfen
sollen ja später referiert werden - nicht unnütz wiederholen.

3.

Eich hat nach den Angaben von Müller-Hanpft[3) die in den Gesammelten Werken als "Maulwürfe" präsentierten Texte, es sind dort
133, in den Jahren 1966 bis '70 verfaßt, also zu der Zeit, in

---

1) Zum Hermetismusbegriff in Verbindung zur Eichlyrik cf. Schäfer 1971, l.c.

2) Eich selber schlägt für die Behandlung seiner Maulwürfe vor:
"Meine Maulwürfe werden täglich gewaschen und gestriegelt.
Das besorgt eine Fachkraft, eine Winterstudentin, 30, mit ihrem vierzehnjährigen Zwitterkind. (...) Auch Maulwürfe sind
abhängig von Liebesbeweisen und ich bin nicht begabt genug dafür, zumal es jetzt schon über fünfzig sind, alle individuell
ausgeprägt./ Oft schlage ich die Beine übereinander, (...)
und denke nach. Aber ohne Ergebnis.", aus "Winterstudentin
mit Tochtersohn", cf. GW, I, p. 302f.; eine explizite Nennung
der Maulwürfe in den Maulwürfen ist noch in "Präambel", "Zwischenakt" und "Kehrreim" nachzuweisen.

3) cf. Müller-Hanpft 1973, l.c., p. 428ff.

welche auch die Veröffentlichung des Gedichtbandes "Anlässe und
Steingärten"[1], sowie der Wiederabdruck der "Fünfzehn Hörspiele"[2] fallen; 1971 verfaßte Eich sein letztes Hörspiel, "Zeit
und Kartoffeln"[3], '72 erschienen die zehn letzten, größtenteils
im Vorjahr geschriebenen Gedichte unterm Titel "Nach Seumes Papieren"[4]; in seinem letzten Lebensjahr soll er an einer Reihe
von (bisher unzugänglichen) Kurzdramen gearbeitet haben.[5]
Die Redatierung der einzelnen Maulwürfe[6] geht auf Notizbuchein-
tragungen und Manuskriptdatierungen des Autors zurück; dadurch
entsteht der Eindruck, Eich habe phasenweise, dann aber sehr intensiv seine Texte fertiggestellt; so hat er etwa in den elf Ta-
gen vom 20.1. bis zum 30.1.'68 wenigstens dreizehn Maulwürfe
produziert, während zwischen dem 11.1. und dem 1.9.'69 kein einziger, später veröffentlichter Text nachgewiesen werden kann.
Die häufig auffindbaren Frühfassungen lassen aber eher vermuten,
daß die Bearbeitung der jeweiligen Texte den Autor über größere
Zeiträume beschäftigte.[7]
Dasselbe machen die unbezweifelbaren, bisweilen gar textidentischen Transpositionen deutlich[8]; nimmt man die Datierung, wie

---

[1] Erstveröffentlicht: Ffm., 1966.

[2] Ffm., 1966; enthaltend die Spiele aus den Bänden "Träume",
"Stimmen", "In anderen Sprachen", Ffm., 1953, '58, '64.

[3] cf. GW, III, p. 1347ff.

[4] Erstveröffentlicht: Darmstadt, 1972.

[5] cf. Schafroth 1973, l.c., p. 463, sowie ders. 1976, l.c., p.
155; Neumann 1974 (a), l.c., drückt zweifelnd sein Befremden
über die angebliche Unauffindbarkeit dieser Schriften aus.

[6] cf. Müller-Hanpft 1973, l.c.

[7] cf. etwa "Lauren", wozu ibid., p. 437, angemerkt ist: "(September oder Oktober 68), geändert 6.9.1969".

[8] Als einziges Beispiel sei angeführt: "Unpassend", dessen Passage "Es bleibt nichts übrig als den Kopf mit den Händen zu
stützen. Eine Geste, die mir immer öfter unterläuft. Eine Geste, die einen verstimmt. Wie wenig paßt der Kopf in die Hände. Das ist nicht vorgesehen.", cf. GW, I, p. 392, in der ersten handschriftlichen Fassung von "Preisgünstig" ("Wie wenig
paßt der Kopf in die Hände. Nichts schließt sich, eine Geste,
die nicht vorgesehen ist."), ibid., p. 435, sowie in dessen
Endfassung, ibid., p. 340, wieder auftaucht; dasselbe gilt
auch für Textteile in "Dreifache Post", ibid., p. 385f., die

sie in den Gesammelten Werken vorgeschlagen wird, so hätte Eich,
als er "Am 29.7.1967 (...) in einem Schreiben an Suhrkamp Verle-
ger Unseld für den projektierten Band" den Titel "Gesammelte
Maulwürfe" vorschlug[1], auf ganze sieben Texte zurückblicken
können[2], in welchen im übrigen kein einziger Hinweis auf die
in (vermeintlich) späteren Texten dann ausdrücklich auftretenden Maulwürfe[3] zu finden ist; es ist bedauerlich, daß die Re-
datierungsversuche zumeist nur Letztfassungen (Reinschrift?) berücksichtigen und so wichtige Informationen zu den Einzeltexten
nicht anbieten können, da sich annehmen läßt, daß einzelne Textpassagen oder auch ganze Texte sich der Bezugnahme auf aktuelle
Ereignisse ihrer Entstehungszeit verdanken.[4]
Ähnlich unkorrekt[5] ist leider auch die Einteilung in veröffentlichte und "unveröffentlichte Maulwürfe" getroffen worden; nach

---

ohne weiteres zu den schon fünf nachgewiesenen Frühfassungen
von "Frühgeburt", cf. GW, I, p. 367 und p. 439, zu zählen wären.

[1] Zitiert nach Müller-Hanpft, ibid., p. 429.

[2] Außerdem wären noch die drei längeren Texte "Dem Libanon",
"Hilpert" und "In das endgültige Manuskript nicht aufgenommenes Bruchstück einer Memoire" fertiggestellt, jedoch auch
schon 1966 veröffentlicht gewesen; cf. G. Eich, Drei Prosastücke, in: Neue Rundschau, Jg. 77, 1966, p. 557ff.; es mag
etwas ungereimt klingen, daß ein Autor, der mit seinen Manu-
skripten geizte, cf. Unseld, l.c., p. 5f., mit einem solch
geringen Textbestand über eventuelle Buchveröffentlichungen
verhandelte; vielmehr ist anzunehmen, daß Eich schon konzi-
pierte Texte erst später, zu den von Müller-Hanpft reklamier-
ten Daten, druckreif notierte.

[3] Die S. 52, Anm. 2, genannten Texte ("zumal es jetzt schon
über fünfzig sind") sollen erst zwischen dem 18.1. und dem
27.2.1968 entstanden sein.

[4] cf. hier nur das Entstehungsdatum von "Zeilen an Huchel": 31.
3. 1968; am 3.4.'68 wurde der damals in der DDR in völliger
Isolation gehaltene Lyriker Peter Huchel 65 Jahre alt.

[5] Neumann 1974 (a), l.c., hat zuerst, verbunden mit gehöriger
Herausgeberschelte - ausgenommen wurde nur die Hörspieledi-
tion von Bd. II und III - eine Mängelliste vorgelegt, die allerdings, wie zu sehen ist, noch um gravierende Punkte ver-
längert werden muß; da sich seinerzeit offensichtlich noch andere Versehen und Auslassungen nachweisen ließen, kann er, cf.
Neumann 1974 (b), l.c., p. 752, wenig später vom Entschluß des
Verlags "zu einer Überarbeitung des 1. Bandes" berichten; die
Dringlichkeit der Verwirklichung dieses guten Vorsatzes wird
mit weiteren Jahren nicht geringer.

nur punktuell vorgenommenen Stichproben ist anzumerken, daß die
Texte "Schloßbesichtigung" und "Wegbeschreibung" mit geringen,
aber bemerkenswerten Abweichungen, die beiden "Bleib auf den
Stufen der Missionsschule" und "Auch wo ich nicht zuhause bin"
– allesamt als unveröffentlicht ausgewiesen – leicht bearbeitet
als Teile anderer Maulwürfe veröffentlicht wurden.[1]
Andrerseits findet der erste Druckort von "Zeilen an Huchel"[2]
keine Erwähnung; er und andere Abdrucke anderer Texte[3], sowie
zwei Widmungen[4] zeigen, daß Eich auf Maulwurfebene korrespon-
dierte[5] und die Texte auch als persönlich gemeinte Äußerungen

---

[1] cf. G. Eich, "Schloßbesichtigung", "Wegbeschreibung", in: H.
L. Arnold (Hg.), Text+Kritik, Heft 5, München, 1971, 2.
Aufl., p. 5f.; cf. GW, I, pp. 383, 383f.; in den Anmerkungen
ist, cf. ibid., p. 442f., für beide Texte vermerkt: "offenbar
zum Druck vorgesehen"; "Auch wo ich nicht zuhause bin", ibid.,
p. 396, findet sich wieder als dritter Absatz von "Phantomschmerzen", ibid., p. 322f., "Bleib auf den Stufen der Missionsschule" als Hauptelement des mittleren Absatzes von "Salz",
ibid., pp. 395, 320; die Abweichungen sind jeweils als Spuren
der Textgenese von Bedeutung.

[2] cf. G. Eich, "Zeilen an Peter Huchel", in: O.F. Best (Hg.),
Hommage für Peter Huchel, Zum 3. April 1968, München 1968,
p. 18; neben der Titeländerung findet sich in dieser ersten
Fassung auch ein schon in: G.E., Ein Tibeter in meinem Büro,
49 Maulwürfe, Ffm., 1970, p. 27, fortgefallener, erläutern-
der Satz: nach "klingt griechisch" heißt es: "Es ist die Muse
des Gedächtnisses, die Mohnmuse könnte man sie verdeutschen."
der letzte Textsatz (als eigener Absatz) lautet dort: "PS.
Teile dir mit, daß der Schnee liegen bleibt."; Eich scheint
also sowohl die erklärende Passage (die Muse "Neneupe", aus
"Nebelkrähen, Neuntöter und Petroleum"; cf. griechisch: mne-
mosȳnē, Erinnerung, als nomen proprium: Mutter der Musen),
als auch den durch "PS." verdeutlichten Briefstil wieder gelöscht zu haben.

[3] cf. etwa G. Eich, "Berufsberatung", in Rudolf de le Roi (Hg.)
Jemand der schreibt, 57 Aussagen, München, 1972, p. 273; aber
auch die frühe Publikation seiner "Fünf Maulwürfe" ("Viareg-
-gio", "Klimawechsel", "Kurmittel", "Sünde", "Salz") in: Merkur, Jg. 21, 1967, Heft 6, p. 562ff., hätte in den Anmerkung-
en erwähnt werden dürfen; Angabe für "Viareggio", cf. GW, I,
p. 432, "21. bis 23.8." 1967 also mehr als fragwürdig.

[4] cf. "Exkurs über die Milz", GW, I, p. 372, "für Uwe Johnson",
und "Fußnoten zum Brehm", ibid., p. 377, "für Günter Bruno
Fuchs"; cf. auch die Repliken von Johnson und Fuchs, l.c.

[5] Daß die Maulwurfprosa in Eichs späten Jahren tatsächlich
auch seinen Briefstil beeinflußte, braucht man nicht mehr
nur den Bemerkungen einiger Eichfreunde zu glauben; in: Poesie, Zeitschrift für Literatur (hg. von Frank Geerk und Ta-

gelesen wissen wollte.

Diese Anmerkungen zur Edition der Maulwürfe wollen nicht die im
" **Editorischen Nachwort**"[1] dargelegten Schwierigkeiten beiseite-
schieben; nur wäre zu wünschen, daß diesen akribisch gearbeite-
ten Texten eine - wenigstens für den Bereich der bisher freigegebenen Produktionen - (halbwegs) kritische Ausgabe gegönnt würde; für manche Texte wäre zum Beispiel - auch übers schon geschehene Maß hinaus - zumindest ein terminus post, beziehungsweise ante quem angebbar gewesen.[2] Insbesondere ist es zu bedauern, daß Frühfassungen, von denen auf die Entstehungsgeschich-
te der Stücke geschlossen werden könnte, anscheinend ad libitum
der Herausgeberin vorgestellt oder fortgelassen werden[3]; so
sind leider Variantenvergleich und Feinanalysen, wie sie aufgrund
einer übersichtlichen Textgeschichte zu erbringen wären, nur un-
gesichert zu bewerkstelligen.

Aus den publizierten Frühfassungen der Texte kann, global geur-
teilt, ersehen werden, daß Eich sich bemühte, das vorhandene Material zu kürzen und zu verdichten, Komprimation von Extension
vorzunehmen; dies geschieht nach den Implikationen des schon
früh (1962) notierten Wunsches: "Die Sprache, die ich sprechen
möchte, müßte verbergen."[4]; auf "eine private Wunschliste, wei-

---

deus Pfeifer), Basel, Jg. 5, 1977, Heft 1, p. 30ff., sind 16
Briefe aus 21 Jahren (Adressat ist der schweizerische Schriftsteller Rainer Brambach) abgedruckt; andere Briefe, die er erhalten hat, stellt Karl Krolow, "Plötzlich bist du voll Gesicht und Namen", in: FAZ, 9.11.1974, vor.

1) cf. GW, I, p. 399ff.

2) So könnte man, nur z.B., die Frühfassungen von "Seepferde",
cf. GW, I, p. 430 (Endfassung datiert auf den 20.1.'68), sowie das undatierte "Hausgenossen", ibid, p. 312f., in die
Zeit bis zum Herbst '67 kalkulieren, da Eich beide Texte, cf.
Wohmann, l.c., vor der Gruppe 47 (in Pulvermühle) gelesen haben soll; das undatierte "Salz", GW, I, p. 320, wird spätestens '67 entstanden sein, da Hildesheimer, l.c., p. 107, daraus zitiert; vermutlich war auch "Klimawechsel" vor dem 8.1.
'68 fertiggestellt, cf. GW, I, p. 319, da sich ein Brief von
Unseld darauf zu beziehen scheint, cf. Müller-Hanpft 1973,
l.c., p. 429; cf. auch S. 55, Anm. 3; "Klimawechsel" sollte
ursprünglich Gesamttitel des ersten Maulwurfbandes sein.

3) Gerade "nur leicht voneinander abweichende" Fassungen, die generell in den Anmerkungen nicht wiedergegeben werden, könnten
Eichs Textverständnis von den Nuancen her dokumentieren.

4) cf. GW, IV, p. 307.

ter nichts - das und so möchte ich schreiben:" setzte er: "Gedichte, in denen man sich zugleich ausdrückt und verbirgt".[1]
Rücksichtnahme auf leichte Verständlichkeit, die durchs Verwischen der die Texte ermöglichenden Gedankengänge, Assozia-
tionsverbindungen, Kontextrelationen umgangen wird, motiviert
ihn offenbar nicht: "Ich will mich ausdrücken; die Kommunikation entsteht erst nachher (...)".[2]
Einige Beispiele der Eichschen Verbergungstechnik sind anhand
von Material, das nicht den Gesammelten Werken entnommen ist,
hier zu präsentieren. Unter den Papieren, die im Marbacher
Deutschen Literaturarchiv als Nachlaß deponiert sind, befindet
sich auch eine Anzahl teils handschriftlicher, teils maschinen-
geschriebener Maulwurftexte, von denen wiederum einige bemerkenswerte Abweichungen gegenüber den publizierten Versionen
aufweisen.[3] Daß an diesem Ort nicht nachgeholt werden kann,
was die Anstrengungen der Eichedition bislang zu leisten nicht
vermochten, nämlich eine gesicherte Grundlage der textuellen
Ätiologie durch Synopse der erreichbaren Varianten zu garantieren, wird wohl zugestanden werden; darüber hinaus beschränkt
sich die hier vorgestellte Auswahl von Textkorrekturen auf
einige solcher Phänomene, die symptomatisch für die bei Eich
vermutete Brechung von Sinnrelationen sind. Dadurch soll nicht
unterschwellig suggeriert werden, das textuelle Endprodukt, also der so oder anders veröffentlichte Lesetext, sei in seiner
Phänomenalität unvollständig und ergänzungsbedürftig ausgestattet; die Chance, Kenntnis und Erkenntnis über die Vorgeschichte
verschiedener Textteile zu erlangen, wird im Gegenteil die Aufmerksamkeit dafür schärfen, im schließlich erscheinenden Resul-

---

[1] cf. GW, IV, p. 413.

[2] cf. ibid., p. 409, aus einem Interview (1967).

[3] Nach den vorgenommenen Recherchen kann es sich bei diesem
Material wohl nicht vollständig um das den Herausgebern ver-
fügbare handeln; neben den offensichtlichen Übereinstimmung-
en zwischen angemerkten Textvarianten der Gesammelten Werke
und diesen Papieren, gibt es eine Reihe alternativer und
dann verworfener Formulierungen, die von den Werken nicht
referiert werden; andrerseits konnten nicht alle im Anmer-
kungsteil edierten Textstufen im Marbacher Konvolut wiedergefunden werden.

tat das sich wechselweise beeinflussende Spiel diverser Refle-
xionsprozesse zu vermuten, die sich in der vom Autor fürs Publikum freigegebenen Textversion - wie immer verborgen und (nicht)
eruierbar - aufgehoben haben. Allerdings läßt sich bei solchen
Untersuchungen der kausale Zusammenhang zwischen den semantischen Irritationsprozeduren des Autors und der damit intendierten Notwendigkeit einer dem Leser überlassenen Sinnintegration
nicht verleugnen.[1]

Nicht unwichtig ist es schon, daß die in den Maulwürfen auftretenden Figuren und genannten Ortschaften des öfteren eine Na-
mensveränderung erfahren haben: so hieß etwa "Hilpert", dessen
Name einen vier Seiten langen Text auch als Titel überschreibt[2],
in früheren Entwürfen "Schulze-Sommerfeld"; die Damen, denen die
Liebe des Textsubjekts in "Zwischenakt"[3] gilt, hießen nicht immer Lisa, sondern davor Helga und davor Inge[4]; das verwundert
umso mehr, als es dann von den "Lisas" heißt: "(Ich kenne sie
alle. Sie sind ganz verschieden, haben aber etwas Gemeinsames,
wahrscheinlich den Namen.)", was zwar so auch von allen "Helgas"
zu behaupten wäre, nicht aber eben von Lisas und Helgas zusammen. Solche vermeintlich unbedeutenden Textkorrekturen zeigen
nicht nur die Favorisierung bestimmter Lautfolgen seitens des
Autors, der dafür kompositorische Erwägungen verantwortlich machen könnte, sondern entziehen die schon Distanz schaffende Familiarität des Maulwurftones, an welcher der Leser, der nicht
alle Lisas kennen wird, nicht kommunikativ partizipieren kann,
auch der implizit mitausgesagten Glaubwürdigkeit. Wenn man wei-

---

[1] Noch einmal sei darauf hingewiesen, daß im Folgenden nicht
eine ausgiebige Charakterisierung der Nachlaßpapiere versucht werden soll; eine solche umfängliche Analyse wäre ja
auch so lange wenig nutzbringend, wie die für eine erfolg-
versprechende Sichtung notwendige Komplettierung des Materials noch nicht abgeschlossen ist.

[2] cf. GW, I, p. 294ff.

[3] cf. ibid., p. 303; der Text stand in einer früheren Fassung
noch unterm Titel "Maulwürfe" und soll nach Angabe von GW, I,
p. 429, am 18.1.'68 geschrieben sein.

[4] In all den drei Namen kann man, wenn man will, strukturelle
Ähnlichkeiten zum Vornamen von Eichs Frau mithören; während
die beiden dann verworfenen das Konsonantenpaar im Wortin-
nern aufweisen, ist der letzendlich gewählte Name zu drei
Vierteln anagrammatisch.

terhin berücksichtigt, mit welcher diskursiven Nonchalance die
Maulwurfrede bisweilen ihre Eigennamen mitführt[1], dann kann es
nicht gleichgültig sein, ob Hilpert nun Hilpert oder Schulze-
Sommerfeld heißt, zumal eine - erst nach eingehenden Recherchen
als Fiktion erkannte - Bibliographie textintern Information zu
Hilperts Leben anzubieten scheint: "(...) Hilperts Biographie
(vgl. hierzu Simmel 'Tractatus alphabeticus', Sombart 'Hilpert
und die Grundlagen seiner Mathematik', Dilthey 'Das alphabeti-
sche Jahrhundert')".[2]
Eigennamen, die im Text als personale Identifikationssignale
nicht mehr taugen, haben die Sinnturbulenzen auslösende Wirkung,
dem Leser buchstäblich ein Informationsdefizit zu vermitteln;
die konventionelle Funktion des Namens wird also nicht nur unge-
nutzt gelassen, sondern in ihren Gegensatz pervertiert. Eigennamen, die den fiktiven Charakter der von ihnen apostrophierten
Personen nicht offenbaren (was etwa in einem als Roman gelesenen
Text gewöhnlich vorausgesetzt werden kann), leisten ebenso nicht
die ihnen gemäße Aufgabe, sondern führen den so - (unwissend)
nicht - Informierten in die Irre. Wenn nun in verschiedenen
Textvarianten solcherart funktional mißbrauchte Eigennamen nicht
einmal die Stabilität ihrer graphisch-phonetischen Gestalt be-
wahren, dann ist aus einem Sprachzeichen, das für anderes ein-
steht, ein Sprachding im Prozeß geworden, für welches die anderen Zeichen des Kontextes einstehen müssen.

---

[1] Als Beispiel für viele diene nur "Rosas sternbestickter Mantel" (aus "Begrüßung", cf. GW, I, p. 329f.) in einem Text,
der zwar eine Vielzahl von Assoziationen willkommen heißt,
an keiner weiteren Stelle aber etwas über Rosa oder ihren
Mantel zu berichten weiß; solche Verwendung von Eigennamen
mit ihrem pseudo-informativen Aspekt veranlaßt den immer
schon interpretierenden Leser, ein Bedeutungsvakuum hinzuneh-
men, das sich auch in der weiteren Lektüre nicht auffüllen
läßt; die formal und leer bleibenden Interpretamente (hier
etwa: Rosa = weibliche Person) bleiben dann besonders sugge-
stionsanfällig; abgesehen von Reminiszenzen an historische
Individuen dieses Namens kann auch schon der bloße Hinweis
auf "Rosa"-Figuren im Eichschen Hörspielpersonal eine detektivische Hermeneutik in Gang setzen; tatsächlich spielt etwa
im relativ späten "Man bittet zu lauten" (1964), cf. GW, III,
p. 1347ff., eine "Rosa" mit, allerdings ohne Mantel; auch das
Marionettenspiel aus der Textilbranche "Böhmische Schneider",
cf. GW, IV, p. 43ff., 1960/61, führt einen kuriosen, offenbar
weiblichen Hippanthropen namens "Rosa Rosa" vor, ebenfalls
ohne den signifikanten Mantel, etc. etc.

[2] cf. den publizierten Text, GW, I, p. 295.

Solche zeichenfunktionalen Deviationen[1] markieren nicht bloß
die prägnante Geste eines schriftstellerischen Freiheitswillens,
als welche sie den Leser in dessen Verstehensversuchen stören,

---

[1] Die Konventionalität der Zeichenrelation bei Eigennamen ist
ja gleichsam urkundlich notiert und festgelegt; ein lexikali-
scher Verstoß dagegen wirkt demnach folgenreicher auf intendierte Kommunikation als bei nicht-konventioneller Verwendung anderer Sprachzeichen; darüber hinaus werfen solche
störrischen Funktionsverweigerungen im Alterswerk ein neues
Licht auf Eichs Sprachverständnis, das man aus seiner schon
etablierten Poesie und einigen theoretischen Äußerungen zu
genüge zu kennen glaubte; so hatte etwa der programmatische
Satz, der den Fixpunkt poetischer Sprache dort wähnte, wo
"das Wort und das Ding zusammenfallen" (aus der Rede 1959,
cf. GW, IV, p. 441f.), einen bequemen, gern verwendeten Maßstab für zahlreiche schul-orthodoxe Gedichtinterpretationen
abgegeben; man unterstellte dem Eichschen Denken von dichterischer "Definition" und Wirklichkeit stiftender "Übersetzung" - "ohne den Urtext" -, cf. ibid., ein mythisches, fast
adamitisches Sprachbewußtsein, das auf eine paradiesische
Stabilität zwischen Bezeichnendem und Bezeichnetem abziele;
Dichtung wurde als beschwörendes Sprachritual gefeiert, wo
das Individuum seine existentielle Sehnsucht zelebriere, die
Wirklichkeit als ontisch Vorgegebenes beim - durch wen oder
was kreditierten - Namen zu nennen; der poetische Text konnte so nur zu leicht als litaneihaftes Nachsprechen der
Schöpfung mitgebetet werden; zwar widersprechen auch andere
Formulierungen in Eichs Schreibtheorie und -praxis aus der
gleichen Zeit diesem einseitigen, vereinfachenden Verständnis, doch soll nicht bezweifelt werden, daß diese supponier-
te Sprachauffassung wesentliche poetologische Implikationen
für die Zeit bis zur Büchnerpreisrede (1959) zutreffend bestimmt; daß der so geeichte Eich im späteren Werk dann das
Verhältnis von Wort und Ding durch Betonung der frei setzenden Autonomie des sprachbegabten Subjekts bis zur semantischen Erosion bringen wollte, kann aber ebenso wenig geleug-
net werden; die Namensgebung ist nicht mehr ein Macht und
Herrschaft signalisierender Akt, der anderes und andere so
oder anders zu heißen bestimmt, sondern eine problematische
Sinnvorgabe, die in sprachlicher Vergewisserung immer erst
überprüft werden und sich einlösen muß; cf. dazu auch die
vielen mit Eigennamen betitelten Prosastücke der Ilse Aichinger, etwa in: schlechte Wörter, l.c. S. 47, Anm. 2; der Name
büßt so an seiner sakrosankten Gewalt (wie etwa in der Taufe)
ein; er benennt nicht mehr dekretierend und setzt somit Einheiten fest, sondern bleibt selbst ein fortlaufend und unbe-
endbar zu Benennendes; die Rebellion gegen die Divinität des
Namens, der nicht länger als Inbegriff der (letztendlich
scheiternden) Anstrengung dichterischer Rede herrscht, wird
u.a. im absichtsvollen Bruch der Verwendungsregeln von Eigennamen deutlich. - Die eminente Relevanz, die der spezifischen
Zeichenverwendung des Namens in modernster Dichtung zukommt,
ist zuletzt fürs Celansche Werk nachgewiesen worden, cf. Win-
fried Menninghaus, Paul Celan, Magie und Form, Ffm., 1980.

sondern befreien in anderer Richtung auch die dadurch konstituierten Informationen zu fortlaufender Negierbarkeit. Im geotopo-
logischen Verwirrspiel von "Viareggio"[1], worin das berichtende
Textsubjekt in beständig sich korrigierender Rede sein Verhältnis zu Städten und Landschaften, offenbar Stationen seines früheren, ihm jetzt ungewiß gewordenen Lebens, auszuwerten versucht, führt die geographische Benennung, die ja Orientierungshilfe ermöglichen sollte, derart zur Konfusion, daß vom identifizierenden Wert des (oft allgemein bekannten) Eigennamens kaum
mehr etwas wirksam bleibt.[2]
Dokumentieren die Varianten der nicht zur Publikation gekommenen Fassungen Eichs Abneigung gegen das Eindeutige[3] schon in
ihrer dort nachweisbaren Namensvertauschung, so öffnen andere
Korrektureingriffe noch unmittelbarer semantische Unbestimmt-
heitsspannen im endgültig gewählten Text. Vor allem die Tilgung

---

[1] cf. GW, I, p. 310

[2] Zur Attraktion von "Antwerpen" sollen, dem Text zufolge,
"möglicherweise Froschschenkel" gehören; dort, so das Textsubjekt, "bin ich aufgewachsen"; dasselbe wird in einem der
Marbacher Papiere von "Alkmar" behauptet; das italienische
"Viareggio", für das bestenfalls Bildungsassoziationen, etwa
als Aufenthaltsort Rilkes, in Frage kämen, kann nicht gemeint sein, denn das genannte "liegt in Galizien", was selbst
wiederum "gleich hinter der portugiesischen Grenze" zu finden
sei; eine frühe, nicht übernommene Passage erklärt: "(...)
Galizien, nicht im österreichisch-polnisch-russischen Galizi-
en, kurzum nicht in Lemberg, sondern im anderen Galizien,
ganz nahe bei einem Wallfahrtsort, dessen Namen ich vergessen habe."; cf. die Versionen des Gedichts "Lemberg", GW, I,
pp. 89, 252; Eich hat sich auch in Portugal aufgehalten, was
u.a. im unveröffentlichten "Es gibt Mineralwässer", cf. ibid.,
p. 389, angedeutet sein könnte; wie auch immer, daß "Viareg-
-gio" als Dankantwort auf eine Karte des Sohnes Clemens entstanden sein könnte, macht nur eine entsprechende Manuskript-
notiz denkbar; cf. den ersten Satz des vierten Textabsatzes:
"Ich bekam eine Karte aus Viareggio, (...)".

[3] In "Sünde", cf. ibid., p. 311, berichtet ein unermüdlich
über die Frage Nachdenkender, "wie der Vorname der Allmutter
Natur heißt.", "am Ende" hätten "sich drei Namen herauskri-
stallisiert: Ellfrihde, Walltrautt und Ingeburck. Noch zehn
Jahre und der Name ist eindeutig."; Eichs Strategie zur Ironie läßt das Textsubjekt schließen: "Ich bitte euch, wartet
auf mein Resultat, bevor ihr euch voreilig entscheidet. Über
den Familiennamen denken wir dann gemeinsam nach. Er muß etwas Phönizisches haben, wie die Vornamen."

von ursprünglich schon gewährten Informationen[1] ist hier zu
nennen: daß etwa im Maulwurf "Kurmittel"[2] von André Breton die
Rede sei, wird keinem noch so belesenen Interpreten[3] gleich in
den Sinn kommen; und doch verweist gerade die schwer erklärbare
Nennung von "Tinchebray"[4] auf den französischen Surrealisten,
der in Tinchebray geboren und aus dem Eichschen Maulwurf wieder
verschwunden ist.[5]
Deutlicher als diese Textteileliminierungen[6], mit denen sich

---

[1] Als Beispiel eine im Lesetext, cf. GW, I, p. 318, nicht mehr
enthaltene Passage aus "Huldigung für Bakunin"; nach: "(...)
Halbzeit." heißt es: "Ich werde immer für meinen tätigen Re-
volutionär eintreten. Marx, das ist der Fortschritt der von
selber kommt, der sollte sich das jetzt mal ansehen! Außerdem denkt er an Zementregierungen und Betonstaaten. Nein, und
wenn es auf 4 zu 1 kommt."

[2] cf. GW, I, p. 318f.

[3] cf. die ansonsten vorzügliche Textanalyse von Großklaus, l.c.

[4] Großklaus erklärt sich in seiner Analyse, ibid., nicht zu diesem Term; da er in dem Text aber Indizien für eine beabsichtigte Assoziation an den Vietnamkrieg ermittelt hat, wäre
Tinchebray auch als Ortschaft, bei der Henry I. von England
seinen Bruder Robert II. (Normandie) militärisch schlug, zu
berücksichtigen; in diese Vorstellung vom Bruderkrieg dürfte
dann der Teilsatz des Maulwurfs "kurz ist der Weg nach Tinchebray" makaber gegen den Songvers "It's a long way to Tippera-
ry" formuliert sein; auch geht Großklaus, cf. p. 363, nicht
auf die Namen der Kurorte ("Karlsbad, Abano, Reichenhall")
ein, die doch an die Biographie Goethes erinnern.

[5] Die später unberücksichtigt gebliebenen Textstellen sind un-
terstrichen: "(...) beginnen die Hochmoore. André Breton unterwegs nach Tinchebray. Die Paßstraße wird (...) ihren
schmerzhaften Anwendungen, in Tinchebray im mittleren Frank-
reich, auf dem Kasernenhof (...) noch einige gelbe Reisbauern, aber (...) Weg nach Tinchebray und so kurz sind die Wege alle, so eng stehen (...)."-

[6] Weitere Beispiele, wobei auch die schon in den Frühfassungen
gestrichenen Stellen berücksichtigt sind: aus "Zwischenakt",
cf. GW, I, p. 303f., "(...) wittert einen Geruch, den es nie
gab, einen Geruch zwischen Pfefferminz (...) verlasse hier
nichts, nur Phantasien, nur feste Aggregatzustände, nur Helgas, das erleichtert es. (...)"; aus "Späne", ibid., p. 317f.,
"(...) vor dreißig Jahren. Bedaure, es leuchtet mir nicht
einmal heute ein. Aber es lebe (...) Zuchthaustüren, Prit-
schen, Gerüste für öffentliche Hinrichtungen, Tischler- und
Zimmermannsarbeiten, sie werden so unentbehrlich wie die Hen-
ker. Der liebe Valentin (...) lächeln dienstfreudig. Es lebe

die Fassungen bisweilen auch des tatsächlich Redundanten entle-
digen, lassen die zahlreichen Substituierungen spezielle Spuren
einer vom Autor selbst durchgeführten Textkritik erkennen. Eich
hat in diesen Phasen des Arbeitsprozesses nicht selten durch
minimale Veränderung der äußeren Textgestalt den informellen
Charakter seiner Maulwurfprosa gestärkt; er hat dabei offensichtlich aus dem umfänglichen Fundus der altehrwürdigen Rhetorik mit Finesse und Akribie Vorbilder für ihm interessante und
brauchbare Redefiguren gewonnen, die in ihren feinen Abstufun-
gen und Korrespondenzen hier zu bestimmen, unmöglich ist. Aber
schon ein approximatives Eingehen auf Beispiele solcher Fein-
korrekturen sollte der Forderung Nachdruck verleihen können, in
den veröffentlichten Letztfassungen dieser Texte nicht bloß
spontan erstellte Nonsensliteratur zu vermuten; der nachweisbare, oft minuziös sich reflektierende Formulierungsprozeß steht
ein für die Ernsthaftigkeit eines literarischen Experiments,
die nicht schon der hier und da unbesonnen respektlose Maulwurfjargon diskreditieren kann.

Die folgende Auflistung möchte Beispiele von Textsubstituie-
rungen bekannt machen; rechts wird der korrigierte Wortlaut,
der in jedem Fall mit der veröffentlichten Version identisch
ist, aufgeführt:

Ach ihr Sperlinge auf dem Dach, wüßtet ihr doch	ach ihr Sperlinge auf dem Feld, wüßtet ihr doch (Altern)
Die Musikhistoriker trinken Wasser gegen den Durst	Die Historie trinkt Wasser gegen den Durst (Salz) [1]

- aber was soll leben? Es lebe die Ohnmacht! Die Welt wird
human und unmenschlich./ Mittel sind (...) mit verminderter
Portogebühr. (Nicht zu verwechseln: Otto Gebühr spielte den
Fridericus Rex.) Alles mit Gebühr (...)"; aber auch Minimal-
streichungen wie aus "Ins Allgemeine", cf. GW, I, p. 304f.,
"(...) kein Reichsbanner, kein Braunhemd, kein fünfter Korn.";
aus "Kehrreim", vormals "Ein Fenster" betitelt, ibid., p.
304, "(...) sich die Meditationen. Denn sie sind Gespräche.
Hier ist (...); als Beispiel für stilistisch motivierte Re-
dundanztilgung aus "Zweit", ibid., p. 323, "(...) daß man
bleiben möchte, wo man ist. Auch das ewige (...)".-

[1] Dieser Maulwurf, cf. GW, I, p. 320, führte vorher den Titel
"Wochenende in Afrika"; "Landausflug", ibid., p. 321, existiert in einer Frühfassung unter "Ausflug an Land", das sie-
es-Spiel, cf. S. 51, Anm. 1, findet sich noch nicht durchgespielt, entsprang wahrscheinlich einem Schreibirrtum.

64

Es geht um öffentliche Hinrichtungen	Es geht um die Öffentlichkeit (Rundschreiben)
Feuerwanzen, die das Grab meines Großvaters als Adresse haben	Feuerwanzen, die den Efeu meines Großvaters als Adresse haben (Ein Postfach)
Sie tauschen Nachrichten aus über den preußisch-österreichischen Krieg und über die Spicherer Höhen und Weißenburg und Wörth	Sie tauschen Nachrichten aus über den preußisch-österreichischen Krieg, über den Hufbeschlag und die Kümmelqualität an der Schwarzen Elster (ibid.)
Mir war nur der Würfelzucker klar geworden, mit Baldrian. Besuch mich, meine Katze, in der Pause zwischen den Zuckerstücken	Mir war nur der Würfelzucker klar geworden, ein Herzmittel. Besuch mich, mein Kater, zwischen zwei Baldriantropfen (ibid.)
Manche Regierungsmitglieder zum Beispiel halten den Staat für ein höheres Wesen	Manche Regierungsmitglieder zum Beispiel halten den Mond für ein höheres Wesen (Windschiefe Geraden)
Wir singen zusammen und haben den gleichen Katzenjammer/ die gleichen Haarschmerzen	Wir singen zusammen und haben den gleichen cafard (Nathanael)
Quittenkäs aber hat seinen Platz im Jahresablauf und im Kreislauf der Seufzer	Quittenkäs aber hat seinen Platz im Jahresablauf und im Einkauf der Seufzer (Aktennotiz zum Quittenkäs)[1]
Sie sind anspruchslos; wenn es keinen Regen gibt, ist ihnen auch Hagel recht	Sie sind anspruchslos; wenn es keinen Regen gibt, ist ihnen auch ein Vortrag recht (Kalauer)
Schnee fällt dort nie, in schlechten Zeitläuften auch reichlich	Schnee fällt dort nie, in schlechten Zeitläuften aber reichlich (Anatolische Reise)
Ich habe dort aus unvollendeten Werken gelesen	Ich habe dort aus unvollendeten Sinfonien gelesen (ibid.)
Und die Schenkelfolklore, über die wiederum nur das Pfeifen einer entfernten Lokomotive hinweghilft, aus Karlmarxstadt oder Antwerpen, - laßt uns mißmutig sein und das eine nicht besser finden als das andere	Und die Schenkelfolklore, über die wiederum nur das Pfeifen einer entfernten Lokomotive hinweghilft, aus Karlmarxstadt oder Antwerpen, - laßt uns mißmutig sein und die eine nicht besser finden als die andere (Viareggio)

Schon auch ohne den je mitwirkenden Kontext dieser Sequenzen zu
prüfen, erfährt der Maulwurfleser aus den zum Vergleich gestellten Formulierungen, daß die endgültig präparierte Textgestalt
aufscheinende Assoziationsareale ein letztes Mal - in manchen

---

[1] Der Genauigkeit halber: "Barock", cf. GW, I, p. 307f., hieß
zuvor "Barockschrank", und die "Aktennotiz zum Quittenkäs",
ibid., p. 334, **war** zuerst mit "Aktennotiz zu einem Quittenkäs" überschrieben.

Fällen bis zur Unkenntlichkeit - bricht.[1] Daß etwa mit der veränderten Dislozierung der Sperlinge in "Altern" die bibelerprob-
ten Lilien auf dem Felde implizit mitzitiert werden, führt vor,
wie indirekte Referenzangebote das vorhandene Assoziationspo-
tential kontrolliert erhöhen[2]; die Vokabel "Feld" stellt sich
im Text mit dem von ihr repräsentierten Vorstellungskomplex ein,
der dadurch als ein weiterer Hintergrundskontrast - übrigens
ohne das Sprachbild von den Spatzen auf dem Dach völlig auszu-
blenden - den aktuellen Redevorgang interpretationsrelevant determiniert.

Ob es sich nun um pars pro toto-Figuren handelt, wie etwa im
ersten Beispiel aus "Ein Postfach"[3] und in der "Viareggio"-Pas-
sage, oder ob es ums totum pro parte geht, wie im Satz aus dem
"Rundschreiben", - die neugewählten Akzentuierungen verleihen

---

[1] Interessant zu erfahren wären vielleicht auch folgende Beobachtungen: in "Ode an meinen Ohrenarzt" (früher noch "Ode an
den Ohrenarzt") cf. GW, I, p. 307, stand einmal explizit der
das Tassenzählen im zweiten Absatz resümierende Kolloquialismus "Nicht alle Tassen im Schrank"; der "Voyageur" in "Barock", ibid., p. 307f., war zuerst nur ein "Voyeur", und "die
natürliche Farbe für Zeitungsstände" war nicht immer "ein in-
tegres Infrarot", sondern, in einer Frühfassung von "Zeit und
Zeitung", ibid., p. 306, noch sichtbar und "lila", womit Eich
aber anscheinend allein die "Kalauer" kolorieren wollte, cf.
ibid., p. 305, "(...) Wie gesagt, Kalauer sind keine Steigerung von Calau. Aber mir sind sie recht. Eine Möglichkeit,
die Welt zu begreifen, vielleicht die einzige, anspruchslos
und lila."; die Vorstellungsfolge "Anatolien" - Türkei - "Ankara" - "wenn man durchaus nach Ankara will" - "Ankaraville"
(ibid., p. 306) besaß ursprünglich noch das Element "Anker-
ville" und verdankt sich wohl dem Namen eines französischen
Passagierschiffes "Ancerville"; Veranstaltungsinformationen
dieses Liners (Kreuzfahrt 1.4. - 6.4.'66, Mittelmeer, Nordaf-
rika -?-, an der Eich vielleicht teilnahm oder teilnehmen
wollte) finden sich im Konvolut der Marbacher Papiere; auf
der Rückseite eines solchen Blattes eine handschriftliche,
wohl erste Fassung von "Zu Schiff", ibid., p. 321; dort explizite Reminiszenzen an eine Schiffsreise im Mittelmeer, dasselbe vielleicht auch für "Landausflug", ibid., p. 321f.; für
"Anatolische Reise" jedenfalls nicht das im Anhang der Werke
angegebene Datum, cf. ibid., p. 429, da eine Notiz unter
einer handschriftlichen Erstfassung besagt: "3.9.67 Florenz".

[2] Hier sei an den zweiten Satz von "Telefonisch" erinnert, cf.
S. 14f.

[3] Das würde voraussetzen, beim "Efeu" seine Verwendung als flo-
ristischer Grabschmuck zu berücksichtigen.

den fraglichen Textfragmenten eine gesteigerte Bereitschaft,
sich mit semantisch auch entfernten Denotaten zu verbinden. Es
bestimmt Eich dabei offensichtlich, die assoziative Vitalität
seiner Maulwürfe nicht durch allzu dirigistische Direktiven zu
beschneiden; so wendet er ihre Regulativität neutralisierende
Strategien an, die dem Leser der gedruckten Texte gar nicht
mehr bewußt werden müssen; dieser kann zum Beispiel nicht wissen und nicht in der Lektüre erfahren, daß und warum die absti-
nenten Musikhistoriker im Maulwurf "Salz" ihrem wissenschaftlichen Gegenstand, der Historie, die ja bekanntlich viel Wasser
die Flüsse hinabführen läßt, den Platz räumen mußten; er hört
auch nichts mehr über den ihm wahrscheinlich schon bekannten,
da notorischen Irrtum mancher Politiker, die dann in "Windschiefe Geraden" statt ihres Staates nun den Mond für ein adorables
Wesen halten, womit der Text dann zweifellos andere Vorstellungsbereiche[1] favorisiert; immer also werden der Bedeutungs-
kreis des Zeichens ausgedehnt und die näherliegenden Referenzangebote um toposfremde ergänzt, wie auch in "Anatolische Reise", wo die unvollendeten Werke zu eindeutig noch auf Eichs
Produktionen bezogen werden konnten, die "Sinfonien" aber bestimmt nicht zu sehr an Bartók erinnern, der ja wirklich in der
Türkei auch Musikstudien betrieb.
Ebenso zielen die stilistischen Korrekturen bei gleichzeitiger
Entfaltung neuer semantischer Perspektiven (Auszug aus "Akten-
notiz zum Quittenkäs", zweites Beispiel aus "Ein Postfach", die
"Kalauer"-Stelle), sowie die Bemühungen um ausgewogenere Inte-
gration der textuellen Assoziationsimpulse (drittes Exzerpt aus
"Ein Postfach") darauf ab, die informatorische Intensität der
Stücke zu maximieren; in dieser Absicht können auch paradoxale
Äußerungen noch hervorgehoben werden (Zitat aus "Anatolische
Reise"), womit Eich sich ja nicht eben als hilfreicher Souffleur
des Lesers bei dessen Sinnverarbeitung empfiehlt.

---

[1] Über "Mond" und dessen hypostasierten Einfluß aufs menschliche Verhalten ließe sich: luna, Lunatismus, auch englisch
lunatic, assoziieren; zweifellos formuliert der Text aber
auch Nebengedanken an die Raum- und Mondfahrt der 60er Jahre,
die vielleicht für das Prestige bestimmter Regierungen und
ihrer Mitglieder von Bedeutung war.

Überhaupt scheint es, daß er, wo möglich, den verbalen Bestand
seiner Maulwürfe so präparieren wollte, daß sie eine gestaffel-
te Entgrenzung der im konventionellen Gebrauch durch konventionelle Bedeutung beschränkten Sprachzeichen veranlassen; als wären sie vom Autor antiautoritär erzogen, sprich gebildet worden,
sagen sie dem Leser weniger, was er zu denken hat, als daß sie
ihm zu denken geben, und zwar auf eine Weise, die es ihm erlaubt, sich dabei beständig zu überprüfen. "(...) wüßtet ihr
doch, was ich weiß. Aber ich sage es niemand.", heißt es in "Altern". Was hier gewußt und aus Weisheit verschwiegen wurde, ver-
rät ein Blick in die Marbacher Papiere; der Satz, an ebendieser
Stelle gestrichen, lautet: "Der Tod ist, wofür es sich lohnt zu
leben."
Nach diesem Blick auf das Textmaterial, der durch einen Seitenblick ins Marbacher Nachlaßarchiv geschärft wurde, sollen weitere Eigenschaften der Eichschen Prosa, wie sie eine kursorische
Lektüre sammeln könnte, vorgestellt werden, damit anschließend
eine auf reicherer Texterfahrung basierende Bestimmung der Maulwurfsprache vorgenommen werden kann.
Die Texte, nachdem man eine erste Verstörtheit überwunden hat,
scheinen kurze, mehr oder weniger skurrile Stellungnahmen zu
allem Möglichen und Wirklichen abzugeben; im konstant durchge-
haltenen ernstgenommenen Unernst plaudern sie über "Sünde", das
"Altern", die oder den "Regen"; als Maulwürfe sind sie dauernd
unterwegs: eben noch die "Anatolische Reise", führt es sie nun
nach Lübeck, "Viareggio", dann warten sie auf den Express "Nach
Bamako"; sie besuchen "Marktflecken", verbringen einen "Tag in
Okayama", unternehmen einen "Landausflug" oder sind "Zu Schiff";
später dann wieder zurück "In Ansbach" - und alles dies nur in
den Titeln; immer auf dem Laufenden sind sie dabei "Bevor Störtebeker stolpert" (an der Ostsee), beim letzten "Monolog des Kapitän Robert Scott" (in der Antarktis), "Bei der Betrachtung von
Schillers Feder" (in Marbach); einige verstehen sich als "Exkurs", als "Abschweifung", als "Versuch", als "Vergeblicher Versuch", als "Erste Notiz" oder als "Aktennotiz"; manche lassen
sich ein "mit Leibniz", mit "Bakunin", mit "Beethoven, Wolf und
Schubert", andere bescheiden sich mit dem "Ohrenarzt", dem

"Schuster"; aber dann kommen sie plötzlich in "Pe" an oder fabulieren von "Peter Posthorn", dem "Entwurf", dem "Meister Irrealis".

Bei alledem erzählen die Maulwürfe kaum Geschichten; Geschichten sind immer vorausgesetzt, über sie wird verhandelt, ihnen wird nachgedacht und nachgesponnen. Die Texte bestehen zu einem beträchtlichen Teil aus Fehlleistungen, lapsus linguae ("Nomaden" statt Monaden, "Hormonie" statt Harmonie)[1], Irrtümern ("Viareg- -gio selbst. Es liegt in Galizien, gleich hinter der portugiesischen Grenze")[2], Verletzungen der Logik (es geht um Baumwolle: "Die östliche ist besser als die westliche, die westliche besser als die östliche")[3]; bis dann der Leser doch vielleicht irgendwie erfährt, daß es "gleich hinter der portugiesischen Grenze" tatsächlich ein Galicien gibt[4], daß Uz tatsächlich in der (heutigen) Uzstraße (Nr. 25), Platen in der Platenstraße (Nr. 17) "In Ansbach"[5] ihre Geburtshäuser haben[6], daß die Maulwürfe also doch eine ganze Menge (mehr) wissen; dann fällt vielleicht auf, daß sie thematisieren, was sie tun: während sie sich auf der einen Seite häufig nur noch mit Kalauern zu helfen wissen ("Je mehr desto jewski", "Goethes Gespräche mit Neckermann", "Im Steiße meines Angesichts")[7], gibt es andererseits den Titel "Kalauer", während manchesmal nichts mehr zusammenzupassen scheint, finden sich Überschriften wie "Windschiefe Geraden", "Ohne Symmetrie"; die Maulwürfe werden selbstbewußt, nehmen andauernd aufeinander Bezug, als wenn sie auch mit sich über sich sprächen.[8]

---

[1] cf. "Versuch mit Leibniz" und "Maison des foux", GW, I, pp. 316f., 354.

[2] cf. "Viareggio", ibid., p. 310.

[3] cf. "Baumwolle", ibid., p. 355f.

[4] Nach einer Ortschaft mit diesem oder einem ähnlichen Namen wäre in der spanischen Provinz Galicien noch zu fahnden.

[5] cf. "In Ansbach", ibid., p. 342f.

[6] cf. Oberhauser, l.c., p. 6f.

[7] cf. "In eigener Sache", ibid., p. 346.

[8] cf. nur die Belegstellen im Kommentar zu "Telefonisch".

Sie wurden von ihrem Autor in einer "Präambel" darauf verpflichtet, "schädlich" zu sein; und so fügen sie Schaden zu dem, womit sie sich beschäftigen, wie dem, der sich mit ihnen beschäftigt; sie bringen die mühsam erstellte Ordnung der Fahrpläne,
Wörterbücher, Atlanten, der Tabellen, Statistiken und Enzyklopädien durcheinander; nicht durch die Vorschule des vernünfti-
gen Redens gegangen, wühlen sie sich doch kreuz und quer durchs
angehäufte Wissen, entsichern eine Tradition und verunsichern,
was sich auf diese beruft; sie widmen sich dem Peripheren
("Gauß weinte, weil es in den Primzahlen kein Gesetz gibt. Da
halten wir")[1], dem Diffamierten ("Was die Häßlichen tun, ist
weniger interessant, die müssen sich eben mehr anstrengen. Und
was tun die Ratten? Mein Gott, mein Gott, wie hast du sie verlassen!")[2], dem längst Vergessenen ("Liebknecht hat hier", gemeint ist die Strafanstalt in Luckau, "Briefe geschrieben, es
hat nichts genützt")[3]; dann wieder politisieren sie über "Petroleum aus dem Kaufhaus", über "Notstand", übers "Mekongdelta
vom Parkett aus"; vielleicht sind es die Aussagen einer alles
Stabile und Stabilisierende zersetzenden Wissenschaft, für die
sich Eich - wohl nur pro forma - andernorts[4] entschuldigen zu
müssen glaubt; wer sich auf sie einläßt, muß wissen, daß er es
zumindest mit "Ableitungen zweiten Grades"[5] zu tun hat; immer
wieder verliert er als Leser den Anschluß, kommt sich hingehal-
ten, ausgeschlossen vor; die konventionellen Techniken, sich
Texte verständlich zu machen, versagen oft vor diesen Maulwürfen, die sich nicht scheuen, sich auf Sagen, Mythen und Mysti-

---

[1] cf. "Nach Bamako", GW, I, p. 320f.

[2] cf. "Feste", ibid., p. 350f.

[3] cf. "Kalauer", ibid., p. 305.

[4] cf. das Gedicht "Nicht geführtes Gespräch", ibid., p. 263,
von Eich zu Lebzeiten nicht veröffentlicht: "Vergebt meiner
Wissenschaft,/ daß sie nicht anwendbar ist./ Die Kausalität
von Kalmus und Balken/ (-windschiefe Geraden!)/ ist gewiß,
aber kein zweites Mal."-

[5] cf. "Fortgeschritten", ibid., p. 348f., dort: "(...)alles
bloß Ableitungen, Vorstellungen zweiten Grades. Nein, ich
erwarte Träume, in denen endlich etwas Neues auftaucht."-

zismen (vielleicht sogar Zahlenmystik, Buchstabensymbolik) zu
verlassen; die meisten Stücke wirken, schon von ihrer Motivwahl
her, abwegig, kommunikativen Zugang versperrend; einzig über
hier und da früh wahrnehmbare Klangmuster und vereinzelte, oft
nur vag nachzuvollziehende semantische Korrespondenzen werden
dem Leser dann kaum einsehbare Zusammenhänge angeboten; wie
aber der Kommentar zu "Telefonisch" zeigen sollte, lassen sich
bei eingehender Konzentration auf den Einzeltext unerwartete
Konsistenzen reformulieren, die zur Textoberfläche, welche nur
sinnverdrehend oder gar sinnzerstörend zu funktionieren scheint,
in Gegensatz treten.

Von solchen Erfahrungen ermutigt, könnte der Leser die Anstrengung wagen, die energieraubende Wühlarbeit der Maulwürfe nachzu-
vollziehen; dabei zutagegeförderte Funde bestätigen eine unterschwellige, aber agile Aktivität, die bisweilen sogar intellektuelle Ambitionen in den Texten vermuten läßt. Zu den Realien
im imaginären Universum des Maulwurfbewußtseins gehören bestimmt Personen, Daten und Ereignisse der Kulturgeschichte, mit
welcher die Texte in erstaunlicher Vertrautheit Umgang pflegen;
es ist explizit von Stendhal und Freud[1), von Kant, Menzel und
Keller[2), aber auch von den Kinks, der Dave Clark Five und den

---

[1) Von einem Maulwurf, "der lebte über der Erde", heißt es in
"Zwischenakt", cf. GW, I, p. 303f., "Er wollte Stendhal und
Freud für Höhlenbewohner umschreiben.", was, vom Kontext
her, an Stendhals Studie "Über die Liebe", sowie wohl an
Freuds Schriften zur Sexualtheorie erinnert.

[2) Hier, in "Seepferde", ibid., p. 308f., geht es um nicht nur
philosophische und künstlerische Fruchtbarkeit; "Immanuel
hatte keine Kinder, schade. Auch Menzel hatte keine, auch
Gottfried Keller nicht. Vielleicht wäre alles anders gekommen, wenn sie Seepferde gewesen wären, der Imperativ weniger kategorisch, das Klebemittel weniger bedeutsam."; nun
gehört ja der kategorische Imperativ zu Kant so gut wie sei-
Kinderlosigkeit; daß hier aber auch dem preußischen Maler
Adolf (von) Menzel, 1815 - 1905, mit einer unscheinbaren Referenz Reverenz erwiesen wird, macht eine, zumindest für
Gottfried Benn, "berühmte Stelle" aus Menzels Testament
kenntlich: "Gleicherweise kann niemand auftauchen, irgendwelche Namensrechte geltend zu machen. Nicht allein, daß ich
ehelos geblieben bin, habe ich auch lebenslang mich jederlei
Beziehung zum anderen Geschlecht (als solchem) entschlagen.
Kurz, es fehlt an jedem selbstgeschaffenen Klebestoff zwischen
mir und der Außenwelt.", zitiert nach Gottfried Benn, Genie
und Gesundheit, Gesammelte Werke, Bd. 3, p. 646ff., München,
1975.

(Rolling) Stones[1], also von britischer Popmusik, die Rede; andererseits ahnt der hellhörig gewordene Leser bald, daß er sich
auf verborgene, ja verschlüsselte Bezugnahmen gefaßt machen muß;
ist er einmal dafür sensibilisiert[2], so sind Neigung und Anfäl-
ligkeit, auch sfumato konturierten Assoziationssignalen nachzugehen, kaum mehr regulierbar: daß der Text "Ende Juni Anfang
Juli"[3] auf Verse von Paul Gerhardt Bezug nimmt, ist, da angedeutet, noch einsehbar; ob aber etwa die Vokabel "Halbzeit" auf
Martin Walser[4] oder die Wendung "von Grashalm zu Grashalm"[5]
auf Walt Whitman anspielt, ist kaum eindeutig zu entscheiden.[6]

---

[1] cf. "Hausgenossen" und "Ta dip", GW, I, pp. 312f., 346f.

[2] Zwei Beispiele für viele: mit "Mekongdelta vom Parkett aus",
cf. "Zwischenakt", ibid., p. 303f., dürfte an den Vietnam-
Diskurs von Peter Weiss aus dem Jahre '68 erinnert worden
sein; der harmlose Satz "Oft schlage ich die Beine übereinander", cf. "Winterstudentin mit Tochtersohn", ibid., p.
302f., zusammengelesen mit dem wiederkehrenden Motiv des auf-
gestützten Kopfes, etwa: "Wie wenig paßt der Kopf in die Hände." aus "Preisgünstig", ibid., p. 340, rezitiert vollständig die meditative Körperhaltung aus Walther von der Vogel-
weide: "Ich saz ûf eime steine/ und dahte bein mit beine/
(...)/ ich hete in mîne hant gesmogen/ daz kinne und ein mîn
wange./ (...)"; berücksichtigt man weiterhin, daß der Maul-
wurfprotagonist sich auch um das östliche Pendant solch kon-
templativer Ruhestellung, "Yogatechnik", bekümmert, so ist
die Interpolation, ihn beschäftige Walthers Frage "wie man
zer werlte solte leben" nicht mehr unbegründet.

[3] cf. ibid., p. 324; "Wir gehen aus und lobpreisen (...)",
über das Signal "ein Sommertag aus dem Paul-Gerhardtschen
Barock" (Teile des Textvokabulars sind "Geh aus mein Herz
und suche Freud" entliehen) zusammenzulesen mit dem von Eich
nicht veröffentlichten Gedicht "Geh aus, mein Herz -", ibid.,
p. 258f., wo wiederum Formulierungen aus "Kurmittel", ibid.,
p. 318f., zu finden sind; im Gedicht auch Anklänge an die
Büchnerpreisrede.

[4] cf. "Huldigung für Bakunin", ibid., p. 318; die Walser-An-
spielung vermutet Müller-Hanpft 1972, l.c., p. 188.

[5] cf. "Nach Bamako", GW, I, p. 320.

[6] Die Vermutung, "Ins Allgemeine", cf. ibid., p. 304f., weise
mit den Vokabeln "Korn" und "Dönhoffplätzen" Anspielungen auf
bekannte deutsche Publizisten auf, cf. etwa Müller-Hanpft
1972, l.c., p. 197, ist ja auch dann nicht von der Hand zu
weisen, wenn man im Berlin der "zwanziger Jahre", Eich stu-
dierte damals dort, einen realen Dönhoffplatz finden kann;
solche Anspielungen sind oft selbst nur angespielt und nicht
extensiv ausgearbeitet; sie zu behaupten, fordert immer auch
die interpretatorische Selbstkritik heraus.

Die sich aufdrängende Vermutung eines möglicherweise fast okkul-
ten Zitierverfahrens[1] setzt beim Interpreten durch Steigerung
des Mißtrauens gegen die eigene Dekodierfähigkeit eine überwu-

---

[1] In welche Turbulenzen ein derart in Entscheidungszwänge ge-
stellter Leser geraten kann, läßt sich an einem beliebigen
Beispiel, etwa dem Anfangssatz aus "Landausflug", cf. GW, I,
p. 321f., demonstrieren: "Wieder habe ich versucht, einen
Zitterrochen zu finden."; der Leser, durch schon eingeübte
Eichlektüre hermeneutisch davor gewarnt, den eigenen Bedeu-
tungsrestriktionen allzusehr zu vertrauen, steht hier am
Textanfang schon vor dem Dilemma, welche möglichen Assozia-
tionsprozesse er für den Term Zitterrochen freihalten soll;
er wird, ermutigt dazu etwa durch Eichs eigenen Ratschlag:
"Verse muß man immer im Brehm nachprüfen.", ibid., p. 291,
die zoologischen Konstituenten des Wortgebrauchs auffächern
müssen, zumal der Folgetext sich zum Teil als homogene Explikation ebensolcher Bezüge (Topos: grausame Natur, Ver-
nichtungstechniken der Tierwelt unterm Diktat der Arterhal-
tung, etc.) lesen läßt; dabei stößt er vermutlich - durch
Konzentration schon internalisierter oder durch Erwerb ihm
neuwertiger Bestimmungsqualitäten - auf Informationen, die
als Impulse seine je individuelle Assoziationskultur akti-
vieren; so mögen dann etwa die Tatsachen, daß der Zitterrochen zu den Zitter- oder auch elektrischen Fischen zu zählen
sei, die ihre Beute durch Stromstöße betäuben, daß seine
wissenschaftliche Gattungsbezeichnung Torpedo heiße, daß
seine biologischen Merkmale so und so zu bestimmen seien,
etc., den aktualen Vorstellungsrahmen des Lesers markieren;
wenn aber nun - und das sei spielerisch verstanden - ein In-
terpret, sei's aus Zufall, sei's aus innerer Notwendigkeit,
in dieses Sinnraster privat motivierbare Assoziationen imputiert, etwa die zugegeben von weither geholte, aber schwarz
auf weiß nachprüfbare Information, daß Schleiermacher - im
übrigen ein intellektueller Kontaktmann Eichs - das platoni-
sche "hē nárkē" als "Zitterrochen" übersetzt, womit im "Me-
non", 80a-c, Sokrates selbst apostrophiert wird, cf. Platon,
Sämtliche Werke, Bd. 2, Hamburg, 1957 (=Rowohlts Klassiker,
14), p. 20f., so wird ihm diese allerdings nur schwach über-
zeugende Referenzbildung um so weniger als Überinterpreta-
tion vorgehalten werden können, je schwerwiegender man Eichs
eigene, oft willkürliche oder willkürlich erscheinende Bildung von Zusammenhängen in Betracht zieht; der Autor, der
sich auch selber dem Entlegenen auf maulwurfhaft untergründi-
ger Fährte annähert, scheint dann im Fortgang des Textes den
derart wild assoziierenden Leser keineswegs zur Disziplin zu
ermahnen, eher ermuntert er ihn noch: "(...) Vergebens. (...)
Es ist an der Zeit, die Selbstmordquote der Metzger nachzuschlagen. Die Zusammenhänge sind deutlich, wenn ich auch
nicht weiß, welche Zusammenhänge."; indem die Texte sich so
tendenziell einen bedeutungsparanoiden Leser heranbilden,
stellen sie als dabei immer wieder umkippende Vorlagen auch
ihre eigene Referentialisierbarkeit zur Disposition.

chernde Erwartung auf nachprüfbare Referenzanschlüsse in Bewegung, mit denen er die instabile Balance der Texte durch gesicherte Realität zu beruhigen hofft.

Die Vorentscheidung also, welches Wissens- und Bewußtseinsniveau
den Texten in den fraglichen kulturgeschichtlichen Zusammenhäng-
en attestiert werden kann, bestimmt dann auch den Erwartungsho-
rizont des Lesers und somit dessen konkrete Lektüreerfahrung.[1]
Ebenso problematisch bleiben die zahlreichen Stellungnahmen der
Maulwürfe zum ihnen (auch zeitlich) vorliegenden Œuvre ihres
Autors; wie sie einmal einen Reflexionsraum für ein mehr oder
minder gut tradiertes Bildungsgut darstellen, so geben sie zum

---

[1] Hierfür seien noch einige Vermutungen angeführt: beim Text
von "Lauren", cf. GW, I, p. 353, aber auch S. 42f., Anm.,
mag der Rezipient an Petrarcas "Canzoniere", vor allem aber
an Schillers "Laura"-Oden gemahnt werden; der Maulwurfsatz
"Sie spielt Klavier." findet dann in Schillers Gedicht "Laura am Klavier" seine Veranlassung; ebenso spielten die Vornamen "Caroline" und "Charlotte" in Schillers Biographie ihre
Rolle; mit dem Satz "Ich wage zu sagen, daß sie eine Hauptmannswitwe ist." mischt sich das Textsubjekt in einen von
Schillerforschern nicht ganz geklärten Streit ein, nämlich
ob hinter der fiktiven Laura Schillers Stuttgarter Bekannte,
die Hauptmannswitwe Vischer zu vermuten sei; mit dem Schlußsatz des Maulwurfs "Den Tod, meinen Principal, sagt Friedrich, großmächtigster Zar alles Fleisches." zitiert Eich die
Widmung aus: "Aus der Anthologie auf das Jahr 1782 - Gedruckt
in der Buchdruckerei zu Tobolsko"; Schiller war anonym blei-
bender Mitautor dieser Schrift, dort: "Meinem Prinzipal/ dem
Tod/ zugeschrieben. - Großmächtigster Czar alles Fleisches.
Allezeit Verminderer des Reichs, Unergründlicher Nimmersatt
in der ganzen Natur."; während "der Betrachtung von Schillers
Feder", cf. ibid., p. 381f., wird noch einmal, wie schon in
"Lauren" eine bestimmte ästhetische Auffassung, "Petrarcas
Rezept", in direktem Zusammenhang mit Schiller gesehen: "noch
einmal und schöner sagen"; hier kann dem Maulwurf profunde
Kenntnis seines Themas wohl nicht abgesprochen werden; ebenso
läßt der "Versuch mit Leibniz", cf. ibid., p. 316f., in An-
spielungen eine nicht unerhebliche Vertrautheit mit dem Leibnizschen Werk erkennen (Differentialrechnung, Satz vom Widerspruch, Monadenlehre, Theorie der prästabilierten Harmonie -
ein Gedanke, gegen den Eich passim Aversionen artikuliert -,
Uhrengleichnis); die Maulwürfe sind bibelfest, cf. nur aus
"Anatolische Reise", ibid., p. 306, dort: "Es wird abgehauen
und verdorret.", haben den west-östlichen Divan im Kopf, cf.
"Gingko", ibid., p. 386f., wissen von Gogols Erzählung "Die
Nase", cf. "Bewendung", ibid., p. 368, von Raimunds "Der Ver-
schwender", cf. "Späne", ibid., p. 317f., etc., etc.; man
sollte also den Bildungsstand der Maulwürfe nicht unterschätz-
en, auch wenn ihr manchmal alberner Tonfall diesen zu überspielen scheint.

anderen offensichtlich auch das Forum ab, wo Eich sich mit seinen eigenen literarischen Produktionen auseinandersetzen kann[1];
die teils kritisch-ablehnenden, teils affirmativen Reminiszenzen ehemaliger poetischer Aussage sind dabei selten einsehbar
als solche kenntlich gemacht[2]; auch hier muß die Referenzbildung vom Leser zumeist also auf eigenes Risiko unternommen werden.

Wächst darüber hinaus auch noch der Verdacht, daß manche Maulwürfe sich mit üblicherweise nicht ernstgenommenen Spielereien
beschäftigen[3], so wird das Verhältnis von Text und in Frage

---

[1] Am deutlichsten wohl in "In eigener Sache", cf. GW, I, p.
346, dort etwa: "Viele meiner Gedichte hätte ich mir sparen
können, ich hätte jetzt ein Kapital, könnte so ungereimt
leben wie ich wollte."-

[2] Als Beispiel für viele diene der Kurzmaulwurf "Berufsberatung", cf. ibid., p. 371; "Zahl oder Eichenzweig, wirf einen
Groschen hoch, ja ja, nein nein. Du weißt nicht, was wichtig
ist. Dein Großvater kennt sich aus, war immer auf den Bei-
nen, Stühle sind Wurzeln. Das Gepäck klein halten, verstehst
du. Nur eins muß dabei sein: Gestoßener Pfeffer, mindestens
ein Kilo. Pfeffer unter die Sohlen und kein Wolf setzt dir
nach. Die lachen, aber laß sie. An die Wölfe denken, darauf
kommt es an."; hier kommt es nicht darauf an, allen Schlif-
fen dieser zierlichen Miniatur gerecht zu werden, sondern
nur die Bezugstellen aus "Anlässe und Steingärten" (1966) zu
erwähnen: cf. dazu "Kinder- und Hausmärchen", ibid., p. 141,
dort: "(...) wie wars/ mit den Pfeffertüten,/ den Verfol-
gern, die sich/ die Augen rieben, (...)/"; und "Alte Post-
karte 6", ibid., p. 143, dort: "Erzähle mir (...)/ (...)/
von den Briefmarken im Bienenhaus,/ den Großväterberufen/
und vom Hufgeruch/ (...)"; Schafroth 1973, l.c., p. 141,
merkt an: "Bezeichnend für die Konstanz mancher Motive in
E.'s Werk sind die Wölfe in der Schlußszene des Stücks (sc.
"Der Präsident", 1930/31, cf. GW, IV, p. 67ff.; -MK). Das
Motiv der Wölfe hat E. zeitlebens beschäftigt, u.a. in der
ersten der '17 Formeln' aus 'Zu den Akten' (1964). 'Hoffnung,
alte Wolfsfährte', und noch ganz zuletzt, im Jahre 1972:
eines der geplanten Kurzdramen trug den Titel 'Alte Wolfsfährte'."-

[3] cf. "Sternzeichner", GW, I, p. 361f., dort: "Das ist ein wun
der ba rer Stern. Acht Striche, seit sechzig Jahren übe ich.";
dies geht wohl auf die beliebte Kinderbeschäftigung zurück,
einen achteckigen Stern, ohne mit dem Stift abzusetzen (beachte die acht, einzel geschriebenen Silben), zu zeichnen;
dieser Stern scheint Eich aus der Kindheit bis in die semiotischen Reflexionen des Alters verfolgt zu haben, cf. "Notizen über Signum und Metapher", ibid., IV, p. 303ff., dort auch
im Faksimile; - aber nicht einmal zahlenmystische Prozeduren
sind gänzlich auszuschließen: in "Barock", ibid., I, p. 307f.,
arbeitet Eich mit der Vorstellung: Zeit ist Geld; die vier

stehender Bezugswirklichkeit vollends undurchschaubar; die dispers eingearbeiteten Seriositätssignale[1] konkurrieren in unversöhnter Widersprüchlichkeit mit ausgedehnten Partien der Maulwurfrede, wo diese den konventionell sinnbildenden Sprachtechniken sich zu enthalten scheint.

Nachdem die Untersuchungen zum Material und eine die Texte diagonal passierende Lektüre diverse Beobachtungen zu Kondition und Leistung der Maulwürfe angestellt haben, soll nun, ausgehend vom Selbstverständnis ihres Autors, die Prosa dieser Stükke in ihrer sprachlichen Verfassung als Metasprache verstanden werden. Eben weil sich aber die Maulwürfe auch über semiotische Regelverstöße, Spracheliminationen und -substituierungen ihre endgültige Gestalt gegeben haben, und in ihr dennoch ein komplexes, beziehungsfähiges Bewußtsein die Welt und sich selbst reflektiert, muß der Begriff der Metasprache, will er diese literarischen Phänomene noch betreffen, dann kritisch spezifiziert werden können.

---

dort genannten Zahlen ("Dreißigtausenddreiundneunzig...Dreißigtausendsiebenundneunzig...viertausendsiebenhundertdreizehn...Siebentausendvierzehn"), die Anzahl von "Kupfermünzen" bezeichnend, ergeben addiert 71917 (symmetrisch, Primzahl?); die ersten beiden könnten Sekundenzählungen andeuten; ihre Differenz, bei rückwärtsgelesenen Ziffern, beträgt 4oooo (Kilometerzahl des Erdumfangs, explizite Reisevorstellung im Text); die dritte Zahl, 4713, vielleicht "Alter"sangabe (ebenfalls explizite Textvorstellung); am 15.2.'68 (Datum des Maulwurfs) war Eich genau 3174 Wochen (bei 52 Wochen/Jahr) alt, wiederum die Ziffern umgekehrt geordnet; subtrahiert man vom Geburtsdatum 1.02.07 die 61 Lebensjahre, so ergibt sich, bei passend gemachter Stellenanordnung: 4107, die vierte Zahl nach Umkehr der Ziffernfolge; gewiß muß der Satz "(...) denke an die Reisen, die ich mit dreiundneunzig machen werde.", mit "Später", GW, I, p. 177, zusammengelesen werden: "(...)/ zählen bis/ 93, auch weiter.// Jedenfalls/ für die Silvesternacht/ 1999/ bin ich verabredet./ (...)"; im Jahre 2000 wäre Eich 93 geworden; vielleicht verschlüsselt er in seinen häufigen Zahlenangaben (oft auch größere Zahlen) biographische oder anders motivierte Mitteilungen; cf. auch die für Rembrandtbilder notierten Nummern: "Köchelverzeichnis 3017" aus "Fußnoten zum Brehm/ Kunst", ibid., p. 377, und aus "Abschweifung in einem Gespräch über den Aorist", ibid., p. 388, wo das "radierteste Selbstbildnis" des Meisters als "das mit der Tulpe (Köchelverzeichnis 8232)" Erwähnung findet; hier sind dann wohl Erinnerungen an Rembrandts zahlreiche Selbstportraits und an sein Gemälde "Anatomie des Dr. Tulp" durcheinandergeraten.

[1] Zu denken wäre beispielsweise an die Bibliographieattrappe im "Hilpert", cf. noch einmal S. 59.

4.

Eich hat seine Maulwürfe als Prosagedichte[1] verstanden und
selbst erklärt: "Bei mir haben sich die Gedichte immer mehr zur
Prosa entwickelt."[2]; er hat damit auf eine Tradition vor allem
der romanischen Literaturen hingewiesen, welche die Poèmes en
prose spätestens seit Baudelaire als eigenständige Textgattung
kennen; daß Eich nicht eine akademische Klassifikation seiner
eigenen Texte vornehmen wollte, zeigen wohl seine stets kritischen, etwas schrulligen Äußerungen zu ästhetischen und literaturtheoretischen Perspektiven[3] ebenso wie sein nicht nur ulki-
ger Einfall, die Bezeichnung Maulwurf als Gattungsnamen einzu-
führen.[4]

---

[1] cf. GW, I, p. 429; bei der Zusammenstellung des Gedichtbandes
"Anlässe und Steingärten" äußerte Eich gegenüber Unseld
(Brief vom 10.5.'66), zitiert nach GW, I, p. 413: "Ich hätte
gern auch drei kürzere Prosastücke darin, ohne daß der Untertitel 'Gedichte' geändert werden sollte." - Eich scheint
überhaupt in allen seinen Literatur betreffenden Stellungnahmen wenig pedantisch gewesen zu sein, was begriffliche
Definition anbelangt; das Wort Gedicht erscheint immer wieder als ein Synonym für Literatur, freilich aber für die Literatur, auf die es ihm ankam; cf. nur GW, IV, p. 441f.,
"Der Schriftsteller vor der Realität".

[2] cf. GW, IV, p. 414, aus einem Interview (1971).

[3] cf. etwa ibid., p. 413, dort: "Lyriker liefern zu ihren Gedichten die Poetik umsonst. Wie richtig sagt man sich beim
einen, wie richtig beim andern, der das Gegenteil meint.
Ratlos vor soviel Richtigkeit, tröstet man sich mit dem alten Fontane. Ja, es muß ein weites Feld sein.", oder: "Aber
die Poetologen meinen 'allgemeine' Gesetze gefunden zu haben. Ich erlaube mir zu widersprechen. Jedes neue Gedicht
verändert die Theorien (...)"; auch in seinen literarischen
Texten finden sich Seitenhiebe auf die wissenschaftliche Rezeption, etwa: "Die Direktion der strugischen Abende hat
mich eingeladen (...) Ich werde zuhause bleiben. Statt Sekundärliteratur bin ich krank.", aus "In eigener Sache", GW,
I, p. 346; oder das zu Lebzeiten unveröffentlichte "Verläß-
licher Kritiker": "Das Wichtige/ läßt er aus./ So weiß man
immer,/ was wichtig ist.// Er bespricht/ Fürze von gestern/
und Fürze von heute./ Sein Entdeckerglück:/ Ein Furz von morgen.", ibid., p. 271f.

[4] cf. nur GW, I, p. 429; auf eine - notwendig umfangreiche -
Diskussion der Probleme, wie sie die Gattungsbestimmung Prosagedicht aufwirft, muß - und kann wohl auch - hier verzichtet werden; die oft konfuse Anwendung von gattungsästheti-
schen Rubriken auf moderne Texte scheint nicht einmal der

Eich möchte seine Texte als Ausdruck des Engagements "gegen das Establishment; nicht nur in der Gesellschaft, sondern in der ganzen Schöpfung"[1] genommen wissen; "Ich bin gegen das Einverständnis der Dinge in der Schöpfung. Es ist immer der gleiche Gedankengang: 'das Nichtmehreinverstandensein'."[2] Auf dem Weg zu dieser Position habe er sich, so 1967, "vom Ernst immer mehr zum Blödsinn hin entwickelt"[3]; die politische Funktion[4] seiner Dichtung sei, dazu beizutragen, die Zementierung von Sprache zu verhindern.[5] Von seinen früheren Arbeiten, den Hörspie-

---

Literaturwissenschaft selber die Orientierung zu erleichtern; es ist die Frage, ob nicht gerade ohne solche kaum zu bestimmenden Termini wesentliche Merkmale der jeweiligen Texte besser anzugeben sind; cf. dazu: Gerhard Sauder, Gedichte in Prosa? Zur kleinen Form und ihrer Geschichte, in: NZZ, 26.7.1970; zur allgemeinen, historisch orientierten Forschungslage cf. Ulrich Fülleborn, Das deutsche Prosagedicht, München, 1970; dazu die Rezension von G. Sauder, in: Germanistik, Jg. 2, 1971, H. 3, p. 495f.

[1] cf. GW, IV, p. 414.

[2] cf. ibid., p. 415.

[3] cf. ibid., p. 408; "Ich kann also den tiefen Ernst, den ich früher gepflegt habe, nicht mehr verstehen und kann ihn auch nicht aushalten, vielleicht kann man das, was ich heute mache, auch Humor nennen, aber ich würde es wirklich im dadaistischen Sinne anschauen, nämlich, daß der Blödsinn eine ganz bestimmte wichtige Funktion in der Literatur hat (...)".

[4] cf. ibid., p. 409; cf. dazu auch Mukařovský, l.c., p. 110ff.

[5] cf. auch GW, IV, p. 408: "(...) es scheint mir vor allem wichtig, daß Veränderung und Entwicklung nicht durch den Inhalt geschieht, sondern durch die Sprache, daß wir also unablässig bemüht sein müssen, die Sprache nicht fest werden, gerinnen zu lassen, sie so zu erhalten, daß sie nicht benutzbar ist von irgendwelchen Mächten, daß dies eine Sprache ist, die immer in Bewegung bleibt und jedes Festgefügte gleich wieder zerrissen wird und in der Politik nicht verwendbar ist, daß die Sprache also so bleibt, daß Weltveränderung mit ihr immer möglich ist, daß sie nicht zementiert wird."; diese Gesellschaftskritik als Sprachkritik kündigte sich schon 1959 in der "Rede zur Verleihung des Georg-Büchner-Preises", cf. GW, IV, p. 443ff., an, wo Eich zum Widerstand gegen "Macht" und besonders gegen die "der gelenkten Sprache", cf. ibid., p. 443, aufforderte: "Und ich meine nicht nur die deutsche Sprache und bin auch geographisch nicht festgelegt. Zwischen Ural, Ruhr und Carácas nehmen die Ähnlichkeiten zu: Macht, Machtwünsche, Funktionäre, Schlüsselpositionen. Die Herrschaft über die Hände und die Herrschaft über die Seelen, und alles ist dabei, sich Wörterbuch und Syntax herzustellen.", cf. ibid., p. 453.

78

len, den Nachkriegsgedichten distanziert er sich[1], in ihnen
seien der Zorn und die Erbitterung nicht zum Ausdruck gekommen.
Dennoch lehnt er das "Engagement mit dem Holzhammer" für sich
ab; "Eich schreibt, was ihm Spaß macht!" und "Vielleicht ist
Eich in Kürze passé ..."[2] sind die letzten Stellungnahmen, die
er auf Nachfragen preisgibt.
Dieses hier nur skizzierte[3] poetische Selbstverständnis darf
bei der Beurteilung von Eichs letzten Produktionen nicht unberücksichtigt bleiben; es ist Ausdruck eines Literaten, der gewohnt ist, ernstgenommen zu werden, und der sich entschlossen
hat, ernst zu machen mit seiner bisher gefeierten Verweigerungs-
haltung; im Lakonismus und in der scheinbaren Selbstverständ-
lichkeit, mit welcher er seine Maulwürfe in die verblüffte Öffentlichkeit entlassen hat, sind Trotz und Trauer nicht zu
überhören; Nicolas Born beschließt seinen ansonsten recht uner-
heblichen Maulwurfessay: "Eich stellt sich nicht als sein eigenes Denkmal vor. Er ist vom Sockel herabgestiegen, auf dem seine
Freunde ihn pflegen und seine Feinde ihn vergessen wollten."[4]

Während er also seine Maulwürfe zum grotesken Wort, "zum Blödsinn" kommen läßt, versetzt, wie die Betrachtung von "Telefonisch" und die generelle Zusammenschau von Kapitel 3 demonstrieren wollten, dieser so apostrophierte Denkmalstürmer[5] Eich Ele-

---

[1] "Die Hörspiele liegen mir schon fern. Bis auf die letzten
vier muß ich mich von allen distanzieren.", cf. GW, IV, p.
414; "In meinem Gedichtband 'Botschaften des Regens' war ich
noch ein Naturdichter, der die Schöpfung akzeptiert hat.
Heute akzeptiere ich die Natur nicht mehr: wenn sie auch un-
abänderlich ist.", ibid., p. 415; die Widerstandsposition,
die das Zwecklose nicht für sinnlos hält, richtet sich
gleich bestimmt gegen die gesellschaftliche wie existentielle Verfassung des Individuums; das Schlagwort von Eichs to-
talem Ideologieverdacht müßte demnach die gesamte Skala bis
hin zur metaphysischen Verweigerung mitmeinen.

[2] cf. ibid., p. 414f.

[3] Einen ausführlichen Überblick über Eichs theoretische Äußerungen von 1930 bis zu seinem Tode gibt Wittmann, l.c.; ihre Arbeit ist allerdings vor Erscheinen der GW fertiggestellt worden, da sie auf die hier zum ersten Mal publizierten vermischten Funde nicht eingeht.

[4] cf. Born, l.c., p. 127.

[5] Reich-Ranickis Verriß der ersten Maulwürfe, 1968, war tatsächlich mit "Kein Denkmalschutz für Günter Eich" betitelt;
cf. l.c.

mente des stets und ständig unverrückt überlieferten Kulturvo-
lumens in neuartige, ihnen vermeintlich gar nicht angemessene
Reflexionszusammenhänge; so wirken sie unpassend und selbst wieder vermittlungsbedürftig; die so aufs neue notwendig gewordene
Vermittlung wird aber vom einzelnen Text in hohem Grade verwei-
gert, worauf das Mitgeteilte bezuglos, nicht handhabbar erscheint; die einzelnen Techniken, mit deren Hilfe dieser Effekt
erzielt wird, sind differenziert genug, um nur am Einzelbeispiel ausführlich vorgeführt werden zu können; hauptsächlich
aber wird die Autorität des (etwa als Wissen) Bestehenden durch
Aussparen von einordnenden, orientierenden Verweisen unterlaufen; die Maulwurfrede sichert sich nie ihre Verständlichkeit
explizit, etwa durch erläuternde Ansprache des Zuhörers/Lesers,
so als sei sie vor allem schon evident; sie setzt gleich, quasi
uneingeleitet, ein und wird vom Einsatz an in ihr Denken nachzeichnende Sprachbewegung getrieben; die dabei stattfindenden Reflexionen müssen größtenteils uneinsichtig bleiben, da ihr Anlaß
entweder nicht bekannt oder nicht vertretbar gemacht wird.
So erscheinen die Maulwürfe oft wie ein Stück Sprache, das als
fragmentarisches Relikt situativer Kontexte einer sinngebenden
Vervollständigung bedarf; sie erweisen sich aber unterm genaue-
ren Hinsehen als durchaus ernstzunehmende, selbst sinntranspor-
tierende Überlegungen, die sich ihrer Relationalität im Vollzug
bewußt werden. Alles und jedes kann als Versatzstück genommen,
als sprachliches Spielmaterial verwendet werden; die Beliebig-
keit, mit welcher das Gefundene/Erfundene als Vorlage und Veranlassung benutzt werden kann, wird eingeschränkt einzig durch die
autark gesetzten Regeln dieser Prosa, welche ihrer an konventionellen Standards (Normsprache, rationales Denken im Diskurs,
etc.) gemessenen Unvernunft wegen aber eher konsistenzzersetzend
funktionieren, als daß sie bekannte Sinnzusammenhänge bestäti-
gend wiedergeben könnten.
Daß die bisher behaupteten Referenzen auf literarische oder andere extratextuellen Relate, auf Umgangssprache (Sprichwörter,
Redewendungen, etc.) oder andere normbildende Systeme (Wissenschaft, Moral, etc.), oder auf verschiedene singuläre, kontext-
bildende Handlungs- oder Ereignissituationen oft nicht mehr auf
Anhieb rekonstruierbar sein sollen, macht es aus, daß die Maul-

wurftexte eine Reintegration in größere Sinnkomplexe erfordern,
deren motivische oder thematische Bestimmung vom Leser sehr oft
eigenständig geleistet werden muß.

Die dabei geforderten Subordinationsschritte können vom Rezipienten nur jeweils provisorisch vorgenommen werden; der Bestim-
mungsgrad, den die Texte durchs Lesen erst erfahren, scheint
ihnen selbst gleichgültig zu sein und abhängig nur von der De-
terminationsdisziplin des jeweiligen Lesersubjekts. Dadurch
wird offensichtlich ein größtmögliches Maß an Disponibilität erreicht, das nur eingeschränkt werden kann, wenn die Texte bestimmte Interpretationsversionen favorisieren, andere dagegen
durch Widerstand (Unstimmigkeit) falsifizieren würden. Um ihre
Verfügbarkeit, und damit die Wahrscheinlichkeit, mißverstanden
oder mißbraucht zu werden, zu limitieren, sind in die Texte
dann tatsächlich oft nicht eigens hervorgehobene Schlüssel eingearbeitet, die, wenn sie vom Leser realisiert werden, für die
Interpretation phasenweise Orientierungsfunktionen übernehmen
können.[1]

Oft bieten diese Schlüssel gerade Zugang zu der sonst unerkennbaren Textthematik an, die sich aus spezifischen, nicht ausdrücklich gemachten Referenzen herleiten kann. So hat etwa der
Text von "Erste Notiz zu einem Marionettenspiel"[2] anscheinend
mit Marionettentheater und dergleichen nichts zu tun; es ist
aber eben dies Einzelwort "Marionettenspiel", das die zum Verständnis notwendige Referenz andeutet; nimmt man diese textintern nicht gerechtfertigte (weil vom Text her nicht einsehbare)
Vokabel als Interpretationsschlüssel, so ergibt sich, daß der
fragliche Maulwurf als Bezugnahme auf Eichs früheres Marionetten-
stück "Unter Wasser" gelesen werden muß; ist das Verhältnis ein-

---

[1] Solche Schlüssel (Eich verwendet den Terminus auffallend häufig, widmet sogar eigens zwei Maulwürfe diesem Phänomen, cf.
"Schlüssel", GW, I, p. 333f., und "Schlüsselfigur", ibid., p.
360f.) gliedern sich dem übrigen Text zumeist unterschieds-
los ein und sind so leicht zu übersehen; bisweilen aber werden sie schon vom Titel oder durch Einzelvokabel, die ihrer
Unter-, bzw. Überbestimmtheit deutungsmobilisierend wirken,
genannt; für "Telefonisch" sei etwa an "erfinden", Z. 3,
"Sprichwörter", Z. 12, "Heisterbach", Z. 14, u.ä. erinnert.

[2] cf. ibid., p. 325f.

mal hergestellt[1]), dann kann der Text relativ mühelos vor der
Folie des Stückes rezipiert werden.[2])

Nahezu das gesamte Textvokabular, sowie die von ihm evozierten
Assoziationsgefüge sind im etwa acht Jahre zuvor entstandenen
"Unter Wasser"[3]) wiederzufinden. Der Term "Unter Wasser" bezeich-
net ein von Eich häufig[4]) aufgesuchtes Reservat, wohin die Men-

---

[1]) cf. GW, IV, p. 9ff.

[2]) Dieser Maulwurf ist also auch ein Beispiel dafür - ähnlich
wie "In eigener Sache", cf. GW, I, p. 346 -, daß Eich in Maul-
wurfform seine eigene schriftstellerische Tätigkeit zur Re-
lexion bringt; diese geschieht aber nicht außerhalb des literarischen Rahmens und ordnet sich in diesem Punkt den Überlegungen zu anderen (auch literarischen) Vorlagen bei, cf. S.
73, Anm.; andererseits stellt Eich vielleicht hier auch die
Weise dar, mit welcher er seine Arbeiten rezipiert wissen
wollte, mit welcher von ihnen "Notiz" genommen werden sollte;
der Titel entscheidet ja nicht eindeutig, ob diese Notiz auf
ein noch zu entwerfendes Stück oder auf ein bereits rezipier-
tes sich bezieht.

[3]) "Unter Wasser. Geschrieben 1959. Arbeitstitel wahrscheinlich
'Untersee'. Eintrag im Notizbuch (NB) 1959: 1. bis 5.7. Untersee. Erstmals veröffentlicht in: edition suhrkamp 89,
1964", cf. GW, IV, p. 463 (Anmerkungen); Datierung für den
Maulwurf: "30.3.1967", cf. ibid., I, p. 434; die unmittelbare zeitliche Nähe des Spiels zur Büchnerpreisrede läßt Schafroth 1976, l.c., p. 91f., wohl zurecht vermuten, daß in ihm
"Eichs Theorie von der Dichtung als Widerstand in der Praxis",
ibid., antizipiert sei; - Eich schätzte seine beiden Marionet-
tenspiele bis zuletzt besonders, auch wohl ihrer fehlenden Po-
pularität wegen, trug sie auf Lesungen vor, und es nimmt nicht
wunder, daß er gerade "Unter Wasser" exemplarisch einer Art
Selbstrezeption unterzog, die sich von den distanzierenden
Äußerungen zum eigenen Werk merklich unterscheidet; seine
Scheu vor Selbsterklärungen ist wohl zuletzt im Antwortschrei-
ben (19.4.'70) an Salis dokumentiert, wo es in Maulwurfmanier
heißt: "Sehr geehrter Herr Salis, herzlichen Dank für Ihren
Brief. Aber ich kann nicht mittun, muß schon seit über 60 Jahren mit mir leben und habe kein Interesse für mich. Bitte haben Sie Verständnis (...)", cf. Richard Salis (Hg.), Motive.
Deutsche Autoren zur Frage: warum schreiben Sie?, Tübingen
und Basel, 1971, p. 69.

[4]) cf.: "Bruchstücke von Gesprächen,/ die unter Wasser geführt
werden,/ auf den Sand geworfene Antworten, -/ (...)", aus
"Strandgut", GW, I, p. 86; auch in dem mitunter an den Vietnamkrieg erinnernden Maulwurf "Kurmittel": "Unter Wasser atmen noch einige Reisbauern, aber (...)", ibid., p. 318f.; die
in "Erste Notiz (...)", Z. 11, genannten "unterseeischen
Städte, Vineta" finden anderswo ihre topographische Bestätigung: "Telegramm aus Vineta: Gut angekommen.", eine der von
Eich unveröffentlichten "Formeln", ibid., p. 269; cf. auch:
"Verborgen sind die Märkte,/ wo Tangwälder von Träumen gehan-

schen untergegangen sind, die sich "oben" (cf. Z. 11 des Maulwurfs) nicht einzurichten verstanden. Die im Maulwurftext notierten Reihungen[1], Motive[2] und Reflexionen[3] setzen unmittel-

---

delt werden,/ Anteile am Regen, der ins Meer fällt,/ und das
Bürgerrecht versunkener Städte.//", aus "Strand mit Quallen",
GW, I, p. 86.

[1] Etwa: "(...) die Ähnlichkeiten mit dem Gewohnten, mit den Ver-
kehrsverhältnissen, dem Finanzwesen, die überdauernden Fahrpläne und Kalender, das überdauernde Ja, wenn man in den Sack
genäht und in die Donau geworfen wird, ja bei Wasser und Erde, Feuer und Luft." (Z. 19ff.); dies spielt auf das nach ir-
dischen Maßstäben funktionierende Gemeinwesen in "Unter Wasser" an; zur Agnes Bernauer-Andeutung cf. auch "Augsburg",
GW, I, p. 176, dort: "Ich badete gern mit Agnes Bernauer/
aber sie ließ sich/ in Straubing in einen Sack nähen.//"; –
oder: "Touristik, untergegangene Schiffe, Kapitäne, die Krüll-
schnitt und Feuer suchen, kalte Strömungen und eine Art Föhn
(...) (Z. 13ff.); cf. dazu auch: "Lästiger aber sind noch/
die Matrosen/ (auch höhere Ränge, Steuerleute, Kapitäne),/
die vielfach ans offene Fenster kommen/ und um Feuer bitten
für ihren schlechten Tabak.//", aus "Wo ich wohne", ibid., p.
91.

[2] Als einziges Beispiel: "(...) Seepferde, die immer gegen die
Schöpfung schwimmen, gegen den Golfstrom, Richtung Mexiko.",
Z. 6ff.; cf. dazu: "Was hälst du von Mexiko? – Ein erfundenes Land.", aus "Unter Wasser", l.c., p. 25, dort auch die
gegen den Strom, die Strömung anschwimmenden, nach Mexiko
auswandernden Fische; cf. auch: "Alle wissen,/ daß Mexiko
ein erfundenes Land ist.", aus "Einsicht", GW, I, p. 97f.,
dazu noch: "(...)// Versmaße halten nicht vor./ Keine Lust
mehr anzustehen/ um die Aufenthaltserlaubnis/ für erfundene
Länder./ (...)", aus "Kunsttheorien", GW, I, p. 164f.

[3] Zum Beispiel: "Und der Gedanke an Noah, der allem entging
und mit seinen Töchtern schlief und den Weinstock baute, und
der Gedanke, daß alle Sünden dürftig sind.", Z. 27ff.; im Marionettenspiel will Gott die Sintflut wiederholen; der von
Gott auserwählte Elias (alias Abimelech) widersetzt sich diesem (Schöpfungs- und Heils-)Plan, indem er sich weigert, mit
dem ihm vorgeschlagenen Bau einer Arche die menschenzerstö-
renden Machenschaften Gottes gutzuheißen; Noah hatte bei der
Sintflutpremiere, so argumentiert das Spiel, mit Gott gegen
die Menschen kollaboriert; "Elias: Die Frage vor Gottes Zorn.
Mir kommt der Verdacht, daß es der Teufel ist, der sich von
jeher so nennt. Wie könnte er sonst verlangen, daß ich den
Bäcker aufgebe und die Freunde, mit denen ich trinke? Schon
die Augen, die mich einmal angeschaut haben?", worauf die
scheinheilige, völlig korrupte Schlange, die eben einen Krebs
verspeist hat und sich offenbar angesprochen fühlt, erwidert:
"Ich kann das alles nicht nachfühlen. Ich handle ganz nach
Gottes Gebot.", aus "Unter Wasser", l.c., p. 31; der am Menschen orientierte Widerstand gegen den inhumanen Schöpfungs-

bar den Text- und Spielverlauf des Marionettenstücks um; sie
halten dessen mehrschichtige Substrukturen skelettartig zusammen; insofern verhält sich der Maulwurf zum vorfindlichen
Spiel wie eine mathematische Ableitung zu ihrer Basisfunk-
tion.[1]

Andrerseits kann man, nur aufs Textäußere konzentriert, schon
mehrere andere Maulwurftitel genannt finden[2]; das Eichsche
Themen- und Motivrepertoire scheint, wie die häufigen, bisweil-
len gar textidentischen Parallelstellen zeigen, durch immer
neue Selbstbezüge intensiviert zu werden; dabei fließt, vom jeweiligen Kontext kommend, fremdes Vorstellungsmaterial in den
ja aktuellen Reflexionsvorgang ein, wodurch das evozierte einzelne Bild sich mit diversen Sinnbestimmungen auffüllt, die

---

plan Gottes ist Bestandteil des sich einstellenden Nichteinverstandenseins; cf. auch die Meditationsnotiz: "Vermutlich
gibt es Sünden, die nicht als Sünden erkannt sind. Zum Beispiel die, Gott anzunehmen, wie er ist. Er will verändert
werden.", GW, IV, p. 306; zu dieser Verkehrung der Marxschen
Feuerbachthese (cf. noch einmal S. 40, Anm. 2) gehört auch
die Antwort auf die Interviewfrage nach dem "Grund für die
völlige Wandlung" Eichs: "Es handelt sich dabei weitgehend
um ein religiöses Gebiet (...)"; cf. GW, IV, p. 415; dem the-
ologischen Problemkreis in Eichs Werk geht am ausführlichsten
die Arbeit von Briner, l.c., nach, die auch zum hier zitierten Maulwurf bemerkenswerte Überlegungen enthält, cf. l.c.,
p. 155ff.; - andere Anspielungen auf alttestamentliche Er-
zählvorlagen etwa in "Jonas", GW, I, p. 328f., oder "In Ansbach", ibid., p. 342f., wo es von Hiob heißt: "Mit Gottes
Regiment nicht einverstanden, wurde er von Gott gesegnet (..
..)"; dem Menschen erscheinen Gottes Strafen und Belohnungen
willkürlich, sich dennoch ihnen ihrer Autorität wegen zu un-
terwerfen, erscheint menschenunwürdig; der Widerstand gegen
Gott (Schöpfung) ist geboten.

[1] Eich verweist ja selber auf diese Analogie, cf. S. 69, Anm.
5; in dem die Assoziationstechnik der Maulwürfe problemati-
sierenden, bezeichnenderweise mit "Fortgeschritten" betitelten Text heißt der Kontext: "Meine Vorstellung von Wirklichkeit sind warme Pölser nachts um halb eins, und daran gemessen bleibt schließlich alles irreal, die Lindenblüten wie
die Einkommensteuer. Natürlich gibt es auch Sopranistinnen,
Sopranisten vielleicht nicht, die interessieren mich auch
nicht, - alles bloß Ableitungen, Vorstellungen zweiten Grades.", GW, I, p. 348f.

[2] "Seepferde", "Altern" (cf. "unter Wasser ist wie Alter", Z.
16f.), "Sünde"; cf. GW, I, pp. 308f., 336f., 311; solche
Maulwurfzitate in den Maulwürfen führen tendenziell zu
einer Selbstreferentialisierung des Werks, wodurch dem Leser
weniger eine denotative Semantik als eine kontemplative na-
hegebracht wird.

seine kontextgebundene Formulierbarkeit nicht selten überstra-
pazieren; dies erzeugt einen änigmatisierenden Effekt an der
betreffenden Textstelle, da die singulären Motivpräsentationen
dann bloß über verweisende Einzelwörter (bisweilen, wie gesehen, auch Wortteile, morphologische Einheiten) laufen, die immer weniger deskriptive Funktionen zu übernehmen in der Lage
sind. Die einzelnen Wörter haben ihre - manchmal im Eichschen
Werk selbst - verankerte (sprachliche, oft literarische) Tradition, die sie jeweils fortsetzen und worauf sie sich vorrangig beziehen; sie als sprachliche Signale direkt auf eine Ob-
jekt- oder Tatsachenwelt zu verpflichten, scheint in dem Maße
zu mißlingen, in welchem sie den Referenzcharakter, der sie
kennzeichnet, unsichtbar halten. Der Leser erfährt kaum eine
während der Lektüre beizubehaltende Gegenstandsvorstellung, die
einzelne Aussage kann oft nur mehr als Etappe auf der ständigen
Flucht vor dem schon Ausgesagten rezipiert werden.
Die Maulwurfrede ist gegenüber einer ihres Gegenstandsbezuges
wegen als Objektsprache zu definierenden Sprache Metasprache[1],
da sie sich mit einer solchen Objektsprache (Umgangssprache)
oder mit Sprachen als ihrer Objektsprache (literarische und andere normgebundene sprachliche Vorlagen) vermittelnd auseinan-
dersetzt. Eine Literatur, die wie in der Tradition (etwa der
erzählenden, Novelle, Roman, etc.) auf Gegenständliches (und
sei es als Fiktion) bezogen ist, kann sich nicht metasprachlich
zu sich selbst verhalten, ohne aus strategischen, etwa aus Er-
zählperspektiven auszubrechen; ihre Reflexionen richten sich allenfalls auf ihre Figuren als auf Repräsentanten des Wirklichen;

---

[1] Dieser Begriff wird verwendet, wie ihn Manfred Smuda,
Becketts Prosa als Metasprache, München, 1970, entwickelt;
diese Begriffsbestimmung selbst orientiert sich wieder etwa
an: Roland Barthes, Littérature et Méta-Langage, Essais cri-
tiques, Paris, 1964, Max Bense, Aesthetica I. Metaphysische
Beobachtungen am Schönen, Stuttgart, 1954, und an den Arbeiten der sogenannten Russischen Formalisten, vor allem: Jurij
Tynjanov, Das literarische Faktum. Die literarischen Kunstmittel und die Evolution in der Literatur, Ffm., 1967, Viktor
Šklovskij, Die Beziehungen zwischen den Kunstgriffen des Hand-
lungsaufbaus und den allgemeinen stilistischen Kunstgriffen.
Theorie der Prosa, Ffm., 1966, Boris Ejchenbaum, Auf der Suche nach der Gattung. Aufsätze zur Theorie und Geschichte der
Literatur, Ffm., 1965.

von dieser Tradition hebt sich Eichs Schreibweise reflektierend
ab, so daß damit die Auseinandersetzung mit ihr zu einem möglichen Gegenstand seiner literarischen Produktion wird.

Die Smudasche Begriffsverwendung als Interpretament für die bisher angegebenen Texteigenschaften benutzend, ließe sich untersuchen, inwieweit die drei möglichen Implikate von literarischer
Metasprache, nämlich "Aufdeckung der Fiktionalität der traditionellen Schreibweise", mögliche "ästhetische Selbstkritik" durch
Weisen "kritischen Verhalten(s) zur eigenen Produktion" ('Tradi-
tionalisierung der eigenen Produktion') und als "spezifisches
Wirkungsmoment" der Effekt, daß "der Rezipierende in die Lage
versetzt (wird), seinerseits einen Metastandpunkt zu seinem eigenen Verhalten Texten gegenüber einzunehmen"[1], bei Eich zum Ausdruck kommen.

Häufig ist die Fiktionalisierung selbst genanntes Thema in den
Maulwürfen[2]; andrerseits geschieht das Transparentmachen von
Fiktion aber gerade durch die selbstwidersprüchliche Sprachge-
ste, mit welcher Fiktives als Realgegenständliches - in gebro-

---

[1] cf. Smuda, l.c., p. 10ff.; Smuda schließt: "Da die Erwartung-
en, die der Leser als Bildungserfahrung aus traditioneller
Literatur zur Verfügung hat, (...) ständig durchbrochen werden und ebenso die Erwartungen, die sich beim Lesen (...)
einstellen wollen, sieht sich der Rezipierende gezwungen,
seine Rezeptionsweise selbst als mögliches Textverständnis
zu reflektieren. Das aber bedeutet, daß der Leser am Produk-
tionsprozeß selbst beteiligt wird; denn wenn die Möglichkeit,
daß sich Erwartungen bilden, ständig unterbunden wird, so gehört die Reflexion darauf, warum dies geschieht, ebenso zum
Text selbst wie die durchbrochenen Erwartungen. Da ein Textverständnis wenigstens von einer partiellen Einsicht in die
Lösung des ästhetischen Problems abhängt, diese aber vom
Text selbst nicht gegeben wird, sondern nur als Anweisung
auf den Leser übergeht, ist die Reflexion auf eine Lösung
dem Text als metasprachliches Bewußtsein mit einkomponiert.",
ibid., p. 12; cf. dazu auch S. 38, Anm. 3; auf die wesentlichen Unterschiede zwischen Beckettscher Prosa und den Maulwürfen soll gar nicht eingegangen werden; immerhin eruiert
Smuda für die Romantrilogie ("Moloy", "Malone Dies", "The Un-
namable") und "How It Is" ästhetische Komponenten, die für
Eichs Textkonstruktion schon angedeutet wurden: "Die Überwindung einer teleologischen Schreibweise", "Die Ästhetisierung
von Redundantem", "Die Strukturierung von Kontingentem", der
Fabel- oder Geschichtenschwund einer "Prosa mit 'eingebauter
Abnützung'".-

[2] cf. Kommentar zu "Telefonisch", S. 13f.; aber auch Textpassagen, in denen Sprachreflexionen angestellt werden, über das
Schreiben geschrieben, (Tag-)Träumerisches, etc. vermittelt
wird.

chener Maulwurfrede - vorgestellt wird.[1] Das heißt, daß als
Resultat der Techniken, die Gegenständliches in seiner Reprä-
sentierbarkeit durch Sprache für Literatur abzubauen versuchen,
dieses eben dadurch wieder in die Texte Einlaß finden kann. Der
so doppeltgebrochene Inhalt wird als antithetische Wirklichkeit,
als Unwahrscheinlichkeit oder als Absurdität realisiert, wobei
die literarische Produktion solcher Vorstellungsbereiche sich
selber in Frage stellen und also progredieren kann.[2]
Daß Eich nicht in solch systematischer Weise wie etwa Joyce oder
Beckett seine schriftstellerische Tätigkeit traditionalisieren
konnte, erklärt sich schon aus dem Variantenreichtum der von ihm
benutzten Gattungen. Dennoch sind die - sporadisch hier aufgezeigten - Weisen der Selbstbezugnahme[3] Belege dafür, daß die
Maulwürfe nicht zuletzt intendieren, durch Texte ästhetische

---

[1] Etwa vermittels suggestiver Re-realisierung von schon als
Fiktion Tradiertem (Märchen, Sage, etc.), cf. nur: "Peter
Posthorn", GW, I, p. 352f., "Jonas", ibid., p. 328., "Ende
Juni Anfang Juli", ibid., p. 324, u.ä.; oder vermittels Sub-
stitution von real Unverfügbarem durch Sprachsurrogate, z.B.:
"Monolog des Kapitän Robert Scott", ibid., p. 374.

[2] Wie Sauder, l.c., nachweist, sind die Maulwürfe selbst als
Ausdruck der sich Eichs schriftstellerischen Reflexionen
stellenden Innovationsproblematik anzusehen; cf. l.c., p.
336: "Die in der Literatur sichtbare Veränderung läßt sich
pauschal als Ablösung des mehr oder weniger autonom verstandenen Kunst-Begriffs der Nachkriegszeit charakterisieren.
Grass (...) u.a. entwickelten Schreibweisen, die in der Zeit
'eingreifen' sollten. Eich hat mit der auf Wirkung verpflich-
teten und teils auch handlungsanleitenden Literatur nicht
sympathisiert. Sie trieb ihn jedoch zur Überprüfung seiner
bisherigen Arbeit."; und: "Die Kritik eigener literarischer
Positionen der Vergangenheit, aktueller Thesen der politischen Literaturdiskussion (...) und die Erprobung langer Gedichte und kürzester Formeln bilden ein Ensemble, das auch
mit Rücksicht auf die bisherige Rezeption seines Werkes
einem Eichschen 'Klimawechsel' förderlich war.", ibid., p.
343; es ist wohl zu vermuten, daß Eich sich mit den Maulwürfen vorläufig eine (Bewußtseins-)Dimension geöffnet zu haben
glaubte, in welcher er auch diese Selbstreflexion vornehmen
konnte.

[3] Hierzu gehören die Belege vom kryptomeren Selbstzitat, cf.
etwa S. 74, Anm. 2, bis zur Reformulierung ganzer Themenkom-
plexe (z.B.: "Unter Wasser" - "Erste Notiz zu einem Marionettenspiel"); mit solchen Wiederaufnahmen geschieht makro-
strukturell derselbe Effekt, den auch etwa die phonetischen
Echos oder andere Repetitionstechniken in den einzelnen Maulwürfen erwirken.

Kritik an (bisweilen eben denselben) Texten zu leisten.[1]
Die Mitbeteiligung des Lesers an der 'Autorschaft' der Texte
ist schon am konkreten Ort aufgefallen und wird sich immer, wo
der Einzeltext zur ausführlichen Analyse steht, wieder erweisen
müssen. Dabei gilt: "Die Aufmerksamkeit des Lesers ist durch
die Vagheit der sich bildenden Gegenstandsvorstellungen auf die
sprachliche Realisation des Schreibens gelenkt."[2]; in dem Maße, mit welchem der Rezipierende beobachtet, wie die Maulwürfe
das ihnen vorausgesetzte (Sprach- und Vorstellungs-)Material
aufnehmen und bearbeiten, übertragen sich ihm die Texte zur
eigenen Disposition; sie führen gleichsam modellhaft vor, wie
sie selber rezipiert werden können. Daß ein Erkennen spezifi-
scher Merkmale dieser Konstruktion von Eich bewußt erschwert
wird, braucht nicht mehr betont zu werden; zum anderen darf
aber auch nicht übersehen werden, daß eben diese Verdeckungsten-
denzen in den Maulwürfen selber thematisiert werden[3] und sich
in den zeitlich späteren Texten[4], die nochmals quantitativ re-

---

[1] Die polystratischen Texte erlauben es ihrem Autor, Aussagen
wie von einer Reflexionsinstanz aus auf andere Textschichten
und ihre Formulierungen zu projizieren, cf. etwa S. 22; dadurch durchbrechen die Texte ihr eigenes Gesetztsein und gewinnen sich eine vom Autor abstrahierende, die eigene Vermit-
teltheit teilweise negierende Unmittelbarkeit; metaphorisch
gesprochen, suchen sie erst noch ihren sie verantwortenden
Autor, und zwar unter ihrer Leserschaft; cf. hierzu den Dis-
kussionsbeitrag über den 'verschwundenen Autor', Michel Fou-
cault, Qu'est-ce qu'un auteur?, dt.: Was ist ein Autor?, in:
M.F., Schriften zur Literatur, München, 1974, p. 7ff.; dort
wird die "Funktion Autor" als "nur eine der möglichen Spezi-
fikationen der Funktion Stoff", ibid., p. 31, bestimmt.

[2] cf. Smuda, l.c., p. 87.

[3] Etwa in "Schlüsselfigur", cf. GW, I, p. 360f., ein Maulwurf,
der in einer Einzelanalyse noch untersucht werden soll.

[4] Gemeint sind: "Bevor Störtebeker stolpert", "Bandabfall"
(übrigens der einzige quasi-dialogisch gestaltete Maulwurftext, sein Titel könnte auf Becketts "Krapp's last tape" an-
spielen), "Berufsberatung", "Frühgeburt", "Konsultation",
"Monolog des Kapitän Robert Scott", cf. GW, I, p. 367ff.,
die allesamt, wie auch "Schlüsselfigur", im März 1970 geschrieben worden sein sollen; sie deuten an, daß auch die
Maulwürfe noch einer Entwicklung zur Verknappung ausgesetzt
zu sein begannen, die zur Vermutung animiert, daß Eich auch
diese Literatur nur als temporäre Ausdrucksform gelten lassen konnte.

duziert worden sind, bruchstückweise entdecken.

Die literarische Sprache als Metasprache einzusetzen, zeugt von
einem ästhetischen Bewußtsein, auf das besonders der literatur-
wissenschaftliche Formalismus und Strukturalismus aufmerksam machen will. Lotman, etwa, der Kunst im allgemeinen als sekundäres
modellbildendes System geradezu definiert[1], kennzeichnet die semiotische Qualität der literarischen Sprache folgendermaßen: "Aus
dem Gesagten ergibt sich, daß die Kunstliteratur zwar auf der na-
türlichen Sprache basiert, aber nur, um sie in ihre eigene - sekundäre - Sprache zu verwandeln, in die Sprache der Kunst. Und
diese 'Sprache der Kunst' ist eine komplexe Hierarchie von aufeinander bezogenen, aber nicht gleichartigen Sprachen. Damit
hängt die grundsätzliche Vielfalt möglicher Rezeptionen literarischer Texte zusammen. Und damit hängt offenbar auch die keiner anderen - nichtkünstlerischen - Sprache erreichbare Sinn-
sättigung der Kunst zusammen. Die Kunst ist das sparsamste und
konzentrierteste Verfahren der Informationsspeicherung und
-übermittlung. Und sie besitzt auch noch andere Eigenschaften,
die durchaus wert wären, die Aufmerksamkeit von professionellen
Kybernetikern und mit der Zeit auch vielleicht von Ingenieuren
auf sich zu ziehen. - Neben der Fähigkeit, eine enorme Informa-
tionsmenge auf dem 'Raum' eines kurzen Textes zu konzentrieren

---

[1] cf. Lotman, l.c., p. 22ff.; inwieweit der Autor in diesem
     theoretischen Werk originäre Gedanken darstellt oder bloß
     systematisierende Reformulierung schon (oft fragmentarisch)
     geleisteter Literaturkonzeptionen vornimmt, braucht hier
     nicht erörtert zu werden; es heißt: "'Sekundär im Verhältnis
     zur (natürlichen) Sprache' ist nicht zu verstehen als 'die
     natürliche Sprache als Material benutzend'. Wenn das der In-
     halt des Terminus wäre, so wäre die Einbeziehung der nicht-
     verbalen Künste (...) nicht gerechtfertigt. Die Relation ist
     hier vielmehr komplizierter: die natürliche Sprache ist
     nicht nur eins der ältesten, sie ist auch das mächtigste
     Kommunikationssystem im menschlichen Kollektiv. Durch ihre
     Struktur allein übt sie eine gewaltige Wirkung aus auf die
     Psychik des Menschen und auf viele Bereiche des sozialen Le-
     bens. Daher sind die sekundären modellbildenden Systeme (wie
     überhaupt alle semiotischen Systeme) 'nach dem Typ der Spra-
     che' gebaut. Das bedeutet nicht, daß sie 'sämtliche' Aspekte
     der natürlichen Sprachen reproduzieren. (...) Insofern das
     Bewußtsein des Menschen sprachliches Bewußtsein ist, können
     alle Arten von Modellen, die auf dem Bewußtsein aufbauen -
     darunter eben auch die Kunst - als sekundäre modellbildende
     Systeme definiert werden.", ibid.

(...), hat ein literarischer Text nämlich noch eine weitere Besonderheit: er gibt an verschiedene Leser jeweils verschiedene
Informationen ab - jedem nach Maßgabe seines Verständnisses;
und er liefert dem Leser noch dazu auch die Sprache, mit deren
Hilfe dieser sich bei einem weiteren Durchlesen die nächste
Portion an Daten aneignen kann. Der literarische Text verhält
sich wie eine Art lebender Organismus, der mit dem Leser durch
eine Rückkopplung verbunden ist und ihm Unterricht erteilt. -
Die Frage, mit welchen Mitteln das erreicht wird, sollte nicht
nur den Geisteswissenschaftler interessieren. Man braucht sich
nur eine analog konstruierte Vorrichtung vorzustellen, die etwa
wissenschaftliche Information abgibt, und man wird verstehen,
daß die Aufdeckung des Wesens der Kunst als Kommunikationssystem
zu einer Umwälzung in den Methoden der Informationsspeicherung
und -übermittlung führen könnte."[1]
Die Maulwurfprosa soll hier nicht als ein Vorbild zur Verbesserung des Ingenieurwesens oder der Datenverarbeitung vorgestellt

---

[1] cf. Lotman, l.c., p. 42f.; daß solche pauschalen Kunst- oder
Literaturdefinitionen wesentlich der Spezifizierung bedürfen,
um für konkrete Untersuchungen applikabel zu werden, versteht
sich von selbst; es sei nur auf die Schwierigkeit hingewiesen, die Literarität von Texten aus deren spezifischen Sprach-
eigenschaften zu erklären; cf. dazu Kloepfer, l.c., p. 15f.:
"Alliteration, Assonanz, Reim und andere Klangspiele, Wiederholung gleicher Silbenquantitäten, regelmäßige Verteilung
von Akzenten und Repetition gleicher Satzbaumuster, eine besondere Wortwahl, Metaphern und Metonymien, Vieldeutigkeit
und Fiktionalität sind Merkmale der alltäglichen Sprache
ebenso wie der Literatur oder dem ihrer Gebiete, das man 'Poe-
sie/Dichtung' nennt. (...) Es muß also unterschieden werden
zwischen dem Text, dessen formale Organisation auf und zwischen all seinen Ebenen strukturell bestimmt werden kann,
und dem 'Hintergrund' im Bewußtsein des Individuums oder
Kollektivs, vor und mit dem er sich bei der Lektüre realisiert."; versteht man unter "Literarität", wie Plett, cf. l.c.,
p. 120, "die textspezifische Form des Ästhetischen", dann ist
gerade nicht einzusehen (auch nicht durch die Versicherung,
damit seien bezeichnet "jene Textqualitäten, die literarische
Texte von nicht-literarischen, Poesie von Nicht-Poesie abhe-
ben"), wie die Ästhetik bestimmter Bereiche der Werbesprache
oder des sogenannten Volksmundes von derjenigen als Literatur
rezipierter Texte unterschieden werden soll; Literarität ist
doch eher wie auch das Ästhetische von gesellschaftlichen,
kulturellen Implikationen bestimmt; die sprachliche Verfassung von Texten ist dabei aber nur ein determinierendes Moment.

werden, ebenso sollen die Texte keineswegs dazu mißbraucht werden, irgendwelche literaturtheoretischen Konzepte und Konzeptio-
nen zu bestätigen; vor dem Hintergrund dieser generalisierenden
Rede von literarischer als sekundärer Sprache aber müßten einige
der vorgestellten Charakteristika der Stücke plausibel geworden
sein. Eich nutzt die aufgezeigten Potenzen seiner Metasprache
bewußt dazu, Reflexionsmöglichkeiten paradigmatisch vorzuführen,
welche eine Vermittlung durch gegenstandsgebundene Objektsprache nicht zulassen würde.-
Dadurch könnte eine Mobilisierung des an Kriterien von Dauer-
haftigkeit und Unveränderlichkeit (wie die ihre Transzendierbar-
keit leugnende Realität sie scheinbar anbietet) genormten Bewußtseins sich bekunden. Der direkte Objektbezug (etwa auf real
gesellschaftliche Probleme) wird zugunsten einer bewußten (indirekten) Vermittlung vernachlässigt, die eben diesen gesellschaftlich standardisierten Gegenstandsbezug noch problematisierbar zu halten verspricht. Der früh geäußerte Satz: "Ich bin
Schriftsteller, das ist nicht nur ein Beruf, sondern die Entscheidung, die Welt als Sprache zu verstehen."[1], müßte dann
als Programm auch des späteren, politisch empfindlicheren Eichs
genommen werden. Die Welt, nicht nur (schlecht) idealistisch verstanden als von Sprache (Bewußtsein) verdeckt, ist eben durch
Sprache (Bewußtsein) auch zugänglich, das heißt, ihre Veränderbarkeit ist für Eich abhängig von den Veränderungschancen, die
Sprache als kommunikativer Repräsentant von (Welt-)Bewußtsein
beinhaltet; diese Chance vergibt eine zu Verbigerationen depra-
vierende Sprache, selbst wenn sie kritische, veränderungsinten-
dierende Inhalte transportieren will.

5.

Einigen kennzeichnenden Leistungen der als Metasprache bestimmten Maulwurfprosa Eichs kann an einem anschaulichen Beispiel,
das Literaturrezeption und kritische Bezugnahme aufs eigene

---

[1] cf. GW, IV, p. 441, aus: "Der Schriftsteller vor der Realität", (1956).

Werk miteinander verbindet, nachgegangen werden. Solche Textpassagen, die deutlich Spuren einer mehr oder weniger seriösen Bearbeitung etablierter Literatur zu entdecken geben, legen nahe,
daß die skelettartigen Sinngefüge des Maulwurfräsonnements,
komplettiert durch den sie teils verhüllenden Text, als Elemente
eines umfassenden, den unmittelbaren Textbereich thematisch noch
transzendierenden gedanklichen Zusammenhangs angesehen werden
müssen.

Die spezifische Rezeption, die etwa Hölderlin und sein Werk bei
Eich erfahren haben, stellt sich dem Leser selbst nur vermittelt
dar, wobei das Medium dieser Vermittlung wesentliche Komponenten
des Eichschen Schaffens umfaßt, also keineswegs nur solche Texte,
die sich direkt (explizit) auf Hölderlin beziehen. Ein Exkurs
darüber möchte zeigen, wie Eich sein Hölderlinverständnis im
Maulwurf[1] verarbeitet und wie sich dieses Verständnis entwik-
kelt haben könnte; dabei bietet sich das Beispiel Hölderlin
auch insofern an, als eine Fülle verstreuter Reminiszenzen an
diesen Dichter in Eichs literarischen Produktionen der verschiedenen Jahrzehnte zu finden ist.[2]

Damit die Strukturen der Hölderlin- und Selbstrezeption sich
herausbilden, die als Merkmale eines (konsequenten?) Entwick-
lungsverlaufs aufzufassen wären, soll die themenorientierte Ein-

---

[1] cf. "Hölderlin", GW, I, p. 333.

[2] Alle diesbezüglich textgewordenen Reflexionen können keine Erwähnung finden; das Interesse des Exkurses gibt ihm eine ein-
schränkende Perspektive mit, die nicht zu unstatthaften Gene-
ralisierungen verführen sollte; das Herauslösen singulärer
Momente wäre als Vorgehensweise vom jeweiligen Textganzen
her nicht zu legitimieren; der Versuch, das Hölderlinbild
Eichs an signifikanten Stationen seiner Entwicklung skizzen-
haft darzustellen, kann nur sinnvoll sein, wenn die Funktion
solcher perspektivischer Beschränkung mitbedacht wird und
der provisorische Charakter der Ergebnisse selbst Ausdruck
findet; mitintendiert ist aber, die häufige Rede vom 'neuen
Eich' inhaltlich zu füllen und sie der Auffassung entgegen-
zustellen, sie interpretiere einzig Eichs eigene Distanzierung von früheren Werken; eine näher zu bestimmende Kontinuität der poetischen Entwicklung ist demgegenüber ebenso
nachzuweisen; insofern können die folgenden Überlegungen,
auch wenn sie nicht vollständige Textbeschreibungen leisten,
Materialien zum in den Maulwürfen sich aussprechenden Selbstverständnis Eichs aufbereiten.

schätzung des Maulwurfs anhand eines Ausblicks auf das Gedicht
"Latrine"[1], sowie auf die sechste Szene des Hörspiels "Man bittet zu läuten"[2] vorbereitet werden.

"Latrine" ist ein Nachkriegsgedicht; es ist anzunehmen, daß es
während Eichs Kriegsgefangenschaft enstand; dennoch scheint,
daß die griffbereiten Schlagworte 'Stunde null', 'Kahlschlagpo-
esie', 'tabula rasa-Lyrik' zum angemessenen Verständnis dieses
Gedichtes nicht beitragen; anders als in "Inventur"[3], das einen
Vergewisserungsversuch von Wirklichkeit durchs bloße Benennen
noch verbliebener Habseligkeiten darstellt, findet hier eine
(wie immer auch negative) Auseinandersetzung mit dem überkommenen 'Kulturwert Hölderlin' statt. Galt "Jede Anknüpfungsmög-
lichkeit nach hinten, jeder Versuch wieder zu beginnen, wo 1933

---

[1] cf. GW, I, p. 36f.;

Latrine

Über stinkendem Graben,
Papier voll Blut und Urin,
umschwirrt von funkelnden Fliegen,
hocke ich in den Knien,   5

den Blick auf bewaldete Ufer,
Gärten, gestrandetes Boot.
In den Schlamm der Verwesung
klatscht der versteinte Kot.

Irr mir im Ohre schallen   10
Verse von Hölderlin.
In schneeiger Reinheit spiegeln
Wolken sich im Urin.

"Geh aber nun und grüße
die schöne Garonne -"   15
Unter den schwankenden Füßen
schwimmen die Wolken davon.

[2] cf. GW, III, p. 1361f.; als Textprobe sei der Schluß des
Pförtnermonologs zitiert:
Die Fliege haut immer noch gegen das Glas, oh Amazonas, vielleicht blauflüssig oder grünflüssig. Man erfährts aus den
Quellen nicht. (Er lacht.) Gut gesagt, aus den Quellen! "Mancher trägt Scheue." Das hätte mir Hölderlin nicht zugetraut.
Aber der wäre auch hier, bestenfalls, pubertär, der käme
schon mit den Schlüsseln nicht zurecht. Abgeholte Schlüssel
am Brett, hängengebliebene, Meditations-Möglichkeiten. Jetzt
hängt auch der Laurenz, statt weniger werden es mehr. Und
die Fliege bumst. Und aufs Klosett müßte ich auch dringend.
Fragen gehören zum Stuhlgang, gehören in die Kanalisation gespült.

[3] cf. GW, I, p. 35.

eine ältere Generation ihre kontinuierliche Entwicklungslaufbahn verließ, um vor einem irrationalistischen Abenteuer zu kapitulieren (...) wie eine Paradoxie"[1], so gilt für "Latrine", daß eben diese Paradoxie hier zum Gegenstand wird: es läßt sich als Antithese zu dem zitierten Hölderlingedicht "Andenken"[2] lesen, sowie als lyrischer Versuch, die Unvereinbarkeit von aktueller Lagersituation und hehrem Kulturgut, wozu Hölderlin gerade erst in der Selbstlegitimation der Nationalsozialisten pervertiert worden war, zu pointieren; "Andenken" setzt ein mit der Nennung des "Nordost" (Z. 2), der dem Ich Hölderlins "Der liebste unter den Winden" (Z. 3) sei deshalb, "weil er feurigen Geist/ Und gute Fahrt verheißet den Schiffern." (Z.4/5); von diesen heißt es in der vierten Strophe, sie "bringen zusammen/ Das Schöne der Erd (...)" (Z. 43/44); nachdem Eich in der ersten Strophe den Ort seines Gedichts mit "Über stinkendem Graben" (Z. 2) - bei Hölderlin werden in der zweiten Strophe, Z. 25, "Einwiegende Lüfte" verzeichnet - bestimmt hat, wird der Blick freigegeben auf "bewaldete Ufer,/ Gärten" (Z. 6/7), wohl noch in Anlehnung an Hölderlin, um dann um so kontrastreicher auf "gestrandetes Boot" (Z. 7) zu fallen; die, welche in "Andenken" auszogen, das Schöne zusammenzutragen, haben im Eichschen Text Schiffbruch erlitten. Verschärft wird die Entgegensetzung zum Hölderlintext, der lediglich beklagt "Seellos von sterblichen/ Gedanken zu sein." (Z. 32/33), durch Eichs "In den Schlamm der Verwesung/ klatscht der versteinte Kot." (Z. 8/9). Der letztlich von Hölderlin gesehenen Überwindung dieser "sterblichen/ Gedanken" vor allem im berühmten Schluß "Was bleibet aber, stiften die Dichter." (Z. 60), widerspricht das lyrische Ich des 20. Jahrhunderts mit der emphatischen Behauptung von Verwesung, die mit allen Anzeichen von Krankheit ("Blut", "der versteinte Kot") und Häßlichkeit[3] um sich greift. Die sich

---

[1] Hans-Werner Richter, in: Der Ruf, H. 2, 1946, zitiert nach Schafroth 1976, l.c., p. 38.

[2] cf. Friedrich Hölderlin, Sämtliche Werke, hg. von Friedrich Beissner (Kleine Stuttgarter Ausgabe), Bd. 2, Stgt., 1953, p. 196ff.

[3] Dies Gedicht ist nicht nur einmal von Rezensenten und Literaturwissenschaftlern als Prototyp des Widerlichen in der modernen Lyrik untersucht worden; dazu cf. Anderle, l.c.

auf die Namensnennung "Hölderlin" (Z. 11) reimenden Zeilen "In
schneeiger Reinheit spiegeln/ Wolken sich im Urin." (Z. 12/13)
ließen sich als ikonographisch formuliertes Programm des gesamten Gedichtes lesen, indem sie vorstellen, wie das Schöne
nur im Spiegel des extrem Häßlichen noch zu sehen ist, wobei
das Gedicht gerade die traditionelle Verwendung dieser normativen Begriffe brüskieren will. In der Schlußstrophe zitiert Eich
seine ihm "irr" schallenden "Verse von Hölderlin" (Z. 10/11):
"Geh aber nun und grüße/ die schöne Garonne -" ("Latrine", Z.
14/15; "Andenken", Z. 6/7); aber "Unter den schwankenden Füßen/
schwimmen die Wolken davon." (Z. 16/17); die Rezitation der
Hölderlinzeilen, im Kontrast mit dem Verlust dessen, was sie
bedeutet haben mögen, klingt wie der mißlingende Identifikati-
onsversuch eines "irr"-, eines leerlaufenden Bewußtseins; die
möglichen Bezugnahmen auf Hölderlins Gruß der Garonne sind
nicht nur verstellt durch die Verzerrung und Brechung der Perspektive (der direkte Blick nach oben, zu den Wolken, scheint
versperrt, der Titel gibt ja den Ort der Handlung an), sondern
entstellen auch noch die Realität des sich an die Verse Erinnernden; das lyrische Ich des Eichgedichts befindet sich selbst
im Bereich der von ihm ausgedrückten Paradoxie, die in der
äußeren Latrinensituation die Erinnerung Hölderlins sich vollziehen läßt.
Wo Eich sich auf Hölderlins "Andenken" bezieht, tut er es in wi-
dersprechender, negativ vermittelter Weise; das deutsche Dichterideal ist ihm nicht mehr direkt oder über Bestätigung zugänglich; dennoch, auch wenn er gegen Hölderlin spräche, den
Schlamm der Verwesung gegen das Bleibende, welches die Dichter
stiften, behauptend, vermittelte er noch den Widerspruch, der
in der Bezugnahme auf Hölderlin zu einer Zeit lag, in welcher
deutsche Politik Europa gerade ins Chaos gestürzt hatte; jener
wollte das Ineinanderaufgehen von Orient und Abendland vorher-
sagen, Antike und Neuzeit gedanklich versöhnen; gerade aber die
Hölderlininterpretation der Nazis war in ideologischer Hinsicht
systemstabilisierend gewesen; wenn, nur zum Beispiel, Michel
den Nachweis für Hölderlins "Vorkämpfertum" in der Erregung
"solidarischer Machtgefühle" durch "sprachliche Athletik"[1] er-

---

[1] cf. Wilhelm Michel, Hölderlins Wiederkunft, Wien, 1943, p.
10.

blicken konnte, so widerspiegelt dies genau den Tenor der Infa-
mie, der Hölderlingedichte als Injektionsmittel deutscher Kriegs-
begeisterung, etwa in Form von Feldpostausgaben, mißbrauchen
wollte; aufgrund derartiger Verfälschungen war Hölderlin 1945
geradezu unlesbar geworden; wenn "Latrine" dies auch nicht
rückgängig machen konnte, so leistete Eichs Vergeblichkeit sug-
gerierende Wiederaufnahme Hölderlinscher Intentionen quasi eine
poetische Wiedergutmachung an der durch arische Verehrung her-
beigeführten Zerstörung des Dichters. Gerade den Zeitpunkt ge-
brochener Tradition nimmt Eich zum Anlaß, die revolutionär-ide-
alistische Utopie von "Andenken" nicht dumpf zu wiederholen,
sondern indirekt die Verwirklichung ihrer Implikationen einzu-
klagen.

Ohne daß auf die poetische Organisation des Gedichts speziell
eingegangen werden müßte, erweist sich der von Eich problematisch gehaltene Hölderlinbezug in "Latrine" als Indiz für ein
eigenständiges, in den Versen sich darstellendes Literaturverständnis, das die historische Bedingtheit möglicher Rezeption
zu beachten weiß. Hatte Heidegger noch 1943[1] den gewichtigsten Akzent seiner Interpretation auf das dem deutschen Wesen
vermeintlich zukommende "Bleiben im Eigenen"[2] legen zu müssen
geglaubt, so ist der lyrischen Auffassung Eichs das Verbliebe-
ne gleichzeitig das Flüchtige und Verflogene[3]; das in die Ge-
fangenschaft gerettete Hölderlinzitat, von der Verwesung der
drastisch geschilderten Lagersituation katastrophal umgeben,

---

[1] Martin Heidegger, Andenken. Tübinger Gedenkschrift zum hundertsten Todestag Hölderlins, hg. von Paul Kluckhohn, Tübing-
en, 1943.

[2] cf. noch Martin Heidegger, Andenken. Erläuterungen zu Hölderlins Dichtung, Ffm., 1963, 3. Aufl., p. 137.

[3] Auch Anderle, l.c., sieht die Opposition zur Heideggerschen
Deutung; er resümiert, ibid., p. 108: "So wie gegen Heidegger könnte 'Latrine' auch gegen Stefan George gerichtet sein,
an dessen Feierlichkeit im Rhythmus das Gedicht anklingt,
dessen Hölderlin-Verehrung motivisch erscheint. Doch stellt
Eich keine preziösen Objekte dichterisch heraus, und Georges
Forderung, daß es ein Maßstab geistigen Wesens sei, Gedichte
zu verstehen und sprechen zu können (und hier handelt es sich
um Hölderlins Verse in Eichs Gedicht), zerbricht an der Schwä-
che des Gefangenen, seinen akustischen Halluzinationen."; die
Opposition gegen George einmal hintangestellt, lese ich das
Hölderlinzitat in "Latrine" nicht als Indiz für akustische
Halluzinationen des Sprechers.

ist nicht mehr beruhigender Besitz einer von aller Realität un-
verwundbaren Wesenhaftigkeit des (auch deutschen) Menschen, sondern realer Fremdkörper in einer aus historischer Absurdität re-
sultierenden Wirklichkeit. Der letztlich in krasser Verfremdung
überdauernde Hölderlinvers gibt somit das Maß für die Entfremdung der vom Gedicht repräsentierten geschichtlichen Existenz
ab.

Daß Eich die Zerstörung der Sag-Möglichkeiten des von Hölderlin
Tradierten bedauert haben mag, läßt sich an den immer wiederkehrenden Hölderlinreminiszenzen im Gesamtwerk ablesen. So
könnten etwa im Gedicht "Aurora" die Zeilen "Ruhr und Wupper
mündet/ in die Ägäis ein"[1] fast als Persiflage auf Hölderlin
gelesen werden: nicht die Donau, nach Asien mündend, wird be-
sungen, sondern die ökologisch vernichteten Industrieflüsse;
solcherart Bedauern aber würde eine Nähe zu Hölderlin andeuten,
welche in "Latrine" radikal negiert zu sein scheint; man müßte
von der eventuellen, von weiteren Bezugsstellen ausweisbaren
Affinität Eichs zum Hölderlinschen Werk feststellen, daß ihr
die Möglichkeit unmittelbarer Aneignung des Gedankenguts fern
ist, wie umgekehrt für "Latrine" wohl gilt, daß noch das Sprechen gegen Hölderlin (im Zitat) immer auch den Bezug und die Be-
rufung auf ihn mitenthält.

Eine ähnlich distanzschaffende Annäherung an Hölderlin vermittelt auch das Gedicht 8 aus der Serie "Neue Postkarten"[2]; der
touristische Eindruck von "Palmyra", dem sich der Kartentext
verdankt, verdichtet sich zur poetischen Definition, die auch
Bildungsassoziationen ans Gedicht "Lebensalter"[3] aufnimmt. Die
"Ablagerung von flüchtigem Hölderlin", der in seiner Dichtung

---

[1] cf. GW, I, p. 23f.

[2] cf. ibid., p. 145; "Palmyra/ ist ein Zank um Trinkgelder,/
Schwiegervater, Schwiegersohn,/ die Oberfläche geht erdein-
wärts,/ Ablagerung von flüchtigem Hölderlin,/ die richtigen
Attribute,/ weil er nicht da war,/ keine Deutungen,/ die jemanden müde machen."; in den Anmerkungen der GW auf den 19.7.
'65 datiert, erschien dies Gedicht zuerst in "Anlässe und
Steingärten", Ffm., 1966.

[3] cf. Hölderlin, l.c. S. 93, Anm. 2, Bd. 2, p. 119; das Gedicht
beginnt: "Ihr Städte des Euphrats!/ Ihr Gassen von Palmyra!/
Ihr Säulenwälder in der Ebne der Wüste,/ Was seid ihr?/ (..)".

offenbar nach Ansicht des Postkartenschreibers "die richtigen
Attribute,/ weil er nicht dort war", finden konnte, spielt die
in der verflossenen Zwischenzeit schier versteinerte Lyrik einem
quasi bloß geologisch-archäologischen Interesse zu; die lapida-
ren Wahrnehmungen und Reflexionen des modernen Besuchers der
Ruinenstadt lassen Hölderlins Trauer und Trost, wie sie sich
für ihn mit dem Gedanken an die antike Welt verbanden, als fos-
sile Relikte am Ort erscheinen; die Richtigkeit der Attribute
ehemaliger Literatur ist in ihrem logischen Wert dabei durchaus
ambivalent konstatiert; zwar kann Eich die Hölderlinschen Einschätzungen bei seinem Lokaltermin kaum bestätigt zu finden meinen, er scheint andrerseits aber Sprache und Gedicht Hölderlins
("keine Deutungen,/ die jemanden müde machen.") vom Legitimati-
onsnachweis durch die Zerstörung markierende Wirklichkeit zu
suspendieren. Die Kluft zwischen Dichtung und historisch sich
wandelnder Realität und ihre wechselweise Unverträglichkeit lassen eine ausschließende Hypostasierung für keine von beiden
mehr zu.[1]
In Szene sechs des Hörspiels "Man bittet zu läuten" wird am
Beispiel Hölderlins die Problematik thematisiert, in welche
Dichtung gerät, die sich an die Grenzen des Sagbaren vorgewagt
hat und gerade dadurch sich ihr feindlichen Vereinnahmungstendenzen aussetzt. Das Hörspiel, vom Intermezzo abgesehen, gibt
die nur von Pausen unterbrochene Rede des Pförtners in einem
Taubstummenheim wieder, der in seiner Eingangsloge Telefonge-
spräche führt, abendlich heimkehrende Anstaltsinsassen begrüßt
oder einfach nur zu sich selber spricht. Seine Sprache typisiert ihn, so daß er, obwohl er anonym bleibt, zu identifizieren ist. Sein Jargon, der für alles und jedes Antworten parat

---

[1] Der zusammenfassenden Bemerkung bei Anderle, l.c., p. 113,
ist somit zuzustimmen: "Eich richtet die Welt nicht, indem
er auf Hölderlin verweist, noch wertet er aus dem Besserwis-
sen des im 20. Jahrhundert zu Fall Gekommenen heraus Hölderlin ab. Sondern zwei Welten treffen sich in diesen Gedichten
und stehen sich als Zeichen gegenüber. Geschichtliche Kontinuität ist nicht mehr gegeben. (...) Das Auftreten Hölderlins
in Eichs Gedichten ist so ein Zeichen, das, Klage oder Hoffnung in sich bergend, eingefügt ist in das Gewebe seiner
Dichtung."-

hat, ist charakterisiert durch Redensarten, Schlagwörter, Kli-
schees, die es ihm erlauben, die Welt so sich vorzustellen, daß
sie verständlich erscheint, daß man sich in ihr zurechtfinden
und einrichten kann; seine fertigen Allzweck-"Antworten beweisen,
daß es nichts Fragwürdiges gibt"[1], zumindest nicht zu geben
brauchte; in der ausgewählten Szene, einem Text, der durchaus
schon Kompositionstechniken der späteren Maulwürfe anwendet,
zitiert der unentwegt bramarbasierende Pförtner[2], während er
über eine Fliege meditiert, die "voll Raserei ans elektrische
Licht bumst. Soviel Zorn, soviel Einsatz ohne Lohn", auch Hölderlin, wieder aus "Andenken": "Mancher/ Trägt Scheue" (Z. 39/
40), dazu wohl motiviert durch seinen Satz "Man erfährts aus
den Quellen nicht." (cf. S. 92, Anm. 2)[3]; stolz auf sein Wissen, palavert er fort: "Das hätte mir Hölderlin nicht zugetraut.
Aber der wäre auch hier (sc. im Taubstummenheim, das dem Pförtner aber schon Auffangstation für alles krankhaft Anomale zu
sein scheint; -MK), bestenfalls, pubertär, der käme schon mit
den Schlüsseln nicht zurecht. (...) Und aufs Klosett müßte ich
auch dringend. Fragen gehören zum Stuhlgang, gehören in die Ka-

---

[1] Dieses Zitat aus der Büchnerpreisrede Eichs, cf. GW, IV, p.
450, soll andeuten, daß sich der Hörspielautor mit der
Pförtnerfigur wohl einen Typ geschaffen hat, der die gelenk-
te Sprache der Macht bis zur kaum noch erträglichen Perfek-
tion internalisiert hat.

[2] Schafroth 1976, l.c., p. 103f., kennzeichnet die Sprache und
ihren Sprecher zutreffend: "Er schmeißt mit Qualifikationen
und Urteilen um sich: geistige Mißbildung, Ignoranten, Ver-
lautbarungen für die Guillotine, Idiotie - soviel auf vier
Zeilen. Und er hat ein sehr einfach zu benützendes Feindbild:
Sein Feind ist, wer anders ist als er, also: 'nicht' aufbau-
end, unbeirrbar, daseinsfreudig, durchschnittlich im positiven, im staatsbürgerlichen Sinn, selbstzufrieden. 'Mir muß
man nicht klar machen, was der Normalpegel bedeutet, Basis,
sittliche Forderung, und nach der anderen Seite Anarchie.'
(...) Aber wer Alkoholiker, wer alt ist, wer Kontaktschwie-
rigkeiten hat und an sich leidet, gehört zu den Anarchisten.
'Das ist alles reif für die Euthanasie.' Wer Fragen stellt,
ein Träumer ist, die Dichter - sie alle machen sich verdächtig, sind lebensuntüchtig. Er ist autoritär, humorlos und
machtbesessen - dabei 'natürlich' für die Demokratie."

[3] Das vollständige Hölderlinzitat würde lauten, cf. l.c., p.
197: "(...) Mancher/ Trägt Scheue, an die Quelle zu gehn;"
daß Eich den Pförtner in seiner Suada mit dem Wort Quelle
das doch entlegene Hölderlinzitat assoziieren läßt, deutet
an, daß dieser ein vielleicht differenzierteres Psychogramm
verdienen würde, als es ihm hier aufgrund der sechsten Szene ausgestellt werden kann.

99

nalisation gespült."[1]

Des Pförtners Haltung zur Dichtung zeichnet sich dadurch aus,
daß er aus der Trias der allzumenschlichen Bedürfnisse ("Wein,
Weib und Gesang") den Gesang keineswegs für "das größte unter
ihnen, eine fatale Gedankenverbindung", hält, sondern eher für
"das billigste", - "und man könnte darauf am ehesten verzichten." Mit direkter Anspielung auf Schiller und Hölderlin macht
er sich lustig über die, wie er meint und sagt, "Schizophrenen,
Koprophilen, Eunuchen und Hirngeschädigten", über das "Unter-
holz": "Das steht vor Sonnenuntergängen und will Millionen um-
armen, fades Gelichter, Triefaugen, schwerhörig und anstalts-
reif. Legen die Stirn auf die Tasten und signieren Scardanelli,
ein Glück, daß es sie erst gibt, wenn sie tot sind, die würden
das ganze Dessin verderben. Wir brauchen Persönlichkeiten, die
auf Parties möglich sind."[2]

Dem Pförtner des Hörspiels sind also nicht nur die Hölderlinver-
se zur freien, mißbräuchlichen Verfügung ausgeliefert, auch der
biographische Zerfall des Dichters wird ihm Gegenstand eines be-
denkenlos verachtenden Spotts. Eich erlaubt es sich also wieder
nur, hier durch die Perspektive der Antiperson[3] gebrochen, Höl-

---

[1] Schafroth 1976, l.c., p. 104, bemerkt die auffällige Paralle-
lität der Assoziationsfolge im Gerede des Pförtners zu der,
welcher "Latrine" seine Kontrastwirkung verdankt: "Fliege/
Hölderlin/ Hölderlinverse/ Klosett/ Stuhlgang - die Erinnerung an das Gedicht 'Latrine' von 1948 stellt sich ein: stin-
kender Graben/ Fliegen/ Kot/ Urin/ Hölderlin/ Hölderlinzitat.
Was damals in alarmierender Unvereinbarkeit erschien, tritt
im Gerede des Pförtners problemlos zueinander. Seine gewalttätige Sprache hat das alles usurpiert und mit Leichtigkeit
ineinander vermengt."

[2] Anspielungen sowohl auf Hölderlins Klavierspiel, seine späte
Signatur "Scardanelli", sowie auf den Schönen Götterfunken
(Schiller, der schwerhörige Beethoven).

[3] Schafroth ibid. interpretiert hier eine bis zur Identifizierung reichende Solidarität Eichs gegen den Hörspielprotago-
nisten: "Der Pförtner ist gewalttätig, sadistisch. Hinter der
Maske des Spießers und Biedermanns kommt auf Grund seiner Art
zu sprechen das wirkliche Gesicht dieses Zeitgenossen zum
Vorschein. Dabei ist der Pförtner der Sprache durchaus mächtig. Eich liefert ihm (...) auch Sätze und Anschauungen, die
seine, Eichs, eigene sein könnten (aus): 'Wie immer ist die
Genesis unergiebig, und wie immer darf man es anthropolo-
gisch nennen.' Das bedeutet: Wer spricht, setzt die Worte
und Sätze dem Mißbrauch, der Vergewaltigung und Verdrehung
aus, er muß sie, annektiert, kompromittiert und pervertiert
von der herrschenden Sprache, wiederhören."

derlin in der Textfiktion gleichsam kontra-intentional zu erwähnen. Während der Pförtner sich in seiner utilitaristischen
Moral ergeht und dem gesunden Menschenverstand ein makabres
sprachliches Denkmal setzt, diskreditieren sich seine Sprach-
handlungen nicht zuletzt mit der Übernahme der Worte Hölderlins, der so, in der Rede erneut Opfer üblichster Inhumanität
geworden, zum Opponenten des vom Redner präsentierten Ungeistes
avanciert; gerade indem der Dichter von unserem Zeitgenossen
zitiert wird, ist er seiner eigenen Sprache beraubt, deren Intentionen sich aber indirekt als Widerspruch ihrer aktuell formulierten Pervertierung restituieren.

Wie in "Latrine" ist der unmittelbare Ausdruck möglicher Affinität versperrt; im Unterschied zum Gedicht aber deckt die Hör-
spielpassage einen Grund dafür auf: Hölderlin, der sich nicht
durch das Einverständnis mit seiner Zeit definieren läßt, ist
durch die sprachlichen Etikettierungen der Pförtnerurteile, die
auch gegenwärtiges Unverständnis namhaft machen, weiterhin unzugänglich; eine das Fragwürdige in Frage stellende Haltung, die
Hölderlin, so könnte man Eichs Auffassung vielleicht paraphrasieren, bis in den sprachlichen und psychischen Zusammenbruch
bekundete, schlägt in der Pförtnerrede um in eine ideologisch
nützliche Argumentation gegen den (vermeintlich) zwecklosen Widerstand (cf. die Allegorie mit der Fliege: Zorn ohne Lohn);
"Träumereien", wie er es nennt, gestattet sich der Pförtner
folgerichtig nur, solange sie auf sein Hobby - er versteht sich
als "einen Mykologen von einigem Rang" - beschränkt bleiben.[1]

---

[1] So, wenn er sich süffisant augenzwinkernd als Träumer por-
traitiert: "zum Beispiel war ich eben am Amazonas oder in
einem Antiquariat, wo 26 Bände der Iconographia Mycologica
für ein Spottgeld angeboten werden, weil Band 11 fehlt, genau der, den ich schon habe."; es charakterisiert den Pförtner offensichtlich, daß er auch noch in seinen Träumen gute
Geschäfte macht; unter den Erfolgszwang seiner Lebensführung
hat sich demnach auch schon seine Phantasie gebeugt; - die
Primärzitate sind ausschließlich Szene sechs entnommen, sie
sollen deshalb weder das gesamte Hörspiel, noch die äußerst
differenzierte Sprachreflexion und -kritik, die Eich vornimmt, repräsentieren; ebenso wird die Textrealisation auch
bloß der gewählten Szene nicht vollständig berücksichtigt;
auf den Nachweis aller Hölderlinanspielungen ist im Interesse des Exkurses verzichtet worden; auch die verschiedenen
Seiten des Pförtnercharakters können an diesem Ort nicht
hinreichend reflektiert werden.

In den bisher diskutierten Beispielen hatte Eich Hölderlin wie
ein mehr zufälliges Signal des Fremden und Anderen in das situa-
tive Ambiente seiner Texte versetzt; die Namensnennung des Dichters und die rasch passierenden Reminiszenzen erfüllten die Funktion einer emphatisch reduzierten Metapher, welche die Heteroge-
nität und Unversöhnbarkeit mit dem Kontext - ohne weitschweifi-
ge Erläuterungen - exponieren konnte; in "Latrine" und dem Post-
kartengedicht tauchte Hölderlin wie ein fragwürdiger Zeuge auf,
der von einer Welt zu sprechen scheint, die sich in ihrem Wandel verkehrt haben muß; Eich trägt dabei nichts zum nivellierenden Ausgleich des Inkompatiblen bei; weder ist die Wirklichkeit,
die sein lyrisches Ich vorfindet und mitteilt, durch Hölderlin
zu retten, noch er in ihr und für sie; der Pförtner der behandelten sechsten Hörspielszene beherrscht demgegenüber das gesamte Register zweckmäßiger Nivellierungen, die es ihm erlauben,
die Welt so zu definieren, daß jemand wie Hölderlin in ihr zwar
nicht vorkommen, wohl aber verkommen müßte. War aber die Anspielung auf Hölderlin für die Textaussagen Element eines kontrast-
stiftenden Hintergrundes, so deutet schon der Titel den auf den
Dichter konzentrierten Blick des Maulwurfs an.

Hölderlin

In Fußgängertunnels denke ich: Hier ist neulich Hölderlin gegangen und hat die Auslagen betrachtet, Wäsche, Keramik,
Bücher, ein Espresso. Er war außer sich, deshalb machte ihm die
Zeit nichts. Diotima ist lange gestorben, aber er nicht, es   5
schmerzt ihn.
Das sind die Eigenschaften von Fußgängertunnels, man taucht
unter, alles taucht auf, die Flügel, die man einmal hatte, nur
kurz, das Weiße im Auge, das sich gelb färbt, ein Stock für die
notwendigen Schritte. Federigo, dein Griechenland ist auch da-   10
hin.
Diotima schreibt keine Briefe, eine taube Seele, sie hat recht.
Du verzehrst dich, verzehre dich nicht! Einiges Gute bezeigen
dir kann. Sie hat sich entschieden.
Durch Fußgängertunnels in die Auvergne. Truppenübungsplätze,   15
Wacholder. Man denkt immer daran, ein kleiner Kreis von Leben, Leben kehrt nicht wieder, die Auslagen betrachtet man
allein und hätte doch das Geld der Armut in der Tasche. Ein
Spiegel, ein Leuchter? Die Farben sind dahin, nur das Gelbe
bleibt.   20
Wenn der Neckar fließt, immer in Richtung Nürtingen, in Richtung Homburg, zu Büchern in den Regalen. Wir wollen Pindar
lesen, hier hat sie über ein deutsches Wort gegrübelt, eine
angestrengte Stirn und die Zunge schwer. Das liest sich in allen
Auslagen ab, jetzt bemerkt man es erst. Man liest das Wachs,   25
das von den Kerzen tropft und sich erhärtet. Ein Frisör ist in der
Nähe und eine Bäckerei.

Dieser Maulwurf[1] versteht sich aus einer imaginierten Zeitge-
nossenschaft zu Hölderlin; "Hier" und "neulich" (Z. 2) ereignen
sich die im Text angedeuteten Phasen seines Lebens in unmittelbarer Nähe und vermittelter Vertrautheit der uns umgebenden ur-
banen Topographie: "Fußgängertunnels" (Z. 2, Z. 7, Z. 15), "die
Auslagen" (Z. 3, Z. 25) der Kaufhäuser, das Warenangebot von
"Wäsche, Keramik, Bücher" (Z. 3/4), "Spiegel" und "Leuchter" (Z.
19), "Ein Frisör"-Geschäft, "eine Bäckerei" (Z. 26/27); Hölderlin "war außer sich, deshalb machte ihm die Zeit nichts." (Z.
4/5), das ist der tragende Gedanke der Maulwurffiktion, gleichzeitig aber auch die existentielle Realität des uns außerhalb
seiner und außerhalb der Zeit begegnenden Dichters, der in seinen Tübinger Lebensjahren eine ihm diagnostizierte Gemüts- und
Geisteskrankheit bis zum noch fernen Tod austrägt.
Als von den Ärzten unheilbar in den Haushalt eines - wie die
Literaturwissenschaft zu rühmen weiß - braven Handwerkers entlassen, verbringt Hölderlin die knappe zweite Hälfte seines 73
Jahre währenden Lebens, jetzt Patient und Pensionär, in - überall behaupteter und nur selten bezweifelter - geistiger Umnach-
tung; zeitgenössische Berichte entwerfen eine schaudererregen-
de Idylle: der ehemalige Kommilitone von Hegel und Schelling,
früher Vordenker des dialektischen Idealismus, Übersetzer aus
dem Altgriechischen und Lateinischen, Verfasser des "Hyperion"-
Romans und einiger von wenigen über alles geschätzter Gedichte
und poetischer Zyklen, beschäftigt sich, von Vernunft verlassen,
sorglos, aber umsorgt, während um ihn herum Biedermeier auf-
blüht, mit infantil geliebtem Klavierspiel, mit seinem Sofa,
mit sich und seiner Pfeife und seinen - bisweilen dann aber zur
Raserei ihn provozierenden - wirren·Gedanken; man weiß über ihn,
daß er unsinnig redete, sich nicht mehr konzentrieren konnte
(oder wollte), immerfort vergaß (oder zu vergessen schien), daß
er meist friedlich war und stundenlang Wiesengras rupfte und
daß er ein ausdauernder Spaziergänger war, den das schöne Wetter
und die frische Luft zufrieden stimmten; fernab vom kulturellen

---

[1] Er soll am 13.3.1968 geschrieben worden sein, cf. GW, I, p.
434, und ist wohl zum ersten Mal im Prosaband "Maulwürfe",
Ffm., 1968, p. 60, veröffentlicht worden.

Pulsschlag seiner Zeit, der diesen Schatten seiner selbst nicht
mehr belebte, und verlassen auch von allen großen guten Geistern
seines geliebten Vaterlandes, schickt dieser Hölderlin so sich,
ohne es freilich zu bemerken, an, ins Geraune der Diskussionen
um Genie und Wahnsinn einzugehen; darüber aber handelt der Maulwurftext nicht.

Dennoch ist der Dichter, der vom Sprecher in die Wirklichkeit
heutiger Warengesellschaft versetzt wird, mit der Melancholie
seines eigenen Alters typisiert; was in seinem Bewußtsein lebt
und wieder auflebt, ist schon in der Realität seiner Tübinger
Jahre unwiederholbar vergangen: "Diotima ist lange gestorben"
(Z. 6), "Griechenland ist auch dahin" (Z. 10/11), "Die Farben
sind dahin" (Z.19); das Leben nach dem Verlust des ihm Lebens-
werten wird ihm von Eich als schmerzhaftes Dasein noch über den
eigenen Tod bis in eine Zeit bescheinigt, die ihm allenfalls
schlimmste futurische Vision gewesen wäre; so kann der Maulwurf
in einem ein zweifaches Leiden thematisieren: das für den historischen Hölderlin wiedererinnerte und wiederformulierte und
das, welches ihm als unsterblichem Dichter noch in der Rezeption und Verehrung auch unserer Tage widerfährt, wo seine Werke
als Ware in den Bücherei-"Auslagen" angeboten werden; "es
schmerzt ihn" (Z. 5/6) über den Tod der Diotima hinaus eben
auch, daß "er nicht" (Z. 5) gestorben ist, wie der letzte Satz
des ersten Abschnitts in seiner Zweideutigkeit zu meinen
scheint; in diesem doppelten Bezug reflektiert sich der Text,
etwa wenn er den brüderlichen Trost "Du verzehrst dich, verzehre dich nicht!" (Z. 15)[1] oder das fast kollegiale "Wir" (Z.
22), das auch Hölderlin miteinbeziehen will, ausspricht.

Bei genauerem Lesen erweist sich die Familiarität des Maulwurfs
mit Hölderlin noch deutlicher; alle Eigennamen des Textes besitzen ausgezeichnete Bedeutung für dessen Leben und Werk: "Diotima" (Z. 5, Z. 12)[2], die nicht mehr lebt und nicht mehr

---

[1] Thema und Tonfall des Textes verbieten sich den andernorts
ausformulierten Wortgag, cf. "Preisgünstig", GW, I, p. 340,
dort: "Odysseus verzehrt sich vor Sehnsucht, guten Appetit."-

[2] Diese im platonischen Symposion erwähnte Priesterin aus Man-
tineia, von der Sokrates angeblich die im selben Gespräch vorgetragenen Lehren über das Wesen der Liebe empfangen hat,
leiht ihren Namen in der Hölderlinschen Dichtung der dort an-
gebeteten Geliebten, cf. nur die mit "Diotima" betitelten

schreibt und vom Maulwurf "recht" (Z. 12) zugesprochen bekommt, "Federigo" (Z. 10)[1], "Griechenland" (Z. 10)[2], "Auvergne" (Z. 15)[3], "Neckar" (Z. 21)[4], "Nürtingen", "Homburg" (Z. 21/22)[5], "Pindar" (Z. 22)[6]; und noch "Wacholder" (Z. 16) ließe sich als Wach, Holder! lesen, womit Hölderlin bei dem von seinen Tübinger Stiftsfreunden benutzten Namen angerufen wäre; darüber hinaus scheinen auch Partikel aus dem Wortstand des Hölderlinschen Œuvres in den Maulwurftext eingearbeitet worden zu sein; neben dem kontextuell unauffälligen "Man denkt immer daran" (Z. 16), worin ja "Andenken", der Titel des von "Latrine" und dem Pförtner des Hörspiels zitierten Gedichtes enthalten ist, führt auch die Satzellipse "Einiges Gute bezeigen dir kann." (Z. 13/14)

---

fünf Hölderlingedichte in ihren verschiedenen Fassungen, Hölderlin, l.c., Bd. 1, Bd. 2, und den Briefroman "Hyperion", ibid., Bd. 3; die Diotima der Werke ist die literarisierte Figur von Hölderlins Frankfurter Freundin, S. Gontard, deren Kinder er als Hofmeister betreute; als ihr Ehemann das Verhältnis bemerkte, mußte Hölderlin das Haus verlassen; sie starb am 22.6.1802; ihr Tod wird von der Forschung als eine wichtige Ursache von Hölderlins rasch fortschreitender psychischen Zerstörung gewertet.

[1] Hölderlins Vor- und Rufname Friedrich, hier in seiner wohl spielerisch hispanisierten Schreibung.

[2] cf. "Griechenland" allein als zweimal auftretenden Gedichttitel, Hölderlin, l.c., Bd. 1, p. 184, und Bd. 2, p. 308; Hölderlins Philhellenismus in seinen Gedichten, sowie vor allem im "Hyperion", l.c., Bd. 3, passim zu lesen.

[3] Anspielung auf Hölderlins Frankreichaufenthalt.

[4] cf. nur den Gedichttitel "Der Neckar", ibid., Bd. 2, p. 17; dieser Fluß durchfließt sowohl Lauffen, den Geburtsort Hölderlins, als auch Tübingen, wo er im sogenannten Hölderlinturm, unmittelbar am Neckarufer, im Juni 1843 starb; Thematisierung und poetische Beschreibung des Flusses geschehen im Gedichtwerk Hölderlins häufig.

[5] Beide Städtenamen nennen frühere Wohnorte Hölderlins und vieler seiner Verwandten und Freunde.

[6] Hölderlin hat von Pindar vor allem die Oden übersetzt; cf. l.c., Bd. 5, p. 51ff.; gelegentliche Erwähnung des antiken Dichters in den literarischen Texten; "sie", die Z. 23 "über ein deutsches Wort gegrübelt" hat, ist also entweder die "angestrengte Stirn" (Z. 24) des Übersetzers, dem offenbar nicht die fremde, sondern die eigene Sprache Schwierigkeiten macht, oder aber Diotima, die vorher als "eine taube Seele" (Z. 12), jetzt als "eine angestrengte Stirn" (Z. 23/24) apostrophiert, die Übersetzungsarbeit ihres Geliebten aufmerksam liest.

eine Verszeile aus "Wenn aus der Ferne..." nahezu wörtlich an[1]; andere Wendungen, wie etwa "eine taube Seele" (Z. 12), "ein kleiner Kreis von Leben" (Z. 16/17) oder "das Geld der Armut" (Z. 18) könnten durchaus Hölderlinschem Sprach- und Schreibstil nachempfunden sein, wenn ich sie auch als explizite Zitate bisher nicht nachweisen kann.

Das geschriebene Wort Hölderlins kommt aber auch, in die Maulwurfrede eingelegt, unterschwellig zur Sprache; die Aussage, des Dichters Geliebte sei "lange gestorben" (Z. 5), reformuliert in desillusionierender Opposition den Anfang eines frühen "Diotima"-Gedichtes[2], wo Hölderlin die aufkeimende Liebe als Wiederbelebung der vorher schon abgestorbenen Seele erfährt; während er den von der Liebe Diotimas überwundenen Tod im Leben mit überglücklichem Jubel zurückläßt, "O! ich kehre noch ins Leben"[3], konstatiert ihm der Maulwurf in trauriger Unbezweifelbarkeit knapp und sachlich: "Leben kehrt nicht wieder" (Z. 17)[4]; wenn dem Hölderlin des Maulwurfs vom Textsubjekt in mit-

---

1) cf. Hölderlin, l.c., Bd. 2, p. 272ff.; Eich zitiert aus der ersten Gedichtstrophe abweichend, dort: "Wenn aus der Ferne, da wir geschieden sind,/ Ich dir noch kennbar bin, die Vergangenheit,/ O du Teilhaber meiner Leiden!/ Einiges Gute bezeichnen dir kann,//"; cf. dazu Beissners Erläuterungen aus dem zitierten Band, p. 490: "Das Besondere und Sonderbare an dieser Ode ist, daß sie, was keine der Diotima-Oden aus der Frankfurter oder Homburger Zeit tut, als Rollengedicht aus Diotimas Munde spricht."; der Maulwurfsatz "Sie hat sich entschieden." (Z. 14) könnte auch als eine den Tod als Geschieden- und Entschiedenheit interpretierende Bezugnahme auf die erste Gedichtzeile verstanden werden.

2) Zitiert sei aus der älteren Fassung, ibid., Bd. 1, p. 218: "Lange tot und tiefverschlossen,/ Grüßt mein Herz die schöne Welt,/ Seine Zweige blühn und sprossen,/ Neu von Lebenskraft geschwellt/".-

3) Als unmittelbare Fortsetzung des eben Zitierten: "O! ich kehre noch ins Leben,/ Wie heraus in Luft und Licht/ Meiner Blumen selig Streben/ Aus der dürren Hülse bricht.//"-

4) Der Eichsche Textsatz ließe sich aber auch in Widerspruch zu einer späten Formulierung im schon mit "Scardanelli" signierten Gedicht "Griechenland", cf. ibid., Bd. 2, p. 308, lesen, dort: "Mit Geistigkeit ist weit umher die alte Sage,/ Und neues Leben kommt aus Menschheit wieder,/ So sinkt das Jahr mit einer Stille nieder.//"; wie sehr den Hölderlin der spätesten Gedichte das Motiv der Lebenswiederkehr beschäftigte, bezeugt eine weitere Stelle, cf. ibid., p. 290, des Gedichtes "Der

fühlender Ohnmacht bestätigt wird "dein Griechenland ist auch
dahin" (Z. 10/11), so wiederholt sich in dieser Einsicht eine
schon vom Dichter selbst befürchtete Ahnung[1]; und noch "die
Flügel, die man einmal hatte" (Z. 8) und die, wie alles, der
Vergänglichkeit anheimgefallen sind, finden ihr metaphorisches
Vorbild auch in Hölderlins Allegorie der Jugend.[2]
Ebenso scheint das über Hölderlin geschriebene Wort, das uns
das von seinen Zeitgenossen bezeugte Bild des in Tübingen al-
ternden Dichters vermittelt, vom Maulwurftext aufgegriffen worden zu sein.
Der seiner "Flügel" verlustig gegangene, sich jetzt auf einen
"Stock für die notwendigen Schritte" (Z. 9/10) aufstützende Hölderlin entspricht in der mehrsinnigen Maulwurfrede auch dem
friedvollen Spaziergänger, den uns sein erster Biograph, Waiblinger, bekannt gemacht hat: in den Gartenlauben der nahegelege-
nen Hügel findet der Kranke die für sein Wohlbefinden nötige er-
quickende Ruhe und Entspannung; "Diotima schreibt keine Briefe"
(Z. 12), diese Feststellung der posthumen Sprachverweigerung bezieht sich wohl auf Hölderlins dann nicht mehr bemeisterte Absicht, seinen Roman fortzuschreiben[3], in welchem er als Hölder-

---

Herbst": "Die Sagen, die der Erde sich entfernen,/ Vom Geiste,
der gewesen ist und wiederkehret,/ Sie kehren zu der Menschheit sich, und vieles lernen/ Wir aus der Zeit, die eilends
sich verzehret.//"; zu beachten ist auch die Vokabularkongru-
enz zu anderen Passagen des Maulwurfs.

[1] cf. aus dem Fragment gebliebenen Entwurf "...meinest du,/ Es
solle gehen...", ibid., Bd. 2, p. 237: "(...) Dabei ward
aber/ Das Vaterländische von ihnen/ Versäumet und erbärmlich
ging/ Das Griechenland, das schönste, zu Grunde./".-

[2] cf. ibid., Bd. 1, p. 173, "Hymne an den Genius der Jugend",
dort der Anfang: "Heil! das schlummernde Gefieder/ Ist zu
neuem Flug erwacht,/ Triumphierend fühl ich wieder/ Lieb und
stolze Geistesmacht;/".-

[3] cf. Wilhelm Waiblinger, Friedrich Hölderlins Leben, Dichtung
und Wahnsinn, nach der Marbacher Handschrift herausgegeben
und erläutert von Adolf Beck, Marbach a. N., oJ (=1951), p.
26: "Anfänglich schrieb er (sc. Hölderlin; -MK) viel, und
füllte alle Papiere an, die man ihm in die Hand gab. Es waren Briefe in Prosa, oder in pindarischen freyen Versmaaßen,
an die theure Diotima gerichtet, häufiger noch Oden in Alcäen.
Er hatte einen durchaus sonderbaren Styl angenommen. Der Inhalt ist Erinnerung an die Vergangenheit, Kampf mit Gott,
Feyer der Griechen."-

lin-Hyperion mit der verstorbenen Geliebten die Verbindung zu
erhalten strebte; und auch "das Weiße im Auge, das sich gelb
färbt" (Z. 9), ineinsgelesen mit dem am Schluß notierten "Wachs,
das von den Kerzen tropft" (Z. 25/26), bestätigt die ähnliche
Wahrnehmung eines anderen Augenzeugen[1]; gleicherweise erinnern
"die Auslagen", die Hölderlin im Fußgängertunnel "betrachtet"
(Z. 2/3), an die Lebensmittel und Kleidungsstücke, die Schrei-
nermeister Zimmer, sein Logisgeber, ihm als Auslagen in Rechnung stellte.[2]

Ohne allen Hölderlinreminiszenzen dieses Textes nachzugehen,
soll anhand dreier Sätze aufgewiesen werden, wie der Maulwurf
auch noch eine spezifische Kontraktion von Hölderlinbezügen und
solchen auf Eichs eigene Texte leistet. Dieses Zusammenziehen
loser Momente aus disparaten Perspektiven könnte wohl als ein
wichtiges Kompositionsprinzip auch dieses Maulwurfs angesehen
werden: "In Fußgängertunnels denke ich: Hier ist neulich Hölderlin gegangen (...)"; "Durch Fußgängertunnels in die Auvergne.
Truppenübungsplätze, Wacholder." (Z. 2/3, Z. 15/16).
Fußgängertunnels, wie überhaupt unterirdische Räume bei Eich
maulwurfgerecht immer wiederkehren (cf. dazu auch S. 35, Anm.1),
bedeuten vielleicht auch Stätten des Überdauerns, Überlebens,
worinnen sich das, was von der Oberfläche verschwinden muß, nir-

---

[1] In Chr. Theodor Schwabs Tagebuch ist notiert: "seine Augen,
die von grauer Farbe sind, haben einen matten Glanz, aber
ohne Energie, und das Weiße daran sieht so wächsern aus, daß
mich schauerte;", zitiert nach Friedrich Hölderlin, Große
Stuttgarter Ausgabe, 1943ff., Bd. 7,3, p. 202.

[2] cf. ibid., pp. 103, 105, 117; selbst der dort aufgeführte
"Coffe" könnte im "Espresso" (Z. 4) des Maulwurfs eine Wie-
dererwähnung gefunden haben; die Rechnungen sind an Verwandte
und Vormunde Hölderlins abgegangen; dieser Herr Zimmer hatte
offenbar ein leidlich ungetrübtes Verhältnis zu seinem wahn-
sinnskranken Mieter und Schützling; von keiner akademischen
Bildung befangen, äußerte er einmal brieflich, cf. ibid., p.
134: "Hölderlin hat keine Fixe Idee, er mag seine Fantasie
auf Kosten des Verstandts bereichert haben."-
Diese wenigen Vergleiche des Maulwurftextes mit Materialien
der Hölderlinforschung indizieren zumindest eine skizzenhaf-
te Verarbeitung wenigstens genereller Kenntnisse der Hölderlinschen Lebensumstände; es soll aber nicht der Eindruck erweckt werden, als bezöge der Maulwurf profunde Stellung zu
diesbezüglichen Forschungsproblemen; die Vertrautheit mit
dem Dichter scheint ja auch weniger aus der intimen Kenntnis seiner äußeren Lebensumstände erwachsen zu sein als vielmehr aus einer supponierten Schicksalsverwandtschaft mit dem
Maulwurfsprecher.

gendwo sonst geduldet wird, verstecken kann[1]; hier erfährt das
Textsubjekt den fernliegenden, aber alles Folgende konstituierenden Gedanken von der (fiktiven) Gleichzeitigkeit mit Hölderlin; hier erschließt sich ihm die in ihrer Weisheit vieldeutige
Sentenz, die wie ein Motto die Assoziativität nicht nur dieses
Maulwurfs paraphrasieren könnte: "man taucht unter, alles
taucht auf" (Z. 7/8)[2]; das so in der Verborgenheit, im inkogni-
to aufgesuchten Versteck Entdeckte wird zum literarisch benennbaren Fund von in der Öffentlichkeit nicht Geltung erlangenden
Zusammenhängen; im Hörspiel "Die Stunde des Huflattichs"[3] ist
es eine Höhle in der Auvergne (!), wohin sich die Überlebenden
einer Katastrophe, die allmählich alles Leben auf der Erde ver-
nichtete, flüchten, um dort die besseren Zeiten als Erinnerung
zu konservieren. "Durch Fußgängertunnels in die Auvergne", heißt
es im Maulwurf; Hölderlin reiste 1801/2 durch die Auvergne nach
Bordeaux, wo er eine Hauslehrerstelle annahm; in einem Brief an
die Mutter berichtet er von der Gefährlichkeit dieses Fußmar-
sches.[4] Bei seiner Rückkehr durchläuft er Gebiete, in denen

---

[1] cf. dazu aber auch die Kanalisation, in die der Pförtner des
Hörspiels alle ihm unangenehmen, also alle Fragen spülen
will; auch die Rede von den Kanaldeckeln, die sich im be-
rühmtberüchtigt gewordenen Gedicht "Nachhut", GW, I, p. 110,
einen Spalt heben.

[2] Bemerkenswert, daß auch Celan in seinem Hölderlingedicht aus
"Die Niemandsrose" die Vorstellung von Tauchen, Untertauchen
assoziiert, cf. l.c. S. 28, Anm 2, Bd. 1, p. 226; hier sei
die zweite Strophe aus "Tübingen, Jänner" zitiert: "Besuche
ertrunkener Schreiner bei/ diesen/ tauchenden Worten://";
die letzte Gedichtzeile übrigens "('Pallaksch. Pallaksch.')"
imitiert Hölderlins späte Konversationseigentümlichkeiten;
der Tagebuchschreiber Schwab enträtselte: "das Wort pallaksch
scheint bei ihm (sc. Hölderlin; -MK) ja zu bedeuten.", zitiert nach der angemerkten Großen Ausgabe, Bd. 7,3, p. 203;
zum Celangedicht cf. Bernhard Böschenstein, Paul Celan "Tübingen, Jänner", in: Schweizer Monatshefte, Jg. 45, 1965, p.
602ff., jetzt auch in: Dietlind Meinecke (Hg), Über Paul Celan, Ffm., 1970.

[3] cf. GW, III, pp. 921ff., 1225ff.; cf. dazu auch Eichs eigene
Bemerkungen, ibid., IV, p. 403f.

[4] cf. Hölderlin, Sämtliche Werke (Kleine Ausgabe), l.c., Bd. 6,
p. 460.

Aufruhr gegen Napoleon herrscht; er schreibt später an Böhlen-
dorf: "In den Gegenden, die an die Vendée grenzen, hat mich das
Wilde, Kriegerische interessiert (...)"[1]; im Maulwurftext fährt
Eich fort: "Truppenübungsplätze (...)", was gleichzeitig den Titel eines eigenen Gedichtes rezitiert; ebenso wird mit "Wacholder" im Maulwurf an das Eichgedicht "Wacholderschlaf"[2] erinnert; behauptet der Sprecher im Textfortgang sprachspielerisch,
immer ans Hölderlinsche "Andenken" zu denken, so denkt der Eich-
leser nun an die Texte, in denen dies, wie für "Latrine" und die
Hörspielszene nachgewiesen, geschieht[3]; das "Man" (Z. 16) nimmt
aber in seiner generalisierenden Tendenz beide Erinnerungsstränge
auf.

Insofern sich dem Autor im Maulwurftext die Assoziation ans eigene Werk in der Bezugnahme auf Leben und Schaffen Hölderlins vermittelt, wird eine Bedingung dafür erreicht, beide Literaturen
gemeinsam vor dem Hintergrund der (für Hölderlin fingierten) Lebenswirklichkeit[4] heutiger Tage in Frage zu stellen; wie dem
alten Hölderlin mitfühlend, aber allenthalben die Worte seiner
ehemaligen Dichtung vorgehalten werden, die nun bei ihm offenbar
weder Tröstung noch Einverständnis bewirken, so können dem Maulwurf die früheren poetischen Anstrengungen seines Autors auch

---

[1] cf. Hölderlin, Sämtliche Werke (Kleine Ausgabe), l.c., Bd. 6,
p. 462ff.; das Gedicht "Andenken" entstand in Zusammenhang
gerade mit dieser Bordeauxreise.

[2] cf. "Truppenübungsplatz" GW, I, p. 21f., sowie "Wacholderschlaf", ibid., p. 28f.; es sei noch aufmerksam gemacht auf
das damit sich erweiternde Sprachspiel: Wach, Holder, schlaf!

[3] Man kann auch daran denken, daß auch Eich ein Gedicht mit
demselben Titel "Andenken", cf. ibid., p. 90, in den "Botschaften des Regens" (1955), veröffentlicht hatte: "Die Moo-
re, in die wir gehen wollten, sind trockengelegt./ Der Torf
hat unsere Abende gewärmt./ Schwarzen Staub hebt der Wind
auf./ Er bläst die Namen von den Grabsteinen/ und trägt uns
ein/ mit diesem Tage.//".-

[4] Die Fiktion eines Hölderlins im 20. Jahrhundert erlaubt natürlich auch, diesem neuen Zeitgenossen zeitgenössische Erfahrungen zuzumuten; bestimmte Textpassagen müssen daher
ebenso vom Datum des Maulwurfs aus gelesen werden; in der
Klage etwa "Federigo, dein Griechenland ist auch dahin" (Z.
10/11) mag der Maulwurfsprecher seinen Freund also durchaus
an die politischen Zustände von Spanien und Griechenland im
Jahre 1968 gemahnen.

nicht zur Linderung der Melancholie dienen, die seine Rede vor
allem sprachgestisch signalisiert; das Wort des Dichters, das
in der Ohnmacht gegen das Unheil des eigenen Lebens gesprochen
wurde, wird in seiner Epochen überschreitenden Vergeblichkeit
Anlaß zur mittrauernden Solidarität.

Hatte "Latrine" die Poesie Hölderlins als ein der modernen Existenzerfahrung nicht mehr angemessenes Bildungsrelikt herausgestellt, und der Pförtner des Hörspiels "Man bittet zu läuten"
der Welt das Wort geredet, die Hölderlin und seine Dichtung aus
ihrem gefährlich stabilen Gefüge hinausweist, so läßt der Maulwurf Hölderlin selbst die Erfahrung machen, daß er in seinem
Tübinger Alter und in unserem Zeitalter der Fußgängertunnels
und Warenauslagen gesellschaftlich kaum noch integrationsfähig
ist; die in der Literatur niedergeschriebene Sehnsucht erfüllte
sich ihm nicht, die Wirklichkeit, wie er sie damals und jetzt
wieder erleben mußte, hat ihn nicht angenommen; hineingestellt
in die ihm fremden Strukturen unserer Zivilisation, bleibt es
ihm übrig, Pindar zu lesen und das Kerzenwachs, das "sich erhärtet." (Z. 26); im schwermütigen Blick aus dem Fenster wird
der Neckar dem Dichter Hölderlin und dem sich mit ihm in dieser
Erfahrung identifizierenden Maulwurfsprecher zum Erinnerungs-
strom[1], der Lebendiges sich verfließen läßt zu Worten, zu Ge-
schriebenem, zu geordneten "Büchern in den Regalen." (Z. 22).-

Gegenüber den vorweg gelesenen Eichtexten muß die im Maulwurf
sichtbar werdende Nähe, ja partielle Identifizierung mit Hölderlin überraschen; waren dort die distanzbetonenden Zitate als
Ausdruck einer indirekt vermittelten Affinität gedeutet worden,
so scheint der Maulwurf auf eine Sprache, die, indem sie mit
ihm, auch gegen Hölderlin spricht, verzichten zu können; seine
inkonsistente Rede läßt eine unmittelbare Bezugnahme von vornherein nicht gelingen; der Gefahr trivialster Identifizierung

---

[1] Was hier selber nur bildlich interpretiert wird, ließe sich
beziehen auf das in spätesten Hölderlintexten häufige Motiv
der nachtrauernden Erinnerung, des elegischen Lebensrück-
blickes, etwa in "Wenn aus der Ferne...", l.c.; cf. aber auch
ibid., Bd. 2, p. 276, "Das Angenehme dieser Welt...": "Das
Angenehme dieser Welt hab ich genossen,/ Die Jugendstunden
sind, wie lang! wie lang! verflossen,/ April und Mai und Ju-
nius sind ferne,/ Ich bin nichts mehr, ich lebe nicht mehr
gerne!".

mit einem deutschen Dichterideal entgeht der Maulwurf durch seine alogische Fiktion und die perspektivische Beschränkung auf
den späten, in seiner Krankheit wohl unverstandenen Hölderlin:
denn, wenn eine wie immer zu wertende Identifizierung beabsichtigt ist, dann hier mit jemandem, der seine eigene Identität im
bürgerlichen Sinne schon eingebüßt hatte; die existentielle Zerstörung Hölderlins ging einher mit einem Sprachwandel, den die
Forschung als pathologisches Symptom, in den spätesten Gedichten
als irreversiblen Zerfall deuten zu müssen meint; als eine Absicht des Maulwurfs ließe sich aber gerade die bewußte Zersetzung logisch-konsistenter Sprachstrukturen auffassen, wodurch
sein Autor versucht, sich gegen die Vereinnehmbarkeit von Sprache im Sinne seiner Büchnerpreisrede zu sperren.[1] Dann wäre es
wohl kaum ein Zufall, daß sich Eichs vermutliche Affinität und
Sympathie Hölderlin gegenüber am markantesten im Maulwurfdiskurs aussprechen kann. Gegen die auffälligen Unterschiede zwischen "Latrine" und "Hölderlin" müssen jedoch beide Texte auch
über die Verbindung, die von der sechsten Hörspielszene mit ihrer kritischen Aufdeckung gängiger Sprachnivellierung geleistet
wird, zusammengelesen werden. Insofern wäre eine an Person und
Poesie Hölderlins ausgerichtete thematische Kontinuität des
Eichschen Schaffens zwischen 1945 und '68, über alle aufweisba-
ren Sprünge hinaus, wenn auch erst für den Gegenstand dieses
Exkurses, zu vermuten.[2]
Bei aller berechtigten Rede von Sinnzerstörung bleibt also, wie
die Behandlung des Maulwurf "Hölderlin" zeigen sollte, zu betonen, daß nicht nur Klangfiguren, Satzparallelismen und semantische Deviationen als einzig wahrnehmbare Strukturmomente diese
Texte kennzeichnen; ebenso besteht das Mitgeteilte auch nicht
nur aus verbalisierten Spuren von nicht mehr Mitteilbarem; alle
sprachtechnischen Operationen, die diese Prosa durchführt,

---

[1] Das setzt freilich auch jeder Maulwurfinterpretation Grenzen,
die ja auf diskursiv verfahrende Sprache angewiesen ist; -
Adorno 1964, l.c., versucht übrigens bei Hölderlin selbst
ähnliche sprachkritische Aspekte nachzuweisen.

[2] Dieser Exkurs hatte zum Ziel nicht eine vollständige Textbeschreibung des Maulwurfs "Hölderlin"; insofern ist die mehrschichtige Organisation des Textes weitgehend unberücksichtigt geblieben.

scheinen darauf abzuzielen, das Mitgeteilte vorerst unbenutzbar
zu halten; Eich möchte sich weigern, Sinnzusammenhänge in kom-
pakten Mitteilungen[1] quasi gebrauchsfertig zu produzieren; seine Produkte sollen gerade die Brauchbarkeit von stereotypen Mitteilungsweisen, die, da gesellschaftstragend auch gesellschafts-
fähig geworden, anders kaum noch bezweifelbar sind, in Frage
stellen helfen. Um die Mechanismen des Beobachtens und Beurtei-
lens, die zu erstarren und die Welt festzuschreiben drohen, fle-
xibel und veränderlich zu gestalten, ist das Sprachbewußtsein
gezwungen, zu immer höheren Graden dann kaum noch rekonstruier-
barer Vermittlung sich zu entwickeln. Daß Eich als Schriftsteller gegen Verdinglichungstrends besonders in bezug auf Literatur allergisch reagiert, zeigen zahlreiche Maulwurfarbeiten,
die sich literarischen Vorlagen, oft ohne eingehendes Studium
kaum erkennbar, widmen.[2]

Der Vermutung einer solchen problematischen Literaturreferenz
soll nun im Anschluß an den Hölderlinexkurs in gebotener Kürze
nachgegangen werden; der Maulwurf "Eiwa"[3] könnte nämlich auch

---

[1] cf. GW, IV, p. 298, aus "Notizen" (1950/1960), dort: "Je kompakter das Mitgeteilte, desto leichter ist es zu lügen. Gott,
Natur, Geschichte, Staat, Proletariat, Mitgeteiltes, mit dem
sich leicht lügen läßt."-

[2] So hat Sauder, l.c., für den Ausnahmemaulwurf (118 Zeilen
lang, schon 1966 veröffentlicht) "Kulka" oder "Dem Libanon"
nachgewiesen, daß "Eich in einem solchen aus vermittelten Rezep-
tionsprozeß, der von Jean Paul (...) über Kulka, Loerke,
Bense, Kasack und Kreuzer führte, mit erstaunlicher Findig-
keit eine säkulare literarische Typologie geschaffen" hat,
cf. ibid., p. 349; Eich, der dort einen Kulkatext montiert
und "mehrere Fakten der Kulkaschen Biographie in seinem Text
eingebracht" hat, ibid., p. 347, scheint sich überhaupt für
entlegene und kaum zugängliche Texte und ihre Autoren zu interessieren; etwa: Seume, cf. GW, I, p. 173ff., "Helvi Juvonen", ibid., p. 162, Camões (in: "Die Brandung vor Setúbal"),
ibid., III, p. 957.

[3] cf. GW, I, p. 373; der Text lautet: "Zu Theodor sagte ich
Eiwa. Und ein paar Jahre später habe ich den Kaiser auf der
Schwebebahn gesehen, ich als einziger. Ich war auf der Toi-
lette geblieben, als die Station geräumt wurde. Dann hörte
ich den Extrazug, kam harmlos heraus und sah ihn ganz nahe.
Der Kaiser war blaß. Es war die erste Fahrt. Theodor war
mein Vetter, aber Theodor konnte ich nicht aussprechen. Zum
Stationsvorsteher sagte ich: Meinen Sie denn, daß ich ihm
was tue? Ich habe die englische Krankheit gehabt, kann
schlecht gehen. Sie waren schon fort, Richtung Vohwinkel."

Resultat einer schwer aufklärbaren Rezeptionsgeschichte sein;
die beiden Sätze "(...) später habe ich den Kaiser (...) gesehen" und "Sie waren schon fort (...)", zu Anfang und Ende des
knappen Textes, verweisen, wie häufig bei Eich, auf Produktionen seiner Frau, hier auf das Prosastück "Erinnerungen für Samuel Greenberg"[1], wo Anfang- und Schlußsatz lauten: "Ich sah
den Kaiser." und "Wir müssen fort."; Samuel Greenberg ist heute
nur noch der Hart Crane-Spezialliteratur bekannt; er wurde 1893
in Wien geboren und starb, völlig verarmt, 1917 in Amerika (Aus-
wanderung seiner Eltern im Jahre 1900) an Tuberkulose; vor allem in seinem letzten Lebensjahr hatte er Gedichte geschrieben,
die nach seinem Tod, 1923, dem Lyriker Hart Crane als Manuskrip-
te bekannt wurden; dieser war von der Trouvaille begeistert ("a
Rimbaud in embryo"), schrieb die Papiere ab und verfaßte ein
eigenes Gedicht durch Umstellen Greenbergscher Zeilen, "Emblems
of Conduct"[2], worauf sich Plagiatvorwürfe erhoben[3]; Greenbergs Texte wurden offensichtlich ein einziges Mal unvollständig herausgegeben[4] und scheinen nicht mehr greifbar zu sein;
daß sowohl Ilse Aichinger als auch Eich zumindest aber das Werk
Cranes studiert haben, machen deutlich zum einen das Cranesche
Verse rezitierende Motto des Erzählbandes "Eliza, Eliza"[5], zum
anderen die vier nachweislichen Cranereminiszenzen in Eichs Gedichten[6]; daß für das Ehepaar Eich der amerikanische Lyriker

---

[1] cf. Ilse Aichinger, Erinnerungen für Samuel Greenberg, in:
Eliza, Eliza, Erzählungen, Ffm., 1965, p. 166f.

[2] cf. Hart Crane, The Complete Poems, ed. by Waldo Frank, New
York (Doubleday), 1958; eine neue Ausgabe, The Complete Poems
ans Selected Letters and Prose of Hart Crane, ed. by Brom
Weber, London (Oxford University Press), 1972, führt das Gedicht, p. 5, an.

[3] cf. Brom Weber, Hart Crane. A Biographical and Critical
Study, New York (The Bodley Press), 1948, p. 227ff.; Philip
Horton, Hart Crane. The Life of an American Poet, New York
(The Viking Press), 1957, p. 160f.; R.W.B. Lewis, The Poetry
of Hart Crane. A Critical Study, Princeton, N.J., (Princeton
University Press), p. 180ff.

[4] cf. Allen Tate (ed.), Poems by Samuel Greenberg, 1947.

[5] cf. l.c., p. 5.

[6] cf. "Hart Crane", GW, I, p. 167, dort: "Mich überzeugen/ die
dünnen Schuhe, der/ einfache Schritt über Stipendien/ und Re-
ling hinaus.//", sowie die längeren, von Eich nicht veröffentlichten Versionen, ibid., pp. 275, 275f.

zu einem literarischen Kommunikationsmoment geworden ist, zeigt
das von Eich nicht veröffentlichte, mit "1.11.68 / für Ilse"
datierte "Cutty Sark"[1], worin er die Geschichte eines Motivs
zum Gedichtsujet erhebt[2]; typische Merkmale der Craneschen Poesie, so die Synchronisation von Ungleichzeitigem, Reihungs- und
Mischungstechniken, das Motiv der Reise als Gedankenflucht, finden sich bei Eich und vor allem bei Aichinger wieder, so daß man
auf eine bewußtgewordene poetologische Affinität schließen könnte.[3]

Ohne Kenntnisse über Opus und genauere Biographie Greenbergs
scheint mir Aichingers Text "Erinnerungen (...)" Elend (Tod, Be-
erdigungsszenen), Armut und Flucht zu evozieren, wie sie aus der
Perspektive eines kindlichen Bewußtseins wahrgenommen und erlebt
werden könnten; diese Motive, die auch Aichingers Roman[4] thematisiert, könnten hier auf mögliche Kindheitserlebnisse Greenbergs
in Wien, der Geburtsstadt auch Ilse Aichingers, verweisen; eventuell könnten es aber auch fiktive Bilder sein, die dem vergessenen Greenberg zugeeignet werden (cf. das "für" im Texttitel),
als sollten sie so die eigenen Erfahrungen des nicht mehr gekann-
ten Schriftstellers vertreten.

Eichs Bezugnahme auf diesen Text seiner Frau, wie sie für den

---

[1] cf. GW, I, p. 280: "Cutty Sark,/ ein Motiv/ einige Jahre
lang,/ nicht entscheidend,/ nicht überraschungslos -/ aber
jetzt gelöst:/ Greenwich und die Etymologie,/ schottische
Sage, Hart Crane,/ - nun können wir ihn als Whisky trinken/
und wieder geheimnisvoll machen./ Daß es künstliche/ Geheimnisse gibt,/ wollen wir tröstlich finden:/ Ein Motiv nach-
zeichnen,/ während andere/ ihre Umrisse noch/ verborgen halten.//"; der erste November ist Frau Aichingers Geburtstag.

[2] "Cutty Sark", ursprünglich auf Robert Burns balladeske Vers-
erzählung "Tam o' Shanter" zurückgehend ("schottische Sage",
Z. 9), war auch der Name eines britischen Klipperschiffs, das
von "Greenwich" (Z. 8) aus einen Geschwindigkeitsrekord auf-
stellte; außerdem diente dieser Name Hart Crane (Z. 9) zu
einem Gedichttitel in seinem Zyklus "The Bridge", cf. die
englische Craneausgabe, p. 81ff., sowie er auch dessen Whiskymarke (Z. 10) bezeichnete, cf. die angegebene Cranelitera-
tur.

[3] Explizite Anspielungen könnte etwa Aichingers "Alte Liebe",
cf. "Eliza, Eliza", l.c., p. 15ff., beinhalten; dort fällt
unter anderem, p. 20, Cranes Gedichttitel "Voyager"; cf. auch
S. 65, Anm. 1, die nachträgliche Setzung "Voyageur" im Maulwurf "Barock".

[4] Ilse Aichinger, Die größere Hoffnung. Roman, Ffm., 1974
(Erstdruck: Amsterdam, 1948).

Maulwurf "Eiwa" der hier auffällig gemachten Zitate wegen zu
vermuten ist, inhaltlich zu bestimmen, würde zumindest ein kla-
reres Verständnis der "Erzählung" voraussetzen; immerhin sind
semantische und motivische Analogien angedeutet (Kindheit, Krankheit); der dem Maulwurf zugrundegelegte Vorfall spielt dagegen
offenbar in Wuppertal, es könnte sich um den Besuch der damals
neuen Schwebebahn durch Kaiser Wilhelm II. handeln. Der Maulwurf jedenfalls macht die Integration solch fremder Textpassagen weder kenntlich, noch verwertet er deren semantische Mit-
gift in der eigenen Rede; der literarische Sprach- und Motivaus-
tausch zwischen den Eheleuten Eich wird in seinen Intentionen
dabei nicht transparent[1]; ein privates Zwiegespräch unter den
blindbleibenden Augen der öffentlichen Leserschaft ist hier
ebensowenig auszuschließen wie im für "Carstensen" nachgewiesenen Beispiel (cf. S. 42, Anm.).[2]
Der Hölderlinexkurs und die für den Text "Eiwa" angestellte Vermutung haben gezeigt, daß die bewußt als Metasprache eingesetzte
Maulwurfrede den in ihr aktualisierten Bezugnahmen auf Literatur
(und dazu gehört auch die ihres Autors) weniger den Charakter
von direkten theoretischen Einschätzungen oder normativen Bewer-

---

[1] cf. GW, IV, p. 407, wo Eich über die schriftstellerische Tätigkeit seiner Frau zu Protokoll gibt: "Ich empfinde eine
starke Verwandtschaft zwischen ihrer Art zu schreiben und
meiner, finde ihre literarische Bedeutung größer. Als ihr
Thema könnte man mit dem Titel von Cesare Pavese 'Das Hand-
werk des Lebens' bezeichnen. An Wortempfinden und sprachli-
chem Ausdruck hat sie, denke ich, einen besonderen Rang";
dies sind Ausführungen aus dem Jahre 1965.

[2] Anzumerken ist, daß ein persönlicher, vielleicht geistesver-
wandter Freund Eichs auch auf Greenberg zu sprechen kam, cf.
Wolfgang Hildesheimer, Masante. Roman, Ffm., 1973; nachdem es
dort, p. 46, heißt: "sie schiebt mir einen Wasserkrug hin;
'Cutty Sark', lange wußte ich nicht, daß es eine Whiskymarke
ist, ich sah eine Irin mit wehendem hellroten Haar, um die es
eine Ballade gibt, aber es war ein Schiff, ich glaube, ein
junger Dichter hat sich in Turnschuhen auf hoher See von diesem Schiff in die Tiefe gestürzt.", und nachdem "Cutty Sark"
noch mehrere Male genannt wird, heißt es dann, mehr als drei-
hundert Seiten später, p. 350: "andere sind vielleicht in
Kellern verkommen oder in Spelunken oder ermordet worden oder
im Meer versunken, wie der Dichter, der von der 'Cutty Sark'
hinabsprang: er hieß Samuel Greenberg, jetzt fällt es mir
ein."; wenn auch dieser letzte Einfall historisch nicht zu-
trifft, die Parallelen zu den Eichtexten sind nicht zu übersehen.

tungen verleiht; wie auch sonst liefern die Maulwürfe dabei zumeist keine irgendwie begründende Erläuterung zu dem, worauf sie dann reflektieren; vielmehr scheinen sie die Vorlagen als (Sprach-)Material zur eigenen Textgestaltung zu verwenden; so verfügen sie frei über das Tradierte und setzen es zur Realisation ihres Bewußtseins ein; sie gehen wie mit allem Vorfindlichen, so auch mit dem literarischen und dem es betreffenden anarchisch um, da sie den Eindruck entstehen lassen, die Bezugssysteme, in denen die übernommenen Konsistenzen sich immer schon überliefern, seien nur dem falschen Anschein nach stabil und legitim, in Wirklichkeit aber obsolet und verzichtbar. Das Bildungsgut, vom es sichernden und zusammenhaltenden Gerüst des Gewohnten losgelöst, wirkt fremdartig und irritierend.[1] Mit ihrer spezifischen Montagetechnik[2] demontieren sie das Vorhandene aus seiner ihm Sinn verleihenden Struktur und verschaffen sich so die ihnen genuine, ihren sekundären Charakter bekundende Bedeutung.

6.

Nachdem die kursorische Lektüre die Maulwurfprosa als eine Metasprache mit typuseigenen Konsistenzen kennenlernte und nachdem die daran anschließenden Untersuchungen diese für den Bereich von an Literatur orientierter Textreflexion auch zu spezifizieren versuchten, soll die Konzentration dieser Maulwurfarbeit jetzt sich erneut einem einzelnen Text widmen. Vor der nächsten, jetzt anstehenden Betrachtung aber, die das bisher Gesagte unterstützen, ergänzen oder relativieren soll, müssen die Erfah-

---

[1] Der "Versuch mit Leibniz", cf. GW, I, p. 316f., etwa - dasselbe gilt auch dür die "Huldigung an Bakunin", ibid., p. 318, und andere solcher sekundären Texte - ist selbst nicht in einem philosophischen Diskurs gehalten; auch Leibniz tritt hier als Zeitgenosse des Maulwurfsprechers auf, anhand seiner Philosopheme wird eine total unorthodoxe Diskussion über die Verwertbarkeit von Grundlagenphilosophie simuliert; cf. auch S. 73, Anm.

[2] Erinnert sei an Eichs Reflexionen in "Lauren", GW, I, p. 353: "(...) alles noch einmal sagen (...), nur schöner. Ein falsches Kunstprinzip, aber wir wollen es auch."; cf. ebenfalls S. 73, Anm.

rungen, vor allem die der an "Telefonisch" veranstalteten Über-
legung, für die zu wählende Vorgehensweise eingeholt und ausge-
wertet werden.

Die Art, einen Text Satz für Satz zu kommentieren, geht primär
davon aus, daß er sich sukzessiv entwickeln läßt; darin bildet
sie den konventionellen Lesevorgang ab; als normgebende Einheit
wird vorrangig der Satz betrachtet; unterstellt ist dabei, daß
die vom Text vermittelten Assoziationen sich nacheinander bilde-
ten, die Textur demnach einer Linie gleiche, die der Lesende ab-
zuschreiten hätte; "Telefonisch" hat aber gezeigt, daß dieser
Maulwurf seine Mitteilungen eher kumulativ darbietet, weswegen
der Satzgliederung eine nur untergeordnete Strukturierungsfunk-
tion zukommen würde; die Textphysiognomie ließe sich demnach
eher als ein Feld vorstellen, in dessen Ausdehnung dispers
sprachliche Reagenzien eingelassen wurden, die miteinander
wechselseitig, von bisweilen auch verschiedenen Textebenen aus
und quasi simultan kommunizieren. Es ist daher zu bezweifeln,
daß eine kommentierende Betrachtung, die sukzessiv vorgeht, angemessen Einsicht insbesondere in die syntagmatische Textdimen-
sion bewirken kann.

Um die Skala der voneinander unterschiedenen Rezeptionsmöglichkeiten[1] wenigstens anzudeuten, soll das Verfahren der strukturellen Textanalyse, wie es Großklaus[2] am Maulwurf "Kurmittel"
vorgeführt hat, für einen anderen Text wiederholt werden; die
dort "ganz allgemein gehaltene(n) verweisende(n) Bemerkungen zu
den theoretischen Voraussetzungen der Methode (...) - Voraussetzungen, die im wesentlichen schon von den russischen Forma-

---

[1] cf. dazu Lotman, l.c., p. 41: "Somit kann ein und derselbe
Text gelesen werden einmal als eine nach den Regeln der na-
türlichen Sprache gebildeten Zeichenkette; zum zweiten als
eine Abfolge von Zeichen größeren Umfangs als sie sich bei
einer Segmentierung in Wörter ergeben, bis hin zur Verwandlung des ganzen Textes in ein einziges Zeichen; und drittens
als eine in besonderer Weise organisierte Kette von Zeichen,
die kleiner sind als Wörter, bis hinab zu den Phonemen.";
die Vorstellung der Zeichenkette scheint aber auch bei Lotman unaufgebbar; aber gerade der sukzessiven Zeichenaufnahme
würde eine feldartige Zeichendistribution neue spannungsrei-
che Lese- und Verstehenserfahrungen zukommen lassen können.

[2] cf. Großklaus, l.c., p. 350ff.

listen der Opojaz-Gruppe um 1925 artikuliert wurden"[1] - problematisieren die grundlegende Unterscheidung und "Abrenzung von
'poetischer Sprache' und 'praktischer oder informierender Sprache'"[2]; mit solcherart hypothetisch entworfener Begrifflichkeit werden verschieden bestimmte Opositionen konstruierbar, die
sich generell subsumieren ließen unter der Charakteristik: "'Literatursprache' ist immer auf besondere Weise ästhetisch wirksam
gegliedert und organisiert, während 'Normalsprache' als ästhetisch neutral und amorph zu bezeichnen wäre"[3]; danach ist "Normalsprache (...) vornehmlich sach-, situations- und wirklich-
keitsbezogen, zielt auf die 'Äußerung der extralinguistischen
Realität (signifié)', während Literatursprache in ihrer ästhe-
tisch-poetischen Funktion 'auf das sprachliche Zeichen selbst'
hinweist."[4]
Die "konnotative, semantische Vielfalt", die Literatursprache
nach Großklaus kennzeichnet, ist "überhaupt erst wahrnehmbar (..
..) vor dem Hintergrund einer standardisierten Normalsprache",
die "in ihrer pragmatischen Mitteilungsfunktion (...) auf denotative Eindeutigkeit"[5] angewiesen ist. Literatur wird hier unter der Perspektive ihrer Deviation vom normgebenden linguistischen Regelkodex identifizierbar; diese Standardabweichung geschehe "einmal durch Verletzung der vorgegebenen Regeln, durch
Verstoß gegen phonetisch, syntaktisch, semantische Regelmäßig-
keiten (und damit wäre auch der konventionell-perspektivische
Wirklichkeitsbezug verunsichert) - zum anderen indirekt durch

---

[1] cf. Großklaus, l.c., p. 348; er zitiert: Victor Erlich,
Russian Formalism. History - Doctrine, 's-Gravenhage, 1955,
dt.: Russischer Formalismus, München, 1965; Lubomir Doležel,
Zur statistischen Theorie der Dichtersprache, in: Mathematik und Dichtung, München, 1965, p. 275ff.; Manfred Bier-
wisch, Poetik und Linguistik, ibid.; ders., Strukturalismus.
Geschichte, Probleme und Methode, in: Kursbuch 5, Ffm., 1966,
p. 77ff.; Viktor Šklovskij, Theorie der Prosa, Ffm., 1966.

[2] cf. ibid., p. 349.

[3] cf. ibid., mit Verweis auf Erlich, l.c., p. 200 (dt. Übersetzung), cf. dazu auch S. 89, Anm.

[4] cf. ibid., mit Verweis auf Doležel, l.c., p. 278.

[5] cf. ibid.

Musterbildung. D.h. der normal-primäre Sprachaufbau wird auf
allen Ebenen (Laut, Syntax, Semantik) überlagert von anomal-se-
kundären, ästhetisch wirksamen Strukturen"[1]; die daraus resul-
tierende Differenz zum gedacht vorliegenden Regelsystem gäbe
dann den wesentlichen Impuls für ästhetische Wahrnehmung während der Lektüre ab.[2]

Aus der so skizzierten Hypothese lassen sich heuristisch brauchbare Suchfragen an den Text für dessen konkrete Beschreibung
stellen, die auf das von den Leitbegriffen Abweichung, Musterbildung, Differenzqualität Gemeinte abzielen; diese seien, so
Großklaus, dann "jeweils an die sprachliche Schicht Phonem/Mor-
phem/Wort - der Syntax - der Semantik zu richten."[3]

Es soll noch einmal betont werden, daß auch dieses Verfahren
nicht übernommen wird, um die Literarität des zu untersuchenden
Maulwurfs nachzuweisen; vielmehr dürften dieser Literarität
weitaus komplexere (da kulturhistorische und gesellschaftliche)
Determinanten zugrundeliegen, als sie allein aus der Untersuchung von Textorganisation und textgebundenen ästhetischen Wir-
kungsprinzipien einsichtig zu machen wären; das Verfahren
scheint aber, trotz seiner ständig problematischen Oppositions-
bildung übers Kriterium Norm/Standard, durch Konzentration auf
die Strukturalität des Textes dessen Flächenhaftigkeit angemessener darstellen zu können, als es eine Analyse Satz für Satz

---

[1] cf. Großklaus, l.c., p. 350; diese ästhetisch wirksamen Strukturen leisten, indem sie ihrer sigmatischen Ungebräuchlich-
keit wegen pragmatisch untauglich erscheinen, das, was man De-
automatisation sich zu nennen angewöhnt hat, dh. es "wird der
automatische Zeichenprozeß als Ganzes oder zumindest in seinen
Teilen gestört. Man wird durch das Zeichen aufmerksam auf das
Zeichen selbst. (...) Automatisiert bzw. deautomatisiert kann
nicht nur die Relation Sa - Se (sc. Signifant und Signifié;
-MK) im Zeichen werden, sondern auch das Funktionieren des
Zeichens: pragmatisch, semantisch, syntaktisch.", cf. Kloepfer, l.c., p. 46.

[2] cf. dazu auch Šklovskij, l.c., p. 15: "Dinge, die man mehrere
Male wahrnimmt, beginnt man durch Wiedererkennen wahrzunehmen;
der Gegenstand befindet sich vor uns, wir wissen davon, aber
wir sehen ihn nicht. Deshalb können wir nichts über ihn sagen.
- In der Kunst kann der Gegenstand durch verschiedene Mittel
aus dem Automatismus der Wahrnehmung herausgelöst werden."-

[3] cf. Großklaus, l.c., p. 350.

zu leisten vermag. Insofern versteht sich die neue Textuntersu-
chung gegenüber dem Kommentar zu "Telefonisch" auch als dessen
weiterentwickelte Methode des genauen Lesens.[1]

Schlüsselfigur

Faul aber braun, man kann nur in Brieftelegrammen von ihr
sprechen. Ich sehe sie immer die Straße des 19. Septembers hin-
untergehen, bis zur Brücke, hinüber geht sie nicht. Die walachische Frau, trägt ihren geborgten Pelz und nichts darunter, in   5
dem Märchen nachzulesen, zu faul sich einen Hemdenstoff zu
spinnen. Warum heißt es 19. September? Ich gehe aufs Postamt
um meine Brieftelegramme aufzugeben, in umgekehrter Richtung sehe ich sie nie, sie bleibt wohl unten an der Brücke und es
ist jeden Tag eine andere. Ich muß bis zum 19. September blei-   10
ben, um dem Datum auf die Spur zu kommen, sie sammeln sich
unten an der Brücke, walachische Frauen, Pelz und nichts darunter, faul und braun, und ich gebe bis zum 19. September meine
Brieftelegramme auf. Der Adressat kennt den Schlüssel, aber
die Frau, die ich erfunden habe, gibt es jeden Tag, vor dem   15
Postamt bricht mir der Schweiß aus und ich fürchte, die Telegramme zu weit zu treiben. Den Schlüssel ändern, die Haut
unter dem Pelz berühren? Mittel gibt es genug, aber ich würde
die Walachische vermissen, die Straße hinunter zur Brücke, zum
19. September. Sie hat mich eingeholt, ist mir schon eine Wirk- 20
lichkeit voraus.

Der Text[2] soll zunächst nach bestimmten auffälligen Lautmustern
abgefragt werden; sie könnten durch Wiederholung exponierter
Phoneme oder Phonemgruppen konstruiert sein, die ein klangliches
Beziehungsgeflecht herstellen und aufgrund ihres Verweischarak-
ters den Text nach quasi-musikalischen Gesichtspunkten organisieren.
Anders aber als in "Kurmittel"[3] und "Telefonisch" wirken hier
vorhandene Alliterationen (etwa: "(...) sprechen. Ich sehe sie

---

[1] Dies genaue Lesen, als hermeneutische conditio sine qua non
genommen, suspendiert freilich nicht die Anstrengung einer
(auch literar-ästhetischen) Einschätzung untersuchter Texte;
nur scheint eine hinreichende Kenntnis gerade der spezifischen Komplexität, wie sie den Maulwürfen Eichs anhaftet, so
unausgebildet, daß einer poetologischen oder ideologiekriti-
schen Evaluation notwendige, sich dem Einzeltext und seinen
Relationen zur Textgesamtheit widmende Untersuchungen erst
noch vorarbeiten müssen; so soll hier der Konfrontation mit
dem Text auch eine die pauschalisierende, von Differenzen
abstrahierende Wertungsperspektive korrigierende Funktion zukommen.

[2] cf. GW, I, p. 360f., dort textidentisch mit früheren Publikationen.

[3] cf. ibid., p. 318f.

immer die Straße des 19. Septembers (...)", Z. 3) oder Assonan-
zen ("zu weit zu treiben", Z. 17; "Schlüssel" - "berühren" -
"würde" - "Brücke", Z. 17ff.) eher zufällig (soll heißen, Normsprache wiedergebend) als auf ästhetische Wirkung hin konstruiert; es scheint nicht, daß ihnen eine die Textverfassung mit-
tragende Funktion zukommt; anders verhält es sich vielleicht
mit der Diphthongrepetition 'au' in "Faul aber braun" (Z. 2),
die dann mehrfach vom wiederholten "Frau" (ab Z. 5) aufgenommen wird[1]; wenn man will, kann man im Schlußwort "voraus" (Z.
21) eine Referenz auf die Assonanz zu Textbeginn sehen, die
einer klanglichen Einklammerung gleichkäme. Zur Behauptung
einer betonten phonologischen Organisation (etwa: 'au'-Assonan-
zen, 'ss'-Wiederholungen, überhaupt Spiranten und Spirantenverbindungen, häufiges Umlautvorkommen, 'ü', 'ä') bietet dieser
Befund jedoch keinen Anlaß.
Demgegenüber gibt die Textfläche Wort-, beziehungsweise Wortket-
tenwiederholungen zu erkennen, die, da sie die Wiederkehr von
Lautmustern einschließen, klangmotivische Referenzbögen andeuten; die Streuung dieser Echos scheint auf den ersten Blick unregelmäßig; die Distribution der phonologischen Verweise macht
diese selbst nicht durch leicht erkennbare Strukturierung deutlicher; numeriert man die einzelnen Textsätze, so ergibt sich
folgende Anordnung repetierter Vokabeln:

Schlüssel(figur):	(0) - (7) - (8)
Faul (aber/und braun):	(1) - (3) - (6)
(Brief-)Telegramme:	(1) - (5) - (6) - (7)
Straße:	(2) - (9)
19. September(s):	(2) - (4) - (6) - (6) - (9)
Brücke:	(2) - (5) - (6) - (9)
(die) Walachische:	(3) - (6) - (9)
Frau(en):	(3) - (6) - (7)
Pelz (und nichts darunter):	(3) - (6) - (8)
Postamt:	(5) - (7)
jeden Tag:	(5) - (7)

---

[1] Man könnte die phonetische Reihe: "faul"/"braun"/"frau" auch
als sich ergänzende Versionen zweier Semi-Alliterationen beschreiben; mit der klingenden Assonanz zusammen ergäbe sich
dann schon ein signifikanter phonästhetischer Effekt.

Die lautlich ähnlichen Verben: sehen (2mal), gehen (hinunter-,
hinüber-, 3mal) und geben (auf-, es gibt, 4mal) verstärken diese Wirkung von Wortwiederholungen ebenso wie andere, weniger
ins Auge/Ohr springende Doppelungen (Flexionsformen von: bleiben, 2mal, u.ä.) oder das oft gleiche phonetische Umfeld, in
welches einige der angegebenen Elemente eingelassen sind (zB.:
"(bis) zum" 19. September, 3mal, "zur" Brücke, 2mal, "unten an
der" Brücke, 2mal).

Die schematische Darstellung dieser textrelevanten phonologischen Figuren gemäß ihrer Position macht die Flächenhaftigkeit
des Maulwurfs ausdrücklich:

(0):   Schlüssel(figur)
(1): Faul aber braun - Brieftelegramme
(2): Straße   - 19. Septembers - zur Brücke
(3): walachische   - Frau   - Pelz und nichts - faul
(4): 19. September
(5): Postamt   - Brieftelegramme- unten...Brücke - jeden Tag
(6): bis...19. Sept. - unten...Brücke - walachische   - Frauen
     Pelz und nichts.- faul und braun - bis...19. Sept.- Brief-
                                                           telegr.
(7): Schlüssel   - Frau   - jeden Tag   - Postamt
     Telegramme
(8): Schlüssel   - Pelz
(9): walachische   - Straße   - zur Brücke   - 19.Septem-
                                                           ber
(10): --

Es fällt jetzt auf, daß alle hier aufgeführten Mehrfachwörter
(mit Ausnahme von "Postamt" und der Wendung "jeden Tag") in den
Text wie sporadisch eingespielt worden sind, bevor (mit dem Ende
von Satz 3, dem Beginn von Satz 4) die ersten Duplikate auftreten. In der Mitte des Textes steigt die Wiederholungsfrequenz
(Satz 5, 6, 7), die dann zum Textende hin wieder deutlich abnimmt; unterstellt, daß der wiederholten Wiederholung größerer
klanglicher Gebilde eine spannungsfördernde Wirkung zukomme, so
ließe sich die höchste Dichte im Textzentrum vermuten; interessant ist auch, daß, läse man das Wortwiederholungsmuster "in umgekehrter Richtung" (Z. 8/9), sich derselbe Befund ergäbe: auch
der abschließende Textrand weist keine dort explizit gemachten
Repetitionen phonetischer Aggregate, die überwiegend mit Wort-

einheiten kongruent sind, auf.

Die dargestellten Referenzbögen überspannen unterschiedlich große Textbezirke; kleine, die oft nur Distanzen von weniger als
dreißig zwischenliegenden Wörtern übergreifen, bisweilen auch in
benachbarten Sätzen verankert sind ("bis zum 19. September" ist
sogar im selben Satz 6 gedoppelt), könnten in der Funktion soge-
nannter Mikrostrukturen die betreffenden Textteile lautlich organisieren; davon sind extensivere, fernerliegende Textpunkte
aufeinander beziehende Verbindungen zu unterscheiden (etwa:
"Straße", das einzig im Textzentrum gar nicht repräsentiert ist),
die der Textgesamtheit Façon verleihen; die Titelvokabel "Schlüs-
sel(figur)" bildet bei diesem Aufbau von textgliedernden Makro-
strukturen einen Spezialfall: sie wird erst wieder im siebten
Satz, dann aber mit rasch folgender Wiederholung, partiell zitiert.

Diese Analyse sollte jedoch mit ihrem Versuch, eine auch durch
Wortrepetition gestaltete Textordnung zu verdeutlichen, nicht
übersehen, daß die sofort auffallenden Doppelungen nicht bloß
während der Erstlektüre eher als Resultat einer zufälligen Di-
spersion denn als kalkuliertes Arrangement erscheinen. Wenn die
Lautelemente durch Wortkopien überhaupt eine bewußt textorgani-
sierende Aufgabe zugewiesen bekommen, dann wohl nicht durch
starre Befolgung numerisch eruierbarer Prinzipien. Die Entdek-
kungen von Großklaus bezüglich der phonetischen, beziehungsweise der Wortebene bei dem von ihm untersuchten Maulwurf können
nicht mit annähernd der gleichen zwingenden Einsichtigkeit bestätigt werden.[1]

---

[1] cf. Großklaus, l.c., pp. 351 - 353; - das oben Gesagte soll
nicht als unterschwellige Kritik an der übersichtlichen, akribisch erstellten und aufschlußreichen Analyse Großklaus' mißverstanden werden; bezweifelt werden müßte allerdings seine
Generalisierung: "'Kurmittel' steht mit seinen spezifischen
Aufbauregeln und seiner spezifischen Bedeutungsanlage reprä-
sentativ für eine Textsorte, der die Mehrzahl (42) der Prosastücke (insgesamt 53) zugehören; die Gemeinsamkeit von
Strukturmerkmalen bei diesen offenen Texten: Phonem/Wort-
Muster - Syntax-Muster - keine syntaktischen Abweichungen -
semantische Zäsuren und Fragmentarisierung - semantisch-as-
soziativ-konnotative Musterbildung - erlaubt es, von einer
Textsorte zu sprechen.", ibid., p. 367; obwohl "Schlüsselfigur" dem Autor bei seiner Bearbeitung nicht bekannt gewesen
sein dürfte und obwohl er diesen Text vermutlich der äußerst

Die Betrachtung der Syntaxebene müßte sich wieder der Frage widmen, inwieweit dort Anzeichen von Musterbildung und/oder Normab-
weichung wahrzunehmen sind:

Figurenparallelismus - wie etwa bei "Telefonisch", cf. S. 29 -
läßt sich nicht finden; der Text besteht durchgängig aus sparsam
variierten Aussagemustern, die nur zweimal von Fragen unterbrochen werden, und zwar an den Stellen, die das klanglich hervorgehobene Textzentrum begrenzen (Satz 4 und 8); der ansonsten
stetige Fluß des Berichtens wird eben dort durch einkomponierte
Fragen, die auch solche des bedeutungheischenden Lesers sein
könnten, verlangsamt und aufgehalten, wo der Textverlauf die
Ränder des Maulwurfkerns passiert; dadurch scheint Eich die konventionelle Aufbaufolge: Introduktion, Thema, Schluß, einzuhalten; durch Integration ihres spezifischen Effekts unterstützen
sich die Merkmale der Wortebene und die dieser schwach regulie-
renden Satzkomposition.

Die Abweichungen von einer vorgestellten Standardsyntax sind gering; elliptischer Satzbau, selbst in solch extremer Ausführung,
wie sie "Schlüsselfigur" darbietet, führt nur selten ungewöhnli-
ches Sprachverhalten vor, so daß dabei Wahrnehmungen syntakti-
scher Differenzqualität kaum stattfinden dürften; einzig vielleicht der für orthodoxe Sprachlogiker illegitime Gebrauch des
Personalpronomens "von ihr" (Z. 2) könnte, wollte man ihn nicht
situativ - "Faul aber braun" als vom Ereigniskontext erläuterte
Referenz für eine weibliche Person - motivieren, als normverlet-
zend empfunden werden[1]; auffallend dagegen wirken die paratak-
tischen Fügungen, deren serielle Syntax (häufige Attributionen,
wenige Hypotaxen, ein einziger Relativsatz, auf Infinitivkon-
struktionen verknappte daß-Sätze), - darin noch durch skandie-

---

problematisch abgesetzten "zweiten Textsorte" der Maulwürfe,
der er allein "so etwas wie eine absurde Fabel", ibid., zuschreibt, beiordnen würde, läßt sich die strikte Disziplin
etwa beim Aufbau des Phonemmusters, wie "Kurmittel" sie ein-
hält (aber auch "Telefonisch"), nicht pauschal für die vom
Autor gemeinten Texte behaupten; insbesondere phonästhetische Figuren werden von Eich nicht allzu häufig, dann aber
prononciert eingesetzt.

[1] Auch das "Sie" des letzten Satzes, Z. 20, ist kaum auf "Straße" oder "Brücke", Z. 19, sondern kontextuell eindeutig nur
auf "die Walachische", Z. 19, zu beziehen.

rende Interpunktion (etwa: "Die walachische Frau, trägt ihren
geborgten Pelz (...)", Z. 4f.) hervorgehoben - wohl den Sprachgestus des Dabei-, des Beteiligtseins suggerieren soll; dann
könnte man aber gerade die syntaktischen Eigenheiten des Textes
als Imitation einer 'normalen' Sprechsyntax werten, die ja vor
allem durch deiktisch vermittelte Kontextpräsentation verbal
verkürzt funktionieren kann.

Mit der Analyse von "Kurmittel" in Übereinstimmung ließe sich
dann zusammenfassen: "Weder in Gebrauch und Stellung von Verben,
Adjektiven, Substantiven, Pronomen, etc. noch etwa in Zuordnung
der Kasus waren Normabweichungen zu notieren. Wenn nun Abweichungen auf der Ebene der Syntax als besonderer Hinweis für lyrische Sprachweisen, für Gedichtsprache zu verstehen wären[1],
könnte man auf der anderen Seite intakte und ungestörte Syntax
als besonderes Indiz für poetische Prosasprache nehmen."[2]; angesichts der für die Maulwürfe primären semantischen Deviationen
"übernähme damit die Syntaxschicht die Rolle der intakten Basis,
der Normebene, von der abweichend und sich abhebend mögliche semantische Verschiebungen und Brüche erst den Grad an Wahrnehm-
barkeit erreichen, der den Text als poetisch qualifiziert."[3]

Für die Beschreibung der Merkmale auf der semantischen Ebene ist
es entscheidend festzustellen, inwieweit ein von der Mitteilungs-
bedeutung motivierter Wort- und Satzzusammenhang realisiert wird,
der den vermutlichen Anschlußerwartungen konventioneller Lektüre
entgegenkommt, das heißt, wie die vom Gesamttext vermittelten
einzelnen Sinngefüge sich in ihm integrieren und wie sich diese
spezifische Relation von Teil und Ganzem auf das habituelle De-
kodierungsverhalten des Lesers auswirken könnte.

Für "Schlüsselfigur" gilt nun, daß ein als normal zu bezeichnen-
des Anschlußkontinuum von Wort und Satz ständig unterbrochen und
zerstört wird und daß, anders als bei (den meisten) anderen Maulwürfen, die durch solche Zäsuren entstehenden Text- und Sinnfrag-
mente (semantische Minimalzusammenhänge) in vergleichsweise va-

---

[1] Großklaus verweist an dieser Stelle gerade auf G. Eich, Anlässe und Steingärten, Ffm., 1966, jetzt in: GW, I, p. 133ff.

[2] cf. Großklaus, l.c., p. 354.

[3] ibid., p. 355.

riantenarmer Manier immer wieder als dieselben evoziert werden;
zum einen wird also die Lektüre an den semantischen Bruchstellen in ihren Sinnerwartungen enttäuscht (ähnlich wie es der
Kommentar für "Telefonisch" zeigte), zum anderen wird dieser
Irritationseffekt noch dadurch verstärkt, daß dieser Maulwurf
größtenteils auf den schon notierten Sinnscherben zu insistieren scheint, also nicht einen umfassenden Bedeutungskomplex differenziert entwickelt, sondern an das schon mitgeteilte semantische Fragmentmaterial sich gebunden zeigt; die Sprache retar-
diert beim disjunkt sich Anbietenden, ohne Sinnkongregation leisten zu können; dies schafft für die Lektüre eine in sich gegenläufige Voraussetzung: während die semantische Fragmentierung
dazu zwingt, die Texthorizontale als verständnisübermittelnde
Anschlußebene aufzugeben, da sich dort zunächst keine Sinnzusammenhänge einstellen, betont das (durch stetige Repetition sich
bekundende) intolerante Beharren des Textes auf den einmal hervorgebrachten Bedeutungssplittern eben die vermeintliche Uner-
setzbarkeit der Texthorizontalen als einzig funktionierender
Ebene für die Bildung von kommunikationstauglichen Sinnfügungen;
in der Weise, wie sich der Maulwurf als semantische Einheit
selbst disqualifiziert, hebt er gerade auch die Einheit des ihm
zugrundeliegenden semantischen Materials hervor. In der wiederholten, beschwörend wirkenden Nennung der den Text offensichtlich veranlassenden Motive (-gehören sie zu einem Erlebnisvor-
gang?, zu einer Reflexion?-) zeigt sich, wie sehr die Textspra-
che unfähig ist, die sich ihr direkt stellende Vermittlungsauf-
gabe zu bewältigen. In gewissem Sinne wird die Inkompetenz von
Sprache hier am sich vollziehenden, im Text stattfindenden
Sprechen vorgeführt, das, wovon es affiziert wird, nicht sich
zur Klarheit bringen kann.
Müssen die Merkmale - Zäsurierung, semantische Fragmentierung,
Aufgabe der horizontalen Anschlußebene, Fragmentmontage - für
andere Maulwürfe (wie "Kurmittel" oder "Telefonisch") "als die
vom Autor verwendeten Kunstgriffe der Verschlüsselung und Zei-
chenanordnung (beschrieben werden)"[1], so ließe sich für "Schlüs-

---

[1] cf. Großklaus, l.c., p. 357.

selfigur" festhalten, daß der Text gerade die Wahl und die
Durchführung dieser bestimmten Kunstmittel, sowie die damit ver-
bundenen ästhetischen Implikationen selbst noch vergegenständ-
licht und somit reflektieren kann; die Methode der semantischen
Segmentierung erfüllt "das Interesse am isolierten Einzelwort,
dessen Einfügung in präzisierende, Sinn und Bedeutung in einer
Richtung festlegende Kontexte nicht mehr gelingen will."[1]
Mit der kontinuierlichen Zerstörung vom Rezipienten kaum erstellter Sinnfelder - indem etwa nicht automatisch anschließba-
re semantische Einheiten (Lexeme, Wörter, Sätze) in unmittelbare Nachbarschaft geraten und so die Erwartungshaltung des Lesers als unangemessen diskriminieren - entsteht die Möglichkeit,
bei dadurch niedriger Denotationsleistung des einzelnen Zeichen
(-komplexes) - die normale, vom Kontext gesteuerte Bedeutungs-
zentrierung fehlt! - die Konnotationsaktivität gewöhnlich gebil-
deter Semantiken zu überbieten; die Lektüre wird durch bewußt
erzwungene Verlangsamung darauf aufmerksam gemacht, daß um die
einzelnen Wörter sich "semantische Hofweitungen" bilden, die
"den Aufbau eines für den Text charakteristischen, assoziativ-
konnotativen Musters"[2] ermöglichen.
Diese ästhetische Wirkungsweise und die sie intendierenden Pro-
duktionstechniken werden in "Schlüsselfigur" gerade vor Augen
gestellt dadurch, daß die virtuelle Konnotationsvielfalt zugunsten der vom Text favorisierten Konnotationseinfalt (Stereoty-
pie des Wiederholungsprinzips) unterlaufen wird; statt wie etwa in "Telefonisch" sich mehrschichtig durch Montage von Asso-
ziations- und Sprachfragmenten zur Übermittlung eines in sich
mehrfach gebrochenen Bedeutungskomplexes zu entwickeln, zitiert
sich die ihrer verwirklichten Zäsurtechnik ähnlich potente
Sprache von "Schlüsselfigur" fast ausschließlich selber. Die
semantischen Hofweitungen sind zwar auch hier fürs Einzelwort
angelegt, der Spielraum, den sie anbieten, wird aber vom Textfortgang nicht autonom in Anspruch genommen; daß sich diese
Eindrücke ebenfalls nur vor dem Hintergrund eines auch diesem

---

[1] cf. Großklaus, l.c., p. 358.

[2] cf. ibid.

Text inhärenten semantischen Musters provozieren lassen, erklärt
sich damit, daß er ja gerade die Negation der von der Maulwurfprosa üblicherweise verwerteten Funktionalität solcher Muster
zu aktualisieren scheint; die durch Bezugwörter hergestellten
Assoziationen introvertieren, wodurch ihre semantischen Potentiale, nur instrumentell erstellt und zur Verfügung stehend, quasi
unbenutzt bleiben; sie wirken redundant in der Weise, in welcher
sie als assoziationsstimulierende versagen.

Diese in "Schlüsselfigur" schwach ausgefüllten, fadenscheinigen
Assoziationsfelder sollen, wie bei Großklaus, schematisch dargestellt werden; dies Verfahren, so produktiv es für "Kurmittel"
angewendet wurde[1], ist nicht auf sämtliche Maulwürfe mit gleicher Erfolgsaussicht zu übertragen; der Kommentar zu "Telefonisch" hat schon gezeigt, daß Eich auch Texte über in ihnen gar
nicht explizit repräsentierte Assoziationsimpulse (Leitwörter
der Rubriken) konstruiert; diese indirekten Vorstellungsappelle
(über Textelemente in absentia) werden dann nicht übers Textvokabular wahrgenommen, sondern funktionieren etwa aufgrund von
nahegelegten sekundären Lektüreoperationen (Oppositions-, Paral-
lel-, Substitutionsbildung, etc.); insofern ein Text auch seiner Realform externe Mitteilungen assoziierbar machen kann, wäre
es einengend anzunehmen, man müsse immer schon aus dem positiven Textbestand die ihm zugrundegelegten semantischen Muster ablesen können.[2]

I		II		III	
Schlüsselfigur	(0)				
		Brieftelegramme	(1)		
				Straße des 19. Sept.	(2)
				Brücke	(2)
Märchen	(3)				
Hemdenstoff	(3)				
		Postamt	(5)	Postamt	(5)
		Brieftelegramme	(5)	Brücke	(5)
		Brieftelegramme	(6)	Brücke	(6)
Schlüssel	(7)	Adressat	(7)	Postamt	(7)
		Postamt	(7)		
		Telegramme	(7)		
Schlüssel	(8)				
				Straße	(9)
				Brücke	(9)

---

[1] cf. Großklaus, l.c., p. 359

[2] Eich selber wollte das Schweigen/Verschwiegene als ein dem
Ausgedrückten/sich Ausdrücken gleichwertiges Moment seiner

IV		V		VI	
immer	(1)	Faul aber braun	(1)		
19. September	(2)				
		walachische Frau	(3)	Märchen	(3)
		Pelz und nichts			
		darunter	(3)		
		zu faul	(3)		
		Hemdenstoff	(3)		
19. Septembers	(4)				
nie	(5)	eine andere	(5)		
jeden Tag	(5)				
19. September	(6)	walachische Frauen	(6)		
Datum	(6)	Pelz und nichts			
		darunter	(6)		
19. September	(6)	faul und braun	(6)		
jeden Tag	(7)	Frau	(7)	erfinden	(7)
				es gibt	(7)
		Haut	(8)		
		Pelz	(8)		
19. September	(9)	die Walachische	(9)	es gibt	(9)
				Wirklichkeit	(10)

Assoziative Feldzusammenhänge des Textes "Schlüsselfigur" könnten wie oben schematisch dargestellt werden; diese Subordinationen sind nur relativ exakt; unter I sind die explizit Literatur assoziierenden Vokabeln gefaßt; Schlüsselfigur als Terminus
etwa der Romantheorie, Hemdenstoff als häufig anzutreffende Re-
alie des Märchens (wohl für Armut stehend, wie etwa im Grimmschen "Die Sterntaler") genommen; Schlüssel dann als Instrument
der Textkodierung und -dekodierung verstanden; II stellt die
Korrespondenz evozierenden Wörter zusammen; die unter III gesammelten Vokabeln könnten als fragmentarische Topographie des vorgestellten Handlungsraums (etwa eines bestimmten Bezirks in
einer bestimmten Stadt), die unter IV rubrizierten als ebenso
unzureichende, weil unvollständige Terminierung der Handlungs-
(spiel)zeit gelesen werden; V listet die Bezeichnungen für (walachische) Frau/Frauen und deren Attribute (Haut, Pelz); VI bezeichnet diejenigen Textteile, die deutlich die Vorstellung der
Opposition zwischen Märchen/Fiktion/Irrealität und (lebenswirklicher) Realität hervorrufen, wobei dann die Verbwendung "es
gibt" als simple Existenzbehauptung und daraus umschlagend als

---

Sprache verstanden wissen; reflektierend etwa auf "Eine
Schwierigkeit beim Schreiben von Hörspielen" heißt es: "Ich
muß also schreiben, daß die Worte das Schweigen einschließen,
d.h., es muß 'zwischen' den Zeilen ebensoviel geschehen wie
'in' den Zeilen.", cf. GW, IV, p. 306f.

spezifizierende Rede im Sinne von: es ist wirklich/real vorhanden, gedeutet werden müßte.

Diese Aufstellung wäre fortzusetzen, indem etwa auf die vom Text ausgedrückte Gegenüberstellung von bleiben und gehen hingewiesen würde[1]; auch könnten die Vokabeln "Richtung" (Z.8f.) und "Spur" (Z. 11), unterstellte man ihnen Reizwortwirkung, die Vorstellung von Orientierung(szwang) wachrufen; der Text lädt darüber hinaus, seiner für die Bedeutungsidentifizierung ungenutzten konnotativen Möglichkeiten wegen, ein, früh schon als metaphorisch gelesen zu werden; eine Interpretationsversion wäre dann wohl, Wörter wie Brücke, Richtung, Spur, Schlüssel, Brieftelegramme, Straße als übertragene Bezeichnungen für das Herstellen von Verbindung, Gemeinschaft, auch besonders im Sinne von sprachlicher Kommunikation zu dekodieren.

Es lassen sich also, je nach Aufteilungskriterium, verschieden viele Assoziationsstränge aus dem Text herauslösen, die ihm eine abstrakte Gliederung verleihen, welche als vertikal die Textfläche durchziehendes Gerüst vorzustellen wäre. Während innerhalb dieser Stränge die Wörter mehr durch analytische, nicht synthetisierende Assoziation verbunden werden können, lassen sich auch verschiedene Stränge miteinander verknüpfende Querverbindungen beobachten, ausgehend von etwa den Termen: Postamt, Straße des 19. Septembers, etc.; es besteht aber wohl dennoch kein zwingender Anlaß, von einem durchmusterten Assoziationsgeflecht, wenigstens insoweit es vom Text selber repräsentiert würde, zu sprechen.

Nimmt man diesen Befund, daß nämlich die Einzelwörter sowohl Glieder einer in den Text eingelassenen vertikalen Reihe sind als auch zu einem jeweils durch Zäsuren abgetrennten semantischen Minimalkontext gehören und so in zweifacher Funktion zur Bedeutungskonstitution beitragen, als ein Merkmal der Maulwurfsprache, so wird dies abstrakte Schema durch "Schlüsselfigur" deshalb so deutlich herausgestellt, weil besonders wenig spezifische Konsistenzen im Text aktualisiert werden; "Schlüsselfigur" ist in dieser Hinsicht Metamaulwurf, der bestimmte Text-

---

[1] cf. S. 21f., die dort im Zusammenhang mit "Telefonisch" zur selben Gegensätzlichkeit unternommenen Ausführungen.

techniken, wie sie andere Maulwürfe verwenden, dokumentiert,
indem er sie paradigmatisch abbildet und durch weitgehenden
Verzicht auf die Exploitation ihres semantischen Potentials
quasi unverarbeitet und unverzerrt erkennen läßt.
Für die Bedeutungsebene des Textes hat diese seine Reflexions-
position einige angebbare Konsequenzen: da sich sowohl in hori-
zontaler wie in vertikaler Richtung Anschlüsse nur noch über
Reduplikationen des Früheren herstellen lassen oder aber über
Referenzbögen, die nur minimale semantische Distanzen ("Brieftelegramme" - "Postamt", u.ä.) übergreifen, und da es sich darüber hinaus bei diesen Anschlußtypen noch um immer dieselben
Verbindungselemente handelt, erstarrt die vom Text gemeinte
Serialität einer Szene (die tagtäglich eine Straße zu einer
Brücke hinuntergehende Frau, beobachtet von dem Maulwurfsprecher, "Ich", der vor dem Postamt steht, um seine Telegramme
fortzuschicken) in der Rigidität des Textes selber; das Muster
der fortlaufend beschriebenen Geschehnisse wird somit wie in
einem Bild festgehalten, die Repetition schafft Stabilität. Zum
anderen wird aber die fragliche Szene vom berichtenden Beobachter nicht als in sich geschlossen, als vom Bedeutungsbedürfnis
her gesättigt wahrgenommen; nicht zuletzt die beiden Fragen im
Text (-eine Verständnisfrage, eine Frage nach eventuellen Hand-
lungs- und Reaktionsmöglichkeiten-) zeigen an, daß auch dem in
den geschilderten Ablauf integrierten Textsubjekt das von ihm
Vermittelte weder vollständig evident noch wenigstens plausibel
ist; die dargestellten szenischen Momente wirken eher als Indizien eines komplexeren, nicht zur Erscheinung kommenden Zusammenhangs, der deshalb auch nicht vollständig rekonstruierbar
sein kann, weil der Leser auf die mangelhafte Information aus
der Beobachtungsperspektive des Textsubjektes angewiesen ist;
indem dem Text sein Kontext abhanden gekommen ist, gewinnt er
sich selbst den Modus eines Kontextes zum vermeintlich Interes-
sierenden.
Wie ein einzelnes Zeichen unter Vernachlässigung seiner pragmatischen Funktion (Denotatrepräsentation) die Lektüreaufmerksam-
keit auf seine (potentielle) Konnotationsvielfalt, und somit
auf seine eigene Zeichenhaftigkeit lenken kann, so ermöglicht

und erlaubt es sich dieser ganze Text (jetzt als ein Zeichen genommen), auf seine ihm inhärente Strukturiertheit gerade dadurch
zu verweisen, daß er die Übermittlung erwarteter Stoffülle entweder gar nicht oder aber bloß reduziert verwirklicht. Hatte die
Textstruktur etwa in "Telefonisch" die Aufgabe, einen recht um-
fangreichen und amorphen Vorstellungskomplex in charakteristi-
scher Weise gegliedert mimetisch anzubieten, so scheinen in
"Schlüsselfigur" umgekehrt die Assoziationsappelle so gering,
die singulären -impulse so schwach determiniert, daß wohl beim
Lesen der Strukturwahrnehmung gegenüber der assoziativen Stoff-
bildung Präferenz zukommen soll.

Dennoch lassen sich freilich vereinzelt plot-Surrogate aus dem
Text herausarbeiten; dabei ist zu berücksichtigen, daß mit
steigender Irrelevanz einer Handlungs- oder Gegenstandsvorstellung für den Gesamttext der erläuternde Nachweis solcher auch
denotativen Stellenwert besitzenden Textelemente immer hypothe-
tischer, ja spekulativer ausfallen muß; die Rezeptionstoleranz
gegenüber nicht-gegenständlicher Kunst ist für literarische Texte wohl am geringsten ausgebildet; so ist der Rezipierende im
Extremfall genötigt, will er über die Semantisierung der Struktur und über die Einsicht in die relative Sinn- und Bedeutungs-
neutralität des Textes hinaus interpretieren, dem Autor und seinem Produkt bestimmte Konsistenzen zu supponieren, welche vom
Text aufgrund seiner die genuine Strukturalität favorisierenden
Verfassung weder bestätigt noch dementiert werden können.

Einen Ausgangspunkt für den Maulwurf könnte etwa abgeben, daß
die vom Text geschilderte (triviale) Szene mit einer, wie es
scheint, unmotiviert heftigen Reaktion (Schweißausbruch, Furcht,
Z. 16) des Beobachters aufgenommen wird; diese Betroffenheit,
Erregtheit auslösende Wirkung müßte dann vom regelmäßigen Auftreten der gleichsam observierten Frau ausgehen. Die in ihrem
Zusammenhang damit nicht aufzuklärende, einzig nachweisbare Tätigkeit des Subjekts ist es, "Brieftelegramme" aufzugeben; diese Vokabel erinnert an eine immer eilige, immer aber auch ge-
heimzuhaltende Korrespondenz; in Verbindung mit "Schlüssel" und
"Schlüssel ändern" (Z. 14, Z. 17) könnte man an in Kodesprache
mitgeteilte Botschaften (etwa für eine Detektei, für einen Ge-
heimdienst) denken; Eich benutzt aber häufig auch Wörter, die

über postalische Verkehrswege laufende Kommunikation bedeuten, um damit auf seine eigenen Texte zu sprechen zu kommen[1]; spürt man dann dieser Fährte ("Schlüssel" für literarische Verschlüsselung[2] vielleicht auch des eigenen Werks) nach, so findet sich erfreulicherweise im Eichschen Konvolut eine diesem Text zuzuordnende Stelle[3]; der Empfänger der Brieftelegramme dort scheint,

---

[1] cf. nur die Zyklenüberschriften: "Alte Postkarten", GW, I, p. 107, "Neue Postkarten", ibid., p. 108, den Gedichttitel "Briefstelle", ibid., p. 97, die Maulwürfe "Ein Postfach", "Imaginärer Brief", ibid., pp. 315, 384f., u.a.; cf auch S. 55f., Anm. 2, 4, 5; daß die Vorstellung, öffentlich zu schreiben als führe man persönliche, personengerichtete Korrespondenz, besteht, drückt sich auch aus in "Zuversicht", GW, I, p. 166, dort: "In Saloniki/ weiß ich einen, der mich liest,/ und in Bad Nauheim./ Das sind schon zwei.", sowie im Echo darauf, cf. "Philologisch", ibid., p. 174, dort: "Ich dachte, ich schriebe für zwei./ Aber diese vertrackte/ an Nadelholzzweigen hängende Schrift!// Man muß ein Examen machen/ und die Kommilitonen/ bleiben nach wenigen Doppelstunden aus.// (...)"; so auch passim; für niemanden oder für zwei zu schreiben, übrigens, ist nicht nur falsche Bescheidenheit, dasselbe dachten auch schon Persius und der dessen Satire in der Widmung zu seinen Sokratischen Denkwürdigkeiten zitierende Hamann.

[2] Der Text "Schlüssel", cf. GW, I, p. 333f., macht unmißverständlich klar, wie die Maulwurflogik diesbezügliche Schwierigkeiten zu umgehen weiß: "In einem Kästchen hebe ich Schlüssel auf, ich weiß nicht, in welche Türen sie gehören. Aber für alle Fälle. Wenn ich es wissen will, muß ich sie wegwerfen. Ich werfe nichts weg./ In meinen Erinnerungen stehen alle Türen offen. (...)".

[3] cf. "Nördlicher Seufzer", ibid., p. 173: "Links eine Straße zum Hafen. Nicht die Einwohner,/ die Topographien sind entscheidend./ Der reformierte Kirchgang, rotweiße/ Vermessungsstäbe bilden den Gottesbegriff./ Wie sich die Straße an einer zoologischen Handlung krümmt,/ der Empfänger meiner Brieftelegramme könnte es Liebe nennen.// Man fährt nicht nach Venedig oder Kyoto. In Winkeln/ spielt sich die Welt ab.// Nur keine Spuren hinterlassen."; die "zoologische Handlung" wohl auch als Paarung, Geschlechtsverkehr zu lesen; auffallend auch die partielle Kongruenz der Textvokabularien; das Gedicht selbst ist dann wohl auch mit dem Maulwurf "Nördlicher Prospekt", ibid., p. 309, zusammenzulesen, dessen Frühfassungen, "Persönliches zu Lübeck" betitelt, cf. ibid., p. 430ff., deutlich auf die Gebrüder Mann abzielende Anspielungen enthalten; aus der Endfassung: "(...) bin ein sonstiger Christ (...) Ich suche mein Gemeindehaus, mein Seemannsheim, meinen Unterschied zwischen Trave und Wakenitz (...) Mir gefiel eine Marzipanschwedin (...) es war eine große Liebe (...) ich bleibe."; bemerkenswert die allen drei Texten gemeinsame topographische Datenmessung; die Themen Religiosität, Liebe (Sexualität) werden für "Schlüsselfigur" noch aufzuweisen sein.

im Gegensatz zu dem Maulwurfrezipienten, die intimsten Regungen des Absenders ("Liebe") zu be-"nennen" in der Lage zu sein.[1]

Die Rede vom Schlüssel kann sich aber auch noch anderer Herkunft verdanken. Der Aberglaube - wie der Mythos[2] - hält für dieses Objekt mit Tücke eine breite Skala bestimmter, vor allem Unheil abwehrender Einflüsse/Wirkungen bereit[3]; kontaminiert

---

[1] In seinem Portrait der Ilse Aichinger, das mit ihrem Satz "Anarchie muß wieder werden, muß viel weiter gehen" überschrieben ist, cf. Jürgen Serke, Frauen schreiben, Hamburg, 1979, p. 90ff., weiß der Autor zu berichten: "Ilse Aichinger und die Ehe mit Günter Eich. Die vielen Briefe, die sie sich geschrieben haben vor der Hochzeit und dann das Telegramm, das sie ihm von Heidelberg aus schickte, wo sie (...) plötzlich wußte: Der eine Mann in ihrem Leben, er würde immer Günter Eich heißen. Auf das Telegramm hin kam er sofort nach Heidelberg (...)", usw. cf. ibid., p. 98; vielleicht ist also die im Opus häufige Assoziation von (postalischer) Korrespondenz und Liebe mit persönlichsten Reminiszenzen behaftet.

[2] Holthusen, l.c., betont, daß Eich sich nicht nur mit Mythologien beschäftigte, sondern selbst mit seinen Maulwürfen mythische Modelle reflektierte, mit Verweis auf den Text "Ein Nachwort von König Midas", cf. GW, I, p. 338f.; Hans Blumenberg, Wirklichkeitsbegriff und Wirkungspotential des Mythos, in: Manfred Fuhrmann (Hg.), Terror und Spiel. Probleme der Mythenrezeption, München, 1971 (= Poetik und Hermeneutik IV), p. 59f., zitiert Eichs Maulwurf "Seepferde", GW, I, p. 308f., als Beispiel für "pointierte Beiläufigkeit" der Mythosrezeption in modernen Literaturtexten; danach sei "solche moderierte Präsenz immer auch Abwesenheit (sc. des mythischen Gehalts; -MK)"; zu "Seepferde" bemerkt der Autor: "Der Text scheint in der Autor und Leser gemeinsamen Bildungsassoziation aufzugehen: Athene, dem Haupt des Zeus entspringend. Aber dann wird deutlich, daß nicht die Pointe den Text zur Ruhe bringt, sondern daß sich der Text vom Ende her zur Ironie gegen dieses Ende zusammenballt. Der Ursprung der Athene, als ein archaisches ready made in diese Umgebung versetzt, in ein Stückchen simulierter Futurologie eingebaut, sanktioniert nicht, wie es sich für Mythologie gehört, Parthenogenesen geringerer Mächtigkeit, sondern er wird nicht wieder los, was ihm hier zugedacht wurde.", ibid., p. 60; legt man Barthes' Arbeitsdefinition "Mythos als gestohlene Sprache", cf. Roland Barthes, Mythologies, dt.: Mythen des Alltags, Ffm., 1974, 3. Aufl., p. 115ff., zugrunde, so ließe sich Eichs Intention von vielen Beispielen her, cf. nur "Jonas", GW, I, p. 328f., als Versuch beschreiben, gerade mit gestohlener Sprache, ja durch den Diebstahl an der Sprache des Mythos selber seine Antimythen zu fabrizieren.

[3] cf. Bächtold-Stäubli, l.c., Stichwort; der Autor faßt zusammen: "Die Erklärung des an den Schlüssel sich knüpfenden Aberglaubens ist leicht zu geben. Da man mit dem Schlüssel

man die Vokabeln "Schlüsselfigur" und "walachische Frau", so
könnte man an die ebenfalls im Aberglauben der Sagen- und Mär-
chenwelt[1] beheimateten Schlüssel(jung)frauen[2] erinnert werden.

---

alles Verschlossene aufsperren und alles Nichtverschlossene
einsperren kann, wird dem Schlüssel im Wege der analogisie-
renden Schlußfolgerung die Kraft zugeschrieben, alles als
einsperrbar Vorgestellte (Krankheitsdämonen, Übel aller Art)
zu verschließen, so daß es unschädlich wird, alles als einge-
sperrt Vorgestellte erforderlichenfalls aus dieser Haft zu
befreien (Schatz, Kind im Mutterleib, Wissen um die Zukunft
usw.). Dazu tritt die Zauberkraft des Metalls (...)", cf.
Bd. 7, p. 1228.

[1] Der Vermutung, es könnte sich hier um die Verarbeitung eines
walachischen Märchenstoffes handeln, gibt die wohl einzige
einschlägige Anthologie, cf. Artur und Albert Schott (Hg.),
Walachische mährchen, Stuttgart und Tübingen, 1845, leider
keinen bestätigenden Hinweis; es sei denn, man sähe im differenziert beschriebenen Gehverhalten der walachischen Frau
eine poetische Transposition folgender, unter "III. Aberglaube, Einzelne Gebräuche, Nr. 17, Begegnung" zu finden-
de Passage: "Grosse aufmerksamkeit erweist die Walachin einem
begegnenden: nie durchschneidet sie ihm den weg den er vor-
hat. Kommt sie ihm entgegen, und befindet sie sich etwas
rechts, so hütet sie sich links herüber zu wechseln oder umgekehrt. Führt sie ihr weg queer über den eines anderen, besonders eines höher gestellten, so wartet sie bis er vorüber
ist. Diss thut sie, um ihm den faden seines glückes (von der
parze ihm gedreht?) nicht zu zerreissen."; auch, so nach
Schott, l.c., sind einige bestimmte Jahrestage für die walachische Märchen- und Mythenlogik von besonderer Bedeutung,
worunter sich allerdings der ominöse "19. September" nicht
finden läßt; andererseits sind auch andere solcher Lektüre-
assoziationen weder zu bestätigen noch auszuschließen; cf.
etwa die Beschreibung und das Verhalten der walachischen
Frau im Maulwurf mit der Figur des geheimnisvollen Mädchens
aus Stifters Erzählung "Katzensilber".

[2] cf. etwa Bächtold-Stäubli, l.c., Bd. 6, pp. 423, 1349, Bd. 7,
p. 441, ua.; diese Schlüsseljungfrauen, meist in weiße Gewän-
der gehüllt, mit einem Schlüsselbund als Attribut an der Seite, sind vor allem Glücksbringer, die aufgrund der magischen
Kräfte des Schlüssels Widrigkeiten abwenden und Wünsche erfüllen können; cf. auch Jacob Grimm, Deutsche Mythologie, Tübingen, 1953, Bd. 2, p. 805; dort auch in der Verbindung mit
der Vorstellung: zum Wasser gehen; diese mythologisch relevanten Persönlichkeiten könnten bestimmt auch unter Grimms
Rubrik "weise frauen", ibid., Bd. 1, gezählt werden, wo es,
p. 346, heißt: "ganz sicher folgere ich eine ahd. walachuriâ
(walachurrâ)" und: "hiervon heißt eine solche halbgöttliche
jungfrau valkyrja", ibid.; ob Eich beim Adjektiv "walachische" auch an diese Etymologie von Walküre (germanische
Kriegsjungfrau) gedacht haben mag, ist für mich nicht zu
entscheiden; immerhin aber hat er nicht nur mit dem Gedichttitel "Kinder- und Hausmärchen", cf. GW, I, p. 141, auf seine Kenntnis Grimmscher Schriften und Sammlungen hingewiesen;

Die im Text auftretende Frau (- ist sie die Schlüsselfigur? und
die Begegnung mit ihr ein Schlüsselerlebnis? -) jedenfalls ist,
wenn schon für den Maulwurfprotagonisten, so erst recht für den
Maulwurfleser, nur schwerlich zu identifizieren[1]; "Faul aber
braun" (Z. 2), was wohl auf sie bezogen werden muß, klingt wie
die Formel einer vorurteilsgesteuerten, unreflektierten Ablehn-
nung, wie sie der damit hausierende Mann auf der Straße für so-
genannte Arbeitsscheue, aber auch für Menschen südlicher, vor
allem mediterraner Länder (- Fremdarbeiter? -) nur allzu gern
bereithält; daß sie "ihren geborgten Pelz und nichts darunter"
(Z. 5) trägt, stattet sie wohl mit einem gewissen Sex-Appeal
aus[2], immerhin veranlaßt sie ihren Beobachter, sich die Frage
zu stellen, ob er "die Haut unter dem Pelz berühren" (Z. 18f.)
solle; diese walachische Frau scheint nicht nur die Aufmerksamkeit des Textsubjektes zu erregen, sondern bei ihm sogar eine
Art Beklemmung, Unsicherheit, ja Furcht hervorzurufen, ob nun
allein der Tatsache wegen, daß sie Ausländerin (Xenophobie) ist,
oder aber ihres unangepaßten Verhaltens (der Faule, ja schon der
Arme, als Saboteur gesellschaftlicher Stabilität, die psycholo-

---

so läßt sich etwa auch der in "Schlüsselfigur" enthaltene
Textteil "in dem Märchen nachzulesen, zu faul sich einen Hemdenstoff zu spinnen" (Z. 5ff.) direkt auf einige Grimmsche
Märchen zurückführen; cf.: Kinder- und Hausmärchen, gesam-
melt durch die Brüder Grimm, Darmstadt, 1971, dort etwa Nr.
14, "Die drei Spinnerinnen", p. 113ff.: "Es war einmal ein
Mädchen faul und wollte nicht spinnen (...)"; Nr. 128, "Die
faule Spinnerin", p. 606, Nr. 156, "Die Schickerlinge", p.
669, kämen ebenso wie noch andere als Vorlage in Frage.-

[1] Zur blindverweisenden Referenz "in dem Märchen nachzulesen"
(Z. 5f.), cf. auch S. 59, das "Hilpert"-Beispiel.

[2] "Pelz" (etwa "Venus im Pelz" von Sacher-Masoch, etc.) als
Sexualfetisch gelesen; vielleicht ist sogar die Vorstellung
von Straßenprostitution nicht ausgeschlossen; "walachisch"
ist primär freilich zu lesen als: aus der Walachei; mit dem
Wort Walache bezeichnen die slawischen Sprachen den Rumänen;
dennoch ist wohl auch die Assoziation an Wallach (verschnit-
tener Hengst) intendiert; nach Kluges Etymologischem Wörterbuch, dort wird "Wallachei" (!) buchstabiert, seien kastrier-
te Pferde zuerst aus Südosteuropa kommend uns bekannt geworden; die fatale Dame des Maulwurfs also könnte ebensogut He-
roin und Halbgöttin wie Hure sein, und es ist wohl Absicht
des Autors, daß der Leser sie nicht besser kennen soll als
der verunsicherte Maulwurfsprecher.

gisch nicht sublimierte Furcht vor Gammlern, etc.) wegen, oder
aber weil sie eine herausfordernde (aggressive, walkürische?)
Sexualität zur Schau stellt, sei offengelassen; daß sie "jeden
Tag" (zuerst Z. 10) nur "bis zur Brücke" (Z. 4) hinuntergeht,
beunruhigt (die enervierende Wirkung eines regelmäßigen Reizes)
den Beobachter auch insofern, als er daraus - mit sich in Widerspruch geratend - schließt, es müsse sich jeweils um "eine
andere" (Z. 10) handeln; "walachische Frauen" - das erregende
Motiv (das Feindbild?) wird (aus Furcht?) multipliziert - "sammeln sich unten an der Brücke" (Z. 11f.); unterstellt man dem
Textsubjekt eine tendenziell paranoid werdende Wahrnehmungswei-
se, so könnte es etwas Unheimliches, vielleicht gar eine sich
organisierende Verschwörung, die sich schlimmstenfalls gegen es
persönlich richtet, darin erblicken (- immerhin scheint es in
Brieftelegrammen vom observierten Objekt zu sprechen, Z. 2f. -);
dazu kommt, daß schon der Versammlungsort "unten an der Brücke"
(Z. 12) in seinen Augen nicht unbedingt Harmlosigkeit bekunden
wird: an Brücken treffen sich nicht nur Clochards, Pennbrüder
und anderes 'lichtscheue Gesindel' - also all die, welche, von
der guten Gesellschaft nicht nur ausgestoßen, sondern auch ge-
fürchtet, das Recht haben, unter Brücken zu schlafen -, sondern
dort hausen auch diverse Flußgötter, Wassergeister, Hexen und
andere illustre mythologische Figuren, deren friedfertiger Charakter ebenso ungewiß wie bezweifelbar ist.[1] Diese undurchsich-
tigen, nicht ganz in Übereinstimmung zu bringenden Beobachtungen,
die im Text vermittelt werden, könnten, nach Einschätzung des
Textsubjekts, mit dem Datum des 19. Septembers ("Straße des 19.
Septembers", zuerst Z. 3) zusammenhängen; aber auch dieses Datum weiß es nicht zu deuten, weshalb es ihm "auf die Spur zu kommen" (Z. 11) trachtet.
Um den Maulwurf nicht als verkappte Sexstory oder als mythologische Sekundärliteratur lesen zu müssen, könnte vom Textende her
interpretiert werden, daß es erregende, betroffen machende, be-
unruhigende und verunsichernde Momente einer vorgestellten konkreten Realität sind, die das Textsubjekt mit der Frage konfron-

---

[1] cf. Bächtold-Stäubli, l.c., Stichwort: Brücke.

tieren, ob es sich von dieser distanzieren oder aber sich auf
sie einlassen ("bleiben", Z. 10f., "berühren", Z. 18) solle;
das Herausfordernde an Wirklichkeit als Menge vorerst unverstan-
dener Zeichen - und die Frau, die Straße, die Brücke, etc. wirken hier als solche noch nicht dechiffrierten Signale der eigenen Umgebung - zwingt zur Entscheidung; wie die bisweilen inevi-
dente Logik mythischer Vorstellungen oder emotionaler Stimulus-
reaktionen (Sexualität) bietet hier die vom Text anvisierte Realität denjenigen ihrer Aspektbereiche dar, welchen sich Rationalität nicht vollends zugänglich machen kann. Wie es dem Textprotagonisten in seiner Situation, so ergeht es auch dem Leser
während der Lektüre: die aufscheinenden Zeichen verwandeln sich
ihm dauernd in Zubezeichnendes.

Daß eine solche das Bewußtsein beschränkende Unverfügbarkeit
weiter Wirklichkeitsfelder auch genuin die Tätigkeit des Schreibens betreffende Implikationen begleitet, wird am Schluß von
"Schlüsselfigur" ausgesprochen; "die Frau, die ich erfunden habe, gibt es jeden Tag" (Z. 15); in der Fiktion setzt diese sich
ab von ihrer Basis, der imaginiert gegenständlichen Realität
("jeden Tag eine andere", Z. 10), die sie nicht länger repräsentieren kann; dabei wird die habituelle Gewißheit von einseiti-
ger Abhängigkeit zwischen Fiktion und autonomer Wirklichkeit erschüttert; "Mittel gibt es genug" (Z. 18) gegen die problematische Tendenz, die Fiktion ("Telegramme", Z. 16f., jetzt nur als
Geschriebenes, als literarische Produktionen gelesen) über die
Wirklichkeit hinaus und damit "zu weit zu treiben" (Z. 17); man
kann etwa "Den Schlüssel ändern" (Z. 17) - heißt hier wohl, die
spezifische Modalität der für Eich charakteristischen Verschlüsselung abwandeln -, was man gemeinhin tut, wenn der Kode nicht
mehr mitteilt, was er mitteilen, oder nicht mehr geheimhält,
was er geheimhalten soll; oder man kann sich auf Wirklichkeit
hautnah einlassen, die dann allerdings, als eine schon fertige,
vom Subjekt nur zu begreifende, Anerkennung fände; beides aber
ließe vermissen, worauf es, wenn nicht dem Textsubjekt, so doch
bestimmt dem Autor ankommt: die Genauigkeit der Daten, die ihm
literarische Sprache über das fürs Bewußtsein sonst Unergründli-
che vermittelt. Die Fiktion wird hier zu einem Erkenntnisinstru-

ment für Wirklichkeit; sie, als Erfindung, holt die Realität
nicht nur ein, sie ist selbst dem, welchem sie sich als ihrem
Erfinder faktisch verdankt (dem Textsubjekt/ dem Autor), "schon
eine Wirklichkeit voraus."[1]

Dies Paradox, daß es von der Realität abgeleitete (sprachliche)
Zusammenhänge (Fiktion, Märchen, etc.) geben solle, welchen
eine größere Intensität an Wirklichkeit zukommt als dem, was
als pure Wirklichkeit zu nehmen man gewohnt ist, könnte als entwickeltes Resultat eines erkenntnistheoretischen wie poetischen
Skeptizismus begriffen werden, wie ihn die Maulwürfe, verwik-
kelt in ihre jeweiligen Probleme, immer wieder zu betreiben
scheinen; dann wäre "Schlüsselfigur" nicht nur der Ort, wo Eich
die seiner Maulwurfsprache immanente Methodik reflektiert, sondern es bezeichnete auch eine Schnittfläche ideologischer Substrate, die in den ansonsten Stoffmengen verarbeitenden Texten
weniger deutlich zutagetreten.

Hatte der erste Kommentar zeigen können, daß "Telefonisch" weit
mehr an inhaltlichen Konsistenzen besitzt, als man es den Maulwürfen gewöhnlich zugetraut hat, dann muß nach der Analyse von
"Schlüsselfigur" festgehalten werden, daß hier die Einsicht in
die phonologische und semantische Organisation kaum die Aussicht
auf einen interpretierbaren Textinhalt freigibt; die denotativen
Bezüge des Textes waren bloß spekulativ eruierbar - und bleiben
dies auch nach der Analyse; die konnotative Leistung der einzelnen Textelemente erschöpft sich im sterilen Repetitionsprinzip
- Wiederholung als auch rhetorische (Schlüssel)Figur der Maul-

---

1) cf. dazu auch die Rede Eichs "Der Schriftsteller vor der Realität" (1956), GW, IV, p. 441f., dort besonders: "Ich schreibe Gedichte, um mich in der Wirklichkeit zu orientieren. (...)
Erst durch das Schreiben erlangen für mich die Dinge Wirklichkeit. Sie ist nicht meine Voraussetzung, sondern mein Ziel.
Ich muß sie erst herstellen. - (...) Als die eigentliche Sprache erscheint mir die, in der das Wort und das Ding zusammenfallen. Aus dieser Sprache, die sich rings um uns befindet,
zugleich aber nicht vorhanden ist, gilt es zu übersetzen. Wir
übersetzen, ohne den Urtext zu haben. Die gelungenste Übersetzung kommt ihm am nächsten und erreicht den höchsten Grad
von Wirklichkeit."; cf. dazu Egbert Krispyn, Günter Eich und
die Romantik, in: Festschrift für Detlev Schuhmann, hg. von
Albert R. Schmitt, München, 1970, p. 359ff., der neben diversen romantischen Einflüssen hier die Sprachauffassung Hamanns
wiederzuentdecken glaubt; cf. auch Wittmann, l.c., insbesondere p. 576f.

würfe? -; Eich hypostasiert damit eine spezifische Text- und
Sprachverfassung, die es immer weniger erlaubt, extensive gedankliche Komplexe zu verdeutlichen. Die Tendenz zur Verknappung in der Lyrik, die das Gedicht des öfteren zur Formel werden ließ, findet in manchen späten Maulwürfen ihr Korrelat[1];
wenn auch "Schlüsselfigur" nicht, wie einige andere Texte,
quantitativ die 'Maulwurfnorm' verringert, so verzichtet der
Autor in diesem Text doch deutlich auf die Reichhaltigkeit und
Vielfalt anderer, früheren Texten zugrundegelegter Konstruktionstechniken.
Indem die mögliche Aussage von "Schlüsselfigur" aber immer wieder in die paradoxale Utopie einer nicht mehr der Wirklichkeit
folgenden Fiktion zurückschnellen kann, ist damit ein Modell
literarischer Mitteilung kreiert, dessen aktualisierbare Potenzen sich dann auch nicht mehr von Wirklichkeitserfahrung fremd-
bestimmen lassen wollen. Man muß den letzten Satz dieses Maulwurfs mit dem logischen Unheil seines Umkehrschlusses ergänzen,
und zumindest der Schweißausbruch des Textsubjektes erscheint
nicht mehr als Überreaktion: das Ich des Textes, letzter noch
realisierbarer Partner und quasi objektivierbarer Garant für alle Fiktionen des Textes und somit für alle Vorstellungsprozedu-
ren des Lesers, bescheinigt sich selbst, den eigenen Erfindungen
gegenüber um eine Wirklichkeit zurückgeblieben zu sein. Es ist
die Wirklichkeit der Fiktionen, die hier gegen die Fiktion der
Wirklichkeiten, welche der Leser beim Lesen erwartet, Anerkennung erheischt.
Vor weiteren Maulwurfanalysen soll nun das Textmaterial eines
einzelnen Sujets aufbereitet werden, das dem hier begegneten
Fiktionsbegriff als literarisches Interpretament dienlich sein
könnte.

---

[1] Gemeint sind vor allem die S. 87, Anm. 4, genannten Texte.

7.

Die Prosatexte Eichs simulieren oft - auch unter den bisher angemerkten Stellen finden sich dafür zahlreiche Beispiele -, daß
die Maulwürfe Reisen unternähmen oder aber von Reisen, wie immer auch vermittelt, Bericht erstatten würden; Namen der Geographie auch entlegener Regionen tauchen häufig, bisweilen auch
gehäuft und wiederholt auf; dieser "Reiselust"[1], dem Hang zur
Mobilität, stellen sich dann Motive entgegen, die deutlich
Standortangabe, -bestimmung versuchen.
Eich schrieb 1930 den Text "Eine Karte im Atlas"[2], der in vie-
lem schon Aufschluß über die Modalitäten auch der im Jet-Zeital-
ter stattfindenden Maulwurfreisen gibt; die Wirklichkeit (hier
als geographische Verfassung der Welt/Erde) wird ja immer schon
durch Zeichensysteme präsentiert, die selbst wiederum einen

---

[1] Der Maulwurftitel "Wenig Reiselust", cf. GW, I, p. 341, sollte da nicht irreführen; auch in dem Text, den er überschreibt,
besitzt das Textsubjekt nur die für die Maulwurflogik wenig
markante Alternative, mit dem Flugzeug oder mit der Phantasie
davonzufliegen.

[2] cf. GW, IV, p. 193ff.; die Erstveröffentlichung in: G. Eich,
Ein Lesebuch, Ffm., 1972, p. 9, zeigt wohl auch Eichs eigenes
Interesse an diesem frühen Text, dort: "Auf Seite vierunddrei-
ßig die Karte Mittel- und Ostasien. Sie reicht von Pamir bis
Yokohama, vom Baikalsee bis Rangun. (...) Ich lege meine linke Hand auf die Mitte der Karte, sie bedeckt die Wüste Gobi
und das Land am Hoangho-Knie, der Mittelfinger zeigt auf die
Mandschurei, der Daumen reicht bis Kaifeng-fu. Ich neige
mein Ohr herab und höre, wie unter der Höhlung meiner Hand-
fläche das lehmige Wasser des Hoangho gurgelt und steigt. Es
tritt in Schansi und Honan über die Ufer und reißt die Erde
aus den Feldern von Ninghsia. Auf der Flut schwimmen Kohl-
strünke zwischen Dächern, Hausrat und ertrunkenen Schafen.
Die Strömung braust und verzweigt sich in den Adern meiner
Hand. - Drei Tage hat die Flutwelle gebraucht, nachdem sie
die große Mauer verlassen hat, ehe sie (etc., ...). Ich
schließe langsam den Atlas. Die rechte und die linke Hälfte
der Karte legen sich aufeinander. Der Yangtse fließt die Hi-
malayaberge hinauf, das Chinesische Meer überflutet Indien
und Turkestan, Japan liegt über den Steppen und Seen Inner-
asiens, Lhasa wird zur Insel im Pazifik. Einen Augenblick zit-
tert Erde und Meer, ja, ich weiß, daß die dünnen Häuser in Ko-
be zittern, eine Mauer fällt ein, ein Telegraphenmast knickt,
ein Sandsturm beginnt, ein Taifun beginnt. - Alle Bilder haben Teil an der Wirklichkeit, ich rühre an die Stille der Kon-
tinente. Viele Hände bewegen das Ferne, auch uns, auch in diesem Augenblick. Und unter allen ist das Rieseln des Sandes
hörbar, der Ton, wenn das Korn zwischen die Rippen sinkt."

Handlungs- und Vorstellungsspielraum gewähren; solche Darstellungssysteme (etwa Landkarten, Stadtpläne[1], Liniennetze[2], etc.) sind Wirklichkeitsmodelle[3], ebenso wie sie Modellwirklichkeit[4]

[1] Etwa aus: "Ein Wort für die Seldschukken", cf. GW, I, p. 369: "In einem gewärmten seldschukkischen Hotel erwache ich im Dezember, starre auf den Stadtplan und brauche nicht auszugehen. Das kenne ich alles: Auf dem Planquadrat B3 die Ecke, um die der Zeitungsverkäufer biegt, der biegt für immer, daneben zwei grünliche Esel, die bleiben auch, grünlich und ungebunden, gehören zum Planquadrat. (...) Ich gebe zu, daß mich der Stadtplan von Konya zu Tränen rühren kann. Es ist einer der Orte, wo ich zum letzten Mal bin, war auch vorher nie dort, zur Rührung schon zwei Gründe."; ein Grund, verwundert zu sein: wie sehr in der weiten Welt Vertrautes wiedergefunden wird, beweisen die Esel von Konya, cf. dazu Ilse Aichingers Erzählung "Mein grüner Esel", aus "Eliza, Eliza", wiedergedruckt in: I.A., Nachricht vom Tage. Erzählungen, Ffm., 1970, p. 74ff., und die Bemerkungen dazu bei Friedrichs, l.c., p. 106ff.

[2] Etwa aus: "Verkehrsknoten gelöst", cf. GW, I, p. 343; "(...) noch erregt von den Abfahrtszeiten und wieder neue Erlebnisse, hingerissene kommunale Willkür, die Straßenbahnen im Nebel und schon bewegt mich ihre Linienführung, der ganze fremde Stadtplan, und die Lücken zwischen der Linie 5 und der Linie 23 füllen sich leicht, auch fährt zwischen zwölf und zwei kein Zug nach Lichtenfels, das ist aufregend. (...) Alles Institutionelle fügt sich harmonisch ineinander, es ist eine Linienführung darin, die einen etwa so ergreift wie auf Meßtischblättern die nicht eingezeichneten Bananenschalen. Ich habe Freunde, die das verstehen. (...)".-

[3] Etwa aus: "Wenig Reiselust", ibid., p. 341f.: "(...) Der Berg steht schon einige Tage vor meinem Fenster, auch verdächtig zweidimensional. Die Geologie läßt einen zweifeln - zweidimensional kann man nicht reisen - ein kräftiger Anstoß genügt und wir leben in der Ebene, (...) In der Ebene braucht man nicht zu schreiben, da breitet sich ohnehin alles aus, die Nachrichten und die Hohlmaße, alles sehr wichtig (...)"; dazu auch das sarkastisch Aufsteiger, Gipfelstürmer, Hochtrabende und alle, die Freiheit oben suchen, bedenkende "Alpinismus", ibid., p. 357, dort: "Unser Land (our country) wird durch Berge gerechtfertigt. Obwohl sie ein Unfug sind. Tausend Meter von der Talsohle, was ist das schon. Eine Viertelstunde zu Fuß, die zweite Dimension gibt die richtigen Maßstäbe, in die Höhe ist alles unordentlich."

[4] Etwa aus: "Atlanten", ibid., p. 337: "Ich schenke dir meinen Kranichatlas, ich schenke dir tönende Haarwäsche, etwas Neues, du kannst jeden Hit darauf einstellen. Auf den Vogelstraßen kannst du reisen. Unser Ort ist nicht eingezeichnet, versuch es trotzdem!"; der Text schließt: "Eigentlich rechne ich mit der Triasformation, da ist es klimatisch günstig, da sind die Atlanten längst ausgedruckt, da sind wir in unserm Glück."-

besitzen: "Alle Bilder haben Teil an der Wirklichkeit"[1]; diese
Realität des Zeichensystems macht nun oft eben die Dimensionalität aus, in welcher die Maulwürfe sich bewegen.[2]
Dadurch wird es möglich, auf die Fiktion zu verzichten, bei
diesen Unternehmungen würden räumliche Distanzen zurückgelegt;
mit der aktuellen Evokation von Eigennamen und Bezeichnungen,
die geographisch signifikant sind, wird gleichzeitig das vom
Zeichen Bedeutete präsent, und zwar in einer Weise, die sich
nicht mehr vom Kriterium der Tatsächlichkeit legitimieren lassen muß[3]; so kann im Extremfall eine real irreale Reiseroute
gewählt werden[4]; nicht die Dreidimensionalität des Raumes, sondern die Relationalität des supplementär eingesetzten Signals

---

[1] cf. GW, IV, p. 195; dazu dann aus "Wegbeschreibung", ibid.,
I, p. 383f.: "(...) Die Gefährten sind Topographen, ohne Mu-
ßestunden, sonst zeichneten sie erfundene Länder, meistens
Inseln, die kann man auf einem Blatt unterbringen. Oder
Stadtpläne mit sinnvollen Buslinien in grün. Dennoch gehen
sie jetzt oder deshalb barfuß, wollen die Verbindung zur
Wirklichkeit nicht ganz verlieren. Mit den Jahren ein ver-
stärktes Realitätsbedürfnis, Verlangen nach Höhenschichten,
das beobachtet man überall und könnte es positiv bewerten.
(...) Auch Topographen gehen mit der Zeit. Sie zeichnen
Kornblumen und erstarrte Füchse ein. Für alles neue Zeichen
und wiederum die Erklärungen rechts unten. Üblicher Maßstab
1 : 1. Die Welt wird aufregender, auch bunter, wieder ein
Plus.".-

[2] Etwa aus "Preisgünstig", ibid., p. 340: "Sonnabend um zwölf
proben die Sirenen. (...) Odysseus verzehrt sich vor Sehnsucht, guten Appetit. Alte Sonne da unten, alte Sonne. Vier-
zehn Tage Kreuzfahrt, alle Geburtsorte Homers. (...) Komm,
die Nachsaison. (...) nein, mit der Eisenbahn. Das ist das
sicherste. Auf einer Fensterscheibe, aller et retour. Gute
Andacht, grüß alle."-

[3] Etwa aus "Ode an meinen Ohrenarzt", ibid., p. 307: "Der
kleine Mann in meinem Ohr sagt: Fahre nach Madeira! Ich fahre nach Madeira. Alles ist so blau und weiß wie ichs mir
dachte. Er fragt: Siehst du rosa Mäuse? Ja, sage ich, tatsächlich. Und schon huschen sie durchs Zimmer, liebe, ziemlich große Tiere, sehr zutraulich, fast dressiert."-

[4] Etwa aus "Nördlicher Prospekt", ibid., p. 309: "(...) Lübeck, 120 Kilometer westlich von Rostock, 20 000 Kilometer
von Neuseeland, wenn man aber die Route durch den Erdmittel-
punkt wählt, nur 12 000. Man kann es, solchen Erfahrungen
zum Trotz, nicht fallen lassen. Ich bin ein Beispiel. Ich
stricke nicht, ich will keine Entschuldigung vorweisen, ich
bleibe bei meiner Liebe. Die Fahrpläne sind geändert, die
Hunde haben neue Generationen angesetzt, der Bahnhof ist
verlegt, ich brauche keinen Bahnhof, ich bleibe."-

bestimmt die Attraktionen solcher Touristik[1]; der lebenswirkli-
che Zeit-Raum ist im Spannungsfeld des Zeichens untergegangen;
Eich bietet sogar eine Reise an, bei welcher der Zeitfluß rever-
sibel wird[2]; ja, die Zeitdimension als solche ist keineswegs
mehr obligat[3]; Bilokationen werden möglich[4], abstruse, wider-

---

[1] Etwa aus "Anatolische Reise", cf. GW, I, p. 306: "Eßgeschirr,
bei uns auch Das Eßgeschirr genannt, eine Stadt in Anatolien,
mein Onkel war dort als Lehrer. Mein Onkel erzählte auch die
Anekdote vom Schnee auf Das Eßgeschirr. (...) Das Eßgeschirr
zerfällt in mehrere Teile, Suppenschüssel, tiefe Teller, flache Teller, Fleischplatte. Man fährt durch, wenn man durchaus nach Ankara will. - Ankaraville ist auch bemerkenswert.
In der Nähe graben die Hethiter. (...)"; - hier wird die phonetische Realisation von 'Eskişehir' (Name einer anatolischen
Stadt) zum Reiseanlaß genommen; cf. auch S. 65, Anm. 1.

[2] cf. aus "Verwandtschaft", ibid., p. 360: "(...) Die entscheidende Strecke liegt zwischen Tokyo und Honolulu. Wenn man
vormittags um zehn in Japan abfliegt, ist man um 23 Uhr des
vorhergehenden Tages auf Hawai."-

[3] Dadurch entsteht oft der Eindruck von Simultaneität, wie ihn
schon "Eine Karte im Atlas", cf. S. 141, Anm. 2, thematisier-
te; in dem Moment, da der Betrachter auf die Karte blickt,
spielen sich in einem anderen, damit inkohärenten, aber
gleichberechtigten Wirklichkeitsbezirk, der zufällig topographisch von der Atlaskarte präsentiert wird, Vorgänge ab von
unterschiedlichem, bisweilen erheblichem Zeitausmaß; hierher
gehört vielleicht auch Eichs Interesse fürs Phänomen der
Zeitdilatation, wie sie in der physikalischen Relativitäts-
theorie für Bewegungen mit annähernder Lichtgeschwindigkeit
postuliert wird, cf. dazu etwa aus "Ohne Symmetrie", GW, I,
p. 328: "Nachts beunruhigt einen die Entropie weniger. Weltläufig oder läufig, sagt man sich, es kommt auf dasselbe
heraus. Raumfahrer altern langsamer, auf die können wir
nicht mehr warten, die sind jetzt auf Alpha Centauri. (...)";
unter Eichs Notizen fand man: "Zeit und Licht sind Mitteilungen der nächsten Dimension", vielleicht 1970 geschrieben,
cf. ibid., IV, p. 307; Aichinger, die, vor allem in ihren Erzählungen, cf. nur etwa "Das Milchmädchen von St. Louis", in:
"Eliza, Eliza", l.c., p. 156ff., ähnlich solche Zeitnegation
durch simultane Präsentation von Ungleichzeitigem intendiert,
hat diese Zeitverfassung selber noch personifiziert, cf. I.A.,
Nachricht vom Tage, ibid., p. 137ff., dort: "Der Tag ist in
Rotterdam zu Hause. Dort wird er geboren, verbringt er seine
frühe Zeit (...) Um die zehnte Stunde lehnt er noch herum und
schwankt zwischen Valpariso und Kita, das ist in Senegal, dann
entscheidet er sich für Schwerin (...) Um vier ist er in Alas-
ka und beginnt um viertel nach vier von Ostasien zu träumen
(...)"-

[4] Etwa aus "Zweit", GW, I, p. 323: "(...) Auch das ewige Klima
von Nassau kann einen langweilen, man liegt im traurigen
Schnee und verliert sich in Meditationen über die Ölheizung."-

sinnige Odysseen[1], Reisen in, ein Eichwort zu gebrauchen, andere Sphären.[2]

Diesen Phänomenen wird man nicht dadurch gerecht, daß man sie einzig als Phantasieleistungen klassifiziert; die Sprache, bestehend aus Zeichen, läßt Relationen zu, die für das von ihr Bezeichnete (eine vorgestellte Objektwelt etwa) keine Gültigkeit haben müssen. Eich "nutzt die relative Stabilität des Zeichens, die Konvention der Zuordnung von Bezeichnendem und Bezeichnetem, um die Geltung der Zeichen zu verändern".[3]

Es ist das gegen alle Konvention neu zu entwerfende Bedeutungspotential des (sprachlichen) Zeichens, das die Denk- und Vorstellungsbewegungen - als Reisen in der Natur ausgegeben - zuläßt, welche ein Sprachgebrauch, der sich den vermeintlichen Verhältnissen zwischen materiellen Tatsächlichkeiten unterwirft, nicht mehr vermitteln könnte. Absurd wirken diese simulierten Reisen deshalb, weil ihre Mitteilbarkeit oft nur über sprachinterne Kategorien (Homophonie, Polysemie, etc.) Motivation erfahren und so funktionieren kann.[4]

Da es die Texte offensichtlich zu Bewegungen mit und in der Sprache (innerhalb ihrer Dimensionen) reizt, ist es - übernimmt man Eichs explizite Unifizierung von Künstlern (Schriftstellern) und Topographen[5] - bloß noch für die Akzentuierung der Ironie

---

[1] Etwa aus "Marktflecken", cf. GW, I, p. 331f.: "(...) So fahren wir ohne Gefährten und ohne Gefährt. Manche meinen, sie hätten uns, aber schon sind wir entschlüpft, unter See, unter die Nacht, unter die Personalpronomina. Da schauen wir hinaus, Igel und Siebenschläfer, freudig, verdrossen, zugeneigt, sehen Zäune und die Sandflöhe hinter den Kolonialwarenläden."-

[2] Etwa aus "Ries", ibid., p. 372f./ "(...) der Bahnhof gibt sich harmlos mit melodischen Signalen. Alle paar Stunden geht ein Zug in die Hölle, die Fahrpläne hängen aus und wir werden heimgenommen (...)".-

[3] cf. Sauder, l.c., p. 340f.

[4] Nur zum Beispiel aus "Wenig Reiselust", cf. GW, I, p. 341f.: "Es wird eine Reise rundum, ein Karussell, das Pferd ist aus Blech gestanzt."-

[5] Diese poetisch gegebene poetologische Definition, die sich pass. nachweisen läßt, cf. nur etwa aus "Das lange Laster", ibid., p. 340f., dort: "Wir zeichnen jetzt auch alles, und wenn Besuch kommt, legen wir nur die Zeichnungen vor und

erheblich, ob sie ihren Impuls beim Betrachten von Karten- oder
von literarischen Ansichten der Welt empfangen.[1] Vorrangig werden literarisch oder literarhistorisch relevante Stellen aufgesucht; die Maulwürfe unternehmen so Exkursionen in Sprach- und
Literaturlandschaften, die oft nur mühevoll als solche erkannt
werden können[2]; bisweilen nennen sie auch Reiseziele, die
schon in anderen Werken anderer Autoren empfohlen wurden, ohne
daß sie sich freilich ausdrücklich dazu bekennen würden[3]; in
die Maulwurftexte sind, wie es zuerst scheint, wahllos Ortsna-
men verstreut, die, neben ihrer topographischen Bedeutung, den
Leser auch recht penetrant seine literarische Bildung abfragen,

---

bleiben taubstumm. Auch die Siebenschläfer sind topographisch
festgelegt, es ist schon ein Atlas, selbst die Erdkrümmung
ist berücksichtigt.", geht wohl bis auf Überlegungen in Eichs
Vézelay-Rede, cf. GW, IV, p. 441f., zurück, wo er die "Gedichte" und die später wohl zugezählten Maulwürfe und Siebenschläfer als "trigonometrische Punkte" bezeichnet, "die in
einer unbekannten Fläche den Kurs markieren."-

[1] Eichs Abneigung gegen die falschen Übersetzungen, die falschen Bestandsaufnahmen von Wirklichkeit ist allenthalben erkennbar, vielleicht am deutlichsten im von ihm selbst nicht
veröffentlichten Gedicht "Kartographien", cf. ibid. I, p.
270: "Diese Welt,/ so einfach in Atlanten:/ Einbuchtungen,
Inseln,/ Braun, Grün und Blau,/ so scheint sie geordnet/ in
runden Städten,/ sorglos und ohne Tod.// Diese Welt, dieser
Winter,/ diese Schiffahrtslinien,/ wir wollen ihnen/ sorgfältig nachgehen./ Dort muß es sein./ Dort,/ eine Spur."-

[2] Etwa aus "Wegbeschreibung", ibid., p. 383f.: "(...) Hübscher
Nahblick 1 : 15. (...) Alle Motive sind vereint, eine Dis-
sertationslandschaft mit Ausblick auf Cleversulzbach und
Lauffen. (...)"; cf. dazu Oberhauser, l.c., p. 127, dort:
"Eduard Mörikes merkwürdige 'Verkleinerungs- und Verpup-
pungsphantasien' nachzuempfinden, ist kaum leichter als in
Cleversulzbach. Zwar sind nur noch Glockenturm, Taufstein
und Orgelgebäude des Mörike-Kirchleins erhalten, nicht weit
jedoch steht der breite Giebelbau des Pfarrhauses, in dem Mö-
rike von 1834 - 43 mit Mutter und Schwester lebte."; Lauffen,
Geburtsort Hölderlins.

[3] Der Geheimtip "Bougainville" etwa (in "Barock", ibid., p.
307f., und "Maison des foux", ibid., p. 354) geht wohl auf
Benn oder sogar auf Hölderlin zurück; cf. Gottfried Benn,
Gesammelte Werke (hg. von Dieter Wellershoff), Wiesbaden,
1969, etwa Bd. 1, p. 76f., "Orphische Zellen", 4. Strophe;
und: Friedrich Hölderlin, Sämtliche Werke ('Frankfurter Ausgabe', hg. von D.E. Sattler), Ffm., oJ. (=1975), Einleitung,
p. 93ff., "Kolomb", Lesetext, p. 111ff., 3. Strophe; Bougainville ist der Name eines französischen Entdeckungsreisenden,
nach dem eine Südseeinsel und eine dorther stammende Strauch-
pflanze benannt wurde.

so etwa mit der Nennung von Falun[1] oder von - und dies zu aller Verwirrung auch noch als Familienname ausgegeben - Minusio[2]

---

[1] cf. "Nördlicher Prospekt", GW, I, p. 309: "(...) bekomme Prospekte und Aufforderungen zur Andacht, aber war es Falun oder Gällivare oder (...)"; - könnte Anspielung sein auf die merkwürdigen Begebenheiten beim Bergwerksunglück von Falun, wie sie unter anderem E T A Hoffmanns Novelle, Die Bergwerke zu Falun, zugrundeliegen.

[2] cf. "Unsere Eidechse", ibid., p. 314f.: "(...) er schreibt mir eine Überweisung aus, weil er auf Menschen dressiert ist, Minusio heißt er und (...)"; - neben dem Wortgag (minus - Minusio, als Name für einen "Vierzig- bis Sechzig-Prozent-Doktor", dessen Patient, der Maulwurfsprecher, sich als "Berufstrinker" bezeichnet) vielleicht auch Anspielung aufs schweizerische Minusio (bei Locarno), wo George starb und begraben wurde; auch Bakunin hatte dort seine 'Villa'; Frau Aichinger erinnert sich bei Serke, l.c. S. 134, Anm. 1, Eich habe "Bakunin sehr geliebt.", cf. p. 98; der Journalist erfuhr sogar, cf. l.c., p. 100, Eich habe vor seinem Tod den Wunsch geäußert, die Urne mit seiner Asche möge auf dem Berner Friedhof, im Grabe des russischen Anarchisten, beigesetzt werden; in der "Huldigung an Bakunin", GW, I, p. 318, feiert der Sprecher den "Wiedererwerb der Grabstelle"; nach Angabe des Maulwurfs "Hausgenossen", ibid., p. 312f., arbeitete das Textsubjekt (Eich?) an einer "Bakunin-Biographie"; über Eichs Sympathien für den Anarchisten (Bakunins) informiert die Arbeit von Jakobsh, l.c., der seine Untersuchung, im Blick auf die Apollo-Figur des Maulwurfs "Ein Nachwort von König Midas", cf. GW, I, p. 338f., zusammenfaßt: "Bakunin for the poet Eich assumes the role oft the contemporary antithesis to established order and harmony - akin to what Nietzsche for his time represented by Dionysos. He is the patron saint of negation and revolution. He is an adequate embodiment of the modern frustrated idealist who realizes that his cause is doomed to failure, and yet is compelled to carry on. The raison d'être for these rebels can only be comprehended by reference to a given hierarchy or establishment, as traditionally represented by the figur of Apollo. (...)", cf. p. 45; die Reminiszenzen an Bakunin sind in den Maulwürfen entweder äußerst selten oder verdeckt; sollte etwa der oben erwähnten "Minusio"-Passage Verweischarakter zukommen, so müßte man schon interpolieren, Eich reflektiere hier auf Bakunins Verhältnis zum russischen Emigrantenschriftsteller Nikolaij Ogarjov, der in London, völlig dem Alkohol verfallen, lebte; cf. dazu Horst Bienek, Bakunin, eine Invention, München, 1970, p. 30: "Einer, der bis zuletzt zu ihm (sc. Bakunin; -MK) hält, ist Ogarjow. An ihn schreibt er oft. Aber Ogarjow antwortet ihm nur selten. Er säuft. B(akunin) rügt ihn mehrfach in seinen Briefen ('Alter Freund, trinke mit Maß!') und beklagt sich, daß er seine Briefe nicht bis zu Ende lese und daß er vergesse, seine Fragen zu beantworten."; am 2. November 1872 schickt Bakunin dem Landsmann "den Entwurf einer Erklärung" (vielleicht Eichs "Überweisung"?), die seine Unschuld in einem von Marx angestrengten "verleumderischen Prozeß" beweisen soll, cf. Michail Bakunin, Gott und der Staat und andere Schriften (hg. von Susanne Hillmann), Reinbek bei Hamburg, 1969, p. 224f.

oder von Wessobrunn[1]; kaum ist die Rede von einigen Flüssen,
so wird schon Joyce assoziiert[2], dann wiederum tauchen Ortsna-
men auf, die für Eichs eigene Schriftstellerbiographie Signal-
wirkung besitzen dürften.[3]

Eich illustriert aber nicht nur mit dieser Art simulierter Reisen einen wesentlichen Charakterzug der Maulwurfsprache (assoziative Sprünge im Lexikon, die sich einer rationalen und tat-
sachenorientierten Logik entziehen), er scheint auch bewußt die
in der modernen Literatur häufig anzutreffende Analogiebildung
von reisen und schreiben aufzugreifen und sie maulwurfgenuin zu
spezifizieren; sein Atlas erstellt so nicht bloß eine allegorische Geographie der Welt, in welcher der Literatur(geschichte)
ausgedehnte Regionen zugehören, das Schreiben selbst stellt sich
vor als einen Typus von Weltentdeckung, -eroberung; einem einzigen Sprachbild, das solche Entsprechung[4] andeutet, soll nun

---

1) cf. "Zaubersprüche", GW, I, p. 351: "(...) später auch andere Städte, Wessobrunn, was freilich ein Dorf ist. (...)"; in
   Verbindung mit expliziter Allusion und Zitierung der Merse-
   burger Zaubersprüche deutlich Referenz auf das 'Wessobrunner
   Gebet', ahd. Schöpfungsgedicht aus lateinischer Sammelhand-
   schrift, ca. Ende des 8. Jahrhunderts.

2) cf. "Begrüßung", ibid., p. 329f.: "(...) Die Spree und die
   Isar nehmen vieles auf. - Nun will ich die Stimme von Joyce
   hören und das rollende r. Die Flußnamen ähneln sich. (...)";
   wohl Anspielung besonders auf den Anfang von "Anna Livia
   Plurabelle", dem letzten Kapitel in James Joyce, Finnegans
   Wake, London (Faber & Faber), 1960, p. 196ff.; an diesem
   frappanten Fragment der Weltliteratur hat sich auch Eichs
   Freund Hildesheimer, cf. l.c., p. 10ff., als Übersetzer versucht; übrigens soll es tatsächlich eine von Joyce besproche-
   ne Schallplatte geben.

3) Etwa aus "Exkurs über die Milz", cf. GW, I, p. 372: "Kyoto
   und Vézelay"; 1962 unternahm Eich eine Lesereise nach Indien,
   Japan (u.a. Kyoto), Kanada und den USA;. cf. auch "Ryoanji",
   ibid., p. 169ff., und den Gedichtbandtitel "Anlässe und Steingärten"; in Vézelay, auf einer deutsch-französischen Autoren-
   tagung, hielt Eich 1956 die Rede "Der Schriftsteller vor der
   Realität"; aber auch Reminiszenzen an andere Reisen und Aus-
   landsaufenthalte (etwa: Portugal, 1955, Afrika, 1965) sind in
   Eichs (übrigens auch in Aichingers) Werken passim zu finden;
   ebenso an seine Studienzeit in Berlin 1928/9, cf. etwa: "Ins
   Allgemeine", ibid., p. 304f.

4) Diese Metaphorisierung wird durch den Sprachfundus unterstützt, der schon zahlreiche Wörter und Wendungen anbietet,
   welche sowohl konkrete Ortsbestimmung und -veränderung bezeichnen, als auch für Bewegungen (!) im übertragenen Sinne
   (im Denken, im Sprechen) Anwendung finden können; die Vor-

noch kurz nachgegangen werden.

Im von Eich selbst nicht veröffentlichten Maulwurf "Jesus Maria
dos Santos Martis da Silva"[1] heißt es, mit auffallend textähn-
licher Bezugnahme auf die Lyrik[2]: "(...) da Silva stieg die
Treppe hinab, die er bis vor kurzem für eisern gehalten hatte.
Er klopfte an die Kapitänskajüte, aber es gab nur ein Rascheln.
'Kapitän', rief er, 'das Schiff ist aus Papier.' 'Jesus Maria
dos Santos Martis da Silva', antwortete der Kapitän und trat
durch die Papiertür, die mit dem entsprechenden Geräusch zer-
riß, 'ich habe immer schon das Gefühl gehabt, daß hier etwas
nicht stimmt. Es ist unglaublich, was einem die Reedereien bisweilen an Schiffen unterschieben. Wo ist der Offizier?' 'Beim
zweiten', erwiderte Jesus Maria dos (...)".[3]

---

stellung vom Denken und die vom Gehen bilden sich als semantische Korrelation; "(...) Die Übertretung bestätigt das Gesetz. Da wären wir, wohin wir nicht wollten. - Ich wollte
ins Gras. (...) Wir treten einen Augenblick auf der Stelle
und wagen die Vermutung, daß Sünden zum Ebenbild gehören, zur
Bestätigung. - Weiter im Gras. Es hat tagelang geregnet (...)",
aus "Hohes Gras", GW, I, p. 366f.

[1] cf. GW, I, p. 394.

[2] cf. "Ein Seestück", ibid., p. 194: "Was ist mit dem Kurs, Kapitän?/ Wir sind auf ein Schiff gekommen,/ das aus Papier gefaltet ist,/ ein Blatt aus dem Rechenheft/ der Marie-Therese
dall'Armi./ Drei Kilo Pfirsiche/ mit Brutto, Netto und Tara,/
Kurs auf die schwarzen Zöpfe,/ rechne es aus, Kapitän!//";
Müller-Hanpft merkt an, ibid., p. 419: "Älterer Titel 'Ein
zweites Seestück' (Bezug auf Rimbauds Gedicht 'Marine'?).";
cf. auch "Ryoanji", ibid., p. 169ff., dort: "(...)/ vielleicht gäbe es/ Papierschiffe auf dem Kamo,/ aus Bittschriften gefaltet,/ das wärs,/ anvertraut der einflußlosen/ viel
besungenen Pfütze,/ ankern sie und warten/ auf den Untergang
der Bittsteller/ und abschließende Vermerke.// (...)"; - "Ryoanji" heißt der Steingarten, "Kamo"(gawa) der Fluß von Kyoto; auch wenn man die "vielbesungene Pfütze" (Schmähwort wohl
fürs Meer) nicht unbedingt auf Rimbauds "flache", cf. Arthur
Rimbaud, Sämtliche Dichtungen (mit deutscher Übertragung von
Walther Kückler), Heidelberg, 1965, p. 132ff., "Le Bateau
ivre", vorletzte Strophe, beziehen will, dürfte die Symbolik
Schiff als Dichtung, wie sie die französischen Symbolisten
(auch Baudelaire?, vielleicht auch portugisische Vorlagen,
cf. Maulwurfkontext,?) benutzten, unterstellt werden; deutlich auch, daß Eich hier skeptische Haltung ("Rechenheft",
"Bittschriften", einflußlos) einnimmt; zur Marie-Therese (?),
cf. auch: "Abschweifung in einem Gespräch über den Aorist",
GW, I, p. 388, wo ihrer als der "Erfinderin der Petersil-
mühle" gedacht wird.

[3] Hingewiesen sei nur auf die Spielmöglichkeiten: "eisern", aus
Eisen, eisern handeln, etc., "Reedereien", Redereien, etc.

Im Textfortgang wird dann deutlich, daß dieser absurde Dialog
dem (Wunsch)Traum eines unverkauften Sklaven (namens Jesus Maria...[1]) entstammt, der auf dem Schiff "'Marie-Thérèse' zwischen Hadramaut und der Somaliküste unterwegs war"; das Bild
vom Papierschiff (neben dem häufigeren des untergegangenen
Schiffs, des Wracks) legt, liest man die angeführten drei Text-
versionen zusammen, die Vermutung nahe, mit dem Hinweis auf den
gefährdeten, ja dem Untergang bestimmten Transport (auf Papier)
werde auch die Frage nach der Belastbarkeit von (vor allem wohl
literarischer) Sprache, die sich eben dieses Vehikels bedient,
aufgeworfen; der Gedanke des ungesicherten Übersetzens deutet
die zur Resignation driftende Sprachskepsis an, deretwegen Eich
die Maulwürfe auf ihre Reisen schicken wollte; die Sprache, die
Verbindung herstellen sollte (Schiffmetapher), trägt das, was
sie als Bedeutung transportieren will, nicht mehr; der Maulwurf
endet: "Er konnte nur erzählen und nur auf Portugiesisch, das
verstand niemand auf der 'Marie-Thérèse'."-
Die poetischen Implikationen des hier gesammelten Materials zum
Textsujet 'Reise' lassen sich zusammenfassen und wie folgt bestimmen: die Bewegungen, welche die Maulwürfe unternehmen, sind
nicht primär fingierte Reisen auf dem Globus[2]; sie simulieren
solche Fiktionen eher, indem sie sich realiter in den Bezirken
verschiedener Bedeutungsmuster (Zeichensysteme, von der Land-
karte bis zu diversen Einzelliteraturen) tummeln; dadurch entsteht eine partielle Aufhebung der intentional genutzten Fiktion, die im Lektüreverlauf selbst wieder als fiktionale Setzung
wahrgenommen wird; die Stellen, die von den Texten aufgesucht

---

[1] Wie der bei der Schiffmetapher variiert wiederkehrende Name
der "Marie-Thérèse" ist wohl auch dieser, wie mit einem
Fluch oder himmelwärts gerichteten Seufzer beginnende Name
des Portugiesen dem Leser kein Begriff; er wird es aber auch
nicht, wenn man ihn aufs Hörspiel "Der letzte Tag", cf. GW,
III, p. 851ff., verweist, wo schon einmal ein Da Silva den
Posten eines Matrosen innehatte..

[2] cf. Eichs Statement "Verspätung", ibid., I, p. 165: "Da bin
ich gewesen/ und da,/ hätte auch/ dorthin fahren können/
oder zuhaus bleiben.// Ohne aus dem Haus zu gehen,/ kannst
du die Welt erkennen./ Laotse begegnete mir/ früher als
Marx./ Aber eine/ gesellschaftliche Hieroglyphe/ erreichte
mich im linken Augenblick,/ der rechte war schon vorbei.";
cf. zum gesamten Motivkomplex auch das "Botschaften"-Gedicht
"Reise", ibid., p. 92.

werden, sind selbst schon Positionen innerhalb solcher vorgefundenen Systeme, Elemente sekundärer Strukturen; die dazu nötige Mobilität verdanken die Maulwürfe der Flexibilität ihrer
Sprache[1], die sich an die konventionell wirkenden (das heißt
pragmatisch fixierten) Zeichenrelationen nicht bindet; insofern
findet Eich in diesem Sujet einen die Logik der Maulwurfsprache
adäquat wiedergebenden Ausdruck, der es ihm erlaubt, selbst
eigene Sprachreflexionen, die für sein Literaturverständnis
konstitutiv sein mögen, ins Sujet einzubeziehen ("Jesus Maria
dos Santos Martis da Silva"); die so von den Texten realisierte
potenzierte Fiktion läßt zu, daß die Verfassung der Maulwurfsprache in ihren Mitteilungen selbst wiedererscheint (nämlich
etwa im Sujet 'Reise' als die Verfassung einer chaotischen, po-
lyvalenten, erst noch jede Orientierung herausfordernden Topo-
graphie/Geographie); sie verdoppelt sich, indem sie sich zum
Gegenstand der Texte objektiviert, und findet somit Gelegenheit,
sich auf sich zu beziehen.

Die Maulwurfsprache ist Metasprache nicht nur, weil sie keine
Objektsprache ist (negative Bestimmung), sondern auch, weil sie
diesen Charakter, Metasprache zu sein, in ihren Informationen
abbildet (positive Bestimmung); in dem Sinne, wie Metasprache
sich der Sprachlichkeit ihres Vollzugs bewußt werden kann, wird
die Maulwurfsprache sich ihrer Metasprachlichkeit bewußt; sie
ist nicht mehr bloß Sprache aus zweiter Hand, sondern Sprache,
die sich als Sprache aus zweiter Hand versteht.

Eich macht auf diese Weise plausibel, daß die Zeichenverwendung
der Sprache in seiner Literatur keine unmittelbare Bezugnahme
auf Dingwirklichkeit realisiert. Das die Aussage konstituieren-
de Zeichen ist nicht ein unschuldiges Instrument einer durch es
etwa nicht beeinflußten Wirklichkeitserfahrung oder poetischen
Wahrheitssuche an der Realität. Die Wörter im Maulwurfsatz haben ihre oft dunkle Vergangenheit, und die ist nicht identisch

---

[1] Dies aber getreu der Devise aus "Schlaflosigkeit", cf. GW, I,
p. 393, wo es heißt: "Der Schreibtisch ist der Ort, wo sich
die Welt entscheidet."; cf. dazu auch: "Schreibend kommt man
dahin, wohin man nicht will.", aus "Bei der Betrachtung von
Schillers Feder", ibid., p. 381f., und andere gleichsinnige
Maulwurfpassagen.

noch äquivalent mit ihrem offiziösen Ruf, ihrer konventionell
für neutral gehaltenen Funktion, die Dinge der Welt in die Welt
des Bewußtseins zu modulieren; Eich sucht für diese in spezifi-
scher Kondition vorgefundenen Zeichen eine Sprache, wie der natürliche Sprecher Zeichen aus einer vorgefundenen Sprache für
die ihm nennenswert erscheinenden Dinge und Vorgänge sucht.
Während sich die jeweiligen Fiktionen der Maulwurfrede in ihrer
Potenzierung zugleich aufheben, widerfährt dem mit dieser Prozedur strapazierten Zeichen eine ebenso einschneidende Verwandlung. Es ist nicht mehr nur mediales Vehikel in der sich austau-
schenden Relation zwischen Welt und Bewußtsein, sondern es entäußert seine ihm inhärente Bezüglichkeit an die Relata der damit neu generierten Relation: zwischen dem Zeichen in seiner
Verwendung und dem dadurch Bezeichneten, das sich als anderswo
anders verwendetes Zeichen entpuppt, changiert die Maulwurfsprache zu einer ihrer selbst bewußt werdenden Metasprache, deren je aktualisierte Kommunikationsimpulse ständig neue Bedeu-
tungshorizonte freisetzen.

8.

Nachdem die bisherigen Erörterungen, insbesondere die geleiste-
ten Bearbeitungen einzelner Maulwurftexte, die Lektüre für die
Einsicht in die (je spezifische) Organisation der Stücke sensi-
bilisieren sollte, versucht die jetzt folgende Konzentration,
die Kenntnis des thematischen Problembereichs, dem sich diese
Prosa widmet, zu erweitern. Das vom Maulwurfdiskurs literarisch
exponierte Bewußtsein könnte so über seinen textgewordenen Vollzug hinaus auch auf seine konstitutiven Ideologeme befragt werden. Dabei ist nicht zu hoffen, daß ein in sich stimmiges, in
der sekundären Darstellung zur Ruhe zu bringendes Weltbild der
uneindeutig zu Wort kommenden Maulwurfreflexionen vollständig
sich rekonstruieren lasse; im Gegenteil fördert die schon diagnostizierte Scheu, welche die Maulwürfe vor stabilen und sta-
bilisierenden Ideologien entwickelt haben, die Erwartung, daß
ihre eigenen intellektuellen Prozeduren sich eher einem an diversen Objekten auf diverse Weise veranlaßten Skeptizismus oder

gar Agnostizismus verdanken, der ihnen den luxuriösen Zweifel
gestattet, die Welt nicht für fertig und die Humanität in ihr
nicht für überflüssig zu halten.

Hatten die bereits veranstalteten Untersuchungen also verstärkt
die Textkonstruktion zu prüfen, um die reflektorische Potenz
des Maulwurfbewußtseins freizulegen, so gilt jetzt das vornehm-
liche Interesse dem Gegenstand, an welchem sich dieses Bewußtsein entzündet und abarbeitet und so zu sich selbst kommt. Daher ist zur Analyse ein solcher Text auszuwählen, dessen Bedeu-
tungsbezirke sich nicht primär über verborgene oder nicht vom
Text her garantierte Bezugnahmen und Anspielungen bilden, ebenso wie er nicht in der Hypostasierung der eigenen Strukturiertheit aufgehen sollte; besonders günstig wäre ein Text, der mit
dem Leser über basale Probleme der Maulwurferkenntnis diskutier-
te, um ihm so Gründe und Argumente vorzustellen, weswegen das
Maulwurfdenken so verfährt wie es verfährt und weswegen es sich
dazu einer Sprache bedient, die ihre Aussagen bewußt gegen mögliche Einwände einer rationalen Vernunftkritik nicht wappnet;
insofern wäre an diesem Ort im Textareal auch eine zurückwir-
kende Motivation für die gesteigerte Fiktionalität und die kontrakonventionelle Zeichenverwendung des Maulwurfdiskurses zu er-
warten, die zumindest maulwurfimmanent die poetologische Legitimation dieser bisher eruierten Textphänomene zu bewirken hätte.

In der Hoffnung, unter der artenreichen Gattung dieser Texte
einen Maulwurf, der die gewünschten Eigenschaften hinreichend
aufweist, gefunden zu haben, soll die Textanalyse nun also das
Zusammenwirken seiner thematischen Partikel zu beschreiben versuchen.

Farbenblind

Die Welt, früher flaschengrün, ist heute violett. Ich weiß die
Bedeutung der Farben nicht und auf die Wirkung muß man zu
lange warten. Der Erkenntniswert ist gleich plus minus null.
Eine Aschenwolke, - wie war die Farbe gleich - adieu ihr Lieben, möge euch der Wind leicht sein. Efeugrün, Asternviolett,
aber die Deutung ist unerheblich, Raum für individuelle Augenfehler, die Automatismen der Wirklichkeit sind in ein paar
Farben nicht zu übersetzen, der Regenbogen hat auch zu wenig.
Aschenwolken stehlen uns die Zeit, das Interesse für Gestorbene
läßt sich verschieben. Eine Tombola muß her. Wir hätten Skelette zu verlosen. Tombola und Skelettierung können zu jeder
Farbe stattfinden.
Ist das Glück zu teuer? Ein Währungsproblem und jeder schwört

auf seine monetäre Einheit. Farben ohne IG sind schlecht im   15
Kurs, man soll nicht zuviel darauf geben und dafür. Aber gerade waren wir dabei, das Einverständnis zu kündigen, da
kommt dieses Violett in alles und in die Dauer, die Zumutung
des Lebens wird nicht mehr bemerkt, die Zumutung des Sterbens erbittert nur wenige.   20
Ihr Freunde in den Aschenwolken, wir wollen uns neu entwerfen.

Der Text[1] scheint schon nach wenigen Lesedurchgängen evident;
er wirkt weder hermetisch, noch mutet er dem Leser, wie so viele andere Maulwürfe, änigmatische Referenzen zu, die dieser
erst in umständlichen Recherchen zu überprüfen hätte; an semantische Inkontinuität längst gewöhnt, erkennt der in seiner Lektüreerfahrung fortgeschrittene Maulwurfrezipient schon bald das
alle Unruhe der Textoberfläche durchscheinende mutmaßliche Thema: der Maulwurf hat sich, weswegen auch immer, offensichtlich
zur Aufgabe gestellt, über optische Wahrnehmungen seines selbst
nur undeutlich wahrnehmbaren Textsubjektes zu reflektieren, als
gälte es ihm, eine private Farbentheorie zu entwerfen; dies,
nicht zuletzt weil er in notorisch gedankenflüchtiger Manier ab-
schweift, scheint ihm nicht recht zu gelingen, womit dann auch
die den Defekt im Versuch schon ankündigende Titelvokabel semantisch eingegliedert wäre; angeregt und gewarnt aber von der mit

---

[1] cf. GW, I, p. 365; der Zeilensatz ist von dort übernommen,
weswegen der Absatz nach Zeile vier nicht zu erkennen ist;
eine 1. Fassung, ibid., p. 438f., auf den 17./18.11.'69 datiert, sei zum bequemeren Vergleich angemerkt:
Die Welt kam mir früher flaschengrün vor, jetzt violett. Ich
weiß die Bedeutung der Farben nicht und auf die Wirkung muß
man zu lange warten. Der Erkenntniswert ist gleich plus minus
null. Ich würde trotzdem sagen, sie ändert sich aufs Unmenschliche hin, aber das haben wir schon gehabt, niemand bemerkt
die Verfärbung und sie kann ein Augenfehler sein./ Friedhöfe
stehlen uns die Zeit. Die Toten vermehren sich immer noch
schneller als die Lebenden, wir kommen nicht nach. Eine
Aschenwolke, adieu ihr Lieben, möge euch der Wind leicht sein.
Efeugrün, Asternviolett, aber die Deutung ist unerheblich.
Raum für individuelle Entfaltung. Die Automatismen der Wirklichkeit sind in ein paar Farben nicht zu übersetzen. Der Regenbogen ist unvollständig, das stillt den Hunger nicht. Wir
gehen zur Tombola, einige Skelette wurden verlost. Tombola
und Veränderung finden bei jeder Farbe statt. Ist das Glück
zu teuer? Ein Währungsproblem, und jeder schwört auf seine
monetäre Einheit. Farben ohne IG sind schlecht im Kurs und
ich gebe zu, daß man nicht zuviel darauf geben soll und dafür.
Aber gerade waren wir dabei, das Einverständnis zu kündigen,
da kommt dieses Violett in alles und in die Dauer, die Zumutung des Sterbens wird nicht bemerkt, die Zumutung des Lebens
erbittert nur wenige. Ihr Freunde in den Aschenwolken, wir
wollen uns neu entwerfen.

Königer geteilten Vermutung, daß die Maulwürfe "weniger 'elitäre' als umfassend schwierige Texte"[1] seien, soll auch diesem Stück eine weiter nachfragende Anteilnahme nicht ganz erspart bleiben.

"Farbenblind" wäre kein Maulwurf, wenn nicht auch bei diesem Text der an ästhetischen Formen interessierte Leser fündig würde; da sich aber eigenständig die ausführlich besonders an "Telefonisch" und an "Schlüsselfigur" eingeübten Analysetechniken prinzipiell wiederholen ließen, soll hier, gemäß dem angekündigten Erkenntnisinteresse, die formale Textkonstruktion nicht in extenso untersucht werden; die phonetisch/morphemisch signifikanten Textelemente sind überdies leicht zu erkennen ebenso wie die vor allem durch hier sparsame Wortrepetition den Maulwurf bestimmende Struktur, womit sich diese spezifische Organisation der Echos, die ja motivisch-thematische Identität suggeriert, aber nicht garantiert, als ein wohl invariantes Moment der Maulwurfkondition herausgebildet hat.[2]

Auch aus dem Vergleich mit der früheren Version sollen nur wenige markante Beobachtungen festgehalten werden; neben der in der Druckfassung stärker gliedernden Aufteilung des Textes in vier Absätze ist insbesondere die Tilgung explizit gegebener Vorstellungen (wie: das "Unmenschliche", "Friedhöfe", "die Lebenden", "Hunger", aber auch die wohl als redundant gewertete "Verfärbung") nicht zu übersehen; ebenso hat Eichs Textkorrektur für stilistische Straffung gesorgt, was die Funktion des einzelnen Zeichens, assoziative Impulse auszulösen, erhöht; offensichtlich verzichtbare Relativierungen der Aussage (wie: "kam mir ... vor", "Ich würde trotzdem sagen", "ich gebe zu, daß ...") sind aus dem Text verbannt worden; auch sind letzte Relikte eines narrativen Sprachgestus ("Die Toten vermehren sich immer noch schneller als...", "wir kommen nicht nach.", "Wir ge-

---

1) cf. Königer, l.c., p. 145.

2) Hingewiesen sei nur noch auf die musikalisch sehr wirksame Führung der Spiranten und Spirantenverbindungen zu Anfang und Ende des Textes, wobei die stimmhaften und stimmlosen Elemente der Kette unregelmäßig wechseln, auf die vokalische Symmetrie im Term "früher flaschengrün", auf die Drängung dreier betonbarer "au"-Diphthonge (Z. 7/8), auf den wie zufällig gesetzten Reim von "flaschen-grün" und "Aschen-wolke", auf die verschieden große Spannungsbögen markierenden Duplikate im Vokabular, etc.

hen zur Tombola, einige Skelette wurden verlost.") in der Endfassung gelöscht, was ihr einen thetischen, apodiktischen Charakter verleiht. Auch die positionelle Vertauschung der Terme
"Zumutung des Lebens" und "Zumutung des Sterbens" dürfte für
die Einschätzung des Maulwurfs und seiner argumentativen Stringenz nicht unerheblich sein.

Das Vokabular der Druckfassung endlich zeigt auch durchaus keine ungebräuchlichen oder ungebräuchlich verwendeten Elemente;
selbst die Farbbezeichnung "flaschengrün" (Z. 2) steht, lexika-
lisch genormt, für 'kräftig dunkelgrün' ein; was es mit dem
Wortspiel "Farben ohne IG" (Z. 15) auf sich hat, weiß man oder
kann man erfahren, schon wenn man die Notierung der Aktienkurse
in der Presse verfolgt; unter "Skelettierung" (Z. 12) muß vermutlich die Bloßlegung des Skeletts verstanden werden; einzig
"Aschenwolke(n)" (Z. 5, Z. 10, Z. 21) mag, hätte nicht Goethe
selbst dieses Wort schon zu verwenden gewußt[1], als Neologismus
empfunden werden, der sich dann über das textexterne, durch "Regenbogen" (Z. 9) aber motivierte 'Aschenregen' herleiten würde,
womit die Wörterbücher den Niederschlag von vulkanischer, seit
neuerem auch von radioaktiver Asche vermerken.

Auch die vordergründige Thematik des Textes, der Farbigkeit des
Gegenständlichen nachzusinnen, ist keine für die Maulwürfe unge-
wöhnliche Beschäftigung[2]; sie erklärt sich wohl aus der Fähig-

---

[1] Tatsächlich begegnete diese Vokabel nur im Grimmschen Wörterbuch als "ausgeworfene aschenmasse"; der Verweis auf eine
"Göthe"-Stelle läßt sich dann an der "Italiänischen Reise II"
verifizieren; unter "Neapel, den 6. März 1787" ist notiert:
"(...) Steine, größere und kleinere, zu Tausenden, in die
Luft geschleudert, von Aschenwolken eingehüllt.", cf. Goethes Werke, hg. im Auftrag der Großherzogin Sophie von Sach-
sen, Weimar, 1904, 31. Bd., p. 29.

[2] Anstatt zahlreiche Belegstellen für das Farbeninteresse der
Maulwürfe zu sammeln, sei auf die schon angemerkten Textpassagen verwiesen; man erinnere sich nur der lila Kalauer, der
rosa Mäuse, der infraroten Zeitungsstände; zwei Texte müssen
aber, ihrer thematischen Korrespondenz wegen, auszugsweise
zitiert werden, wobei die Berührungen bis in die Formulierungen zu bemerken sind; cf. "Gelb", als unveröffentlichter
Maulwurf GW, I, p. 381, dort: "Bei Schiller kommt das Wort
gelb nicht vor. Ich habe es nicht nachgeprüft, glaube es aber
gern. Obwohl er doch offenbar Zitronen kannte. Auch gab es
gelbe Vorhänge, Äpfel und Nuancen von Sonnenuntergang. Was
hat ihn bewogen, was hat ihn nicht bewogen?/ (...) Gelb ist
eine schöne Farbe. Jede Farbe ist schön, wenn man bedenkt,
wie wenige es gibt. Infrarot und Ultraviolett sind uns ver-

keit ihres Autors, darüber zu staunen, daß auch die Akzidenzien
der Dinge diesen keine rechte Ordnung verleihen wollen[1]; der
angestrengte Versuch, die Wirklichkeit von ihrer Wahrnehmung
her zu begreifen, treibt ab in eine Flucht weiterer Fragen, die
sich dann nicht mehr mit der (auch) transzendentalen Ästhetik
kantischer Provenienz beruhigen lassen; deshalb mißrät dem Textsubjekt das lyrische Lob auf die Mannigfaltigkeit des sinnlich
erfahrbaren Daseins, obwohl es doch über nicht wenige obligate
Realien einer romantisierenden Naturauffassung sprachlich zu
verfügen scheint: neben den Farben, die ja schon gegen ein allzu tristes Einerlei sprechen, ist immerhin die Ausstattung der
Natur mit klimatischen und floristischen Attributen anerkannt;
da gibt es den immergrünen "Efeu-" (Z. 6), dessen Blätter übrigens
gens auch gelb sein können, Blühendes wie "Astern-" (Z. 6), die
in violett und in vielen anderen Farben prangen, da gibt es die
"-wolke(n)" (Z. 5, etc.) und den "Wind" (Z. 6) und den "Regenbogen" (Z. 9)[2], und da gibt es die "Lieben" (Z. 5/6) und die

---

schlossen, auch sie kommen bei Schiller nicht vor. Wahrscheinlich hielt er auf Nuancen, Mischungen, Gegenüberstel-
lungen. Verständlich, es ist einfach ein Stilprinzip. Oder
ein Zufall, das möchten wir ungern zugeben. Eigentlich muß
alles eine tiefere Bedeutung haben. Hier heißt es: Er starb,
bevor er das Wort gelb benutzen konnte."; und aus "Carstensen", ibid., p. 363f.: "Am Nachmittag will jemand kommen,
der auf Kämmen bläst. Vielleicht kann man etwas lernen, nur
nicht zu früh aufgeben, Zeit ist immer genug. Die Flaschen-
scherben im Schnee sind grün, freilich bleibt die Frage: Wer
käme, wenn sie blau wären? Grün läßt eins ins andere greifen,
die Farbe in die Kämme, den Jemand in den Schnee, gestern gab
es noch Freiheiten, aber nachts warf einer eine Schnapsflasche aus dem Fenster./ (...) Heute nachmittag kommt jemand,
der ist unabwendbar, sieh dir die grünen Scherben an. Ich
finde sie schön, ich finde alles schön, vielleicht ist es
meine Natur oder es ist nur heute, aber heute ist es. Welche
Farbe haben die Kämme? Klingen die Lieder verschieden auf
gelb grün violett? Ich möchte sie secco (Vermutlich gelb).";
auffallend ist auch der motivische Gleichklang im Assoziationsgeflecht, etwa: Farbe - Kunst ("Stilprinzip"/"Lieder")
- Schönheit - "tiefere Bedeutung"/"bleibt die Frage" - Zeit/
Veränderung - Tod ("Er starb"/"der ist unabwendbar") - etc.

[1] In der Vézelay-Rede schon bezweifelt Eich, "daß wir wissen,
was Wirklichkeit ist.", weil "Wir wissen, daß es Farben gibt,
die wir nicht sehen, daß es Töne gibt, die wir nicht hören.
Unsere Sinne sind fragwürdig; und ich muß annehmen, daß auch
das Gehirn fragwürdig ist.", cf. GW, IV, p. 441.

[2] Auch in der "Aster-" (Z. 6), deren Name sich vom griechischen
Wort für Stern herleitet, mag man versteckt ein weiteres Himmelszeichen des Maulwurfs erkennen.

"Freunde" (Z. 21) und "das Glück" (Z. 14).

Trotz dieses verlockenden Angebots muß im Maulwurf "Die Welt" (Z. 2) ungeschminkt Farbe bekennen; es geht hier nicht mehr um das kolorierte Einzelne, sondern um die Farbe des Ganzen; die aber, und daß es sie wechselt, wird vom Maulwurfsprecher noch mit sinnlicher Gewißheit identifiziert: "früher flaschengrün, (...) heute violett." (Z. 2); überhaupt scheint das Textsubjekt nicht eigentlich "Farbenblind" (Z. 1), es wagt sogar Feinbestimmungen "Efeugrün, Asternviolett" (Z. 6) und erkennt später "dieses Violett" (Z. 18) wieder; was der Sprecher aber weiß, daß er es nicht weiß, ist "die Bedeutung der Farben" (Z. 2/3); und mit diesem Unwissen handelt er sich offensichtlich das ganze Ensemble schwer lösbarer Fragen ein, die der Maulwurf nun in seinem Reflexionsgang assoziieren läßt.

Dabei wird es dem "Ich" (Z. 2, und dann nicht wieder) des Textes zum Verhängnis, daß es seine Farbwahrnehmung offenbar nicht an bestimmte, Bedeutung verbürgende (Zeichen)Systeme (wie etwa: Atlanten, Verkehrswesen, Liturgien, etc.), die über konventionell definierte Signale funktionieren, binden kann; bestenfalls dem Leser, nicht aber dem Maulwurfsprecher helfen solche speziellen Formen der Farbsymbolik, die Welt zu erklären; seine gegen alle Weisheit des Pragmatismus gestellte Frage nach der Bedeutung der Farbe, in der sich die Welt offenbart, beantwortet sich nicht mit dem Hinweis, Grün etwa als die Farbe des Propheten[1] oder als ein Zeichen für Wachstum und Fruchtbarkeit oder als Symbol der Hoffnung nehmen zu können; Violett bezeichnet ihm nicht, wie etwa der römisch-katholischen Kirche, das Symbol für Demut und Buße; die eingestandene Unfähigkeit, Farben an sich ihrer Bedeutung nach zu erkennen, konfrontiert den sprechenden Protagonisten mit erkenntnistheoretischen Aporien, die sich in der geistesgeschichtlichen Entwicklung abendländischen Denkens in jahrhundertelanger Diskussion erhalten haben.

---

[1] cf. aus "Nach Bamako", GW, I, p. 320f.: "(...) er wischt sich die Augen mit einem grünen Tuch. Es ist die Grasfarbe und die Farbe des Propheten. (...)"; hier nimmt der Maulwurf - wie auch passim - solche farbsymbolische Deutung selbst vor, ohne daß sie dadurch schon zum Reflexionsgegenstand des Textes erhoben würde.

Das Textsubjekt stellt sich also in einer quasi-metaphysischen
Fragehaltung vor und der Leser ist eingeladen, den dabei vorbei-
driftenden Assoziationen im einzelnen nachzudenken. Schon im
zweiten Textsatz werden die Farben nicht mehr als ein physisch
Gegebenes betrachtet, sondern als ein mit bestimmten Intentionen produziertes Werk genommen, das wie eine sinnhaltige Nachricht rezipiert werden muß; da die "Bedeutung" dieses Sinns
aber nicht gewußt wird, und da seine "Wirkung" (Z. 3) auf weiteres und somit "zu lange" (Z. 3/4) auszubleiben scheint, kon-
terkariert die Phänomenalität des Objekts die rezeptorische Bereitschaft des Subjekts, das so aus der vollzogenen Wahrnehmung
keinen "Erkenntniswert" (Z. 4) sich zu verschaffen weiß; die
Analogie zu Sinnfragen, wie sie etwa der Literatur gegenüber
formuliert werden, ist durch die Wortwahl dieser Passage betont; wenn Eich dann den ersten Absatz mit einer arithmetisch-
merkantilen Floskel ("gleich plus minus null", Z. 4) ab-
schließt, macht er plausibel, daß sich dem Sprecher zwei hete-
rogene Relationen assoziativ überlagern: die epistemische von
Welt und Welterkenntnis und die utilitaristische von Investi-
tion und Profit; die Beschäftigung mit dem (vorerst) Bedeutungs-
und Wirkungslosen wird dem Maulwurfbewußtsein nicht mit einem
verwertbaren Erkenntnisgewinn belohnt.
Statt dessen widerfährt ihm die imaginäre Wahrnehmung der
"Aschenwolke" (Z. 5), gefolgt von Vorstellungen, die Trennung
("adieu", Z. 5) und Abreise ("möge euch der Wind leicht sein",
Z. 6) evozieren; der so von seinen "Lieben" (Z. 5/6) Zurückge-
lassene stellt noch immer naiv-hartnäckig die Frage nach der
Farbe (Z. 5)[1], die er aber in parenthetischem Sprechen gleichsam verschlucken muß, da die Umstände des Abschieds und Ab-
schiednehmens wohl alles andere als gewöhnlich sind; denn wenn
schon die Wolke allein den ihr nachblickenden Betrachter das
Vergängliche und Flüchtige seines Daseins erinnern läßt, und

---

[1] Die Frage ohne Fragezeichen in der Parenthese von Zeile 5
ist ungeduldig gestellt; wie in einer kleinen Dramenszene
drängt der Abschied von den Lieben; das letzte Wortchen
"gleich" läßt sich über das so wieder aufgenommene "gleich
plus minus null"/("gleich"-gültig?) als Signal dafür lesen,
daß der Fragende einer möglichen Antwort jetzt nicht mehr
allzu große "Bedeutung" zumessen würde.

160

wenn Asche an die restlose Zerstörbarkeit auch der menschlichen
Natur gemahnt, so dürfte ihr Zusammensein in der "Aschenwolke"
als Signal größter Existenzbedrohung aufgefaßt werden; von diesem düsteren Himmelszeichen veranlaßt, mögen sich Gedanken an
natürliche Katastrophen (Vulkanausbruch) ebenso einstellen wie
Reminiszenzen an von Menschen geplante und durchgeführte Massen-
vernichtung (Leichenverbrennung), ob sie nun historisch schon
geschehen (Konzentrationslager, Atombombenabwurf) oder für die
Zukunft zu befürchten (atomares, radioaktives Overkill) ist;
die fast freundliche Vorstellung des auf einer Wolke Dahinschei-
dens[1], die noch vom zärtlich-liebevoll nachgerufenen Wunsch des
Sprechers geschützt scheint, zerbricht an den wie unbeabsichtigt
vom Vokabular mitgeführten, dann aber durchdringenden Schrek-
kensvisionen. Die Beiläufigkeit, mit welcher der Sprachgestus
den Tod als die katastrophale Bestimmung des Menschen in den
Text einführt, spricht auch für einen hier noch verzweifelt-un-
bekümmerten, ja gleichmütigen Charakterzug des Textsubjekts,
das der Tragik seiner apokalyptischen Bilder gar nicht bewußt zu
werden scheint.
Von der Aschenwolke weiter noch nicht beunruhigt widmet sich der
Maulwurf erneut seiner ihn schier obsessiv beherrschenden Far-
benfrage; die jetzt gefundenen Attributionen "Efeugrün, Asternviolett" (Z. 6), die den Zuständen der Welt, die ihre Farbe ja
zu wechseln beliebte, zukommen sollen, werden aber schon als
"Deutung" (Z. 7)[2] empfunden, die darüber hinaus auch noch "unerheblich" (Z. 7) sei; wo die Bedeutung in Frage steht und nicht
ermittelt werden kann, müssen bloße Deutungen als unmaßgebliche

---

[1] 'Die Wolken' gaben schon im gleichnamigen Lustspiel des Ari-
stophanes die posthume Bleibe 'Verstorbener' ab; das Stück
richtet sich vor allem gegen die metaphysischen Grübeleien
und die Sophistik der Zeit (geschrieben 423), als deren
Hauptrepräsentant Sokrates dargestellt wird, der aber noch
24 Jahre leben sollte.

[2] Eine fast unmetaphorische Deutung ließe sich allerdings im
Farbwechsel von grün auf violett schon erblicken; die Welt
scheint sich hier - wie übrigens auch in der Reihe "gelb grün
violett" aus "Carstensen" - der Grenze zum Unsichtbaren, das
Spektrum in Leserichtung verfolgt, anzunähern; wenn die Aster
dem Maulwurf auch noch als Herbstblume gelten würde, dann be-
lasteten schon zwei beängstigende Assoziationen das an sich
unschuldige Violett.

Sinnkonstruktionen abgelehnt und verworfen werden; der Versuch,
das fragliche Objekt, das weiterhin bedeudungslos sich behauptet, zu deuten, findet im "Raum dür individuelle" (Z. 7) Projektionen statt, die der Text als Resultat denkbarer "Augenfehler" (Z. 7/8)[1] diskreditiert; auch hier entleiht sich das Vokabular des Maulwurfs, ohne daß sein Textsubjekt dies zu kontrollieren scheint, teilweise einer vorstellbaren Rede über
Kunst oder Literatur und deren problematischer Rezeption.
Jetzt, zum Textzentrum hin, vermittelt der Maulwurf ein expli-
zites Bewußtsein seiner Wahrnehmungs- und Erkenntnisprobleme;
"die Automatismen der Wirklichkeit" (Z. 8), die für deren Selbständigkeit zeugen, "sind (...) nicht zu übersetzen" (Z. 8/9)[2];
das erkenntnisheischende Subjekt hätte zu diesem Zweck nur "ein
paar Farben" (Z. 8/9) und "der Regenbogen hat auch zu wenig."
(Z. 9)[3]; mit diesem Befund postuliert der Maulwurfsprecher

---

[1] Daß Eich hier nicht nur die Farbenblindheit dieses Maulwurfs
im Auge haben könnte, zeigt der Minitext "Konsultation", cf.
GW, I, p. 374: "In den ophtalmologischen Lehrbüchern bis ins
Detail beschrieben. Möchte, könnte, müßte. Meine Krankheit,
eine Sehtrübung, Konjunktivitis. Mein Arzt verordnete mir
einen Indikativ. Richtig, aber zu wenig. Indikative eßlöffel-
weise über den Tag verteilt. So hebt man die Welt aus den
Angeln. Aber das möchte Dr. Schratzenstaller nicht."; der
wohl übersehene Schreibirrtum im dritten Textwort (Indiz
einer Sehtrübung) ist nicht korrigiert worden.

[2] Es sei hier nur noch einmal erwähnt, daß der wohl von Hamann
entlehnte Übersetzungsbegriff Eich zum wesentlichen Bestimmungsmoment schriftstellerischer Arbeit diente, cf. dazu S.
139, Anm.

[3] Eich, der ja auch noch in seiner Maulwurfzeit quasi-natürli-
che Sprachen kannte, cf. nur: "Morgen schreibe ich mich in
der Berlitz School ein, fange an, den Regen zu lernen, das
hat Futur.", aus "Verspätetes Frühstück", GW, I, p. 370,
scheint hier eine funktionale Identität von Farben und Sprachen einzurichten; wenn nun der Regenbogen als Phänomen von
Wirklichkeit und Welt auch über "zu wenig" Farben verfügt,
so ist er ein Indiz dafür, daß die Wirklichkeit, abgesehen
von ihrer Unübersetzbarkeit, sich selbst nur defizitär auszudrücken vermag; insofern wäre der witzige Einfall einer
Kritik der Regenbogensprache gleichzeitig auch die Klage
über die Opazität der unerkennbaren Welt, die dort, wo sie
etwa ihre Farbe zeigt, dies nur mangelhaft tut; daß dem Regenbogen vom Maulwurf ein schlechtes Zeugnis ausgestellt
wird, kann vielleicht aber auch damit zusammenhängen, daß er
dem Aberglauben als eschatologisches Signal das Weltende an-
kündigt; dies und andere mythische Deutungen bei Bächtold-
Stäubli, cf. l.c., Stichwort; auch besiegelte der Regenbogen

eine vollständige Dichotomie zweier autarker, einander aus-
schließender und sich unerreichbar gegenüberstehender Sphären,
zwischen denen weder Austausch noch Beeinflussung Bedeutung erlangen können; das Interesse des um Erkenntnis besorgten Subjekts bleibt von der Wirklichkeit unbefriedigt, deren 'Offenba-
rungen' (etwa in der sinnlichen Wahrnehmung: Farbe, etc.) sich
nicht in die Sprache seines Bewußtseins integrieren lassen; weder ist die Wirklichkeit, wie sie vom Text zu sein bestimmt
wird, in der Verfassung, die Fragen des Maulwurfsprechers zu beantworten, noch kann dieser mit seiner Angewiesenheit auf Bedeutung in die Automatismen des ihm wesentlich fremden Seins eingreifen; somit ist, auch ohne den Maulwürfen eine elaborierte
Erkenntnistheorie unterstellen zu müssen, die unaufhebbare Trennung von Subjekt und Objekt, wie sie in der Sprachlosigkeit zwischen beiden sich manifestiert, ein determinierendes Axiom ihres Weltbildes.

Für die beiden im Folgesatz gegebenen Behauptungen - "Aschenwolken stehlen uns die Zeit, das Interesse für Gestorbene läßt
sich verschieben." (Z. 10f.) - ist nicht mit Sicherheit zu entscheiden, wie das sich merklich mit persönlichen Reaktionen zu-
rückhaltende Textsubjekt sie für sich werten würde; es könnte
sowohl die gestohlene Zeit[1] als auch das verschobene oder zu
verschiebende Interesse begrüßen und bedauern; die wieder auf-
tauchenden Aschenwolken[2], die jetzt vielleicht stärker als Anzeichen des eigenen Bedrohtseins wahrgenommen werden, beanspruchen jedenfalls die Aufmerksamkeit des Sprechers, der diese dem

---

Gottes Bund mit Noah nach der Sintflut und wurde so zum Zeichen der Versöhnung mit Gott (Gen. IX, 12f.), für die Eich
passim wenig Sympathie aufzubringen scheint; cf. nur seine
Gedanken zur Schöpfung, wiedergegeben S. 77, sowie S. 78,
Anm. 1; über Eichs Verhältnis zu Noah cf. S. 82f., Anm. 3,
und die betreffenden Eichtexte; aber auch die anklagende
Frage: "(...) was sagte Noah, als er seine Freunde im Regen
zurückließ?", aus "Lauren", GW, I, p. 353.

[1] Die Aschenwolke, die auch beim Fortgang der "Lieben" (sind
sie die Gestorbenen, denen das jetzt bekundete Interesse
gilt?) anwesend war, vermittelt eine Erfahrung, die anscheinend diesen starken Widerspruch zu dem Maulwurfsatz aus
"Carstensen" ("Zeit ist immer genug.") rechtfertigt.

[2] Nimmt man die Aschenwolke als Signal für den möglichen totalen Untergang des Kreatürlichen, so ist die Vorstellung von
der entwendeten Zeit wortwörtlich einzulösen.

zum ersten Mal eingestandenen Interesse für Gestorbene nicht
gleichzeitig entgegenbringen kann; es scheint für das aktuelle
Maulwurfbewußtsein der Textsituation eine Veränderung (Ver-
schiebung[1]?) der thematischen Priorität stattzufinden, die der
Sprecher, ob nun mit Zustimmung oder unter Protest, akzeptieren
muß; die, vermutlich zu seinem Leidwesen, farblich ja nicht bestimmten Aschenwolken erlangen offensichtlich eine Dringlichkeit, die das den Toten gewidmete Andenken zu verdrängen gebie-
tet.[2] Einen Ausweg aus diesem Interessenskonflikt sieht der
mittlerweile sich in der Mehrzahl (pluralis modestiae?) verlierende Maulwurfsprecher in der Veranstaltung einer Lotterie; seine rigoros formulierte Forderung "Eine Tombola muß her." (Z.
11) scheint den Widerstreit der bisher erfahrenen und angedeuteten Gegensätze in Erkenntnis und Existenz auf die Alternativen
eines Glücksspiels reduzieren zu wollen.
Die dualistische Welterfahrung des Maulwurfs hat ihm Reflexions-
und Handlungsprobleme beschert, die, da sie von ihm nicht gelöst werden können, jetzt gleichsam auszulosen, "zu verlosen"
(Z. 12) sein sollen; als ausgelobte Preise dieser abstrusen
Tombola stünden "Skelette" (Z. 11f.) zur Verfügung; mit einem
erworbenen Los könnte also ein glücklicher Hasardeur im Falle
des Gewinns das Ebenbild auch seines zukünftigen Schicksals
(Los) überreicht bekommen. Die Welt, hier als Jahrmarkt gesehen, wo man gewinnen kann, was nach dem Verlust des Lebens davon übrigbleibt, wird in keinem ihrer bunten Aspekte solchen
Zeitvertreib für unpassend erachten: die Warenlotterie ("Tombo-

---

[1] Eich gibt mit seiner Wortwahl Anlaß zu einem paradoxen Ge-
dankenspiel: unterstellt, daß die Vorstellung von Zeit dem
menschlichen Bewußtsein Selbstvergewisserung ermöglicht, und
unterstellt, daß die Antizipation des eigenen Sterbens
("Aschenwolken") den Verlust dieser Vorstellung (Diebstahl)
bewirkt, so würde, nimmt man den Kolloquialismus 'jemandem
(die) Zeit stehlen' ernst, der Gedanke an die Endlichkeit
der persönlichen Existenz deren Vollzug in der Zeit verhindern; in der Sprache des Maulwurfs: vermögen es die aufzie-
henden Aschenwolken tatsächlich, uns die Zeit zu stehlen, so
ließe sich in dieser in Wahrheit auch nichts mehr "verschieben".

[2] Eine an Eindeutigkeit interessierte Interpretation hätte
diese Blickveränderung in der Gegenüberstellung von gegen-
wärtig-zukünftigem Tod und dem vergangenen der schon Gestorbenen auszuwerten.

la", Z. 12) und die Bereitstellung der preziösen Gewinne ("Skelettierung", Z. 12) sind im Gegenteil zu jeder Zeit gewährleistet, sie "können zu jeder Farbe stattfinden." (Z. 12f.)[1]
Konfrontiert mit seiner wohl unter Druck gegen die eigenen Interessen defätistisch imaginierten, unterm Sprechen aber offensichtlich Wirklichkeit gewordenen Tombola-Welt, muß das Textsubjekt sich nun nach seinen Chancen erkundigen: "Ist das Glück zu
teuer?" (Z. 14); es ist dies die Preisfrage des Maulwurfs, die
sich da stellt; war es ihm vorher noch, in der Befragung der
Farben nach ihrer Bedeutung, ein Wahrheits-, so ist es jetzt
"Ein Währungsproblem" (Z. 14); die Frage nach dem Preis des
Glücks veranlaßt die Frage nach der Währung, in welcher man ihn
zu entrichten hat.
War das Maulwurfbewußtsein zu Anfang des Textes noch darum besorgt, eine adäquate Erkenntnis der Welt zu gewinnen, so beschäftigen es jetzt andere Äquivalenzen und andere Formen des
Gewinns; im Begriff "Währungsproblem" fallen alle vom Sprecher

---

[1] Die im Text verblüffend auftauchende Idee der Tombola könnte
sich übrigens als Element eines semantischen Sets zu erkennen
geben: über "Aschenwolke(n)" - "Gestorbene" und die aus der
Frühfassung noch erinnerten "Friedhöfe" - "Die Toten" (ebenfalls später eliminiert) wäre es als phonetisches Double für
französisch: tombeau(x) oder gar: les tombeaux là zu lesen;
will man diese aus der Fremdsprache geschmuggelte Assoziation
nicht von vornherein ausschließen, so könnte auch das (vor
allem später, Z. 18) mit Argwohn betrachtete "Violett" seiner
phonetischen Nachbarschaft zum gewaltverheißenden Wortfeld:
violer, violence entsprungen sein und dann eher an Aschenwol-
kenbilder als ans friedliche Veilchen erinnern; - daß darüber
hinaus auch dieser Maulwurf vage Reminiszenzen an mögliche
Lektüreerlebnisse aussprechen könnte, lassen zumindest die
Textsplitter "flaschen-", "Aster-", "Skelettierung" vermuten,
die sich allesamt in der Semantik von Benns erstem "Morgue"-
Gedicht wiederfinden; cf. die S. 146, Anm. 3, genannte Ausgabe, Bd. 1, p. 7: "Ein ersoffener Bierfahrer wurde auf den
Tisch gestemmt./ Irgendeiner hatte ihm eine dunkelhellila
Aster/ zwischen die Zähne geklemmt./ Als ich von der Brust
aus/ unter der Haut/ mit einem langen Messer/ Zunge und Gau-
men herausschnitt,/ (...)", die erste Hälfte des Gedichts
"Kleine Aster"; daß beim Term "flaschengrün" die Assoziation
an Alkohol weder degoutant noch deplaciert ist, macht schon
seine maulwurfinterne Herkunft aus "Carstensen" deutlich, wo
explizit von einer "Schnapsflasche" und "secco" kolorierten
Liedern die Rede ist; Eichs Anspielungen auf Alkoholkonsum
und seine Wirkungen sind passim und allenthalben leicht zu
erkennen; vielleicht steht sogar die Flasche hier neben dem
farbsymbolisch verstandenen Grün für eine wenn auch wohl
trübe Hoffnung.

bisher wahrgenommenen Nicht-Entsprechungen vor der Dominanz pe-
kuniärer Verdinglichung in sich zusammen: nicht mehr die Verhältnisse von Substanz und Akzidenzien der Welt, von Wirklichkeit und dem ihr gemäßen (Sprach)Verständnis, von Erkennen und
Handeln, von Subjekt und subjektlos vorgestelltem Objekt, auch
nicht das durch die erinnerte oder befürchtete Inhumanität der
Natur (im Tod) oder des Menschen (in Vernichtung und Selbstver-
nichtung) bedrohte Leben werden vom Text noch debattiert; in
totaler Nivellierung aller Fragwürdigkeiten hat der Zweckratio-
nalismus von Einsatz und Ertrag eine Herrschaft auch über das
Glück noch erreicht, deren Philosophie sich unverkürzt und am
deutlichsten in Geld ausdrückt, - "und jeder schwört auf seine
monetäre Einheit." (Z. 14f.).[1]
Unter diesen Verhältnissen dürften die vom Maulwurf in Sprache
und Bewußtsein gesammelten "Farben ohne IG" (Z. 15)[2] tatsächlich die falschen Aktien sein; sie stehen "schlecht im Kurs"
(Z. 15f.); resigniert gesteht der Sprecher zu, "man soll nicht
zuviel darauf geben" (Z. 16); die Wertpapiere, die der Maulwurf
meint, haben sich an ihrer Börse, wie man dort sagt, als Flop
erwiesen[3]; es wäre unklug, jetzt noch zuviel "dafür" (Z. 16)
auszugeben.
Das Textsubjekt muß zu der Erfahrung gekommen sein, sich
schlechterdings verspekuliert zu haben; die jetzt vorrangig in
ihrer gesellschaftlichen Wirklichkeit begegnende Welt erwartet
von den Individuen Verhaltensformen, die einzugehen der Maulwurfsprecher anscheinend weder willens noch fähig ist; sein Bei-

---

[1] Im Term "monetäre Einheit" könnte Eich einen unfreundlichen
Seitenblick auf den Monismus, zumindest - was von der Text-
argumentation unterstützt würde - in seiner pragmatistischen
Ausprägung, geworfen haben.

[2] Daß dieses Wortspiel von Eich auch als private Metapher fürs
eigene Werk geprägt sein könnte, soll im Folgenden noch er-
örtert werden; cf. vorläufig: "Das ewig nachgestammelte Naturgeheimnis. Rotes Erlenholz und die gelbe Flechte am Pap-
pelstamm, fleißig zermahlen von der Kaueinheit der Zeit, des
Ortes und der Handlung.", aus "In eigener Sache", GW, I, p.
346; (Farben als pars pro toto für Naturlyrik?).-

[3] Ebenfalls aus "In eigener Sache", ibid., die auch in der
Sprache des Geldes ausgedrückte Skepsis: "Viele meiner Gedichte hätte ich mir sparen können, ich hätte jetzt ein Kapital, könnte so ungereimt leben wie ich wollte."-

trag[1] für die Allgmeinheit scheint von dieser wenig geschätzt
zu werden; angesichts solcher Isolierung erinnert der Sprecher
sich seines Unbehagens und seiner Unfähigkeit, sich den herrschenden Trends und Tendenzen anzupassen: "gerade waren wir dabei, das Einverständnis zu kündigen" (Z. 16f.), wodurch er seine geistige Wahlverwandschaft mit dem Maulwurfautor bekräf-
tigt[2]; seine eigene Existenz will er nicht wie die peinlich
geforderte Erfüllung eines unkündbaren Gesellschaftsvertrages
verstanden wissen, den der Einzelne mit der Preisgabe eines wo-
möglich nicht integrierbaren, und daher auch nicht verwertbaren
Welt- und Selbstbewußtseins einzugehen hätte.
"Aber" (Z. 16) kaum, daß er so inmitten der habituellen Entfrem-
dungen seine Identität in der Verweigerung zu restituieren versucht, "kommt dieses Violett" (Z. 18) ihm schon wieder in die
Quere und scheint seine defensiven Bestrebungen, den generellen
Protest zur intellektuellen Selbsterhaltung einzusetzen, auf
kaum vermittelbare Weise zu stören; jedenfalls läßt der Sprachgestus dieses Satzes plötzlich veranlaßte Wut und Zorn vermuten, ja fast eine aggressive Emotionalität (gegen "dieses" Violett), die sich offensichtlich an der erneut ihm zu Bewußtsein
kommenden Einfarbigkeit des Ganzen entzündet; in seiner Erregtheit ist der Maulwurfsprecher zu keiner Differenzierung mehr
bereit, er konstatiert aufgebracht, wie die Tagesfarbe der Welt
"in alles und in die Dauer" (Z. 18) ausfließt und so eine mögliche Mannigfaltigkeit mit ein und demselben Signum markiert;
in ihrer Erscheinung sind die Unterschiede, Gegensätze und Wi-
dersprüche monochrom übertüncht, die Freiheitspotenzen des He-
terogenen drohen unsichtbar zu werden.
In der Welt, die keine Nuancen mehr kennt und zu erkennen gibt,

---

1) Ein anderer Maulwurf veralbert einmal seine eigene Resignation: "Für äußerste Fälle habe ich ein Medikament erfunden,
   eine Art Whisky mit Yoga, kleine grüne Pillen, die für und
   gegen alles helfen, vor allem für alles, wogegen sie helfen.
   Jeder weiß wie wichtig das ist. Meine Erfindung, mein Beitrag zum Staat. Auf dieser Lorbeere ruhe ich aus.", aus
   "Beethoven, Wolf und Schubert", cf. GW, I, p. 364.

2) Eich, lakonisch, über sich selbst: "Es ist immer der gleiche
   Gedankengang: 'das Nichtmehreinverstandensein'.", cf. ibid.,
   IV, p. 415, aus einem Interview, 1971.

hat die Uniformität des Wahrnehmbaren und Erlebbaren den kritischen Sinn des menschlichen Bewußtsein mit Erfolg narkotisiert; wo sich nichts mehr unterscheiden läßt, da auch "wird nicht mehr bemerkt" (Z. 19), welche Bedingungen und Verhältnisse die Existenz der Menschen entwürdigen; mit dem rhetorischen Parallelismus im Satz ("die Zumutung des ..., die Zumutung des ...", Z. 18f.) bekundet der Maulwurf eine funktionale Vertauschbarkeit von solchem Leben und dem dazu gehörenden Sterben, was sich im Blick auf die Frühfassung ja bestätigt; man mag das Sterbenmüssen als "die Zumutung des Lebens" (Z. 18f.) verstehen, das selbst, wenigstens vom Textsubjekt, als Zumutung verstanden wird; hier vereinigt sich der Protest des Zoon politikon mit dem des zur Krönung der Schöpfung kreierten Menschen, der in seiner Rebellion gleicherweise gesellschaftliche wie ontologische Bedingtheiten attackiert; aber in der Revolte gegen Physik und Metaphysik des eigenen Seins, welche die Zumutung einer solchen condition humaine als unzumutbar brandmarken will, fühlt sich der Maulwurfsprecher von seinen Schicksals- und Zeitgenossen im Stich gelassen; wogegen er sich ohnmächtig auflehnt, das "erbittert nur wenige." (Z. 20); in seiner Empörung gegen die inthronisierte Macht auf und über der Welt findet er unter Seinesgleichen keine Solidarität.

Insofern ergeht sein abschließender, der Terminologie des Existentialismus nachempfundener Appell "wir wollen uns neu entwerfen." (Z. 21) nur an die, mit welchen er offensichtlich seine Betroffenheit zu teilen und teilen zu können glaubt, an die "Freunde in den Aschenwolken" (Z. 21); in ihnen muß der Maulwurfleser wohl, vom wiederholten Vokativ dazu aufgerufen, die im zweiten Textabsatz vom Sprecher verabschiedeten "Lieben" vermuten; ihr jetziger Aufenthaltsort legt darüber hinaus nahe, daß sie auch die Toten sind, denen die von äußeren Bedrohungen torpedierte Anteilnahme des Textsubjekts gelten wollte; der Maulwurfsprecher scheint sein damaliges Wort "Interesse" mit Bedacht gewählt zu haben, da er jetzt, als wäre er unter seinen Freunden, eine ihren Tod ignorierende Gemeinschaft mit ihnen empfindet; worin ein gemeinsam mit den Toten intendierter Selbstentwurf sein dem Unheil der Existenz nicht unterworfenes Ziel finden, und ob und wie eine solch extravagante Entelechie auch dem intramundanen Leben zugute kommen könnte, gibt der Maulwurf seinen lebenden Lesern nicht mehr preis.

Dennoch werden dieses Projekt weniger seine problematische Praktikabilität als vielmehr die phantasmagorisch-utopischen Implikationen auszeichnen, die dem Textsubjekt vielleicht gestatten, eine Welt (und eine Existenz in ihr) vorzustellen, die, zumindest ihm, humaner und freundlicher als die beste aller möglichen erscheinen dürfte; ein solcher Neuentwurf fordert nicht eigentlich die sukzessive Verbesserung der bestehenden Wirklichkeit, sondern eher eine essentiell andere, die auf logisch-ontologische Kohärenzen verzichten müßte, wie ja auch derjenige, der dies fordert, sich - eine contradictio in subjecto - wünscht, ein anderer und "neu" im emphatischen Sinne zu sein und zu werden.[1]

Indem der Text so der etablierten Realität, wohl aus Mißtrauen gegen ihre auch noch das Widerstrebende und Disparate gleichschaltende Integrationsneurose, nicht mehr die mögliche Veränderung zum Guten konzediert, sondern ihr die poetische Wirklichkeit des real Unmöglichen argumentativ entgegenhält, entwirft er fürs Subjekt eine hypothetische Position totaler Ablehnung, die sich aus spezifischen Negationen ausschließlich unmittelbarer Welterfahrung nicht hinreichend begründen ließe; darauf, daß eine solch absolute Resistenz gegen die Macht der

---

[1] cf. aus "Carstensen", l.c.: "Carstensen ist ein ganz anderer, so wie Gott, aber er kann noch weniger. Er erreicht sein Ziel, sonst nichts. Carstensen ist jemand, in dessen Leben man erwachen könnte (...) Aber er würde es nicht zulassen, sich mindestens ärgern. Ich versuche es garnicht."; auch andere Maulwürfe machen den Charakter dieses Entwurfs deutlich, so explizit der nicht ganz dem Wesen Peter Pans unverwandte "Peter Posthorn", cf. GW, I, p. 352f.: "Wenn man an eine Ausnahme denkt, fällt einem die andere ein. (...) Peter Posthorn ist ein Entwurf. Das Quecksilber kennt man noch, Peter Posthorns Andenken ist verschollen. Es gab ihn nicht, aber was müssen das für Zeiten gewesen sein, als es ihn nicht gab. Ein Kollege, lebte zwischen den Zeilen./ (...) Er ist es, der Spiele erfinden könnte (...) Aber immer tun es andere, das ist sein Beruf. Er weiß alles, er kann alles so wie es sein müßte. Die andern, die es tun, müssen sich plagen. Er ist der Meister Irrealis, hats gut, ist mit Recht vergessen./ (...) Oder ist er dabei, neu erfunden zu werden? (...) Aber die Ausnahmen bestätigen die Ausnahmen, das ist das Sicherste, was man von ihnen sagen kann."; zu den Konsequenzen dieser Entwürfe für die Realität, cf. S. 83, Anm. 1, die dort gegebene Stelle aus "Fortgeschritten" und ihre Fortsetzung im Eichtext.

gewohnten Realität sich nicht so sehr als existentielles oder
politisches Aktionsprogramm eignete, wohl aber als poetologische Intention zu fassen wäre, weisen dann auch diverse Textelemente hin, die dem Stück "Farbenblind" eine kontrapunktische
Themenführung verleihen; denn während der Maulwurf, ausgehend
von ihm bedeutungslos bleibenden optischen Sensationen über Er-
kenntnis- und Existenzbeschränkungen bis zum metaphysischen
Horror in Zeit und Tod, die Litanei der Defekte von Welt und
Bewußtsein formuliert, hat sich sein Autor offenbar gleichzeitig damit einen sprachlichen Spielraum eröffnet, in welchem
sich ihm, schriftstellerische Selbstreflexion zu betreiben, ermöglicht.

Nicht nur finden sich im Text Vokabularelemente, die in den
Diskurs des grübelnden Maulwurfsprechers ebenso passen wie in
eine vorstellbare Betrachtung über Kunst und Kunstproduktion[1];
auch die an der Erfahrung einer autonomen und automatisch funktionierenden Wirklichkeit sich aufwerfenden Erkenntnis- und Dar-
stellungsprobleme sind in einer Sprache debattiert, die für
Eich bedeutsame poetologische Signale mit sich führt: so scheint
die konstatierte Unübersetzbarkeit des Realen dessen etwa auch
literarische, bisweilen als Imitation (miß)verstandene Wider-
spiegelung ins Bewußtsein zugunsten eines alternativen ästhetischen Entwurfs ausscheiden zu lassen; nicht die Wirklichkeit
ist somit also zu beschreiben, sondern ihre Unbeschreibbarkeit;
die selbstkritische Pointierung des Übersetzungsbegriffs, der
allerdings auch schon früher[2] in Zusammenhang mit dem für verschollen erklärten Urtext (außersprachlicher Wirklichkeit) die
Eichsche Literaturidee zu benennen hatte, scheint auf eine mo-
derate Modifikation bestimmter theoretischer Perspektiven, und
damit auf eine merkliche Distanzierung gegenüber ehemaligen
Schreibtendenzen hinzudeuten; daß Eich die epistemologische Mi-

---

[1] Zu sammeln wären nur etwa: "Bedeutung", "Wirkung", "Erkennt-
nis-", "Wirklichkeit", "Interesse", "-problem", "Einheit"
(als klassisches Kunstideal), aber auch die Rede vom "übersetzen", vom "entwerfen", allgemein auch die von den "Farben".

[2] Gemeint ist wieder vor allem die Rede von 1956, cf. GW, IV,
p. 441f.; in der späteren Lyrik Eichs wird dieser Begriff in
kritischer Distanz pass. wieder aufgenommen.

sere seines Maulwurfprotagonisten bewußt zum Anlaß für Präzisie-
rung und Korrektur an Aspekten des eigenen dichterischen Selbstverständnisses nimmt, verdeutlicht besonders der Blick auf das
Gedicht "Verlassene Staffelei"[1], das in auffallender sprachlicher Kongruenz auch die thematische Vorlage zu "Farbenblind" abgibt.

In diesem Text scheint Eich eine frühe literarische Poetologie
seiner Naturlyrik zu skizzieren; nur der Titel verweist auf die
semi-fiktive Figur eines Künstlers (Malers), der offensichtlich
im Gedicht die Zweifel und Einwände reflektiert, die ihn veranlassen, sein Metier aufzugeben; die Abbildungen des Abzubilden-
den wollen ihm nicht (mehr) gelingen, "Es fehlt an Farben.";
das Medium der Kunst verleitet, ihm zufolge, zu falschen Übersetzungen ("Austausch von Wiesen und Wissen"), zu "Ausflüchte(n);
die Farben der Natur und die der Kunst wollen ihm nicht mehr zu-
sammenpassen, sie entsprechen sich nicht; wie dem Textsubjekt
des Maulwurfs ("Automatismen der Wirklichkeit") sind auch ihm
"Die Geheimnisse" und die "graue(n) Ordnungen" der Welt nicht
darstellbar; der schon aus "Farbenblind" bekannte "Regenbogen"
verdient den ihm entgegengebrachten "Glaube(n)" nicht, es gibt
"lichtloses (...)weiß" und sichtbar zu Machendes "jenseits von
Violett"; auch ihm ist Erkennen und Darstellen unmittelbar mit
dem Lebensvollzug assoziiert: dieselbe "Furcht" befällt "Herzen"
(als Signum auch für Eros zu lesen, cf. die "Lieben" des Maulwurfs) und "Leinwand"; die mit der Flüchtigkeit der Zeit ver-
fliegende Möglichkeit, den Augenblick zu sehen und wiederzuse-
hen, zwingt ihn dazu, der Illusion des bleibenden (Ab-)Bildes
zu entraten; er beschließt: "Die Abschiede/ nicht mehr zu ver-

---

[1] cf. GW, I, p. 129: "Es fehlt an Farben./ Die Geheimnisse/
immer wieder in Grün übersetzt,/ Austausch von Wiesen und
Wissen,/ Reisiggefühle,/ lichtloses Madenweiß.// Schattie-
rungen, Ausflüchte/ für graue Ordnungen./ Der Glaube gehört
dem Regenbogen.// Morgen wird sichtbar,/ was jenseits von Violett ist./ Die Furcht unserer Herzen/ ist die Furcht der
Leinwand.// Die Abschiede/ nicht mehr zu verkleinern:/ Wer
sieht, sieht nicht wieder." - veröffentlicht in "Zu den Akten", 1964, wird die Entstehung dieses Gedichts von den Anmerkungen der GW ins Jahr 1957 ("wahrscheinlich") datiert; es
sei 1962 geändert worden, cf. ibid., p. 413; eine knappe Interpretation im Vergleich mit einem George-Gedicht gibt Nägele, l.c.

kleinern:"[1] denn wo es ein Sehen gäbe, dort gäbe es kein Wiedersehen.

Wie auch in den aus "In eigener Sache", "Carstensen" und "Gelb" angemerkten Textstellen markiert Eich hier, in seinen selbst wieder zur Literatur verarbeiteten literaturkritischen Reflexionen, die allesamt offensichtlich auch um den Begriff des ästhetischen Scheins kreisen, die wachsende Abneigung gegenüber einer Poesie, die Wirklichkeit und Welt, zur sinnlich erfahrbaren und ominös erfragbaren Natur verkürzt, in sprachlicher Farbigkeit nachdichtet; solche Einschätzungen, die dann in der Maulwurfsprache und im lyrischen Spätwerk zu ihrem genuinen Bewußtsein kommen, müssen den Autor auch zur Abkehr von bestimmten Tendenzen des eigenen naturlyrischen Schaffens bewogen haben[2]; die spätesten Texte Eichs jedenfalls wollen sich nicht mehr als poetische Exzerpte aus dem Buch der Natur verstanden wissen.[3]

Statt dessen erweist sich Wirklichkeit immer deutlicher in ihrer Brüchigkeit und Unvollständigkeit; war die natürliche Farbenskala früher ein Parameter für die vom Menschen unverstandene, aber ersehnte Bedeutung einer zum Rätsel und Geheimnis hypostasierten Welt, so sind die einzelnen Farben dem Maulwurfbewußtsein jetzt Symptome einer das Individuum und seine Bedürfnisse nach Erkenntnis- und Existenzsicherheit ignorierenden Ab-

---

[1] Zum im Spätwerk zentralen Topos des Abschieds cf. "Aktennotiz zum Quittenkäs", GW, I, p. 334, und dort besonders: "(...) die Abschiede (...) sind vor der Ankunft."

[2] cf. die dem ansonsten recht wort- und sprichwortwitzigen Maulwurf "Botanische Exkursion", ibid., p. 371, in den Text gelegte Selbstbetrachtung Eichs: "Auch in der Poesie suche ich mein Thema vergeblich. Etwas stimmt da nicht. Wieso sind Rosen möglicher als symbiotische Bakterien? Manchmal möchte ich Dichter sein, aber man findet sich ab, man betrachtet ratlos die nichtssagenden Margeriten, die mürrischen jungen Mädchen hinterm Ladentisch (...)."-

[3] Das allerorts nach den zerstörten und zerstörenden Phänomenen in der nicht mehr als natura naturans verehrten Welt Ausschau haltende Maulwurfinteresse konstatiert angesichts einer Landschaft, die sich einem kosmischen Debakel verdankt: "Der menschliche Geist ist schon dabei, ein besseres Gleichgewicht zu finden, schade. Auch über dem Meteoriten ist die Summe aller Farben grau, wenn der Regenbogen in Bewegung gerät. Der Lateinschule und der Synagoge nützen kein Orange und kein Rot (...)", aus "Ries", ibid., p. 372f.

surdität, die sich ihm als quasi-hierarchisches System von fun-
damentalen Mängeln und Bedrohungen zu erkennen gibt; das in der
Reflexion verformte und der Kritik allmählich zum Opfer gefalle-
ne Thema[1] benennt die Wirklichkeit nur mehr noch auf einer
Schwundstufe ihrer Zerfallsentwicklung; die Eichsche Literatur
kompensiert so nicht länger die bedeutungsdefizitären Beträge
im Verhältnis von Sein und Dasein, sondern nimmt diese ihrerseits zum selbstbewußt vorausgesetzten Ausgang, die Verfassung
der Realität in ihrer Gesamtheit ästhetisch zu verklagen. Das
Sinnvakuum in der existentiellen Konfrontation mit der Welt
wird nicht mit den Werken literarischer Sinnproduktion ersatz-
weise aufgefüllt, sondern von diesen, in der Rede des Maulwurfs,
mimetisch zur Sprache gebracht.
Die spezifische Anordnung der thematischen Motive von "Farbenblind" legt daher die Vermutung nahe, daß Eich in der fragmentarischen Farbenlehre dieses Textes auch die Wechselbeziehung zwischen der Philosophie des Maulwurfs und der Poetologie seines
Autors zu erläutern trachtet; vor dem Hintergrund der im gesamten Spätwerk prononcierter artikulierten Diskussion über die das
schriftstellerische Selbstverständnis determinierende Unmöglichkeit, das Reale in seiner Beschreibung auch zu bestimmen, entwickelt der gelesene Maulwurf nämlich eine argumentative Kooperation von Sprach- und Wirklichkeitsskepsis, als deren gemeinsame Konsequenz die späte Prosa selbst zu gelten hätte.
Denn die in ihrer Endlichkeit und Beschränktheit verletzte Realität, die selbst wiederum das bedeutungs- und sicherheitsbe-
dürftige Bewußtsein der im Existenzvollzug fragenden Subjektivität nur mehr verletzen kann, ist weder durch eine logische und
sinnstiftende Sprache zu heilen, noch soll diese die Blessuren
einer folternd gefolterten Welt kosmetisch überspielen; das
Textsubjekt, dem sein Denken und Leben nicht mehr gelingt[2] und
das sich somit eher als Teilnehmer an einem dem Zufall ausgesetz-

---

[1] Erinnert sei jetzt nur an den Befund aus "Hölderlin", cf. GW,
I, p. 333: "Die Farben sind dahin (...)".

[2] cf. die Schlußzeile des "Ryoanji"-Gedichtes, ibid., p. 169ff.:
"unseren Freunden mißlingt die Welt."-

ten Glückspiel erfährt, kann den ästhetischen Schein nicht weiterhin als Tröstung genießen; die Maulwurfprosa ratifiziert mit ihrer sprachlichen Kontingenz demnach Positionen erkenntnis- und existentialphilosophischer Aporetik, die das Auftauchen des geistbegabten Menschen in einem geistfreien Ambiente einzig als monströses Desaster von Natur und (Natur)Geschichte diagnostizieren kann.

Im Vergleich mit den schon behandelten Maulwurftexten besitzt "Farbenblind" deutlichere Elemente eines gedanklichen Prozesses, der offensichtlich zur intellektuellen und existentiellen Selbstbestimmung des Textsubjekts beiträgt; es zeigt somit auch schärfer Inhalte und Konturen des der Maulwurflogik zugrundeliegenden Weltbildes[1]; dieses wiederum konstituiert sich vor allem über den Befund diverser Defekte in der Konstitution von Natur und Geschichte einerseits und über die behauptete soziale und kreatürliche Ohnmacht der menschlichen Subjektivität andrerseits; gleichzeitig implizieren diese Ideologeme eine Kritik der darstellenden Sprache, die den Strukturen und Veränderungen der Wirklichkeit nicht angemessen gerecht werden könnte; weder das menschliche Erkenntnisvermögen noch die (sprachliche, vielleicht sprachästhetische) Vermittlung seiner vermeintlichen Leistungen können die ontisch verstandene Kluft zwischen dem vorgegebenen Sein der außermenschlichen Realität und dem davon zu immer neuen vergeblichen Interpretationsversuchen herausgeforderten Bewußtsein überbrücken; das Wahrgenommene erhält in diesem Konzept die Funktion einer bloßen Veranlassung: es wird als Zeichen verstanden, dem keine Konvention einen gelingenden Bedeutungstransfer zusichern kann und das deshalb den unerschöpflichen Impuls für variable hypothetische Sinnprojektionen abgibt; der Maulwurfdiskurs scheint nun in Analogie zu einem solchen Zeichen- und Sprachverständnis ausgebildet worden zu sein; denn der Maulwurf Eichs stellt sich die Welt offenbar so vor, wie er

---

[1] Dies Weltbild, das weniger eine Ansicht als ein Vexierbild ist, läßt sich nicht im Kürzel komprimieren; aber: in "Fragmente eines Requiems", cf. GW, I, p. 194ff., läßt Eich die Stimme "Alter Mann" schließen: "Ich hasse/ die weisen Einrichtungen der Welt:/ Vergessen, Weitermachen,/ bis andere an der Reihe sind/ mit einem Schmerz,/ der sich abträgt wie meiner."-

selbst sich dem Leser vorstellt: als Text.

Eich favorisiert in den Reflexionen seiner Stücke merkbar zwei
kontrakonventionelle Zeichentypen, von denen dann diese Prosa
vorrangig initiiert und auch durchgeführt wird: das auf andere
(Sprach)Zeichen verweisende Sprachzeichen; hierzu gehören die
oft als solche verborgen gehaltenen (Literatur)Zitate, aber auch
etwa die geographischen Eigennamen, deren sich das untersuchte
Maulwurfsujet 'Reise' zum Zwecke der Anspielung bedient; und zum
anderen das auf außersprachliche, als seien sie sprachliche Phänomene verweisende Sprachzeichen; zu denken wäre hier beispielsweise an die das Textsubjekt in ihren Bann ziehende, später als
Fiktion enttarnte Straßenszene aus "Schlüsselfigur", aber ebenso die "Farben" der Welt im zuletzt gelesenen Text. Insofern
sind die Maulwürfe Mitteilungen über Mitteilungen[1], deren Bedeutung sie zu ergründen suchen.[2]

Vor der nächsten und letzten Einzeltextbetrachtung soll nun,
ausgehend von der Bemühung, diese semiotischen Spezifika einer
begrifflichen Einschätzung zugänglich zu machen, das Interesse
noch einmal diversen textuellen und thematischen Aspekten des
Maulwurfrepertoires gelten, wie es etwa von einer zweiten kur-
sorischen Lektüre des gesamten Textbestandes sich erarbeiten
ließe; solche Untersuchungen werden hier zu dem Zweck durchgeführt, weitere Einsichten ins imaginäre Universum des Maulwurfbewußtseins zu gewähren, in welchem bestimmte Realien und Motive, aber eben auch bestimmte Strategien ihrer sprachlichen Organisation, als besonders signifikant nachzuweisen sind.

---

[1] Erinnert sei noch einmal an Eichs Meditationsnotiz: "Zeit
und Licht sind Mitteilungen der nächsten Dimension.", cf. GW,
IV, p. 307, die auch die Farbigkeit als ein Licht- und also
Zeitphänomen betreffen dürfte; zur Farbe ·der Zeit selbst cf.
das bunte Gedicht "Bett hüten", ibid., I, p. 157f., daraus
nur: "(...)/ die Zeit ist blau, die Zeit ist Schnee,/ und
rote Ärmel, schwarzer Hut,/ die Zeit ist eine gelbe Frau.//"-

[2] cf., als vielleicht deutlichstes Exempel, den plot-Aufbau von
"Jonas", GW, I, p. 328f., der an viele Hörspielhandlungen,
etwa ans "Das Jahr Lazertis", ibid., II, p. 673ff., erinnert:
"Ich bekam den Auftrag, ihn zu verschlingen. Das war in der
Zeit, als man sich selber noch nicht unterscheiden konnte.
(...) Aber ich finde Jonas nicht, er kommt nicht, ich suche
weiter. Der Text ist mir nicht mehr genau im Gedächtnis. Hieß
es nicht etwa (...)".-

9.1.

Um den Gebrauch der ihrerseits Zeichen bezeichnenden Sprachzeichen im Maulwurfdiskurs in seiner kommunikativen Funktion und als Konstituens einer beabsichtigten Ästhetisierung von Sprache zu veranschaulichen, sollen die dazu notwendigen Überlegungen, ohne sich in den anbietenden Theorien zu verlieren, die wesentlichen Unterschiede zu handlungsfinalen Kommunikationsweisen herausstellen; der Einfachheit und Verständlichkeit wegen sei dies in der Terminologie einer einzelnen Semiotik, nämlich derjenigen Umberto Ecos, versucht; daß dabei viele zeichentheoretischen Aspekte in ihrer Differenziertheit nicht problematisiert werden können, muß im Hinblick auf das den Maulwürfen unmittelbar geltende Lektüreinteresse in Kauf genommen werden.-

Eco, der die spezifische Kommunikationsleistung von Literatur als Exploitation der je labilen Wechselverhältnisse von Form und Offenheit versteht, versucht über die schon traditionell gewordene Zweiteilung in referentielle und emotive Sprache hinaus den ästhetischen Reiz künstlerischer Texte als Folge möglicher Vertauschung von Signifikat und Signifikant zu erklären.[1]
Die ästhetische Botschaft verwandle durch diese gleichsam organische Fähigkeit unaufhörlich ihre Denotationen in Konnotationen, was dem daran beteiligten Zeichen eine ikonisch[2] genannte

---

[1] cf. Eco 1962/67, l.c., p. 79: "Die ästhetische Verwendung der Sprache (die dichterische Sprache) impliziert also einen emotiven Gebrauch der Referenzen und einen referentiellen Gebrauch der Emotionen, weil die gefühlshafte Reaktion sich als die Realisierung eines Feldes von konnotativen Signifikaten kundtut. All das wird erreicht durch eine Gleichsetzung von Signifikant und Signifikat, von 'Vehikel' und 'Sinn'; (...) das ästhetische Zeichen ist jenes (...), bei dem der semantische Bezug sich nicht im Hinweis auf das Denotatum erschöpft, sondern bei jeder erneuten Rezeption sich kraft seiner unvertauschbaren Verkörperung in dem Material, in dem er sich strukturiert, anreichert; das Signifikat wird ständig auf den Signifikanten zurückgeworfen und reichert sich mit neuen Echos an;".

[2] Zur Problematik des ikonischen Zeichens cf. Morris, l.c., p. 42 und pass., aber auch Eco 1973, l.c., p. 60ff., wo die ursprünglich Peircesche Aufteilung der Zeichen gemäß ihrer Referentrelation in Indizes, Ikone und Symbole diskutiert und kritisiert wird; dazu auch: Charles.S. Peirce, Collected Papers, Cambridge (Harvard University Press), 1931ff.

Selbstbezüglichkeit erwirkt. Diese verpflichtet den Rezipienten
dazu, zur Sinnsicherung wechselnde Kodes einzusetzen und kompi-
latorisch auszuprobieren.[1]

Eco, der aus guten Gründen sich weigert, weder ein ästhetisches
Zeichen an sich noch eine ästhetische Verwendung isolierter Zeichen anzunehmen[2], scheint dennoch die Möglichkeit zum ästhetischen Diskurs an wesentliche Merkmale bestimmter Zeichentypen
zu binden. Wie für Morris liegt für ihn vollkommene Ikonizität
dann vor, wenn das Zeichen mit dem von ihm Bezeichneten zusam-
menfällt[3] und auf freilich paradoxe Weise so seine Bestimmung,
Zeichen für etwas, nämlich für etwas anderes zu sein, transzendiert. Dieser Auffassung liegt die Annahme zugrunde, "daß alle
Gegenstände, auf die wir uns durch Zeichen beziehen, ihrerseits
wieder zu Zeichen werden, wobei es also zu einer Semiotisierung
des Referenten kommt."[4]

Folgerichtig betont Eco in seiner eigenen Zeichentheorie, daß
ein Zeichen niemals für einen Gegenstand oder Referenten stehen
könne; dadurch verläßt er die Tradition der auf der Fregeschen
Unterteilung von Zeichen, Sinn und Bedeutung[5] basierenden tri-

---

[1] cf. Eco 1968, l.c., p. 163: "Daher lassen wir in die leere
Form immer neue Bedeutungen einfließen, die von einer Logik
der Signifikanten kontrolliert werden, welche eine Dialektik
zwischen der Freiheit der Interpretation und der Treue zum
strukturierten Kontext der Botschaft aufrechterhält."

[2] cf. Eco 1973, l.c., p. 23.

[3] cf. dazu noch einmal die in Terminologie und Argumentation
unmittelbar von Hamann und Novalis beeinflußte Äußerung Eichs,
GW, IV, p. 441; dort: "Als die eigentliche Sprache erscheint
mir die, in der das Wort und das Ding zusammenfallen."; dies
Zusammenfallen von Wort (Zeichen) und Ding (Bezeichnetes) modifiziert der Maulwurfdiskurs nach der ibid. getroffenen "Entscheidung, die Welt als Sprache zu sehen.", indem er die Welt
der Dinge und die Dinge der Welt selbst als Zeichen realisiert,
wie zuletzt "Farbenblind" plausibel gemacht hat; so wird Welt
als semiotisches Phänomen betrachtet, in welchem die Zeichenhaftigkeit des Dings und die Dinghaftigkeit des Zeichens kol-
liminieren; nicht die Substantialisierung von Sprache also,
sondern die Entsubstantialisierung der Ding- und Tatsachenwelt scheint hier postuliert zu sein.

[4] cf. Eco 1973, l.c., p. 63.

[5] cf. Gottlob Frege, Über Sinn und Bedeutung, in: Zeitschrift
für Philosophie und philosophische Kritik, Bd. 100, 1892, p.
25ff.; Neudrucke in: Funktion, Begriff, Bedeutung. Fünf logische Studien (hg. und eingl. von G. Patzig), Göttingen, 1962,

angulären Zeichenmodelle[1]) zugunsten seiner dynamischen Hypothese von der unbegrenzten Semiose zeichenverwendender Praxis. Absicht der in dieser Ansicht enthaltenen radikalen Differenzierung von semischem Akt und Akt der gegenstandswirklichen Bezugnahme scheint die Eliminierung der leidigen Referentenposition
im (etwa Peirceschen) Zeichenmodell. Wie problematisch diese Be-
seitigung für den Bereich auch handlungsfinaler Kommunikations-
absichten sein muß, erhellt schon daraus, daß um den Preis der
fortlaufenden Semiose der semiotische Gegenstandsbereich sich
selbst begrenzen muß und dies durch auffallend an platonisch-
kantische Dichotomievorstellungen erinnernde Aufspaltung der
Handlungs- und Akttotalität.[2])
Wenn nämlich die Wirkungen von praktisches Reaktionsverhalten
intendierender Sprache nicht im Semioseprozeß verankert werden
können (-wie es in anderem Zusammenhang etwa den sprachinternen
Appellen in der Weinrichschen Theorie des linguistischen Hand-

---

(2. Aufl., 1966) und in: Logische Untersuchung (hg. von I.
Angelelli), Darmstadt, 1967.

[1] Eine Zusammenschau der zahlreichen terminologisch und oft
auch konzeptuell divergierenden Zeichenmodelle gibt Eco 1973,
l.c., p. 30.

[2] cf. Eco 1973, l.c., p. 172ff.; insbesondere die dort gegebene
Argumentation: "Diese Definition gilt auch für Situationen
wie etwa die, in der ich bitte /Gib mir diesen Apfel/ und
dann den Apfel bekomme. (...Hier) scheint der Akt der Bezugnahme auf ein Resultat hinauszulaufen, das nicht mehr semiotisch ist (der Apfel, den ich bekomme, interessiert mich nicht
als Zeichen, sondern als etwas, das ich vielleicht essen
kann). Sagen wir also, daß die Semiose solange läuft, bis ich,
nachdem ich mittels einiger Indizes (/diesen/ und der zeigende
Finger ...) die abstrakten Signifikate /bringen/ und /Apfel/
auf die Bezugnahme angewendet habe, dem Empfänger ein Gesamt-
signifikat übermittle, das man als 'Aufforderung zum Herbei-
bringen des bei den Koordinaten x und y befindlichen Gegen-
standes' beschreiben könnte. Die Tatsache, daß der Empfänger
mein komplexes Zeichen versteht und sich von ihm zu einem Wil-
lensprozeß anregen läßt (...), betrifft, auch wenn dieser Prozeß weitere semische Akte nach sich zieht, nicht mehr die Semiose."; - hier könnte der Verdacht auf eine Tautologie im
Schluß aufkommen; denn: als Zeichen gilt explizit die dyna-
misch verstandene Korrelation von Signifikant und Signifikat
unter eigens betontem Ausschluß jedmöglicher Referenten; wenn
dann der Akt der Bezugnahme als außersemiotisch apostrophiert
wird, so ist das Folge einer Prämisse, nicht deren Erweis,
nicht einmal Indiz für die Applikabilität der Hypothese.

lungsbegriffs gelingt[1]-), dann gerade bleibt fraglich, ob die
Exklusion der referentiellen Verbindlichkeit, wie sie das Zei-
chensignifikat ja gerade garantieren soll, nicht eher eine
Schwachstelle der Argumentation markiert. Ecos Theorie erscheint
hier aus zwar einsichtiger, aber doch wohl übertriebener Berührungsscheu vor behavioristischen Alternativen einerseits, wegen
der heuristisch motivierten Abblendung der Diskurssemiotik[2] andererseits, auf die eben auch semiotische Bedeutsamkeit (etwa in
soziologischer, kultureller Hinsicht, etc.) von Bezugnahmeakten
gar nicht abzuzielen.[3] Wie aber Kommunikation auf extrasemioti-
sche Resultate hinauslaufen kann und warum solche Bezugnahme etwa durch Intention auf physisches Verhalten (-zB. einer Auffor-

---

[1] cf. Harald Weinrich, Sprache in Texten, Stuttgart, 1976,
insbesondere p. 21ff.

[2] cf. Eco 1973, l.c., das Ende der Einleitung, p. 9ff.

[3] cf. Eco 1973, l.c., p. 174; dort: "Aber ein ganzer Roman
oder ein Gedicht sind eindeutig semische Akte, bei denen die
Bezugnahme nicht besteht oder fiktiv ist (die poetische Konvention sieht eine 'Aufhebung der Ungläubigkeit' vor und
räumt ein, daß die Indizes auf inexistente Gegenstände verweisen können; folglich handelt es sich um einen falschen Akt
der Bezugnahme, bei dem nicht auf tatsächliche Gegenstände
und Situationen hingewiesen, sondern Signifikate vermittelt
werden).";. gerade die doch überbelichtete Unterscheidung von
Bezugnahme und Verweis scheint sich hier allzu sehr vom Kriterium der wahr-falsch-Entscheidbarkeit abhängig zu machen;
einmal abgesehen davon, daß der, wie Iser 1976, l.c., p. 64,
schreibt, "seit Coleridge immer wieder beschworene 'willing
suspension of disbelief', den der Leser zu leisten habe, um
sich der Welt des Textes anzuverwandeln, eine ideale Forderung (bleibt), von der man nicht einmal sagen kann, ob ihre
Einlösung überhaupt wünschenswert wäre", fällt die Charakterisierung der 'fiktiven Bezugnahme' hier hinter Ecos eigene
Distinktionsschärfe andernorts auffallend zurück, cf. etwa
S. 175, Anm. 1, wo vom durch ästhetische Sprache implizier-
ten 'referentiellen Gebrauch der Emotionen' die Rede ist;
spezielle Typen von Bezugnahmeakten sind gerade semiotisch
bedeutsam wie ebenfalls die jeweiligen Konventionen, welche
die Verstehbarkeit ihrer differenzierten Finalität erst ermöglichen; daß nämlich Sätze, die ebenso möglich in einem
pragmatischen Handlungszusammenhang geäußert werden könnten,
dann, wenn sie in wie immer literarischen Texten auftreten,
als integrale Momente des Fiktionsgeschehens rezipiert werden können, zeigt einzig, wie sehr es sich bei ästhetischer
Kommunikation um einen inkonvertiblen Modus der Bezugnahme
(Referenzbildung) handelt.

derung soll Folge geleistet werden, etc.-) nicht selbst, klassifiziert als ostensives Zeichen, prinzipiell den mentalen Reaktionen während des Semioseprozesses gleichgestellt werden soll,
wird von Eco nicht so diskutiert, daß die Differenz zu den semiotischen Prozeduren während der Lektüre (insbesondere literarischer Texte) daraus einsichtig zu machen wäre.

Dabei besitzt Eco doch gerade im Begriff der unbegrenzten Semiose ein taugliches Instrument, um die dem literarischen Diskurs
aufgetragene Vermittlung ästhetischer Erfahrung[1] auch zeichen-
theoretisch begründen zu können. Denn eben durch das Fehlen
einer dingweltlichen Referenz, an der sie sich nach richtig oder
falsch bemessen könnte und die zu unmittelbaren Handlungsreakti-
onen veranlassen würde, ist der ästhetischen Mitteilung in einem
virtuell unabschließbaren Semioseprozeß eine Sinnprägnanz zugänglich, die in der als Kommunikation verstandenen Lektüre ihre
intersubjektive Vermittlung erfahren soll.[2]

Die von ästhetischen Texten ausgehende Semiose kann vom Rezipienten nicht durch praktisches Verhalten abgebrochen werden, es
sei denn, er beende die Lektüre, sondern muß in einem weiteren,
von ihm weitgehend selbst kontrollierten Semioseprozeß, dem In-
terpretationsverhalten, aufgefangen und fortgeführt werden. Indem die ästhetischen Produktionen die benutzten Zeichen so ver-
arbeiten, daß deren semantische Potentiale nicht von einem
außersprachlichen Referenten frühzeitig gebunden werden können,
gelingt es ihnen, dem Leser eine Erfahrung nicht-sanktionierter

---

[1] Der aus seiner Ästhetik, cf. Eco 1962/67, l.c., stammenden
Einschätzung der Aufgabe von Kunst wäre vor den Intentionen
der Eichtexte vorbehaltlos zuzustimmen; cf. ibid., p. 46,
dort: "Die Wissenschaft ist der autorisierte Bereich der
Welterkenntnis, und jedes Streben des Künstlers in dieser
Richtung laboriert, so sehr es auch poetisch produktiv werden mag, an einem Mißverständnis. Aufgabe der Kunst ist es
weniger, die Welt zu erkennen, als Komplemente von ihr her-
vorzubringen, autonome Formen, die zu den schon existierenden hinzukommen und eigene Gesetze und persönliches Leben offenbaren. Gleichwohl kann jede künstlerische Form mit höch-
stem Recht wenn nicht als Surrogat der wissenschaftlichen Erkenntnis, so doch als epistemologische Metapher angesehen
werden."; - die häufige kursive Setzung in den Ecoschen Texten (Übersetzung) ist nicht berücksichtigt worden.

[2] cf. dazu auch Iser 1976, l.c., p. 354f.

Projektionen zu ermöglichen, die in lebenswirklicher Interaktion
ausgeschlossen ist.

Die Maulwürfe Eichs, die auf komplexe Fiktionsbildung (wie etwa
beim Roman, beim Drama, etc.) verzichten, müssen durch potenzierte Fiktionalität der einzelnen Textelemente (Zeichen im Kontext) die Bereitschaft des Lesers, diesen Semioseprozeß zu
durchlaufen, anregen; indem sie aber als außertextuelles Korrelat die Welt selbst als ein Arsenal von Zeichen vorstellen,
praktizieren sie von sich aus schon die Semiotisierung der in
ihren Diskurs gezogenen Referenten, wodurch sich diese als Verhaltensmuster auf den Leser nur noch übertragen muß; das auf
Zeichen verweisende Textzeichen dieser Stücke intendiert nicht
mehr die ungebrochene Fiktion einer zum Thema gemachten Realität, sondern erhebt diese Fiktion selbst zum Thema. Diese von
ihren Illusionsmöglichkeiten desillusionierte und daher auch
desillusionierende Literatur gibt somit die traditionell dem
Autor vorbehaltene poetische Lizenz an ihre Leser weiter. Der
Text diktiert nicht mehr einen wenn auch fiktiven Weltbezug,
dem sich der Leser, selbst um ihn zu negieren, anpassen müßte,
sondern er vermittelt Zeichen, die dem Leser zur Prüfung ihrer
Bedeutung angeboten werden.

Wenn das einzelne Zeichen seine möglichen Bedeutungskomponenten
destabilisiert und sie und damit auch die habituell wirksamen
Konventionen ihrer Bestimmung zur (fast) freien Verfügung der
Autorität des Lesers überantwortet, ändert sich freilich auch
die Bedeutung des Textes selber, deren jetzt prozessuale Momente[1] beim Vollzug ästhetischer Erfahrung in der Lektüre bewußt
gehalten werden müssen; die Maulwürfe stellen so quasi ein literarisches Pendant zur Text-Leser-Theorie dar, wie sie vor allem Iser in Weiterführung früherer Arbeiten[2] in seiner Theorie
ästhetischer Wirkung ausgearbeitet hat.

Iser versteht Text als "ein Wirkungspotential, das im Lesevorgang aktualisiert wird"[3]; die Disparität von gegenwärtiger,

---

[1] cf. Mukařovský, l.c., insbesondere p. 81.

[2] cf. vor allem Iser 1970, l.c., und Iser 1972, l.c.

[3] cf, Iser 1976, l.c., p. 7

"partialer" Kunst und der überlieferten Interpretationsnorm, die
Werke nach ihrer von ihnen vermeintlich isolierbaren Bedeutung
abzufragen, um sie noch als Organon von Wahrheitsrepräsentation
begreifen zu können, soll überwunden werden durch Konzentration
auf den Sachverhalt, daß ein Werk seinen "eigentlichen Charakter
als Prozeß nur im Lesevorgang zu entfalten vermag"[1]; die Kunst,
die als ästhetische Interpretation des Ganzen zur Vergangenheit
geworden ist, verlange auf ihrem heutigen Entwicklungsstand ein
neues Rezeptionsverständnis: die Bedeutung fiktionaler Texte etwa "hätte dann viel eher die Struktur des Ereignisses; sie ist
selbst ein Geschehen, das sich nicht auf die Denotation empiri-
scher oder wie immer angenommener Gegebenheiten zurückbringen
läßt. Dadurch aber verändert sich der Charakter, zumindest aber
die Einschätzung der Bedeutung selbst. Wenn der fiktionale Text
durch die Wirkung existiert, die er in uns auszulösen vermag,
dann wäre Bedeutung viel eher als das Produkt erfahrener und
das heißt letztlich verarbeiteter Wirkung zu begreifen, nicht
aber als eine dem Werk vorgegebene Idee, die durch das Werk zur
Erscheinung käme."[2]
Der Bedeutungsbegriff verliert so offensichtlich seine traditionellen Substanzattribute und gewinnt sich statt dessen, als Interaktion vorgestellt, Handlungs- und Verhaltensmerkmale. Der
einzelne Text als Kunstwerk lenke nun zwar durch Strukturierung
die Erfassungsakte des Rezipienten, kontrolliere sie aber nur
zum Teil, so daß den individuellen Leserdispositionen ein eigenes Realisationsspektrum eingeräumt bliebe; "Textstruktur und
Aktstruktur bilden folglich die Komplemente der Kommunikationssituation, die sich in dem Maße erfüllt, in dem der Text als Be-
wußtseinskorrelat im Leser erscheint"[3]; der Text mit seinen
Konstituenten (Repertoire und Strategien) ist das Angebot, das
durch die Aktualisierung des Lesers individuell eingelöst werden kann; dennoch versteht Iser diese Kommunikation nicht als
verkappte "Einbahnstraße vom Text zum Leser"; vielmehr scheint

---

[1] cf. Iser 1976, l.c., p. 39.

[2] cf. ibid., p. 41f.

[3] cf. ibid., p. 175

es ihm geboten, "das Lesen als Prozeß einer dynamischen Wechsel-
wirkung von Text und Leser beschreibbar zu machen. Denn die
Sprachzeichen des Textes bzw. seine Strukturen gewinnen dadurch
ihre Finalität, daß sie Akte auszulösen vermögen, in deren Entwicklung eine Übersetzbarkeit des Textes in das Bewußtsein des
Lesers erfolgt. Damit ist zugleich gesagt, daß sich diese vom
Text ausgelösten Akte einer totalen Steuerbarkeit durch den
Text entziehen. Diese Kluft indes begründet erst die Kreativität
der Rezeption."[1]

Der Leser, der sich vermittels Konsistenzsetzungen (etwa Refe-
rentialisierungsversuche) am Kommunikationsprozeß mit dem Text
beteiligt, bedürfe dann besonderer Impulse für die von ihm zu
bewerkstelligende Konstitutionsaktivität, wenn es sich um Texte
handle, für die eine wie immer vorgestellte Wirklichkeit als
Referenz ausfällt; dies träfe zu bei solchen Texten, die im
Durchbrechen ihrer Referentialisierbarkeit ihren Sinn erst ge-
wännen; die gemeinten Impulse analysiert Iser als Leerstellen,
Negationen und Negativität[2] fiktionaler Texte.[3]

---

[1] cf. Iser 1976, l.c., p. 176.

[2] cf. auch S. 23 und die dortige Anm.

[3] cf. Iser 1976, l.c., p. 348; "Leerstellen und Negationen markieren bestimmte Aussparungen bzw. virtuell gebliebene Themen
auf der syntagmatischen und der paradigmatischen Achse des
Textes (...). Sie initiieren eine Interaktion, in deren Verlauf die Konturen des Leergelassenen von den Vorstellungen
des Lesers besetzt werden, wodurch sich auch die Asymmetrie
zwischen Text und Welt aufzuheben beginnt und der Leser eine
ihm fremde Welt zu Bedingungen erfahren kann, die nicht durch
seinen Habitus determiniert sind. Leerstellen und Negationen
bewirken insofern eine eigentümliche Verdichtung in fiktionalen Texten, als sie durch Aussparung und Aufhebung nahezu alle Formulierungen des Textes auf einen unformulierten Horizont beziehen. Daraus folgt, daß der formulierte Text durch
Unformuliertes gedoppelt ist. Diese Doppelung bezeichnen wir
als die Negativität fiktionaler Texte."; cf. dazu auch die
vielen Eichschen Äußerungen über den "Raum zwischen den Zeilen", so etwa GW, IV, p. 307, die ins Jahr 1962 datierte Notiz: "Sprache beginnt, wo verschwiegen wird./ Es gibt eine
aussprechende Sprache und eine verschweigende Sprache./ Das
Aussprechen geschieht nicht nur als Mitteilung, als Zeitungs-
nachricht, es geschieht auch in der Literatur./ Es gibt sogar
Gedichte, bei denen der Raum zwischen den Zeilen leer ist.";
zum Iserschen Begriff der Doppelung, cf. die im Kommentar zu
"Telefonisch" mitgeteilte Beobachtung S. 22f.

Diese Explikationen basieren auf einer ästhetischen, Adorno[1]
nahestehenden Grundentscheidung, wonach der fiktionale Text
nicht über Gegenstandsmerkmale, wie sie sonst für die Bestimmung von Wirklichkeit gelten, zu klassifizieren sei, sondern
als Vermittlungsinstanz einer erst durch ihn hervorgebrachten
und durch ihn organisierten Wirklichkeit; so kann Iser dann im
Hinblick auf die arteigene Kommunikationsleistung von Fiktion
resümieren: "Was immer im einzelnen als Inhalt durch sie (sc.
die Fiktion; -MK) in die Welt kommt, das wirklich im Leben
Nicht-Gegebene, was folglich nur sie anzubieten vermag, besteht
darin, daß sie uns das zu transzendieren erlaubt, woran wir so
unverrückbar gebunden sind: unser Mittendrinsein im Leben."[2]
Hier scheint die knapp dargestellte wirkungstheoretische Auffassung[3] Isers stark mit der Ecoschen zu konvergieren, wo ja
die Funktion der Kunst programmatisch als Realisation solcher
Konkurrenzwelten mit den ihnen eigens anhaftenden Erfahrungsqua-
litäten definiert wird.[4]
Da sich auch diese Beschäftigung mit den Maulwürfen als Interaktion zwischen Text und Leser versteht, respektiert sie ein
bipolares Spannungsfeld, in welchem die Vorgabe des Textpols
als Resultat des Zusammenspiels von Textrepertoire und -strate-
gien zu fassen wäre, wie sie in den jeweiligen Einzeltextanalysen, aber auch in den anderen, an spezifischen Fragestellungen
interessierten Untersuchungen angetroffen werden. "Das Textrepertoire bezeichnet das selektierte Material, durch das der
Text auf die Systeme seiner Umwelt bezogen ist, die im Prinzip
solche der sozialen Lebenswelt und solche vorangegangener Lite-

---

1) cf. Adorno 1970, l.c., p. 499; "Kunst ist tatsächlich die
Welt noch einmal, dieser so gleich wie ungleich", ein Satz,
der bei Iser 1976, l.c., p. 282, Erwähnung findet.

2) cf. Iser 1976, l.c., p. 354.

3) Einen ersten Überblick verschafft Rainer Warning (Hg.), Re-
zeptionsästhetik. Theorie und Praxis, München 1975.

4) cf. S. 179, Anm. 1; cf. dazu auch Wellershoff, l.c., sowie
Lotman, l.c., insbesondere p. 55ff.; alle diese Autoren werden mit ihrer Einschätzung nicht sagen wollen, daß Kunst (dh.
hier besonders fiktionale Literatur) aufgrund ihrer Verfassung dazu bestimmt sei, eine intellektuelle Weltflucht zu organisieren; aber der Typus der ästhetischen Erfahrung soll im
Kontrast zur Logik der Lebenswirklichkeit herausgestellt werden.

ratur[1]) sind."[2]) Diese verarbeiteten Repertoireelemente ermöglichen es dem Text, vermittels Horizontbildung[3]) einen Verwei-
sungszusammenhang herzustellen, "aus dem das Äquivalenzsystem
des Textes[4]) gebildet werden muß. Zur Konkretisierung dieser
virtuell gebliebenen Äquivalenzen des Repertoires bedarf es der
Organisation[5]), die von den Textstrategien geleistet wird."[6])
Beide Komponenten - Repertoire und Strategien[7]) - stellen sich

---

[1]) Diese Literatur reflektierende Eigenschaft von vor allem moderner Literatur ist in der Theorie mittlerweile allenthalben
gesehen und prominent gewürdigt worden; cf. nur etwa Lotman,
l.c., p. 41: "Jedes auf Erneuerung abzielende Werk ist aus
traditionellem Material gemacht. Wenn der Text die Erinnerung
an traditionelle Verfahren nicht wach hält, wird seine Erneuerung überhaupt nicht wahrgenommen."-

[2]) cf. Iser 1976, l.c., p. 143.

[3]) Der Terminus Horizontbildung markiert hier auch die erkennt-
nis- und verhaltenstheoretische Bedingung der Möglichkeit,
daß Text und Leser in ihrer spezifischen Kommunikationssituation, also ohne pragmatisch von der Realität vorgegebene
Determinanten, überhaupt zu Konvergenzen gelangen können.

[4]) Mit diesem Terminus ist, wie bei Iser 1976, l.c., p. 136ff.,
die Fähigkeit des Textes gemeint, sich gerade über die Aufhebung vertrauter Äquivalenzen (Maurice Merleau-Ponty, Das Auge
und der Geist, übers. von H.W. Arndt, Hamburg, 1967, p. 84,
spricht von 'kohärenter Deformierung') als Initiierung von
Konstitutionsakten zur Geltung zu bringen.

[5]) Dieser Terminus bezeichnet Ähnliches wie derjenige der mo-
dellbildenden Funktion von spezifischen Kommunikationssyste-
men, cf. dazu noch einmal S. 88f., sowie die dortigen Anm.,
wo Lotmans Beschreibung der Fähigkeit fiktionaler Texte zur
weitgehenden Selbstorganisation zitiert worden ist.

[6]) cf. Iser 1976, l.c., p. 143; auch Iser übrigens versteht den
Text als ein selbststeuerndes System, das er, in Anlehnung an
den Sprachgebrauch der Kybernetik "Servomechanismus" nennt,
cf. ibid., p. 111, welcher zwischen Text und Leser wirksam
werde, indem sich "der Wirkungsvorgang des Textes über die
ständige Rückmeldung der im Leser erzeugten Wirkungen entwik-
kelt. Folglich sind Text und Leser in einer dynamischen Situation miteinander verspannt, die ihnen nicht vorgegeben ist,
sondern im Lesevorgang als Bedingung der Verständigung mit
dem Text entsteht."-

[7]) Vom russischen Formalismus und in seiner zeitgenössischen
Fortentwicklung wird dieses Komponentenpaar auch bisweilen
unter dem Titel der Dialektik von Selektion und Kombination
diskutiert; zur genuin informationstheoretischen Relevanz
solcher Transmittationsbedingungen cf. auch etwa Eco 1962/67,
l.c., p. 90ff., Eco 1968, l.c., p. 52ff., Lotman, l.c., p.
43ff., wo die auf bestimmte Koderealisierung gründende Fähig-

dann als wechselseitige Koeffizienten des Textpols der Realisation durch den Leser[1], die dessen Beteiligung am Zustandekommen des nun als Wirkungspotential bestimmten Textes ausmacht.

9.2.

Ausgangspunkt für die folgenden Erörterungen bildet ein Blick auf den Vokabelbestand der Maulwürfe; der Textumfang erfordert dabei die Beschränkung auf das von Eich besonders geschätzte Substantiv[2]; eine Auflistung der dreiundzwanzig häufigsten Nomen, die allesamt öfter als zehnmal in der Maulwurfrede vorkom-

---

keit künstlerischer Texte zur Informationsakkumulierung untersucht wird; auf die Funktion der informationellen Ordnungskonstitution innerhalb einer Mitteilung und auf die Rolle der Kontingenzbeträge hinsichtlich ihrer virtuellen Kommunikationsstimulanz soll hier nicht näher eingegangen werden; dazu und auch zur Bedeutung des Entropiebegriffs für eine kybernetische Erkenntnisse - cf. Norbert Wiener, Kybernetik, Düsseldorf/Wien, 1963, 2. Aufl. - verwertende Informationstheorie ästhetischer Kommunikation, cf. Eco 1962/67, l.c., p. 98ff., und Lotman, l.c., p. 38ff.

[1] Gegenüber möglichen Mißverständnissen sei Isers pointierte Unterscheidung, cf. Iser 1976, l.c., p. 8, zitiert: "Rezeptionstheorie hat es (...) immer mit historisch ausmachbaren Lesern zu tun, durch deren Reaktion etwas über Literatur in Erfahrung gebracht werden soll. Eine Wirkungstheorie ist im Text verankert - eine Rezeptionstheorie in den historischen Urteilen der Leser."; das besagt für den Term Lektüre, daß er nicht einen individuellen oder einen für eine Epoche oder für ein Kollektiv typischen Lesevorgang meint, sondern die Bedingungsverhältnisse ästhetischer Wirkung zu umschreiben sucht; die Lektüre des Textes bietet die Struktur an, welche die konkrete Person des Lesers je nach ihrem Habitus und ihren Dispositionen individuell aktualisiert; cf. zum dabei wirksam werdenden Konzept des impliziten Lesers, Iser 1970, l.c., Iser 1972, l.c., und vor allem Iser 1976, l.c., p. 60ff.

[2] cf. GW, IV, p. 442: "Ich bin über das Dingwort noch nicht hinaus. Ich befinde mich in der Lage eines Kindes, das Baum, Mond, Berg sagt und sich so orientiert.", aus der Vézelay-Rede; aber auch aus der ganz auf den Substantivgebrauch sich verknappenden Lyrik der letzten Jahre, etwa ibid., I, p. 282, "Die vorige Woche": "Mittwoch. Die Kastanien beeilen sich./ Kein Zeitwort,/ den Donnerstag zu verhindern.// (...)"; und noch der Maulwurf "In eigener Sache", ibid., p. 346, konstatiert: "Das Grundmuster freilich bleibt: Die Ansicht von Gegenständen, nicht von Bewegung."-

men, soll einen ersten Eindruck vom lexikalischen Repertoire
dieser Prosa und von ihrer durch Dingwörter vermittelten Ding-
welt geben:
Zeit (37/29)[1]; Tag (30/21); Welt (26/22); Leben (24/20); Jahr
(23/18); Gras (18/7); Beispiel (17/16); Wort (17/14); Bein (17/
11); Auge (16/14); Tür (16/9); Regen (15/6); Frage (14/12);
Maulwurf (14/5); Farbe (13/7); Sommer (13/4); Fenster (12/9);
Ohr (12/9); Brief (12/8); Jonas (12/1); Ort (11/10); Gott (11/
8); Schnee (11/7).
Es sei hier keine ausgefeilte Worthäufigkeitsstatistik betrie-
ben; doch fällt auf, daß sich einige dieser Vokabeln mühelos in
semantische Felder einfügen lassen, die wiederum Teilareale miteinander gemeinsam haben. Mit Ausnahme vielleicht von "Beispiel",
das sich allein neunmal dem sprachgestisch signifikanten ready
made "zum Beispiel" verdankt, und "Jonas", bisweilen auch "Gott",
als Eigenname, erfüllen die angegebenen Stichwörter die volle De-
signationsleistung eines Substantivs. Wie stark solche Feldkonti-
nuen in den Maulwürfen verankert sind und wie sie somit den einzelnen Assoziationsimpulsen eine anscheinend stabile Koordina-
tion verleihen, kann schon auch nur durch Andeutung von Komplettierung gezeigt werden:
Morgen (5/5); Mittag (3/1); Nachmittag (2/1); Abend (3/3); Nacht
(8/6); Woche (4/3); Stunde (4/4); Minute (6/5); Sekunde (2/2);
Winter (7/5); etc.; neben der überdurchschnittlich hohen Frequenz dieser Kernvokabeln ist auch ihr jeweils stark extensives
Wortumfeld für die Semantik der Maulwurfsprache von Bedeutung:
Zeiteinheit[2], Zeitlang, Zeitlauf, Zeitzeichen, Tageszeit, Jah-
resablauf, Jahreszahl, Jahreszeit (2/1), Jahrhundertwende; Som-
merhaus, Sommerschlußverkauf, Sommertag (4/1); Morgenblick, Mor-

---

[1] Die Stichwörter sind ihrer Häufigkeit nach geordnet; die erste der in Klammern gesetzten Zahlen gibt die absolute Frequenz an, die zweite die Anzahl der Einzeltexte, in denen die
jeweilige Vokabel (unter Mißachtung ihrer grammatikalischen
Flexion) nachgewiesen werden kann; total sind 2650 Substantive und substantivierte Formen in den 102 Texten der von Eich
in den beiden Einzelbänden veröffentlichten Maulwürfe gezählt
worden; die Kulkaprosa und die Texte ab GW, I, p. 376, finden
keine Berücksichtigung.

[2] Wörter ohne Zahlen sind im hier untersuchten Textkontingent
lexikalische Unikate.

gengrauen (2/1), morning; Mittagessen; Monat (dazu dann diverse Monatsnamen); Frühjahr, Frühjahrsabend, Frühling; Frühsommer, Frühwinter; Herbst; Winteranfang, Winterschlaf, Winterstudentin; etc.; es scheint, daß allein durch solche Vokabulartypen Vertrautheit und Verständlichkeit der sich über sie konstituierenden Rede garantiert sein dürften; Vokabeln, die daran beteiligt sind, Zeit- und Ortsbestimmung zu ermöglichen, oder jedem bekannte Körperteile bezeichnen, einfachste Naturphänomene notieren, über Gott und die Welt, das Leben und den "Tod" (4/3) das Wort führen, sollten hinlänglich sicherstellen, daß die Sprache, die sich ihrer bedient, nicht der zu wünschenden Klarheit entbehrt.

Eine zum Beispiel gegebene Kollektion aller der Sätze, in denen die Vokabeln "Tür" und "Fenster" vorkommen, kann dann aber schon das gespannte Verhältnis zwischen dem durch Alltagskonvention genormten Zeichenrepertoire und dem von zentrifugaler Logik zum Durchbruch getriebenen Assoziationsverhalten der Maulwürfe veranschaulichen:[1]

- Ein Fenster, dem Gewöhnlichen geöffnet. - Es ist das geöffnete Fenster in einem Winter, der Schnee fällt leise und hier. (Kehrreim, 304)
- Der Schrank ist groß genug, um einen überraschten Liebhaber zu verstecken, er kann bequem darin schlafen, wenn kein Befugter die Tür öffnet. (Barock, 307f.)
- Kaum habe ich einen Stuhl gefunden, öffnet sich die Tür und einer von beiden starrt herein, Vater Staat und Mutter Natur. (Hausgenossen, 312f.)
- Hinter der zuen Tür wohnt Leibniz, habe ich mir sagen lassen. - Er scheint mich für einen Nomaden zu halten, von denen er behauptet, sie hätten keine Fenster. Aber ich habe Fenster, habe auch eine Wand und eine Tür. - Auch den Optimismus habe ich ihm durch die zue Tür mit Klopfzeichen eingeblasen. - Der Triumpf in seiner Stimme ärgert micht; wenn ich auf die Straße gehe, suche ich seine Fenster und finde sie nicht. - Ich möchte ihm gern persönlich widersprechen, aber er macht die Tür nicht auf. (Versuch mit Leibniz, 316f.)
- Wahrscheinlich ist die Tür offen. - Die einzige Möglichkeit, daß niemand ins Zimmer kommt, ist, das Geld vor die Tür legen. (Klimawechsel, 319)

---

[1] In Klammern steht zuerst der Titel des zitierten Einzelmaulwurfs und dann seine Seitenzahl in GW, I, l.c.

- Es klingelte eines Tages und er lag vor der Tür. - Will er nicht absteigen, ich muß jetzt durch lauter niedrige Türen. Aber er kichert bloß, Türen machen ihm nichts. (Nathanael, 326f.)
- Meine Regenschirme aus Wachspapier, meine Tage, mein Morgenblick aus dem Fenster. (Ein Tag in Okayama, 327)
- Nachts bleiben die inneren Türen auf. (Begrüßung, 329f.)
- Man abstrahiert sich und die Türen fallen ins Haus, überall Briefmarkensammler und Elternpaare mit Kindern, die Koksheizung im Keller hilft etwas, aber auch da bleiben die Klammern, eckig und rund, - wie weit rücken sie auseinander! (Geometrie und Algebra, 330)
- In einem Kästchen hebe ich Schlüssel auf, ich weiß nicht, in welche Türen sie gehören. - In meinen Erinnerungen stehen alle Türen offen. (Schlüssel, 333f.)
- Wenn ich zum Fenster hinausglotze und die ratlosen Okeaniden lachen über mich, männliche, weibliche und Hermaphroditen, ach ihr Sperlinge auf dem Feld, wüßtet ihr doch, was ich weiß. - Im Drugstore gibt es alles zu kaufen, mein Okeanos schwemmt es mir vor die Tür, Meerwasser in Milchgestalt, Vitamine. (Altern, 336f.)
- Der Berg steht schon einige Tage vor meinem Fenster, auch verdächtig zweidimensional. (Wenig Reiselust, 341f.)
- Im Nachthemd stürze ich gleich aus dem Fenster, um nach lebendgebärenden Pflanzen Ausschau zu halten. (Schöne Frühe, 344f.)
- Hinter den offenen Fenstern zeigen sich die Sprichwörter und alles hat auch sein Gegenteil. (Telefonisch, 349f.)
- Überall Pappkameraden, heißen Matterhorn, Zugspitze, Großglockner, stehen vor allen Fenstern, zeigen Schnee her aber ganz unverbindlich, ohne jede Forderung, nur majestätisch. (Talsperre, 358)
- Grün läßt eins ins andere greifen, die Farbe in die Kämme, den Jemand in den Schnee, gestern gab es noch Freiheiten, aber nachts warf einer eine Schnapsflasche aus dem Fenster. (Carstensen, 363f.)

Dieses Querschnittvokabular dokumentiert, wie die Aussagekonstruktion der Maulwürfe eine den Texten vorausliegende, allgemeine Bekanntheit in ihren Reflexionsgang integriert. Als würde eine auf Seßhaftigkeit rigid begrenzte Existenz die literarische Vermittlung von Alltäglichkeitserfahrungen intendieren, so lassen die Exzerpte die Tür und das Fenster im Ambiente der eigenen vier Wände erscheinen als Paßstationen eines zwar individuellen, aber auch sozio-kulturell relevanten Orientierungsrahmens; die Wohnung (4/4), das Zimmer (6/6), der habituelle Lebensraum, wo das Unerwartete durch eingespielte Konventionen verhindert werden kann, die privat-intime Atmosphäre, die defensive Ideologie der Abgeschlossenheit im Haus (7/6), all das geschützt

Schützende wird aber gefährdet schon durch die immer offenstehende Tür, die (auch die Imagination) zum Kommen und Gehen einlädt, schon durch den morgendlichen Blick aus dem Fenster.[1]

Die in diesen Textfragmenten fast archetypisch kolorierte Polarität von Außen und Innen, von Bekanntem und Unvertrautem, von Bewegung und Stillstand, mit ihren konträren Wertsetzungspotentialen, die darzustellen auch so simple Wörter wie Tür und Fenster durch Repetition und Modifikation im Diskurs hergerichtet werden, ist noch verschärft akzentuiert durch den für (assoziative) Flexibilität und (fingierte) Mobilität anfälligen Sprachgestus, der das Quartier des textuellen Hier und Jetzt überall, und so auch an den für real verstandene Existenz unwirtlichsten Vorstellungsorten (cf. "Alter", "Telefonisch") aufschlagen läßt.[2]

Ohne daß erst das in den Maulwürfen selektierte Repertoire in verschiedene Rubriken gegliedert werden müßte, zeigen die wiederkehrenden Motivkreise und Vorstellungsmuster, daß die Texte zum einen verarbeitete Sinnfigurationen vermitteln, wie sie zum Beispiel in moralischen, sozialen, logischen -etc.- Konventionen auch des Alltagsbewußtseins enthalten sind, zum anderen aber bestimmte Sprach- und Literaturprodukte (Kolloquialismen, literarisch fixierbare Textteile, etc.) über mehr oder weniger direkte Zitate oder freispielende, oft für den Kontext nicht

---

[1] Wie sehr sich in der sinnvagabundierenden Maulwurfsprache die Vokabeln fürs täglich Gewohnte mit fremdgehenden Assoziationsgehalten anfüllen, wird besonders eindringlich am "Versuch mit Leibniz", wo sich die Bezeichnungen "Tür" und "Fenster" gehäuft versammeln; die, wie es heißt, Fensterlosigkeit der Nomaden, welche Leibniz behaupte, wird in eine Kryptokritik der Leibnizschen Monadologie (und anderer Philosopheme dieses Denkers, cf. S. 68, Anm. 1, S. 73, Anm. 1) verkehrt, indem suggeriert wird, er als fiktiver Zeitgenosse, ja wahrscheinlich Nachbar des Maulwurfsprechers, habe sich hinter seinem blinden Harmonieoptimismus verbarrikadiert, verhalte sich dort monadisch, und seine eigenen Fenster, durch die hinein und hinaus (Blick)Kontakte mit der Umwelt möglich wären, seien nicht zu finden; cf. auch S. 116, Anm. 1; die bewußt nur halb ausgespielte Tiefsinnigkeit des kalauernden Anagramms Nomade/Monade bringt die semantische Opposition von Seßhaftigkeit und (auch intellektueller) Beweglichkeit mit zur Sprache.

[2] cf. zum Themenkreis: Standortangabe, Wo ich wohne, etc., auch die Bemerkungen zum Maulwurfsujet 'Reise'.

weiter genützte Andeutungen reaktualisieren.[1]

Gerade weil aber der Zeichenbestand etwa des Basisvokabulars
einen relativ hohen Bestimmtheitsgrad aufweist, muß die sich
allenthalben beim Maulwurflesen einstellende Erfahrung des
nicht wiedererkennbar Gewohnten die Frage veranlassen, welchen
Veränderungen solche Repertoireelemente (auch die bloß lexikalischen) unterliegen, wenn sie im Diktat des Diskurses wiedererscheinen, und wie diese Abwandlungen auf die Kommunikation
des Textes mit dem Rezipienten einwirken.

Aufgefallen ist ja, daß die Maulwürfe durch ihre Evokationstech-
nik die je zur Selektion bestimmten Elemente aus ihren vorfindlichen Bezügen und Sinnsystemen herauslösen (cf. dazu nur den
Textkommentar zu "Telefonisch", S. 13ff.), um sie dann als
gleichsam pensionierte Bedeutungsträger für ihren Textkörper zu
requirieren. Eine solche Exemtion hinterläßt jedoch ihre Spuren;
denn die so adoptierten Repertoireelemente können nicht vollständig aus ihren originären Verbindlichkeiten - etwa den außertextuellen Normen - befreit werden, und sie bleiben deshalb
stigmatisiert von ihrer jetzt aufgehobenen Position im jetzt abgetrennten Funktionszusammenhang; sie tauchen im Maulwurftext
mit unvertraut irisierender Existenz auf. Diese Doppelexistenz
in verschiedenen Äquivalenzsystemen - einmal dem, welches der
Text ausbeutet, zum andern dem Text selbst, der gerade durch die
Depotenzierung des ersten seine eigene Geltung beansprucht -
stattet die Sprachzeichen des Textrepertoires dann mit der beobachteten Instabilität und der semantischen Bewegtheit aus.

---

[1] cf. Iser 1976, l.c., p. 136: "Die selektierten Normen außer-
textueller Realitäten und die literarischen Anspielungen als
zentrale Bestandteile des Textrepertoires sind zwei verschiedenen Systemen entnommen. Das eine Element entstammt den epo-
chalen Sinnsystemen, das andere dem Arsenal der Artikulationsmuster, durch die in vorangegangener Literatur die Reaktion
der Texte auf ihre Umwelt formuliert worden ist. Die selektierten Normen und die selektierten Schemata sind einander
nicht äquivalent (...). Zugleich aber signalisiert ihre Zusammenstellung, daß sie aufeinander bezogen werden müssen,
und das trifft selbst dort zu, wo durch sie Differenzen markiert werden sollen. Wird durch die Selektionsentscheidungen
im Text die Äquivalenz des Vertrauten aufgehoben, so ist damit das Prinzip der Äquivalenz im Text noch nicht preisgege-
ben."; cf. daraufhin noch einmal den Maulwurf "Hölderlin", GW,
I, p. 333.

Im Zusammenhang der Frage nach dem spezifisch semiotischen
Stellenwert von Repertoireelementen, die in fiktionale Texte
eingearbeitet wurden, ist aber gerade die kodereflektierende
Fähigkeit der Konnotationsbeziehungen von ausschlaggebender Relevanz. Denn so wie der Signifikant der Konnotation selbst ein
Verhältnis ist, so ist auch das Repertoirematerial als konstitu-
tives Textelement Resultat zahlreicher Beziehungen, die in verschiedenen Wirkungsweisen den Text jetzt überlagern.[1]
In apperzeptionsregulierender und assoziationsstimulierender
Hinsicht wirken Repertoireelemente wie auf die Ebene des Textes
erhobene Konnotationen, die Sinnorganisation herstellen; der
sie imputierende Maulwurftext gliedert sich also einem Muster
extra- und paratextueller Phänomene an, deren konnotative Bezüglichkeit zu seiner Originalität auf diese Weise sichtbar
wird. Gleichzeitig debattiert er die ursprünglichen Sinn- und
Argumentationspotentiale der Repertoireelemente, wie sie, in
ihren ehemaligen Zusammenhängen, die jetzt negativ miterschei-
nen, bestanden haben. "Daraus ergibt sich, daß wiederkehrende
Konventionen sowie gesellschaftliche Normen und Traditionen"
- und, so wäre zu ergänzen, auch vorgefundene und wieder aufgegriffene Artikulationsmuster - "in der Regel im fiktionalen
Text zu einem Interaktionspol herabgestuft werden. Sie sind aus
ihrem ursprünglichen Zusammenhang herausgelöst und daher anderer Beziehungen fähig, ohne die alte Beziehung völlig zu verlieren, die ursprünglich durch sie bezeichnet war."[2]
Mit der Hereinnahme von bestimmten Repertoireelementen wird
Thema des Textes auch der Kode, dem sie entstammen; in der Weise, wie die Maulwürfe nicht nur metasprachlich über ihr Reper-
toirekontingent handeln, sondern es zu konsistenten Eigenbe-
standteilen verschmelzen, erfüllen sie sich die Voraussetzung

---

[1] cf. Iser 1976, l.c., p. 116: "Das Repertoire-Element ist daher weder mit seiner Herkunft noch mit seiner Verwendung
ausschließlich identisch, und in dem Maße, in dem ein solches Element seine Identität verliert, kommt die individuelle Kontur des Textes zum Vorschein. Sie ist vom Repertoire
überhaupt nicht abtrennbar, weil sie sich zunächst nur in dem
zeigt, was mit den selektierten Elementen geschieht."-

[2] cf. ibid.

dafür, polystratische, in ihrer Multivalenz aber präzisierte
und virtuell auch vom Leser präzisierbare Diskurse führen zu
können. Solche Textlegierungen verhelfen der Rede dann zu einem
gleichsam erweiterten Immanenzrahmen, dessen zuvor rigidere Ab-
messungen und Begrenzungen durch die vom Repertoire offengehal-
tene Perspektive immerzu transzendiert werden können; motivische Veranlassungen des Textes etwa, die sich von außertextuellen Impulsen herleiten mögen, können so als Integrale ihrer
eigenen poetischen Auswirkung wiedererscheinen.

Die Bedeutungsturbulenzen der Maulwurfprosa lassen sich also
damit erklären, daß die Bezüglichkeit der **selektierten** Elemente,
dadurch daß diese in neuer Umgebung, dem kreierten Kontext, wie
am falschen Ort präsentiert werden, zugunsten ihrer neuen, durch
einzig den Text verantworteten Beziehungsfähigkeit abgeblendet
und so tendenziell aufgehoben wird. Dadurch entfalten und ver-
vielfältigen die zur Selektion bestimmten Elemente ihre normge-
steuerte außertextuelle Bedeutungsfunktion zu einem multiplen
Bestimmungspotential.[1]

Der kurze Blick auf das lexikalische Repertoire konnte also anhand zentraler Schlüsselwörter, die für die vordringlichsten,
wiederholt in den Texten erörterten Belange und Probleme stehen, erkennen, daß ein solch orientiertes Maulwurfbewußtsein
sich keineswegs ausschließlich esoterischen Interessen widmen
kann, sondern offenbar die Realien seiner Umwelt und die es be-
schäftigenden Fragen in einer Weise sprachlich darbringt, die
den thematischen Bezug als allgemein nachvollziehbar gewährlei-

---

[1] "Der Signifikant erscheint uns also immer mehr als eine
sinnerzeugende Form, die sich vermittels einer Reihe von Ko-
dizes, die seine Entsprechungen zu Signifikatengruppen fest-
setzen, mit Denotationen und Konnotationen anreichert. In
diesem Sinne wird die Botschaft als signifikante Form, die
eine Reduktion der Information herbeiführen sollte (..,) zur
Quelle von möglichen Botschaftssignifikaten. Sie besitzt
jetzt dieselben Merkmale (nicht denselben Grad) von Unordnung, Ambiguität, Gleichwahrscheinlichkeit, die für die ur-
sprüngliche Quelle charakteristisch waren.", cf. Eco 1962/67,
l.c., p. 118f.; die Rede von der ursprünglichen Quelle geht
auf ein Modell des Kommunikatinsprozesses, cf. Eco 1968, l.c.,
p. 50, zurück, welches die Perzeption der physischen Faktizität schon als Etappe dieses Prozesses begreift, so daß physi-
sche Information von semiologischer unterschieden werden kann;
das Verhalten zur Faktizität des Gegebenen als ein kommunika-
tives zu verstehen, ist eine Entscheidung, die ja offensichtlich auch Eich mit vielen seiner Maulwurfprotagonisten getroffen hat.

sten müßte; die Welthaltigkeit der Stücke[1] wird so zum Teil
durch gedankliche und motivische Invarianten (etwa: Sinnzerfall,
Gesellschafts- und Naturkritik, Kunstdiskussion, etc., mit dabei
immer wiederkehrenden Topoi wie Krankheit, Alter, Tod, etc.)[2]
garantiert; bisweilen aber auch setzt die dann Beiläufigkeit
signalisierende Sprache einen solchen habituellen Verstehens-
rahmen, nicht selten zum Verdruß des Lesers, ohne jede Nachfrage
schon voraus.[3]

Andrerseits ereignet sich diese Welthaltigkeit (der Reflexionen)
in einer Diskursform, die in der beinah autistischen (Sprach-)
Entwicklung ihrer als Textsubjekte fungierenden Protagonisten
zu beständig veränderten Sinnsetzungen meditativ fortschrei-
tet[4]; was der Leser gegebenenfalls als ästhetische Organisation
der Texte wahrnimmt, ist, es gelte die Realität der Fiktion, ja
nichts anderes als der Ausdruck einer sich versessen in und mit
der Sprache verteidigenden Individualität, deren gleichsam pri-
vatsprachlicher Jargon die den universalen Konventionen entlie-
henen thematischen Strukturen bis zur Unkenntlichkeit deformiert.

Die zeichentheoretische Bedingung dieser Textgestaltung wird in
der Initiative der Maulwürfe, einen Prozeß perpetueller Semiose
in Gang zu setzen, erfüllt, womit dann gleichzeitig ein weitge-

---

[1] Diese ansonsten an realistischer Literatur gewonnene Lektüreerfahrung betont auch Königer, l.c., p. 142, wenn er "Eichs
inkompetente Exegeten" kritisiert: "Ein Großteil dieser in
der Tat sekundären Literatur verharmlost Eichs Sprechweise,
nivelliert sein Sprachdenken, mißachtet die fundamentale ästhetische Problematik in diesem ebenso knappen wie welthal-
tigen Werk und affirmiert, in gänzlichem Mißverstehen, zumeist ein dankbares Einverstandensein mit den Dingen."-

[2] Eine Erforschung solcher motivischer Zusammenhänge, wie sie
beispielhaft unter Punkt 7 (cf. S. 141ff.) für ein Maulwurfsujet versucht wurde, läßt sich freilich nicht einzig über
das explizite Lexikon der Texte bewerkstelligen.

[3] Zu denken wäre an zahlreiche Passagen wie den Anfang aus "Ohne Symmetrie", cf. GW, I, p. 328; "Nachts beunruhigt einen
die Entropie weniger. Weltläufig oder läufig, sagt man sich,
es kommt auf dasselbe heraus."

[4] So etwa, wenn die noch so harmlose Rede über Fenster sich
aufs Leibnizsche Dogma, Monaden hätten keine solchen, einläßt und so sich mit einer bleibenden und weiterwirkenden assoziativen Irritation auch für andere Kontexte behaftet.

hender Verzicht auf konventionell fixierbare Bedeutung geleistet wird; das von den Texten thematisch Aufgegriffene wird in
der Rede ihrer Subjekte in die Form einer neuen Fragwürdigkeit
verwandelt, in der es an den Leser weitergegeben wird; die Gestalt der Welt bricht sich an den individuellen Reflexen und
Reflexionen der Maulwürfe und setzt durch diese Bruchstellen
ihren vermeintlichen Sinn für noch ausstehende Bestimmungsversuche frei.

Wo schon etablierte Bedeutung herrschte, wird deren Dominanz
und Anspruch abgelehnt; die allgemein akzeptierte Definition
wird von der besonderen Kommunikation attackiert, die deren
Geltung in Zweifel zieht und so zu essentiell anderen, gegen den
common sense gerichteten Definitionen ermutigt. Die semiotische
Voraussetzung und die kommunikative Wirkung ihrer Sprache realisieren die Maulwürfe, indem sie das verbale und gedankliche Repertoire ihres Bewußtseins aus der außertextuellen Verbindlichkeit seiner Herkunft zu befreien versuchen und es in der kon-
textuellen Verwendung[1] nicht ihrerseits auf Eindeutigkeit verpflichten.

Beispiele dafür, daß Eich seinen Repertoireimport bis zur Unent-
deckbarkeit verborgen halten wollte[2], haben schon die konkreten Untersuchungen an den Einzeltexten erbracht. Hier sei noch
ein besonders aufschlußreiches diskutiert; der Anfangssatz aus
"Nördlicher Prospekt"[3]: "Ich bin nicht aus Lübeck, bin ein sonstiger Christ, ein freudiger Einwohner unbekannter Konfessionen." verlöre wohl ganz seine stimulierende Wirkung, den Leser
stutzend sich fragen zu lassen, worauf ein so beginnender Text
denn abzielen könne, wenn ein Kommentar (etwa des Maulwurfsprechers selbst) darüber Aufklärung gäbe, daß sich hier Zitiertech-
niken[4] ans Werk machen, die offensichtlich die Quelle des Wis-

---

1) Der Maulwurfkontext setzt weniger Bedeutungen fest, als daß
   er sie, in einem gleichsam sprachlichen Blue-Box-Verfahren,
   vor jeweils anderen aufscheinenden Bezugshorizonten wechselweise ausprobiert.

2) Das knappste Eingeständnis für diese bei einem Sprecher/Li-
   teraten verwundernde Verschwiegenheit gibt der Maulwurf "Exkurs über die Milz", cf. GW, I, p. 372: "(...) man möchte
   seine bescheidenen Geheimnisse behalten.", cf. auch passim.

3) cf. ibid., p. 309.

4) In "Zwischenakt", ibid., p. 303f., läßt Eich seinen Maulwurfsprecher gestehen: "(...) ich zitiere wie Espenlaub (...)".–

sens einer Erwähnung nicht für würdig erachten; denn der Städtename "Lübeck" und die Terme "Einwohner", "Christ" und "Konfessionen" dürften zwar unschwer für jeden gewöhnlich informierten Rezipienten zu assoziieren sein, doch daß es sich bei diesem Maulwurfsatz um ein verspielt ergänztes Plagiat aus Meyers Konversationslexikon handelt, kann keine noch so sorgfältige Lektüre zu erkennen geben.[1] Wenn aber solche Quellenangaben, die über die Herkunft des - zumindest wie hier sprachlichen - Materials Auskunft geben würden, absichtlich ausgespart bleiben, dann können die ausgeliehenen Diskursanteile sich entweder unbe-

---

[1] cf. Meyers Großes Konversations=Lexikon. Ein Nachschlagwerk des allgemeinen Wissens. Sechste, gänzlich neubearbeitete und vermehrte Auflage. Zwölfter Band. Leipzig/Wien, 1906, unterm Stichwort "Lübeck (Freistaat)", p. 756, Sp. 2: "(...) Man zählte 1900: 93,671 Evangelische, 2190 Katholiken, 670 Israeliten und 244 sonstige Christen und Einwohner unbekannter Konfession. (...)"; dieses Nachschlagwerk, und mit größter Wahrscheinlichkeit in dieser 6. Auflage, Leipzig/Wien (Bibliographisches Institut), 1905ff., wird Eich des öfteren als Informant und Inspirationsimpuls gedient haben und wäre so, wie Brehms Tierleben, die Anthologien und Schriften der Brüder Grimm und andere enzyklopädische Werke, mitverantwortlich für die "höchstens mittlere Bildung", die Eich sich im Interview, cf. GW, IV, p. 415, konstatiert und deren Früchte und Früchtchen er seinen Lesern bisweilen in Maulwurfmanier serviert; immerhin wird dieses etwas anachronistisch gewordene Schatzkästlein des Wissens an einigen Textstellen des Eichschen Spätwerks explizit genannt, so etwa im Maulwurf "Windschiefe Geraden", cf. GW, I, p. 324f, "Die Zeitschrift für landwirtschaftliche Bürobeamte erhielt Meyers Lexikon zur Besprechung."; (-welches Periodikum sich hinter dieser Zeitschrift verbergen könnte, wäre wichtig, "Der Zeitschrift für landwirtschaftliche Bürobeamte verdanke ich alles.", konnte aber, obwohl sie Landwirten, Angestellten und Beamten dienlich zu sein scheint, bisher nicht ermittelt werden; es gab eine Zeitschrift "Der Bureau=Angestellte" um die Jahrhundertwende; vielleicht steht "landwirtschaftliche Bürobeamte" für -staatstreue- Dichter, Naturlyriker?-); cf. aber auch "Abschließend", ibid., p. 140, dort: "Ging ein in die Ab-/ bildungen aus Meyers Lexikon,/ Brehms Tierleben.//"; daß es sich um die 6. Auflage handelt, die im übrigen eine bibliophile Delikatesse darstellt, mag aus einigen Irritanda Eichs (etwa: "Baranetz", "Quittenkäs", "Tinchebray", etc.) erhellen, die in diesem Lexikon und -soweit ich sehe - nur hier als Stichwörter behandelt werden; daß Eich seinen "Stoff für Illuminationen" (Rimbaud-Anspielung?) öfter allgemein zugänglichen Nachschlagwerken verdankt, bekennt "Rückläufiges Wörterbuch", ibid., p. 345; es existiert tatsächlich ein von Erich Mater ediertes "Rückläufiges Wörterbuch der deutschen Gegenwartssprache", Leipzig, 1965, und dieses, wie der Maulwurf genau weiß, "fängt bei Saba an und endet mit Negerjazz."-

merkt dem Text integrieren oder sie verursachen als unidentifi-
zierbare Fremdkörper eine Leserirritation, die den Betrag des
informellen Defizits plötzlich erhöht.

Hat der Zufall aber einmal dem Maulwurfliebhaber dieses Nachschlagwerk in die Hand gespielt, so kann er sein Textverständnis dann um einige überraschende Erkenntnisse erweitern; der
frühe, überlange Text "Hilpert"[1] aus der Kulka-Prosa etwa gibt
folgenden Hinweis: "Erdmuthe ist zuständig für A bis Differenz,
ich für Differenzgeschäft bis Hautflügler, Robinson für Haut-
funktionsöl bis Mitterwurzer, Alma für Mittewald bis Rinteln.
Für den Rest fehlen uns mindestens zwei."[2]; die Vokabeln, die
in "Hilpert" die Zuständigkeitsbereiche der an den "Alphabetismus" eines gewissen Hilpert glaubenden Familienmitglieder ein-
grenzen, sind Anfang- und Endstichwörter von Bänden der sechsten
Lexikonauflage[3]; zu vergleichbaren Portionen (vier, vier, fünf
und drei Bände) ist die Enzyklopädie der Lexikonweisheit unter
den Verwandten des Textsubjekts aufgeteilt worden; einzig "Haut-
funktionsöl" ist zwischen die vorgegebenen "Hautflügler" (Bd. 8)
und "Hautgewebe" (Bd. 9) geschoben worden, ein Verfahren übrigens, dem sich auch der Ruhm Hilperts verdanken soll; denn dessen "geniale Erfindung war es, daß es zwischen Erbsünde und Erbteil noch etwas geben müsse."; "in diesem Zwischenraum" läßt
sich in Einklang mit Meyers Lexikon die "Erbswurst" entdecken;
der "Hilpert"-Autor findet später noch "Erbtante" und arbeitet
mit und an lexikographischen Nachbarschaften, so: "Erbsünde" -
"Erbtante" - "Erbteil" - "Erbswurst", "Hilmend" - "Hilpert" -

---

[1] cf. GW, I, p. 294ff.

[2] cf. dazu: "Die Zeitschrift für landwirtschaftliche Bürobeamte ging ein, als Meyers Lexikon erst bis Rihteln erschienen
war. Bis dahin weiß ich Bescheid.", aus "Windschiefe Geraden", ibid., p. 324f.

[3] cf. auch "Zum Beispiel", ibid., p. 130, dort: "(...)// Zwischen Schöneberg/ und Sternbedeckung/ der mystische Ort/ und
Stein der Weisen.// Aufgabe, gestellt/ für die Zeit nach dem
Tode.//"; es geht hier um das Wort "Segeltuch"; "Ein Wort in
ein Wort übersetzen,/" heißt die an die Semiotik der Maulwürfe erinnernde Aufgabe für die Poetik dieses Gedichts; das
Wort findet sich im Band 18 von Meyers Konversationslexikon,
der von "Schöneberg" bis "Sternbedeckung" reicht; "die Frage/
nach einer Enzyklopädie/ und eine Interjektion/ als Antwort.//(...)".-

"Hilpoltstein", "Maultrommel" - "Maulwurf"[1] - "Mauna Kea", die
schon das Lexikon anbietet; der Text selbst scheint neben dem
augenzwinkernd-versponnen dargestellten Glauben an das Alpha-
bet[2], der im Text zu konsequenter Exaltation führt[3], unter anderem auch die Problematik der geistigen Erbschaft, auch im ex-
istentiell-theologischen Sinne ("Erbsünde"), zu evozieren; so
wird etwa das in diesem Punkt recht neuralgische Verhältnis zwischen Sören Kierkegaard und seinem Vater durch Anspielung auf
historisch verbriefte Tatsachen eingearbeitet[4]; Hilpert selbst,
diese Idolfigur des Textsubjekts, ist wohl eine fiktive Gestalt;
in Meyers Lexikon jedenfalls ist er zwischen "Hilmend" und
"Hilpoltstein" nicht aufgeführt.[5]

---

[1] cf. besonders die Textpassage, GW, I, p. 296: "Hilpert selbst
hat später Gefallen an den Maulwürfen gefunden und ihrer Ver-
mehrung gelassen zugesehen. Nach Hilperts Tod verwandelten
sie sich in einen Mantel, den Erdmuthe gern getragen hätte.",
im Zusammenhang mit dem Schlußsatz der Maulwurf-"Präambel",
ibid., p. 302: "Tragt uns als Mantelfutter, denken sie alle."

[2] Wie sehr die Karikatur dieser Religiösität für Eich selbst-
ironische Züge annehmen konnte, machen einige "Hilpert"-Pas-
sagen klar, cf. nur etwa: "Es war kein Tag, sondern eine Enzyklopädie, die Bäume waren geschrieben, die Tomaten gedruckt, ein würdiges Begräbnis. Robinson (...) und ich tru-
gen den Sarg, ein Rudel Maulwürfe folgte, dahinter einige
Geisteswissenschaftler und Lexikographen.", ibid., p. 297.

[3] cf. etwa: "Die Schlußfolgerung liegt nahe: Der Alphabetismus
geht zunächst von der Erbsünde aus. Das hat Hilpert selbst
noch mündlich geäußert, als er das bis dahin übersehene Zwi-
schenwort Erbtante erfuhr. Über diese aus dem Dunkel unserer
Glaubensgeschichte wie ein Kugelblitz auftauchende Verwandte
hat meine Tochter Alma ihre Dissertation geschrieben, unter
dem Titel 'Geraldine von S., ihre Maße und Gewichte'. Eine
intuitive Arbeit, denn nur Geraldinens Tod ist erwiesen. Ob
sie wirklich gelebt hat, ist vielen Forschern immer noch
fraglich, und natürlich ist auch ihre Lebenslust kein Beweis
für ihr Leben. Sie kleidete sich gern in Smaragdgrün und
Schwarz, ihr Lieblingsgericht waren poschierte Eier in Port-
weinsoße (...).", ibid., p. 296.

[4] Hilperts "einzige Reise hatte ihn der Erbsünde wegen nach
Jütland geführt. Dort besichtigte er die berühmten Steine,
auf die der Schafhirt Michael Pedersen Kierkegaard geklettert
war und Gott verflucht hatte. Diese Reise ist für unseren
Glauben ähnlich wichtig wie die Hedschra für den Islam (...)",
cf. ibid., p. 295; dazu cf. nur Peter R. Rohde, Sören Kierkegaard in Selbstzeugnissen und Bilddokumenten, Reinbek/Hamb.,
1959, p. 40, wo die betreffende Tagebuchnotiz S. Kierkegaards
zitiert und kommentiert wird.

[5] cf. S. 58f.; vielleicht aber hat sich Eich auch nur vom Namen

Wirkung solcher Repertoireelemente, die im Text quasi als blin-
de Passagiere mitreisen, ist es auch, den Leser immer wieder
erneut zur Referenzsuche zu stimulieren; gerade die mühsam hergestellten und schon gesicherten Bezüglichkeiten regen den Rezipienten dazu an, hinter den dunkel verbleibenden Stellen ebenfalls kryptomere Zitate und hintersinnige Allusionen zu vermuten, die den Wunsch nach zumindest minimaler Sinnkonsistenz erfüllen würden. Eich entwickelt eine detektivische Neugier beim
sorgsam nachforschenden Maulwurfleser, dessen eventuelle Bildungsassoziationen der Text schon antizipieren und mitverarbeiten kann.

Die mögliche Identifikation des Lesers mit dem Autor aufgrund
gemeinsamer Assoziationen[1), auf welche die Texte allerorts bis

---

eines Wörterbuchherausgebers im 19. Jahrhundert anregen lassen, cf. J. Leonhard Hilpert, Englisch=Deutsches und Deutsch=
Englisches Handwörterbuch, bearbeitet unter Zugrundelegung
des größeren Werkes, Pforzheim, 1843, ders., Deutsch=engli-
sches Wörterbuch, Karlsruhe, 1836, ders., englisch=deutsches
und deutsch=englisches Wörterbuch, Karlsruhe 1840; cf. dazu
GW, I, p. 294f.: "Die Verbreitung des elektrischen Lichtes
hat er (sc. Hilpert; -MK) nicht mehr mitgemacht. Aber abends
brannte lange seine trauliche Lampe, während doch sein Geist
hundert wenn nicht hundertzehn Jahre voraus war.", in Zusammenhang mit: "Die ausgebrannten Glühbirnen ließe ich gern
zurück, aber dann hätte ich englische Vokabeln vor mir. Good
morning, madam, - (...)", aus "Wenig Reiselust", ibid., p.
341f.

[1) Der Wunsch nach solcher Identifikation erfordert allerdings
des öfteren Prozeduren, die von der sich aufs Lesen be-
schränkenden Lektüre kaum zu bewerkstelligen sind; andrerseits ist es überhaupt fraglich, für wie wichtig der Nachweis
von Referenzen geschätzt werden soll, wenn es zu berücksichtigen gilt, daß der Maulwurfdiskurs sich von oft nur beispielhaft herangezogenen Motivationen bewegen läßt, denen gegenüber er sich weitestmöglich immer wieder verselbständigt. Das
Räsonnement in seiner Prozessualität läßt seine räsonierten
Gegenstände ja betont in den Hintergrund treten; auch darf
angenommen werden, daß Eich es sehr wohl verstand, gegen noch
die akribischste Entschlüsselungsfindigkeit seiner Interpreten sich Bedeutungs(spiel)räume freizuhalten (cf. nur zum Beispiel den "Carstensen"-Satz, S. 42, Anm.); welche wohl nur
privat einzulösenden Bedingungen etwa dafür verantwortlich
sind, daß im halbschlaftrunken assoziierenden Text "Schöne
Frühe", cf. GW, I, p. 344f., der "Sohn des Bürgermeisters von
Schneizlreuth" als "Beispiel für die Rückseite des Mondes"
dem Sprecher "gleich bei der Hand" ist, verweist doch wahrscheinlich - auch, und vor allem dann, wenn der sich infor-
mierende Leser erfährt, daß Schneizlreuth eine kleine Gemeinde unweit des Eichschen Wohnorts Großgmain ist - in die inti-
me Sphäre des Autorbewußtseins, das ja offensichtlich daran
Gefallen fand, seine eigenen Mythologisierungen dem straffen

zu einem gewissen Grad rekurrieren, wird so, von einem ungewissen Grad an, wieder einseitig aufkündbar[1]; das konnotative Umfeld, das sich der Text infolge seiner spezifischen Repertoireverarbeitung bestellt, muß für den Leser zumindest tendenziell überschaubar sein, will er den Anschluß an den Diskurs nicht dort verlieren, wo dieser in Gestalt solch transtextueller Konnotationsbeziehungen eventuelle Sinnangebote bereithält. Nachdem ein Nachschlagwerk, welches Eich, ohne diese Quelle der Öffentlichkeit bekannt zu machen, mit Sicherheit zu Rate gezogen hat, entdeckt worden ist, soll nun ein Textbeispiel betrachtet werden, in dem der Maulwurf explizit auf die Herkunft des verwendeten Repertoires verweist:

....
Einer, der ist neu, hat einen Röhrenhut auf, höher als ein Zy- 17
linder, auch schwarz. Tibetischer Lama, denke ich mir gleich,
aber wieso trägt er blonde Haare bis auf die Schulter? Om mani
padme hum kann es nicht sein, auch nicht a plus b ins Quadrat, 20
das wäre kürzer geschoren. Bestimmt kenne ich ihn gut, bestimmt eine Sentenz. Die Tiefe der Dinge ist ihre Oberfläche.
Von Nietzsche. Aber ich will garnicht wissen, woher. Wohin mit
dem Tibeter, wieso ist er geblieben, und gerade jetzt? Mein
Tibetisch ist nicht besonders. 25
....

Es handelt sich bei der zitierten Stelle um den vollständig wiedergegebenen dritten Absatz eines im ganzen 34 Zeilen (vier Ab-

---

öffentlichen Diskurs einer sprachverachtenden Gesellschaft gegenüberzustellen; warum sollte er also seine Vokabeln und Assoziationen nicht **auch** "Silbenrätseln" oder "Scrabble"-Partien verdanken, wie es aus den Gedichten, cf. GW, I, pp. 262, 156, gelesen werden kann, oder der flüchtigen Zeitungslektüre, der Unterhaltung mit dem Nachbarn, den abendlichen Fernsehnachrichten?; Frisch, l.c., p. 46ff., erzählt, wie auch andere, von einer Begegnung mit Eich, wo dieser die Sprache seines Spätwerks offenbar auch im Plausch unter Kollegen einsetzte und erprobte.

[1] Zu diesen Erfahrungen cf. auch die ähnlichen Befunde bei Schäfer 1973, l.c., der den Seumeanspielungen in den späten Eichtexten nachgegangen ist; anläßlich einer Hörspielszene aus "Zeit und Kartoffeln", cf. GW, III, p. 1385ff., wo auf Seumes Werke, seinen "Spaziergang nach Syrakus", die Autobiographie angespielt werde, stellt Schäfer, p. 52f., enttäuscht fest: "Die Episode in Terracina ist in den 'Spaziergängen' belegt, doch ein Nachschlagen ergibt - und darauf zielt Eich ab - keinerlei Aufschlüsse. Alles wird in dem Spiel in den Strudel gezogen (...)"; so auch andere Autoren, die in den Maulwürfen gemachte Referenzangebote nur streckenweise einlösbar fanden, cf. Schafroth 1976, l.c., p. 127ff., Müller-Hanpft 1972, l.c., p. 188ff., u.a.

200

sätze) langen Textes, dessen Titel "Ein Tibeter in meinem Büro"
auch dem zweiten von Eich herausgegebenen Maulwurfband[1] überschrieben wurde. Der Text beginnt mit dem Satz: "Mein Gedächtnis ist so gut geworden, daß ich die vielen Erinnerungen nicht
mehr unterbringe." Der bis zum gewählten Exzerpt entwickelte
Maulwurfplot ließe sich etwa so paraphrasieren: das "so gut"
gewordene "Gedächtnis" des fiktiven Sprechers (Textsubjekt:
"ich") ist vollkommen mit Vorstellungsfiguren, dies Wort auch
im personalisierenden Sinn, überbelegt, so daß der Geplagte
nicht einmal weiß: "Wohin damit (...)?"; die peinlich wertge-
schätzten Ordnungen sind deshalb nur schwerlich einzuhalten,
trotz "Registratur", "Lochkarten", "dreifache(r) Buchführung";
so kann "mit gleichem Recht" die Vermutung gelten, das "Gedächtnis sei schlechter geworden."; bei offenbar erfolglos ein-
gerichtetem "Parteienverkehr von 8 bis 12" belagern die auf-
dringlich dringlichen Erinnerungen das "Vorzimmer" des Sprechers, "haben alle Gestalt angenommen", "halten sich nicht an
die Zeiten" und verschüchtern als "Gewerbetreibende, Bittstel-
ler" den "streng behördlich" denkenden Hausherrn noch in dessen
eigenen vier Wänden, weswegen er sie, die nur "warten", ver-
schämt "durchs Schlüsselloch" - "aber das Schlüsselloch ist kein
gesunder Zustand" - "beobachtet"; "Einer" dieser ungebetenen
Störenfriede, - und so setzt das oben beigebrachte Zitat ein.

Die dargestellte Situation des Textbeispiels zeigt, daß der Diskurs formal so gebildet ist, als wolle der Maulwurf dem Rezipienten kommunikativ eine Disposition zu den fraglichen Konsistenzen des Textes anbieten, indem er die erwartbaren Verstehenshem-
mungen des Lesers dadurch abbaut, daß er suggeriert, er könne
eventuell entstehende Sinnturbulenzen in potentiell gemeinsamen
Bildungsassoziationen zur Ruhe kommen lassen. Die als "neu" (Z.
17) wahrgenommene Gedächtnisobsession des "ich"-Sprechers wird
im Text sukzessiv einer Identitätsprüfung unterworfen, an welcher der Leser sich in dem Maße als Examinator beteiligen kann,

[1] cf. G. Eich, Ein Tibeter in meinem Büro, 49 Maulwürfe, Ffm.,
1970; der Text ist wieder nach GW, I, p. 362f., zitiert, der
dortige Zeilenspiegel ist übernommen, die Numerierung der
Zeilen von mir.

wie er die angegebenen Kriterien in seiner eigenen Disposition
vorfindet.

Nachdem über vom Text notierte Accessoires wie "Röhrenhut" (Z.
17) und "blonde Haare bis auf die Schulter" (Z. 19) die Identität "Tibetischer Lama" (Z. 18) erwogen und problematisiert worden ist, geht die Rede auf direkte Bezeichnungsversucge über;
dabei wird die mit der Vorstellung von Lamaismus noch konnotativ
verbundene Mantra "Om mani padme hum" (Z. 19f.) ebenso verworfen wie der Term "a plus b ins Quadrat" (Z. 20), der seiner
Herkunft nach eher algebraisch-geometrische Bezüglichkeiten assoziieren läßt. Die Toleranz der Zeichenkonventionalität wird
vom Text selbst in Anspruch genommen und dem Leser so eindringlich nahegelegt, als wäre sie der primäre Aussagengehalt dieser
Maulwurfpassage.

Der Rezipient, der einmal die allegorische Verräumlichung von
"Gedächtnis" und Bewußtsein, wie der Text sie elaboriert ("Büro", "Vorzimmer", etc.), anerkennt, kann jetzt die vorliegenden
Informationen in der Fiktion, so als seien sie konsistente Botschaften, sich verständlich machen; indem die durchgespielten
Bezeichnungen für die noch abstrakt und vage erkannte Erinnerung ausgeschlossen werden - "kann es nicht sein", kann es
"auch nicht" sein (Z. 20) -, ist die chiffrierte Textsituation
relativ mühelos mit der individuellen Erfahrung von Gedächtnis-
(lücken) zu identifizieren: eine nicht unterzubringende Erinnerung wird zum Okkupator des Bewußtseins, weil sie sich nicht
gültig benennen läßt; die Erinnerung ist in diesem Sinne nicht
wiederzuerinnern.

Hier kippt nun die mentale Situation des Maulwurfsprechers; in
einem Akt anscheinend gelingender Selbstversicherung (oder
Selbstbeschwichtigung?), "Bestimmt (...), bestimmt (...)", Z.
21f., versucht er den zerebralen Besucher im verfügbaren Kon-
tingent schon bekannter Erinnerungsgehalte ausfindig zu machen;
die Verspannung von Desorientiertheit und Autoritätsverlust
wird so in einem Gültigkeit beanspruchenden Benennungsversuch
scheinbar aufgelöst. Das von dem Eindringling in seiner Identität gefährdete Ich einigt sich mit sich darüber, daß es sich bei
der vermeintlich neuen Erinnerungsfigur (cf. Z. 17) um einen ihm
vertrauten Sinnspruch handeln muß, "kenne ich (...) gut (...)",

202

(Z. 21); und sofort ist ihm die "Sentenz" (Z. 22)[1] geläufig,
und sofort auch erinnert es die Herkunft dieses für die bisherigen Assoziationen und Vermutungen doch recht überraschenden
Satzes, und bereitwillig wird diese mitgeteilt: "Von Nietzsche"
(Z. 23).

Der Satz "Die Tiefe der Dinge ist ihre Oberfläche." (Z. 22) existiert somit bei nur einmaliger Evokation mehrfach und poly-
funktional im Maulwurfdiskurs: zum einen ist er die verbale Realisation, der Ausdruckskörper, der endlich gefundenen "Sentenz", als solche aber andrerseits auch der Name für die "Erinnerung", welcher die Konzentration des Textsubjektes galt; die
Namensfunktion erklärt sich aus der vom Kontext gestellten Voraussetzung, wonach die Erinnerungen als Personen zu erachten
seien; darüber hinaus ist er als ein als solches ausgewiesenes
Repertoireelement aufzufassen, das, ursprünglich im Denk- und
Sprachschatz eines Philosophen beheimatet, nun in der aktuellen
Rede des Sprechers Zuflucht findet. Als Repertoireelement wahrgenommen, das sich vor den anderen Bestimmungsangeboten, durch
die auch andere Repertoiresysteme zum Vorschein kamen, hierin
auszeichnet, nicht negiert zu werden und den fiktiven Denotati-
onsversuch gelingen zu lassen, steht die placierte Formulierung
sofort in der Pflicht, sich als das zu legitimieren, was zu bedeuten sie an dieser Textstelle, gemäß den Konditionen des Kontextes, beanspruchen muß.

Denn der Nietzsche-Satz ist für den Leser zwar leicht als Sentenz zu akzeptieren; auch als Name einer einzelnen Erinnerungs-
gestalt im Gedächtnis des Sprechers mag er vorstellbar sein, da
das entwickelte Sujet vom Kopftheater eine solche Phantasieli-
zenz schützt; was es aber mit diesem Satz selbst auf sich habe,
was das Tibetische oder Lamaistische an ihm sei, warum er etwa
nicht "kürzer geschoren" (Z. 21) sein solle als das verworfene
"Om mani padme hum", etc. bleibt unentdeckbar; das soll heißen,
daß dieser Satz für den Leser indiskutabel ist; obwohl er ihn
verstehen mag, verfügt er nicht über ihn; da der Spruch absolut

---

[1] Die Rhetorik nennt solche Sinnsprüche auch Gnomen, was Eich
stimuliert haben könnte, den Kobolden in seinem Kopf, cf. nur
den "Mann in meinem Ohr" aus der "Ode an meinen Ohrenarzt", GW,
I, p. 307, und pass., einen weiteren Maulwurf zu widmen.

konnotationsbedürftig bleibt und nicht anzeigt, weshalb sich gerade mit ihm die Benennungssuche des Maulwurfs erfüllt, zerstört
er auch noch die zwischen Leser und Text im bisherigen Lektüreverlauf eingeübte Komplicenschaft gegenüber der referierten Fiktion; was dem "ich"-Sprecher als Antwort dient, ist dem Leser
bestenfalls zu weiteren Fragen dienlich.

Der "Nietzsche"-Hinweis wirkt als bedingte Beruhigung der an
dieser Textposition rapid ansteigenden Konnotationsbedürftigkeit
der hervorgerufenen Signifikate; mit ihm vermag der Leser die
kontextfreie Aussage des "Sentenz"-Satzes zu vermitteln und Konsistenzfragen den eigenen Bildungssedimenten zu delegieren; so
wird der Passus zumindest eingeräumt in ein existentes Verweissystem, in das Werk Nietzsches, dessen semantische Exploitation
der je individuellen Leserdisposition und ihren Sinnmaximen
überlassen bleibt.[1] Die möglich gewordene Paraphrasierung, dem
Maulwurfsubjekt gehe anscheinend ein Nietzschesatz[2] im Kopf

---

[1] Ein ausführlicher Textkommentar hätte so den Nietzschehinweis und die problematische Bedeutung des Sentenzsatzes auf
die semantischen Facetten des gesamten Maulwurftextes zu beziehen.

[2] Dieser Satz, seiner Buchstäblichkeit nach im Nietzscheschen
Œuvre für mich nicht nachweisbar, dagegen unter den "Notizen" Eichs enthalten, cf. GW, IV, p. 299, verweist wohl auch
auf die erkenntnistheoretische Metaphysikallergie des Philosophen und ist als Sinnexzerpt für weite Strecken seiner
Schriften vorstellbar, so etwa für Ziffer 4 des ersten Hauptstücks von "Menschliches, Allzumenschliches", cf. Nietzsche
Werke. Krit. Gesamtausgabe, hg. von G. Colli und M. Montinari, Bd. IV, 2, Berlin, 1967, p. 22f.: "A s t r o l o g i e u n d
V e r w a n d t e s .- Es ist wahrscheinlich, dass die Objecte des
religiösen, moralischen und ästhetischen Empfindens ebenfalls
nur zur Oberfläche der Dinge gehören, während der Mensch gerne glaubt, dass er hier wenigstens an das Herz der Welt rühre; er täuscht sich, weil jene Dinge ihn so tief beseligen
(...)"; ist das Bezugsfeld dieser Philosophie erst einmal
hergestellt, so lassen sich auch andere Textstellen dem Maulwurf zuordnen; cf. ibid., Bd. V, 2, Berlin/New York, 1973, p.
161, die Ziffer 128 des dritten Buches aus "Die fröhliche
Wissenschaft": "D e r W e r t h d e s G e b e t e s .- Das Gebet
ist für solche Menschen erfunden, welche eigentlich nie von
sich aus Gedanken haben und denen eine Erhebung der Seele unbekannt ist oder unbemerkt verläuft: was sollen Diese an heiligen Stätten und in allen wichtigen Lagen des Lebens, welche
Ruhe und eine Art Würde erfordern? Damit sie wenigstens nicht
s t ö r e n , hat die Weisheit aller Religionsstifter, der kleinen wie der großen, ihnen die Formel des Gebets befohlen, als
eine lange mechanische Arbeit der Lippen, verbunden mit Anstrengung des Gedächtnisses und mit einer gleichen festgesetzten Haltung von Händen und Füßen und Augen: Da mögen sie

herum, bietet Vorstellungsgehalte, die sich in zu Kultur, Philosophie oder anderswohin driftende Assoziationen ausdifferenzieren lassen.

In der Folge davon wird beim Leser an ein Bedeutungsreservoir appelliert, das er nun in Eigenverantwortung auf den Maulwurftext und die von ihm fingierte Situation beziehen wird, bis dann auch solche Konsistenzbildung vom Textfortgang selbst wieder attackiert und depotenziert wird: "Aber ich will garnicht wissen, woher. Wohin mit dem Tibeter (...)?" (Z. 23f.); Eich als Autor scheint demnach stabile Sinnfiguren nur beschränkt zulassen zu wollen, weshalb auch hier die volle konstitutive Funktion des Repertoiregebrauchs nicht ausgenutzt wird; statt sich um ein Verständnis des Satzes zu bekümmern oder ein solches zu vermitteln, wendet sich der Text erneut den besonderen mnemotechnischen Schwierigkeiten des Sprechers zu, dessen ihm konkrete Erinnerungsobjekte also auf das Niveau des bloß beispielend Gegebenen reduziert werden.[1]

Indem das Textsubjekt sich wieder auf seine Befürchtungen hinsichtlich des unordentlichen, ja ordnungswidrigen Zustands in seinem Gedächtnis konzentriert, setzt der Text den Wert der gefundenen Identifikation herab, so daß auch für den Leser die sich an den Nietzscheverweis bindende Sinnerfüllung als transitorische an Bedeutsamkeit einbüßt; eine gemeinsame Ausarbeitung des Sinngehalts wird vom Diskurs dann weder vorbereitet noch überhaupt als möglich deklariert: "Mein Tibetisch ist nicht besonders." (Z. 24f.); der Sprachgestus des irritierten Bewußt-

---

nun gleich den Tibetanern ihr 'om mane padme hum' unzählige Male wiederkäuen, oder, wie in Benares, den Namen des Gottes Ram-Ram-Ram (...)", etc.-

[1] cf. Iser 1976, l.c., p. 133f.; "(...) die Anspielung auf vorausgegangene Literatur erschöpft sich nicht darin, einen bekannten Horizont aufzublenden, so gewiß sie dieses auch bewirkt; sie 'zitiert' darüber hinaus in einer solchen Wiederkehr Artikulationsmuster bestimmter Textintentionen, die nun nicht mehr gemeint sind, zugleich aber eine Orientierung setzen, in deren Verfolgung das Gemeinte zu suchen ist. Wie wenig die Wiederkehr literarischer Elemente als bloße Reproduktion gedacht werden kann, geht allein schon daraus hervor, daß der Kontext des wiederholten Elements gestrichen ist; die Wiederholung entpragmatisiert das wiederholte Element und rückt es in eine neue Umgebung ein. Die Entpragmatisierung bedingt (...), daß die virtualisierten und negierten Sinnmöglichkeiten der wiederholten Textelemente aus der Zuordnung auf die dort und damals gewählten sinndominanten Möglichkeiten entlassen werden."-

seins, für die Kürze einer Wortfindung unterbrochen und aufgehoben, setzt mit Beginn des vierten Textabsatzes ungeschwächt wieder ein: "Mich stört auch, daß (...)".-

An diesem Beispiel ist zu beobachten, daß Eich, auch wenn er die Herkunft mancher seiner Maulwurfgedanken und -formulierungen offenlegt, die Integration eines solchen Repertoires nicht in der bloßen Repetition des vorgegeben (Un-)Bekannten sich erschöpfen läßt, und daß der Text sich also auch nicht mit den selektierten Elementen, auf die er zurückgreift, zu einer harmonischen Identität zusammenschließt.[1)]

Die Problematisierung der aus den Maulwürfen herangezogenen Repertoirebeispiele macht deutlich, wie differenziert der Text die jeweilige Leserbeteiligung provozieren und steuern kann[2)]: auf dem Hintergrund eines leicht kommunizierbaren Basisvokabulars und unterstützt von einem gestaffelten Programm diverser Referenzregulatoren spezifiziert der Diskurs ein Möglichkeitsspektrum von Fremderfahrung bis zu dem Punkt, wo der aktiv beteiligte Leser autonom Verweisungszusammenhänge gewinnen muß, deren dominante, virtuelle oder negierte Sinnpotentiale vom Text nicht mehr bestätigt werden. Dies bewirkt, daß die pragmatischen Sinnentscheidungen des Rezipienten ihm selbst bewußt werden; die De-

---

[1)] cf. Iser 1976, l.c., p. 117; "Im Verzicht auf eine solche Harmonisierung macht sich in der Wiederholung geltend, daß das Bekannte nicht in seinem Bekanntsein interessiert, sondern daß mit dem Bekannten etwas gemeint werden soll, das seiner noch unbekannten Verwendung entspringt. Eine solche Verwendung kann der Text gar nicht formulieren, weil es sich um eine noch unbegriffene 'Bewußtseinsfigur' handelt, die sich nicht mehr an der Geltung vereinbarter Begriffe festmachen läßt."; dies in Anlehnung an Malecki, l.c., p. 80ff.

[2)] cf. Iser 1976, l.c., p. 141f.: "Die Extremwerte auf der Skala partieller Deckung der Repertoirebestände von Text und Leser machen deutlich, daß die Beteiligung des Lesers am Text in unterschiedlicher Weise beansprucht wird. Sie ist dort verhältnismäßig gering, wo der Text eine vorgängige Gemeinsamkeit weitgehend reproduziert, und dort verhältnismäßig intensiv, wo sich die Deckung einem Nullwert nähert. In beiden Fällen jedoch organisiert das Repertoire Einstellungen des Lesers zum Text und damit zu der im Repertoire parat gehaltenen Problemkontur der Bezugssysteme. Das Repertoire bildet somit eine Organisationsstruktur von Sinn, die es im Lesen des Textes zu optimieren gilt. Diese Optimierung ist abhängig vom Kenntnisstand des Lesers und seiner Bereitschaft, sich auf eine ihm fremde Erfahrung einzulassen."

fizitbeträge, die bei der Aneignung und Verarbeitung der Maul-
wursemantik anfallen, bringen den Leser in die Lage, seine angewandten Auslegungstechniken sowie seine diesen zugrundeliegenden Einstellungen wahrzunehmen und zu überprüfen; die vom Text
derart initiierte und intentional regulierte autoreflexive Kon-
trolle des Rezipienten kann dann eine "Umschichtung sedimentier-
ter Erfahrungen im Habitus des Lesers"[1] veranlassen.

Die heuristisch gerechtfertigte Aufspaltung des Textes in sein
Repertoire und seine Strategien muß, wie die Beispiele unterschiedlichen Zitierverfahrens zeigen, berücksichtigen, daß beide
nur in wechselseitiger Angewiesenheit vorkommen und zusammen-
spielen müssen, um den Text als spezifisches Wirkungspotential
zur Geltung zu bringen.[2] Die Funktion der Strategien ist inbe-
zug auf die Textkonstitution eine doppelte: sie "organisieren
(...) die Sujetführung des Textes genauso wie dessen Kommunika-
tionsbedingungen. Sie sind daher weder mit der Darstellung noch
mit der Wirkung des Textes ausschließlich zu verrechnen; vielmehr liegen sie dieser begriffsrealistischen Trennung der Ästhetik immer schon voraus. Denn in ihnen fällt die textimmanente
Organisation des Repertoires mit der Initiierung der Erfassungsakte des Lesers zusammen."[3]; da fiktionale Texte vorrangig keine Sachverhalte protokollieren, sondern diese bestenfalls für
die Vorstellungstätigkeit des Lesers entwerfen, sind die Instruk-
tionen der Strategien Bedingungen für Kombinationsmöglichkeiten

---

[1] cf. Iser 1976, l.c., p. 143; diese Umschichtung ließe sich
sprachlich als ein Prozeß der Kodekreolisierung, cf. dazu Lotman, l.c., p. 45, verstehen; die Deformation des Textes, die
dieser durch die Verstehensakte des Lesers erfährt, gehen einher mit Modifikationen auch des Leserkodes.

[2] In Analogie vor allem zur Sprechakttheorie, cf. John R. Sear-
le, Speech Acts, Cambridge, 1969, dt. in der Übersetzung von
R. und R. Wiggershaus, Sprechakte, Ffm., 1971, und der Austinschen Auffassung, cf. J.L. Austin, How to do Things with
Words, ed. by J.O. Urmson, Cambridge/mass., 1962, konstruiert
Iser 1976, l.c., p. 89ff., sein Modell auf die Affinität zwischen fiktionaler Rede und illokutionärem Sprechakt, wobei er
allerdings die Austinschen Bestimmungen für perlokutionäre
Akte, Konventionen und Prozeduren (conventions, accepted pro-
cedures), dergestalt aufnimmt, daß sie mit seinen Repertoire-
und Strategiebestimmungen zur Deckung kommen, cf. ibid., p.
115.

[3] ibid. p. 144.

während der Lektüre, und als solche können sie das, was sie ermöglichen, weder selbst sein noch repräsentieren.[1]
Sind also die selektierten Repertoireelemente Ausdruck von
Selbstüberschreitungstendenzen des Textes, der durch sie Kontak-
te zu extratextuellen Phänomenen aufnimmt, so zeigen die Strategien die internen Bezüglichkeiten an, wodurch der Gegenstand des
ästhetischen Diskurses, den es im Leseakt zu realisieren gilt,
allererst offenbar werden kann; sie synthetisieren das Reper-
toirekontingent zu Sinnmustern, die den Text als perspektivi-
sches System ausweisen, wobei der Begriff der Perspektive hier
nicht meint, daß der Text sich dem subjektiv begrenzten Autor-
blickwinkel verdankt und insofern eine perspektivische Transfor-
mation von Welt darstellt; sondern er zielt insbesondere darauf
ab, den Text selbst als ein System fluktuierender Einstellungs-
momente zu begreifen.[2] Diese Modulationsfähigkeit und die Möglichkeit ständig wechselnder Kontrastierung gestatten es der
- gemessen etwa am wissenschaftlichen Diskurs - kaleidoskopi-
schen Darstellung fiktionaler Texte, die intendierte Gegenständ-
lichkeit im Akt ihres Hervorbringens auch vorstellbar werden zu
lassen.[3]

---

[1] Zwar ließen die Strategien sich an den eruierten Techniken
des Einzeltextes ausmachen, doch bilden sie nicht deren vari-
antenreiches Inventar, sondern die Struktur, die der techni-
schen Realisierung unterliegt.

[2] cf. Lobsien, l.c., p. 42ff.; dazu Lotman, l.c., p. 368ff.,
wo es p. 374 heißt: "Eben diese ständige Überschneidung der
jeweiligen Konstruktionstypen und Relationen führt dazu, daß
das in einem System Unbedeutende oder Redundante sich in
einem anderen System als bedeutsam erweist"; Lotman ver-
gleicht in diesem Zusammenhang ästhetischer Wirkung etwa die
Nah- und Ferneinstellung oder die Bildung sukzessiver Erzähl-
sequenzen mit filmischen Präsentationsweisen; cf. aber auch
Iser 1976, l.c., p. 161ff., der die Perspektivität fiktionaler Texte als primäre Bedingung der "Struktur von Thema und
Horizont" diskutiert.

[3] Diese Leistung ästhetischer Literatur ist, wie Iser 1976,
l.c., p. 145ff., zeigt, nicht mehr adäquat durch Modelle der
Deviationsstilistik einsichtig zu machen; abgesehen von der
methodologischen Problematik, Abweichung gegen dekretierte
Normkriterien durch Defizienzkategorien abzusetzen, vermögen
es Deviationsmodelle nicht, die Funktion der Abweichungen,
wie sie von fiktionalen Texten intendiert werde, darzustellen: "Es gehört zu den Paradoxien der Deviationsstilistik,
daß ihre strukturalistische Orientierung die der Abweichung
entspringenden Kommunikationssituationen von Text und Leser

Unter den perspektivegewährenden Instrumenten der Maulwürfe,
die ja in ihren Einzeltexten kaum vollständig ausgearbeitete
plot-Bildungen leisten, eher auf ein Reservoir zumeist wieder-
kehrender plot-Surrogate reflektorisch zurückgreifen, sollen
noch hauptsächlich Sprachgestus und Diskursarrangement hervorgehoben werden; während der Sprachgestus die perspektivische Korrelation zwischen der Diskursautorität, also dem (sprechenden)
Textsubjekt, das nur in Einzelfällen zutreffend auch Erzähler
genannt werden könnte, und dem vom Diskurs vermittelten Gegenstand, dem Sujet oder den Themenkonfigurationen, zum Ausdruck
bringt, zeigt das Arrangement die Bezüglichkeiten einzelner Diskursphasen oder -niveaus zueinander an; durch variationsfreudi-
gen Einsatz von Gestus und Arrangement, was dem Autor eine Vielzahl besonderer Darstellungsmöglichkeiten eröffnet, spielen die
Maulwürfe die Denotation ihrer Themen im Vergleich zur Präsentation jener Prozesse, in welchen solche Denotationen sich verwirklichen, in den Hintergrund. Daher entsteht der Eindruck, das
Maulwurflesen werde nicht nur an den pragma-faktischen Auseinandersetzungen fiktiver Protagonisten mit lebensweltlich mehr oder
minder Vertrautem beteiligt, sondern solle auch in die kogniti-
ven Prozeduren des so veranlaßten Diskurses integriert werden,
der eben solche Auseinandersetzungen konzeptuell bilanziert. In
der meditativen Prosa des späten Eich überantwortet der Text
Problemwerte individuellen Räsonierens, indem er sie quasi unmo-
deriert und kommentarlos vorstellt, dem in die Verantwortung des
Zeugen und des Kollaborateurs hereingezwungenen Leser. Das The-
meninventar büßt oft nahezu vollkommen die Signifikanz seiner
möglichen textexternen Bezüglichkeiten ein, da der prätentiös
individualisierte Sprachgestus mit seiner topologischen Perspek-
tivierung dominiert, die dann in der - wie willkürlich - sich
ausspielenden Bezüglichkeiten einzelner Diskurssegmente gleichzeitig ihre Korrespondenz und ihr Korrektiv erfährt.
Die jeweilige Bandbreite von Sprachgestus und Diskursarrangement

---

nicht mehr zu strukturieren vermag. Immer dort, wo die Struktur das Letzte und folglich der Funktion vorgeordnet ist, entsteht eine Bedeutungshierarchie, deren ontologische Natur darin zum Vorschein kommt, daß die Verwendungssituation dieser
Bedeutungen deren Status offensichtlich unberührt lassen.",
cf. ibid., p. 150.

läßt eine indexreiche Kombinatorik zu, die es so schwer macht,
die Einzelstücke nach Kriterien auch nur ihres allgemeinen Na-
turells zu rubrizieren; die Maulwürfe beherrschen virtuos eine
nuancierte Registratur von temperierten Sprachniveaus, mit deren
Hilfe sie unterschiedliche Gewichtungen selbst vornehmen und reflektieren können; besonders fallen die im Diskurs verpackten
Geständnisse der jeweiligen Sprecher über die Wertschätzung des
von ihnen Gesagten auf: das "Aber", das "Freilich", die beständig repetierte Abwehrhaltung gegen imaginierte Positionen, die
sich in den häufigen syntaktischen Negationen ausdrückt, - all
das und vieles andere mehr ließe sich als szenischer Hinweis
für Bewußtseinssituation und -mentalität des Textsubjekts lesen;
hier ein beileibe nicht vollständiges Sortiment auffallender
Gestusregulative:

- Der Henkersmahlzeit bin ich gewachsen. Ich hatte mir Erbsen
  gewünscht, aber weniger hart. So gleichgültig, wie sie mit
  mir umgehen, ist es mir nicht. Aber reden wir nicht mehr davon. (Zwischenakt, 303f.)

- Ach, ach, ach, soviel Seufzer, soviel Daten. Wieviel Frauen
  hast du gehabt, wieviel Männer? Haben sie auf Fichtennadeln
  gelegen oder im Autobus? Später haben sie politische Wissenschaften studiert oder monochrome Malerei, keine Unterschiede
  mehr, mausgrau. (Seepferde, 308f.)

- Aber Viareggio, da war ich oft, sieben oder acht Mal, vielleicht eher sieben, aber ich war. (Viareggio, 310)

- In der Küche weint der Haushalt ohne Hemmung. Ich mache die
  Augen zu, stopfe mir die Finger in die Ohren. Mit Recht.
  (Hausgenossen, 312f.)

- Dritte Runde. Zuchthaustüren. Der liebe Valentin wird am Ärmel gezupft und fügt sich. Sein Nachfahr singt sein Lied in
  kleinen Kneipen. Ach diese Hilfsarbeiter für Hierarchien!
  Schizophrenie ist strafbar, Trauer ein Entlassungsgrund. Wir
  lächeln dienstfreudig. (Späne, 317f.)

- Es ist untröstbar, aber selbst ein Trost, murmle ich in Ab-
  ständen. Ich weiß nicht, was untröstbar ist, ich bin tröstbar, tröstbar mit Regenschirmen, mit Parkwegen, mit ein Meter
  siebzig. Aber ich murmle. Vielleicht denke ich vor allem an
  meinen Koffer. Es ist mir entfallen, denn es spielt alles
  nicht im Präsens. (Ein Tag in Okayama, 327)

- Der Zitronenkern steigt vom Grunde des Glases auf. Willkommen! Eine Scheinfrucht, aber gesund, es lohnt sich Zitronen
  zu trinken, auch Sanddorn und Selleriesaft. Willkommen! Ent-
  scheidungen fallen selten; zum Beispiel, wenn man eine stärke-
  re Brille braucht, willkommen, ihr Dioptrien! (Begrüßung, 329f.)

- Wir haben erfahren, wo wir schweigen und wo wir schreien müssen, es ist keine Sache der Minute sondern der Topographie,
  das lernt man zufällig oder spät. Die Siebenschläfer trappeln

jetzt in der Wohnung über uns, ich glaube nicht, daß sie es
uns hätten beibringen können, sie haben Schlafprobleme, die
sind wieder ganz anders, natürlich auch wichtig, aber ganz anders. (Das lange Laster, 340f.)

- Das alles nur in Parenthese, zu Hauptsätzen habe ich kaum Zeit,
nur für Ausrufzeichen. Diese fröhlichen Forellen, blau und ge-
backen. (Feste, 350f.)

- Weil - hier stocke ich schon, immer gibt es Begründungen. Weil
die Bilder schief hängen, nein, ich setze den Satz nicht fort.
Weil ich dann und dann geboren bin. Wirklich, die Hauptsätze
kann man weglassen, sie gehen nicht weit, gehen nicht einmal
nahe. (Zaubersprüche, 351)

- Wie ist das aber, wenn das Gras verlassen ist und ich im trok-
kenen Zimmer die Füße auf den Strahlenofen halte? Gilt alles
nur für ungeschorene Waldwege? Und rechts eine Pizzabäckerei
und links die Bauschächte der U-Bahn, was dann? Mein Gedächtnis vergißt Gras und die Augenblicke. Dunkel erinnert mich
mein dunkler Hut, aber die Erkenntnis kommt nicht wieder, es
nützt nichts ihn aufzusetzen. (Hohes Gras, 366f.)

Durch den Sprachgestus werden dem Leser auch unterschiedlich
gestufte Seriositätssignale mitgeteilt, die Orientierungshilfe
hinsichtlich der an bestimmten Diskurspositionen problematischen
Themen anbieten. Der Sprachgestus des verbalen Insistierens etwa
begünstigt ganz andere Konstitutionsverfahren als der des Aparte
oder der des parenthetischen Sprechens; der Gestus verweist daher auf die mentale Situation des Diskurssprechers und auf dès-
sen reflexive Selbstkontrolle, sowie er auch flankierende Ver-
stehensbedingungen für den Leser markiert; er charakterisiert
den aktuellen Diskurs in der Weise, daß von ihm Rückschlüsse auf
die fingierte oder reale Sprecherperson und die situativen Umstände, in welchen sie agiert (spricht), möglich werden. Die habituelle Kommunikationsbedingung, die in der Beantwortung der
habituellen Klärungsfrage: wer spricht? erfüllt wird, kann so
teilweise durch die Realisierung des Räsonnements, das sich
gleichsam Timbre und identifizierbare Stimme beschafft, erfüllt
werden. Eichs signifikant eingesetzte Personalindizien (als
welche die Indizes des Sprachgestus fungieren) erübrigen die im
traditionellen Erzählen notwendige Ausbildung einer spezifischen Erzählerinstanz.[1]

---

[1] In den prosodischen Variationen bildet sich der Sprachgestus
der Maulwürfe als eine parametrische Komponente aus, an welcher eine erste Orientierung über die konfabulierende Textua-
lität durch den Leser vorgenommen werden kann. Der Diskurs
setzt so von sich aus Akzente, die in ihrer unterschiedlichen
Intensität und mit ihren unterschiedlichen Intentionen die

Eine ähnliche, oft aber in ihrer Konkretion gegenläufig eingesetzte, vorsortierende Funktion des Repertoirematerials fällt der zweiten wichtigen Komponente in der Textorganisation, dem Diskursarrangement, zu. In ihm entfalten sich Assoziations- und Dissoziationsmöglichkeiten für die vom Leser mitzugestaltenden Konsistenzen, weswegen sich faktisch Gestus und Arrangement, auch dann noch, wenn sie kontrapunktisch ausgeführt werden, wechselseitig bedingen. Unterm Diskursarrangement könnte die Struktur all jener Techniken verstanden werden, welche die exponentiellen Beträge eventuell aktualisierbarer Konnotationen markieren (also die Fülle der Repetitionstechniken, Echoverfahren, Selbstzitate, etc.); im Arrangement seiner singulären Diskursphasen eröffnet der Maulwurf interne Bezugssysteme, die als labile Schemata bestimmte Lesarten favorisieren; texttechnisch läßt sich das Diskursarrangement als das Spektrum unterschiedlich weitreichender Explikationen einmal evozierter Textgehalte vorstellen; durch solche unterschiedlichen Explikationstypen werden Relevanzvorstellungen konturiert, wodurch sich dem Leser differenzierte Informationen über mögliche Textintentionen vermitteln lassen.[1]

---

jeweilig betroffenen Diskursanteile einer vermeintlichen Bedeutsamkeit nach klassifizieren, wodurch ein sekundäres Ordnungsschema entsteht, welches der Leser auch dann noch realisieren kann, wenn ihm die semantische Referentialisierung der betreffenden Textstelle nicht überzeugend gelingen mag; der Gestus erfüllt so - um in Anlehnung an die Peircesche Zeichenunterscheidung zu sprechen, cf. Peirce, l.c., S. 175, Anm. 2, 2.244ff., - die Funktion der "Tone" oder "Qualizeichen" auf der Textebene.

[1] Was hier als Diskursarrangement bezeichnet wird, kontingentiert nicht die Vorstellungsmannigfaltigkeit des Lesers, sondern setzt sie primär in Bezug zum so und nicht anders organisierten Text. Es ist Komponente der Strategie, weil es die für fiktionale Texte besondere Bedingung für Kommunikabilität erfüllt, Interaktionsrelationen zu eröffnen, ohne daß eine pragmatisch gegebene Situation absichernde Redundanz bereithielte; die im Arrangement so erst sich bildenden Perspektiven versetzen den Rezipienten in die Lage, auf bestimmte Beziehungen aufmerksam zu werden und so seine eigenen Vorstellungsakte an der gegebenen Textphänomenalität fortlaufend und unter ständig wechselndem Blickpunkt zu kontrollieren; zum Begriff der "Vordergrund-Hintergrund-Relation" cf. etwa Iser 1976, l.c., p. 155ff., aber auch Lobsien, l.c., p. 42ff., der in seinem "Modell" die Perspektivität nicht nur, als operationale Hypothese der Fiktionsforschung, in ihrer spezifischen Relevanz für literarische Illusionsbildung, sondern auch als Grundmuster der Welterfassung schlechthin diskutiert.

Das Maulwurfräsonnement, das einmal thematisch gewordene Gehal-
te in, wie die zahlreichen Parallelstellen beweisen, zurückkom-
menden Reflexionen immer wieder um aspektverschiebende Konnota-
tionsbeträge bereichern, stimuliert beim Lesen eine ganz andere
Vorstellungsbereitschaft als etwa Diskursarten, die sich in mo-
nomorphen Repetitionen oder aber in explikationsfreudigen De-
skriptionen verwirklichen; wichtig aber ist, daß all diese Ar-
rangierungsweisen für den Leser sekundäre Dekodierungssignale
bedeuten, die seine individuelle Disposition so tarieren, daß
er sie als spezifizierte Einstellung auf das Äquivalenzsystem
des betreffenden Textes benutzen kann.

Die Synthese von Repertoire und Strategien bei den Maulwürfen
ließe sich folglich so zusammenfassen: beide gemeinsam bilden
das jeweilige Äquivalenzsystem des Textes; dabei fällt dem Repertoire die Aufgabe zu, die Relation des Textes zu den Systemen seiner Umwelt anzuzeigen; die Strategien dagegen organisieren die Binnenbezüglichkeit der Stücke. Mit dem Repertoire werden kategoriale Bestandteile der sozialen Weltwirklichkeit, sowie insbesondere vorgängiger Artikulationen in die Maulwurfrede
imputiert. Diese Hereinnahme bewirkt eine Deformation der selektierten Elemente, die sich mit ihrer Ablösung aus den ursprünglichen Bezüglichkeiten erklären läßt. Die Textstrategien
konkretisieren einerseits die originale Textgestalt, zum anderen
entwerfen sie Erfahrungsbedingungen des Textes, indem sie ein
System der Perspektivität schaffen, als deren prominente Perspektivträger Sprachgestus und Diskursarrangement zu bezeichnen
wären.

Daraus wird ersichtlich, welch elementare Bedeutung dem Bekannt-
heits- oder Erkennbarkeitsgrad der vom Text aktualisierten Repertoires und der Distinguierbarkeit verwendeter Strategien zukommt. In dem Maße, wie der Text deren Bestimmtheitsniveaus
senkt, riskiert er seine eigene Lokalisierbarkeit in und gegenüber sinnkonservierenden Bezugsmustern, über die mögliche Leserdispositionen auch verfügen können; er wird also nicht weiterhin
Kommunikation unter Auswertung der Gemeinsamkeit zwischen seinem
und dem Habitus des Lesers stimulieren können, wenn er gerade
virtuelle Kongruenzen immer wieder abträgt.

Der in Quantität und Rededauer schon sehr begrenzte Maulwurfdis-

kurs ist besonders anfällig für derlei Risiken[1]; andrerseits
scheint er es gerade darauf anzulegen, es zu keiner gesicherten
Übereinkunft zwischen Text und Leser kommen zu lassen; die Mini-
malisierung und Kryptisierung, mit welchen etwa auf tradierte
Literatur angespielt wird, verbieten, diese als betretbare Kom-
munikationsfundamente zu gebrauchen; die relative Häufigkeit,
mit der solche Allusionen im Text auftauchen, und Beispiele total maskierter Zitate, deren auch nur zufälliges Auffinden oft
gar keine weiterführende Annäherung an den Text gewährt, beunru-
higen den auf Sinnaggregate angewiesenen Leser: es stellt sich
bei ihm der Verdacht einer prinzipiellen Ubiquität solcher Re-
lationalitäten ein, mit deren vollständiger Realisierung er
überfordert wäre; mit der ambivalent hilflosen Attitüde desjeni-
gen, der zwar jovial fragt, was alles dahinter stecken möge, es
aber gar nicht so eigentlich genau wissen möchte, quittiert er
entweder diese strapaziöse Überforderung, oder aber er entscheidet sich dazu, seine angeregte Neugier als die vom Text intendierte Leserreaktion zu akzeptieren und die Bedingtheiten und
Grenzen seiner Verstehensbereitschaft erneut mit dem Maulwurfdiskurs zu konfrontieren.

---

[1] Aber auch die interne Struktur der Maulwürfe ist auf strate-
gische Abstraktion reduziert: die Perspektivträger Sprachgestus und Diskursarrangement sind im Fiktionszusammenhang der
Texte nur die abgeleiteten Formen derjenigen Korrelationen,
die auch Perspektiven der herkömmlichen Erzählweise eingehen
können; der Gestus etwa ist der Ausdruck für das Verhältnis
der Erzählerfigur, die mit dem Autor zusammenfallen kann, zu
den übrigen im Erzählen aufgefächerten Perspektiven; das Arrangement verwirklicht formal die Beziehungsmöglichkeiten,
die diverse Subperspektiven in der Handlungsdimension oder
die dargestellten Figuren zueinander - etwa in einem Roman
mit pluralistischem Personal - besitzen; diese Beziehungen
habituellen Erzählens werden in den Maulwürfen nicht ausgeführt, da die Texte epischen Kriterien wohl nur noch bedingt
entsprechen; die mögliche Extension solch traditioneller Perspektiven deriviert im Maulwurfdiskurs gleichsam zur Inten-
sion ihrer funktionalen Valenz: die ganze Aspektmannigfaltig-
keit der Beziehungen, die etwa eine Romanfigur im novellisti-
schen Diskurs darstellen kann, wird in den einzelnen Sprachzeichen der Maulwürfe polarisiert, um dann, als konnotations-
trächtiges Wort wieder befreit, in die Interaktion mit anderen Textelementen einzugehen; es ist die Sprachhandlung selber (und zwar als Korrespondenz mentaler Prozesse), die von
den Texten durchgespielt wird; die sich dabei auftuende Dimension ist im wesentlichen semiotischer Natur; vielleicht
ist es die Dramatik dieser (Sprache konstituierenden) semiotischen Verhältnisse, welche die Maulwürfe primär vorführen.

10.

"Sie lese schwierige Texte so, wie sie etwas suche, das verlorengegangen ist, indem sie zuerst das Suchen suche, die Form des Suchen, äußerte Ilse Aichinger in einem Fernsehinterview, auf die Frage, ob sie ein Rezept geben könne, ihre Texte zu lesen. Und sie fuhr fort: 'Wenn ich die Form zu suchen gefunden habe, merke ich, daß ich eigentlich die Form zu finden gefunden habe, im Fall des Textes, die Form zu lesen, und daß Lesen und Schreiben wie Suchen und Finden sich einander bis zur Identität annähern können.'"[1]

Dieser Ratschlag einer Autorin, die mit Sicherheit auch prominente Maulwurfkennerin ist, sollte die letzte Textbetrachtung dieser Arbeit zu der Lesegeduld ermutigen, die einzig eine gelingende Annäherung an Literatur wie die späte Eichprosa in Aussicht stellen wird; das bei aller Untersuchung Auffindbare als verlorengegangene Form des Textstudiums selbst zu verstehen und so die Bemühung als Erfolg identifizieren zu können, bedeutet auch, die hermeneutischen Schwierigkeiten nicht bloß als Resultat unkonventioneller und daher verständnishemmender Schreiboperationen zu respektieren; was sich in der Kunstmoderne bisweilen als Verschlüsselung des Mitgeteilten der bequemen Übernahme durch den Rezipienten widersetzt, ist ja auch oft nichts anderes als die bedingte Folge eines Interesses, das, im Falle der Literatur, der Autor - und mit ihm hoffentlich auch sein Leser - dem gewohnheitlicher und außerästhetischer Erfahrung Verschlossenen entgegenbringt; die angestrebte Kommunikation solcher Texte erfüllt sich dann nicht in der Übereinstimmung einer Autor und Leser gemeinsamen Überzeugung, die sich dem vom Text gestellten Fraglichen als (über)mächtig erwiese, sondern findet statt in einer realen Kooperation, die in fortlaufender Kritik vermeintlich überzeugender Anschauungen sich beständig auch selbst bezweifelt; der Text ist so nicht mehr nur Vehikel, welches quasi

---

[1] cf. Heinz F. Schafroth, Die Dimension der Atemlosigkeit; als Nachwort in: Ilse Aichinger, schlechte Wörter, Ffm., 1976, p. 129ff.; zu Aichingers gleichsam rezeptiver Schreibweise cf. auch "Meine Sprache und ich" in: I.A., Dialoge, Erzählungen, Gedichte, hg. von Heinz F. Schafroth, Stuttgart, 1971, p. 3ff.

eine Transport- und Vermittlungsleistung übernimmt; er ist auch das transportierte Bedeutungsgut selbst, an dem Autor und Leser in ihrem beginnenden Disput eine prüfende Begutachtung vornehmen.

Die Beziehung von Verschlüsselung und Verschlossenheit des Gemeinten, wie die Maulwürfe sie dem Leser zu bedenken geben, muß auch in dessen Lektüreerfahrung ihren Niederschlag finden; deswegen soll zum Schluß ein Text ausgewählt werden, der weniger durch spektakuläre Dechiffrierversuche als durch beharrliche Meditation seiner Sprache für die Anteilnahme des Leserbewußtseins erschlossen werden kann; wie ein Rezipient noch nicht versteht, wenn er das ihm Ungeklärte nicht zu erklären weiß, so muß er jedoch auch einsehen, daß eine ihm vielleicht evidente Erklärung nicht auch schon sein Verstehen garantiert; der Nachweis einer kaum merklichen Anspielung oder einer verborgen gehaltenen Referenz mag dem Maulwurfleser als Verständnishilfe dienlich sein, er gibt aber doch nur den Impuls für ein erweitertes Bewußtsein, das gerade deshalb nicht schon von weiterer hermeneutischer Anstrengung suspendiert ist. Daß im "Rudel" der Maulwürfe auch solche angetroffen werden, die nicht nur an entlegenen oder schwer zugänglichen Bedeutungsfrüchten nagen, läßt folgender Text[1] erkennen:

Kehrreim

Ein Fenster, dem Gewöhnlichen geöffnet. Puls und Blätter sind
Schritte, die nicht eintreten. Graut nicht schon der Schnee? Was
alles kann geschehen sein, und deinen Maulwürfen entgehst du
nicht.   5
Redet man sich in der zweiten Person an, in der dritten oder in
der ersten? Hier ist es gleichgültig, dort entscheiden sich die
Meditationen. Hier ist es die Straße des Verliebten, der Monologe führt, dort ist der Morgen stumm.
Die Besorgnisse deiner Milz, deiner Bauchspeicheldrüse, deines   10
Darms. Die Hautenden, das Mineralwasser in den Gliedern.
Und deinen Maulwürfen entgehst du nicht.
Das wußte keine Provence, so alt ist es nicht. Es ist das geöffnete Fenster in einem Winter, der Schnee fällt leise und hier.
Sind es Schritte, müssen da Hausschuhe sein und sie sind zum   15
ersten Mal.
Worauf willst du horchen? Fall in den Schlaf, da gehen die Zeiten hin und her, die Kümmernisse sprechen sich von weither aus,
von der Provence, von hier.
Nein, deine Nacht ist immer diese, die Milznacht, die Aschermittwochsnacht, die man mit du anredet, mit schweigenden   20
Klavieren, schweigenden Spiralnebeln. Deinen Maulwürfen entgehst du nicht.

---

[1] cf. GW, I, p. 304; wieder ist der Zeilensatz von dort übernommen, die Numerierung hinzugefügt.

Der Text bietet schon bei den allerersten Lesedurchgängen,Konsistenzen an, die den Leser rasch und ausreichend in die Lage versetzen, die Maulwurfrede als in sich strukturiert und für regelrechte Mitteilung tauglich wahrzunehmen. Weiniger einsichtige Diskursanschlüsse und eventuell problematisches Sprachmaterial werden umso eher toleriert, je ungehinderter Vorstellungen zusammenfinden können, deren semantische Integration die hemmende Wirkung nicht-kohärenter Textelemente dominiert; vom Texttitel gemahnt, erkennt man den in den Diskurs eingespielten Refrain mühelos zu Ende des ersten, des dritten und des letzten Textabsatzes; alle sechs Paragraphen, jeweils zwischen zweieinhalb und dreieinhalb Zeilen kurz, vollführen somit ein Spiel mit den Zahlenwerten eins, zwei und drei, wodurch der explizite Kehrreim um entsprechende Proportionen zeitverzögert erscheint; da "Kehrreim" ein Maulwurf ist und da der Kehrreim dieses Maulwurfs immer länger auf sich warten läßt, entsteht eine offensichtlich beabsichtigte Spannung zwischen der Textanordnung, die eine optische/akustische Wahrnehmung wachsender Intervalle provoziert, und der lakonischen Mitteilung des Refrainsatzes, der die Unausweichlichkeit, die Unabwendbarkeit eines bevorstehenden Zusammentreffens mit den Maulwürfen prophezeit. Gegenüber diesem beinah motorischen Effekt einer aus sich heraus sich entwickelnden Redebewegung teilt das zweimalige Sprechen vom geöffneten Fenster das Textganze in stabile, je elfzeilige Hälften.

Löscht man den Text bis auf seine signifikanten Echos, ohne schon deren semantische Konferenzen zu schalten, so ergibt sich nachstehendes Raster; der so verderbte Text läßt durch die Fülle seiner wiederkehrenden Elemente erkennen, daß Eich sich nicht zu scheuen brauchte, den ursprünglichen Titel[1] durch den jetzigen zu ersetzen, dem ja zumindest formal die Maulwurfrede alle Ehre macht. Berücksichtigt man dann noch, daß die Produktion solcher Vokabulardubletten dem Text eine buchstäbliche Reflexionsstruktur verleiht, gegenüber der die je neuen, singulären Evokationen wie intellektuelle Bestimmungsversuche wirken,

---

[1] cf. S. 62f., Anm. 6.

welche diese ihre Struktur gleicherweise bestätigen und entgrenzen, so zeigt sich, daß schon die phonetische Distribution in
der "Kehrreim"-Rede die meditative Bewußtseinskonstellation des
Sprechers mimetisch proklamiert:

```
    Fenster                 geöffnet                    sind
Schritte      nicht                 nicht      der Schnee
                       sein, und deinen Maulwürfen entgehst du
nicht./                                                            5
Redet man      in der                 an, in der              in
der ersten? Hier ist es               dort
               Hier ist es
          dort ist               ./
          deiner Milz, deiner                         deines  10

Und deinen Maulwürfen entgehst du nicht./
               Provence           ist es nicht. Es ist    geöff-
nete Fenster                  der Schnee fällt            hier.
Sind es Schritte      da              sein     sie sind       15
ersten    ./
          du          Fall               da gehen
   hin und her                          von weither
von der Provence, von hier./
     deine Nacht                      Milznacht               20
     -nacht    man mit du anredet    mit schweigenden
        schweigenden               Deinen Maulwürfen ent-
gehst du nicht.
```

Wenn der Fortgang im Sprechen immer ausschließlicher durch Rück-
griff aufs schon Gesagte geschieht, dann spielt sich eine sprachliche Selbstbezüglichkeit ein, die ihrerseits gegenüber extratextuellen Impulsen sich zu verselbständigen trachtet. Im Text-
raster der signifikanten Echos drückt sich also der konzeptuelle
Habitus des Textsubjekts aus, der vom Leser schon unterschwellig
wahrgenommen werden kann, noch bevor er Motiv, Argumentation und
Intention der Rede vollständig realisiert haben mag. Auch ohne
über das recht delikate Verhältnis von Laut und Bedeutung[1] zu
philosophieren, muß der Leser dieses Maulwurftextes die durch Repetition und Parallelismus organisierte Redeführung als Determi-
nante der Mitteilung berücksichtigen, durch die eine Perspekti-

---

[1] cf. dazu nur Lotman, l.c., pp. 161ff., 179ff., und Plett,
l.c., p. 175ff.; das Interesse an einer Theorie der Phonästhe-
me, die über bloß onomatopoetische Phänomene hinauskäme, könnte zu den Fragen der "Laut-Sinn-Verknüpfung" (Plett) zumindest in einer Einzelsprache Überlegungen beisteuern, die auch
für die Intentionen nicht weniger Literaten der Moderne von
Belang wären.

vierung des semantischen Potentials vorgenommen ist, welche
eine nähere Kenntnis über die Mentalität des Sprechers in der
vom Text aktualisierten Redesituation gestattet.
Auch diverse phonästhetische Auffälligkeiten sind in "Kehrreim"
zu beobachten; darunter besitzen die den gesamten Text durch-
laufenden Alliterationsketten der mit 'm'- oder 'ʃ'-Lauten beginnenden Vokabeln (dazu gehört auch knapp die Hälfte aller
Substantive dieses Maulwurfs) den wohl wirksamsten Effekt; aber
auch einzelne kleinere Textareale erfahren durch phonetische
Akzentuierung eine besondere Auszeichnung und erfordern so als
gleichsam musikalische Lyrismen eine animierte Wahrnehmungsin-
tensität während der Lektüre; vor allem die Vokalassonanzen
(zB.: "dem Gewöhnlichen geöffnet", Z. 2, "Fall in den Schlaf,
da gehen ...", Z. 17), die entweder durch metrische Skandie-
rung unterstützt oder durch ihre textuelle Extension ("Monologe
führt, dort ist der Morgen stumm./ Die Besorgnisse ...", Z.
8ff.) nach einer fast deklamatorischen Realisierung verlangen,
initiieren eine auf die Lautfolge gerichtete Aufmerksamkeit,
die dann etwa zum Textende hin den beinah lautsymbolischen Kontrast der jetzt erst genannten "Nacht" (Z. 20) zum unmittelbaren Kontext, der ganz von hellen und hohen Vokalen bestimmt ist,
wahrnehmen kann; ebenso ist es nicht vollkommen abwegig, in der
Rede vom Schritt, der nicht eintritt, und vom Geschehen und
nicht-Entgehen (Z. 3ff.) deformierte Relikte ehemaliger Reime
(cf. den Titel des Stücks) zu vermuten, die zusammen mit den
prononcierteren, explizit gebliebenen phonästhetischen Figuren
den Eindruck einer gesteigerten phonologischen Äquivalenz und
einer nicht unerheblich intendierten Euphonie erwecken, wie sie
vor allem für lyrisch-poetische Sprache erstrebt wird; daneben
dürften auch prosodische Figuren wie die Rhythmisierung etwa
der semantischen Folge im dritten Textabsatz, aber auch die variable Tonhöhensteuerung durch gelegentliche Du-Anrede und
durch die drei direkten Fragesätze (zu denen noch mindestens
eine indirekte Frage zu zählen wäre: "Was alles kann geschehen
sein", Z. 3f.) Strukturmöglichkeiten nützen, über die gewöhnlich
nur die Sprache im Vers verfügt; dazu treten dann sprachgestisch
signifikante Zäsuren, wie sie etwa von den durch elliptische
Sätze provozierten Sprechpausen und von der Textbrechung in re-

lativ zahlreiche, vom Umfang her nicht unähnliche Absätze vorgenommen werden; da darüber hinaus jeder Textparagraph auch noch mit einem betonten, einsilbigen Wort schließt, wird dem Maulwurf eine quasi strophische Ordnung verliehen, die den Textrefrain so offensichtlich auch strukturell legitimieren will.

Wie die Anordnung des Sprachmaterials in dem (für viele Eichtexte typischen) extensiven Echoraster den kontemplativen Charakter des eben redenden Textsubjekts vermittelte, so können auch die phonästhetisch wirksamen Diskurselemente und die vom Sprecher begrenzt geleistete Euphonie der Rede auf die nicht zuletzt lyrisch-meditativen Ambitionen des Maulwurfs aufmerksam machen; das Räsonnement von "Kehrreim" pendelt so im Reflexionsraum der aufeinander abgestimmten Echos, die wie genau gegenüberstehende Spiegel eine Entgrenzungs- und Unendlichkeitsperspektive suggerieren, hin und her, indem es, mit einer merklich poetischen Attitüde ausgestattet, eine lyrisch angehobene Selbstbesinnung vollzieht, die als spezifische Reaktion des Sprecherbewußtseins auf die Diagnose seiner vermeintlichen Situation rezipiert werden kann.

Nachdem so das Textsubjekt seiner affektiven Identität nach von Signalen, die zwar noch nicht lexikalisch-semantische Funktion erfüllen, nichtsdestoweniger aber die Mitteilung mittragen, ausgewiesen worden ist, gelingt dem Leser ziemlich mühelos auch die Gruppierung thematischer Fragmente zu Sinnmustern, in deren relativer Konsistenz er Reflexions- und Redeintentionen des Sprecherbewußtseins ausfindig machen kann; das lexikalische Repertoire des Maulwurfs gliedert sich einer Vielzahl zusammenspielender Assoziationsbewegungen ein, deren Gesamtheit als individueller 'stream of consciousness' des individuellen Sprechers vorzustellen ist; so scheint das Textsubjekt etwa einem ausgeprägt physiologisch-pathologischen Interesse nachzugehen: Gegenstände seiner fragend beobachtenden Kontemplation sind der "Puls" (Z. 2) und die "Milz" (Z. 10), später, Z. 20, von der Vokabel "Milznacht" wieder aufgenommen, die "Bauchspeicheldrüse" (Z. 10), "Die Haut-" und die "Glieder" (Z. 11), auch die Wahrnehmung des "Darms" (Z. 11) scheint "Besorgnisse" (Z. 10) - später, Z. 18, werden es "Kümmernisse" sein - auszulösen; im Gegensatz zu dieser körperlichen Innenwelt fällt der Blick aus dem

"Fenster" (Z. 2, 14) auf "Blätter" (Z. 2) und "Schnee" (Z. 3, 14),
auf die Natur, die ja auch den "Maulwürfen" (Z. 4, 12, 22) assoziativ Raum gewährt, "in einem Winter" (Z. 14), wohl während
einer "Nacht" (Z. 20), vielleicht reicht er gar bis zu den "Spiralnebeln" (Z. 22) am Firmament.

Neben dem noch wachen Sehsinn scheint aber auch das Gehör des
Textsubjekts nach innen wie nach außen noch angespannt: auf
"Puls" und "Schritte" (Z. 3, 15) scheint es achtzugeben, "Klavieren" (Z. 22) nachzulauschen; der Sprecher konstatiert, daß
"der Morgen stumm" (Z. 9) sei, und weiß: "der Schnee fällt leise" (Z. 14); den nicht (mehr) hörbaren Phänomenen, den "schweigenden Klavieren, schweigenden Spiralnebeln" (Z. 21f.) leiht er
sein Ohr; auch die "Hausschuhe" (Z. 15) verursachen wohl kein
allzu lautes Geräusch, da er sie mehr erschließt und erahnt als
zu hören scheint, und in der Stille dieser "Aschermittwochsnacht" (Z. 20f.)[1] ist die Frage berechtigt: "Worauf (...) horchen?" (Z. 17).-

Von Stille, Schweigen und Stummheit umgeben, werden dem Textsubjekt auch Fragen, die unmittelbar mit der (menschlichen)
Sprache zu tun haben, wichtig und bewußt; sein Denken kreist um
"Meditationen" (Z. 8), die in einer Frühfassung von "Kehrreim"
noch, cf. S. 62f., Anm. 6, ausdrücklich als "Gespräche" qualifiziert wurden, um "Monologe" (Z. 8f.) und das Problem der Anrede
im Selbstgespräch - "Redet man sich (...) an (...) oder (...)?"
(Z. 6f.) -; auch das Anreden des anderen - "die man mit du anredet" (Z. 21) - und das Sichaussprechen - "sprechen sich (...)
aus" (Z. 18) - sind ihm fragliche Phänomene wie offenbar schon
die simple Wahl der für ein solches Sprechen geeigneten grammatikalischen "Person" (Z. 6) - "in der zweiten (...), in der
dritten (...) in der ersten?" (Z. 6f.); auch daß in diesem Maulwurf den "Maulwürfen" die Rede gilt, macht deutlich, wie sehr
das Thema Sprache den "Kehrreim"-Sprecher als ausgezeichnetes
Objekt seines Reflexionsprozesses bewegen muß. Von diesen drei

---

[1] Der Maulwurf "Kehrreim" entstand, gemäß den Anmerkungen der
GW, I, p. 429, am 27.2. 1968; der Aschermittwoch desselben
Jahres fiel auf den 28. Februar; gerade in dem Moment, wo
der Text zur poetischen Metaphorisierung driftet, "Milznacht", gibt er gleichzeitig ein nichtfiktives Datum preis.

thematischen Akzenten des Diskurses (Selbstwahrnehmung als
Wahrnehmung der körperlichen Befindlichkeit, Weltwahrnehmung
als schwache oder schwächer werdende Wahrnehmung akustischer
oder optischer - Grauwerden des Schnees (Z. 3), Schneefall (Z.
14) - Vorgänge, Sprache als bezweifelbarer Garant des gelingenden Selbstgesprächs und als unsicherer Mittler in der Kommunikation mit und über Welt) werden die anderen, schwächer betonten Absichten des Maulwurfsprechers eher unterdrückt als unterstützt.
So lassen sich zum Beispiel einige Vokabeln des Textes so her-
auslesen, daß als ihr gemeinsames Assoziationsfeld die Vorstellung von unterschiedlichen Bewegungsvorgängen deutlich wird:
"Schritte" (2mal), "eintreten", "entgehst" (3mal), "Straße" (Z.
8), "fällt" (Z. 14), "Hausschuhe", "Fall" (Z. 17), "gehen (...)
hin und her" (Z. 17f.), "von weither" (Z. 18), "von der Provence" (Z. 19); daß die Formulierungen, jemand "führt" (Z. 9) Monologe auf der Straße, etwas spreche sich "von weither" aus,
die Gedanken von Sprache und Bewegung (Denken und Gehen, cf.
den Textkommentar zu "Telefonisch", S. 24, Anm. 2, aber auch S.
148, Anm. 4) zusammenbinden, ist dabei ebenso bemerkenswert wie
das Diskursargument, "die Zeiten" (Z. 17f.), die auch als Tempora der Sprachgrammatik verstanden werden können, schritten
nicht sukzessiv vorwärts, sondern bewegten sich zwischen der
Vergangenheit, dem, was "geschehen" (Z. 4) ist, und der Zukunft,
der man nicht entgehen könne, also gleichsam pendelnd, "hin und
her" (Z. 18); dies geschehe im "Schlaf" (Z. 17), den das Textsubjekt offenbar noch nicht finden konnte und in den es sich
fallen heißt, wie Schnee zur Erde fällt.
Das für die Maulwürfe allerorten obsessive Skandalon Zeit, immer fürs Bewußtsein auch ungebetener Repräsentant der eigenen
Endlichkeit, scheint überhaupt die Aufmerksamkeit auch dieses
Maulwurfprotagonisten zu besitzen, denn er ist offenbar be-
strebt, als betriebe er eine Archäologie des Augenblicks, diesen poetisch datieren zu können: die Folge "so alt (...) nicht"
(Z. 13), "zum ersten Mal" (Z. 15f.), "immer" (Z. 20) leistet
für den kontemplativen Selbstbestimmungsversuch des Sprechers
in der zweiten Texthälfte ähnliche Orientierungshilfe wie die
schon aufgewiesene Versicherung über die Dinge innen und außen

und wie die andere topologische, den ganzen Text strukturierende Opposition von "Hier" (Z. 7, 8, 14, 19) und "dort" (Z. 7, 9);
solch assoziativer Pendelverkehr in Zeit und Raum, über die gesicherten Erkenntnisse des wachen Verstandes hinaus, erfährt
hier und dort und "da" (Z. 15, 17) die Spannung zwischen dem
Nah- und Ferngelegenen, zwischen "dem Gewöhnlichen" (Z. 2), Vertrauten und Eigenen (allein 7mal das Possessivpronomen, dann das
demonstrative "Diese", Z. 20) und dem aus aller Entfernung Her-
beigedachten: "Provence" (Z. 13, 19); zwischen den "Klavieren"
im Haus und den "Spiralnebeln" anderer Sternsysteme, anderer Ga-
laxien, findet die Begutachtung einer schweigenden Welt statt,
in welcher der Sprecher zugleich eine Bestandsaufnahme des Vorstellbaren, sowie des Erlebten und Erlittenen vornimmt.
Sprachliches Indiz einer solchen Bestandsaufnahme[1] ist vor allem die schlichte Rede mithilfe der Prädikatsformen des auxili-
aren Verbs "sein" (Z. 7, 15); die Fügungen "ist es" (Z. 7, 8,
13), "Es ist" (Z. 13), "sind es" (Z. 15) verformen dabei nur
abstrakt die Struktur auch anderer Textaussagen: "sind Schritte" (Z. 2f.), "ist der Morgen" (Z. 9), "Schritte (...) sie
sind" (Z. 15), "Nacht ist" (Z. 20); ebenso könnten zumindest
die weiteren drei Sätze ohne Verb mit diesem Hilfszeitwort not-
dürftig vervollständigt werden; kategoriale Modifikationen -
"kann (...) sein" (Z. 4), "müssen (...) sein" (Z. 15) - unter-
streichen das Sprecherinteresse an dem gesichert Existierenden
und gewiß Identifizierten; umso stärker tritt dann der ominöse
Charakter der Unperson "Es" in der dritten Person Singular Neu-
trum zutage; dieses noch nicht Identifizierte ist für den Maulwurftext ja nicht nur, wie er in seiner poetischen Sehnsucht
nach Definitionen suggeriert, "das geöffnete Fenster (...)",
ebenfalls auch nicht nur "Das" (Z. 13), was, wie es heißt, keine Provence wußte, es ist offensichtlich auch das, was die jeweilige Antwort auf die Frage nach der grammatikalischen Person
als "gleichgültig" (Z. 7) erscheinen läßt; deshalb verweist "es"

---

[1] cf. das Eichgedicht "Inventur", GW, I, p. 35, das, nach dem
Krieg geschrieben und poetisch noch ungeniert die erste Person Singular benutzend, so beginnt: "Dies ist meine Mütze,/
dies ist mein Mantel/ hier mein Rasierzeug/ im Beutel aus
Leinen.// (...)"; ceteris imparibus ist dennoch der Benen-
nungsduktus von "Kehrreim" hier auch angelegt.

auch darauf, daß "alles" (Z. 4) als Gewesenes und Geschehenes
mitzuberücksichtigen ist, wenn der Maulwurfsprecher nun in der
vom Text präsentierten Situation meditativ über sich und die
Welt reflektiert, bis er in der Nacht, die er währenddessen erlebt, den Ansprechpartner ausgemacht zu haben glaubt.
Die hier herausgestellten thematischen Aspekte und die sie verarbeitenden sprachtechnischen Prozeduren übertragen sich ins
Leserbewußtsein, so daß es sie als Signale einer elegischen Gestimmtheit aufnimmt, in welcher der Sprecher den Text, als Protokoll seiner eigenen Meditationen, verfaßt hat; in der Melancholie einer durchwachten Winternacht scheint das redende Textsubjekt vor einem ihm als Kehrreim wiederholt begegnenden Satz
einer wehmütig-trauernden Selbstbetrachtung verfallen zu sein,
die ihm die aufscheinenden Reminiszenzen und Gedankensplitter
zur Erfahrung existentieller Vergeblichkeit und einer ihm wie
auch immer drohenden Unausweichlichkeit verdichtet. In der Resignation, mit welcher die eigene Wirklichkeit, kaum noch einer
benennbaren Utopie gegenübergestellt, gesehen zu werden scheint,
schließt sich die Authentizität der Sprecherperson, die weder in
sehnsüchtiger Erinnerung an glücklichere Zeiten noch in ideali-
scher Betrachtung möglicher Hoffnungen affektive Entschädigung
sucht, in ihre Intimität und in diejenige des Augenblicks ein;
der Leser ist so nolens volens Zeuge einer textgewordenen Ge-
dankenbewegung, die sich ihm nicht kommunikationsfreudig auch
noch kommentiert; das im Maulwurf Mitgeteilte entzieht sich ihm
jedoch nicht durch raffinierte Verschlüsselung der Botschaft,
die ja eher darin bestehen mag, daß der Text die Wiedergabe
eines Selbstgesprächs und also nicht auf das teilnehmende Verständnis Fremder ausgerichtet ist; wenn der Leser aber dennoch
die als konsistent erfahrene Rede nicht in allen ihren Passagen
zu deuten versteht, so kann er das eben ihrem intimen Charakter,
den er wohl verstanden hat, zuschreiben und wird deshalb auch
ihm ungeklärten oder ihn irritierenden Textphasen eine größere
Toleranz entgegenbringen, als wenn er eine geistreiche, ihn
ausspielende Chiffriertechnik am Werk wähnen müßte.
Gegen den zu kurzen Schluß, daß ein Verständnis dieses Maulwurfs daher in der Einsicht aufginge, er als gleichsam privat-
notierter Monolog seines Sprechers verwehre gerade jedes weite-

re Verständnis, soll nun eine knapp gehaltene Lektüre, die den
Text noch einmal Satz für Satz abfragt, herausfinden, wie diese
ersten mehr strukturellen und generell-thematischen Leseerfahrungen sich in der Entwicklung des Maulwurfdiskurses präzisie-
ren lassen; denn wie es im Leseprozeß nicht zu einer separaten
Wahrnehmung der jeweiligen Wirkung etwa des Echorasters, des
phonästhetischen Textapparates oder der lexikalisch-motivischen
Konstellationen kommt, so bleibt umgekehrt auch die Disposition
des Lesers zu den einzelnen Textsätzen und deren Konstituenten
nicht unbeeinflußt davon, mit welchem spezifischen Effekt der
ganze Text, verstanden als Einheit eines komplexen Zeichen(ag-
gregats), die Kommunikationsbereitschaft des Rezipienten modifiziert. Während der Leser von "Kehrreim", wie die bisherige
Textbetrachtung zeigen sollte, also relativ rasch und mühelos
die Intentionen des Sprechers ausfindig machen konnte, indem er
ihn im Ambiente seiner nächtlichen Einsamkeit orten und mit vom
Text zugespielten psychologischen Determinanten (bestimmte affektive Indizien des Sprecherbewußtseins, seine primären Re-
flexionsgegenstände) identifizieren konnte, richtet sich die
Aufmerksamkeit jetzt auf mögliche Erklärungen dafür, warum der
Maulwurf an den jeweiligen Stellen sagt, was er sagt, und ob
der wohl privaten Kohärenz der Rede auf diesem Weg näher beizu-
kommen ist; dabei muß allerdings die Gefahr bewußt bleiben, daß
die individuellen Assoziationen des Textsubjekts in seiner Redesituation nur allzu leicht von den ebenfalls individuellen Assoziationen des Rezipienten in seiner Lesesituation verdrängt werden können.
Als Ensemble der Nachtgedanken seines Sprechers stellt sich dieser Maulwurf in die umfängliche und formenreiche Tradition literarischer Lukubrationen, in denen die Nacht oft selbst als ein
offenbar außergewöhnlicher Inspirationsimpuls für dichterische
Kreativität gewürdigt wird; der nächtens zu poetischer Produktion besonders stimulierte Schriftsteller ist nicht nur in seiner Karikatur als schreibender Nachtschwärmer zu einem General-
topos der Literatur und ihrer Rezeption geworden, so daß es
nicht wunder nehmen kann, wenn sich auch im Eichschen Œuvre
seiner Gedichte eine Vielzahl vor allem elegisch-meditativer
Nachtgesänge, die meistens - insbesondere in der unmittelbaren

Nachkriegslyrik - die im Schreibakt stärker empfundene Einsamkeit und Kommunikationslosigkeit des lyrischen Ichs als die auf-
gebürdete Bestimmung zu einem ästhetisch gesteigerten Ausdrucks-
bestreben hinnehmen, finden läßt[1]; in einem von ihnen kommt ein
Fragesatz als gleichsam unechter Kehrreim vor; dieses Gedicht[2],
das in, verglichen mit dem Maulwurf, schlichter Metaphorik deutlich das mißlingende Zwiegespräch zwischen dem Gedichtsprecher
und seinem Herzen, sein "tröstender Gefährte", beklagt, läßt also ahnen, daß der Titel "Kehrreim" wiederum auch selbsreflekto-
rische Assoziationen seines Autors aufnimmt, der den Refrain bis
in die späten lyrischen Texte als Stilmittel[3] einsetzte; wie
der Refrain, der ja meistens auch das Ende vom Lied ist, den Leser von Versen in der Wiederholung des schon Erfahrenen eine
neue (Lese-)Erfahrung machen läßt, so scheint Eich seinen Maulwurfsprecher der im Stück kehrreimartig wiederkehrenden Sentenz
auszusetzen, was für das Textsubjekt, wie es seine Titelwahl
suggeriert, die dominierende Wahrnehmung während seiner Nachtwa-
che zu bedeuten scheint.

Die neuralgische Funktion, die von der Vokabel "Fenster" im lexikalischen Repertoire der Maulwürfe ausgefüllt wird, ist be-

---

[1] Ein einziges, das "Nachts" betitelte Gedicht aus den "Botschaften des Regens", jetzt GW, I, p. 102, sei daraus zitiert:
"Nachts hören, was nie gehört wurde:/ den hundertsten Namen
Allahs,/ den nicht mehr aufgeschriebenen Paukenton,/ als Mo-
zart starb,/ im Mutterleib vernommene Gespräche.//".-

[2] Es handelt sich um das offenbar erst posthum veröffentlichte,
in den GW, I, p. 229, abgedruckte Gedicht "Nacht": "Nacht und
das Wehen/ des Windes so wie einst./ Ich kann dich nicht verstehen,/ Herz, was du meinst.// Du schlägst so laut. Ich wen-
de/ zur Lampe mein Gesicht./ Ob ich dich ganz verschwende?/
Du antwortest mir nicht.// Du tröstender Gefährte - /die
Nacht fällt schwarz herein - / so lang das Leben währte/
warst du mit mir allein.// Ob ich dich ganz verschwende?/
Einmal kehrst du zurück./ Zu schwach sind alle Hände/ zu tragen Lust und Glück.//".-

[3] Eine unvollständige Kollektion solcher Refrainverse sei ange-
fügt: "Holzauge, sei wachsam!", cf. "Seminar für Hinterbliebe-
ne/ 2", ibid., p. 163f., "Armer Sonntag" des gleichnamigen Gedichts, ibid., p. 159, "Sind gegangen,/ sind (...)/ (...) wer
ging?", aus "Satzzeichen", ibid., p. 153, "Nun ist alles besprochen", aus "Gespräche mit Clemens", ibid., p. 122, und aus
"Alter Reim", ibid., p. 52f.: "Wunderbar/ war Prinzessin Pfer-
dehaar.", übrigens das Gedicht einer Sommernacht.

reits debattiert worden[1]; daß es auch in einer doch wohl kalten
Winternacht "dem Gewöhnlichen geöffnet" sein kann[2], muß nur
dann als ungewöhnlich erscheinen, wenn man nicht auch - wie es
das Textsubjekt aber offensichtlich tut - "Puls und Blätter"
als "Schritte", die eintreten könnten, erwartet; daß von Puls
und Blättern dasselbe ausgesagt werden kann, macht sie für die
Textauffassung anscheinend verwandt; zwar spricht nicht nur die
Botanik und die Kunst(betrachtung) - Blatt in der Malerei, be-
schriebenes Blatt, fliegende Blätter in der Dichtung, Noten-
blatt, etc. -, sondern auch die Medizin von Blättern (in der
Anatomie etwa 'Schulterblatt'), aber über das verschwiegene
Mittelglied 'Ader' (Pulsader gleich Arterie, Blattader gleich
Blattgerüst und seine Stränge) als Anzeichen des Lebendigen
dürfte das metaphorische Interesse des ehemaligen Naturlyri-
kers[3], Selbsterkenntnis in der Naturbetrachtung zu betreiben,
stärker zum Ausdruck kommen; daß der Puls, das Anschlagen der
vom Herz getriebenen Blutwelle an den Gefäßwänden von Schläfe
und Handgelenk (Assoziation: Herzblatt?), als Pulsfrequenz (Anzahl der Pulsschläge pro Minute, kolloquial: den Puls messen)
ebenso fallen kann wie die Blätter im Herbst (und der Schnee
im Winter), bietet noch eine weitere Sprachspielmöglichkeit;
ob die sich zum Ende des Winters (Gedichtdatum: Ende Februar)
öffnenden Baumblätter in der Textnachbarschaft von "geöffnet.
Puls" einen leichten Anklang an Suizidvorstellungen unterstützen, mag dahingestellt bleiben; was auch immer Puls und Blätter
für den Maulwurfsprecher bedeuten mögen, es geht vorbei und
kommt nicht rein, es ereignet sich nicht, geschieht nicht, wird

---

[1] cf. S. 22 und die dortige Anm., sowie S. 187ff.

[2] cf. noch einmal den Anfang von "Wo ich wohne", GW, I, p. 91,
"Als ich das Fenster öffnete,/ schwammen Fische ins Zimmer,/
Heringe (...)"; aber, neben vielen anderen Gedichtstellen,
auch: "Heute erinnert mich/ der Blick aus dem Fenster.", aus
"In anderen Sprachen", ibid., p. 93, was, vom Kontext nahege-
legt, nicht nur als: 'ich erinnere mich beim Blick aus dem
Fenster' gelesen werden darf; in "Fragmente eines Requiems",
ibid., p. 194ff., läßt Eich eine "Alte Frau" feststellen:
"Man kennt die Erde./ Sie dehnt sich aus zwischen Küche und
Zimmer,/ zehn Schritte in jeder Richtung.// Der Weltraum
hinter den Fenstern,/ vernunftbegabte Wesen,/ (...)".

[3] cf. nur "Bankette nicht befestigt", ibid., p. 127f., das
schließt: "die Regierung der großen Blätter,/ ebenso ruhlos."

nicht real, wie die Rede von nicht eintretenden Schritten auch meinen kann.

Diese Negation wird durch das rhetorisierende "nicht" der folgenden Frage weitergeleitet; auch die Vokabel "Schnee" ist in der Maulwurfsprache[1] ein Zeichen mit fragwürdiger Bedeutung; das aber das jahreszeitlich bedingte Alt- und Grauwerden des Schnees hier nicht als Vorbote eines vom Sprecher ersehnten Frühlingserwachens begrüßt wird, hebt die semantisch ausbalancierte Silbe "Graut"[2] in ihrer Zweideutigkeit hervor[3]; daß der Mensch mit dem Schnee, zumindest in der Dichtung Eichs[4], den, wie es bisweilen angespielt wird, freien Fall gemeinsam haben könnte, läßt das eventuell einsetzende Tauwetter viel-

---

[1] cf. neben den Erwähnungen in "Anatolische Reise", GW, I, p. 306, "Zweit", ibid., p. 323, "Tirolisch", ibid., p. 335, "Talsperre", ibid., p. 358, "Carstensen", ibid., p. 363f., die wohl nicht nur meteorologisch interessante Mitteilung an den Dichterkollegen Peter Huchel: "Ich glaube, der Schnee bleibt liegen.", aus "Zeilen an Huchel", ibid., p. 352.

[2] Da ebenso der bald auch vom Text evozierte "Morgen" grauen kann, dürfte ein anderes Sprachspiel der Maulwurfrede, das einen ähnlich unheilschwanenden Beiklang hat, Erwähnung verdienen; in "Maison des foux", cf. ibid., p. 354, heißt der Schluß: "Wenn nicht hier, so doch anderswo graut mir der Morgen. La maison des foux Martine."; der letzte Satz übrigens als Kehrreim wiederkehrend; daß Eich gerade die traditionell als Symbole neuerwachenden Lebens gefeierten Naturvorgänge wie Schneeschmelze, Sonnenaufgang, etc. entweder als ideologieverdächtig brandmarkt oder aber, wie hier, in moderaten Kassandrarufen umfunktioniert, ist ein für die Ästhetik des Spätwerks passim relevantes Moment.

[3] Statt vieler Parallelstellen nur ein "März" betiteltes Gedicht, ibid., p. 91: "Manche hoffen noch,/ das Jahr werde hier enden./ Aber die Abflüsse des Schnees/ sind ohne Mitleid.// Schwarz vom Schlaf/ das Fell des Maulwurfs./ Ihm, der dir zugetan ist,/ vergehen die Wochen,/ während das Hagelkorn/ auf deinem Handrücken schmilzt.// In eine Schiefertafel eingegraben/ kehrt die Kindheit zurück:/ Das Gras richtet sich auf und horcht."; und in "Abschließend", ibid., p. 140, heißt es unter Betonung des Refrains: "Und laß den Schnee/ durch die Türritzen kommen,/ der Wind weht, das ist sein Geschäft.// (...)/ und laß den Schnee/ durch die Türritzen kommen// bis ans Bett, bis an die Milz,/ wo das Gedächtnis sitzt/ (...)// noch einen Schluck aus der Lampe/ und laß den Schnee/ durch die Türritzen kommen."

[4] cf.: "Wir haben unsern Verdacht/ gegen Forelle, Winter/ und Fallgeschwindigkeit."; so heißt die kurzgeratene "Ode an die Natur", ibid., p. 167; zur "Forelle" cf. den öfter zu Ende formulierten Sprachgag: Fisch - Fischgericht - Fischgerechtigkeit - Gericht - jüngstes Gericht - jüngstes Gerücht.

leicht gar als persönlich gedeutetes Endzeitsignal erscheinen,
das im Maulwurfsprecher dann ein verständliches Grauen hervor-
riefe.

Während also die Gegenwart dieser nächtlichen Situation in negativen Aussagen besprochen und mit offenbar bedrückenden Vorstellungen assoziiert wird, betrachtet das Textsubjekt die Vergangenheit, die als seine sich im Erlebten angesammelt hat, ohne
jedwede Differenzierung vorzunehmen; "Was alles" auch ihm geschehen[1] und in seinem Gedächtnis jetzt erinnerlich sein mag,
es scheint für die Verläßlichkeit der Prophezeiung, die im zum
Absatzende formulierten Kehrreim als Drohung oder Tröstung an
ein zukünftiges Schicksal gemahnt, ohne Belang; sicher wie an-
sonstem nur dem Tod glaubt der Sprecher seinen Maulwürfen ent-
gegengehen zu müssen.

Wenn schon das Geschehen als das Geschehene auf ein solch be-
stimmtes Fatum keinen Einfluß hat, dann kann man wohl auch
nachempfinden, daß der Maulwurfsprecher es ebenso für "gleichgültig" nimmt, mit welchem Pronomen ein Selbstgespräch geführt
werden solle, zumal ihm neben den drei persönlichen Fürwörtern
des Singulars ja auch noch das von ihm benutzte "man"[2] zur
Verfügung steht; die Unterschiede, ob das Ich nun ich sagt
oder sich mit einem alter ego du anredet oder wie über einen
dritten sich erzählt, verwischen sich in der Perspektive, die
von den Determinationen eines jeglichen bestimmt ist.

Am "Hier" Indifferenten "entscheiden sich" aber "dort", also anderswo, die, dann wohl fernen und fremden, "Meditationen"; ob
das Textsubjekt an dieser Stelle konkret etwa an östliche Kon-
templationstechniken denkt oder schon die Reflexionen in einem

---

[1] Als ein weiteres Beispiel für die oft erstaunliche Kongruenz
des Motiv- und Vokabelbestandes hier der sarkastisch-witzige
Schluß von "Ryoanji", GW, I, p. 169ff.: "vor allem Gute Nacht./
Ein entschlossener Clan, verharren wir/ mit unsern Igeln/ im
zugespitzten Augenblick,/ drehen uns nicht mehr um,/ wo in
Körben, Säcken, Fässern/ das Geschehene sich stapelt,/ ein La-
gerhaus, offen für jeden,/ da schlagen die Türen, schallen
Schritte,/ wir horchen nicht hin, sind auch taub,/ unser Ort
ist im freien Fall./ Büsche, Finsternisse und Klinikbetten,/
wir siedeln uns nicht mehr an,/ wir lehren unsere Töchter und
Söhne die Igelwörter/ und halten auf Unordnung,/ unseren Freunden mißlingt die Welt."

[2] cf. S. 42ff.

anderen Nacht- und Schattenreich, wie es in manchen Eichgedichten ja geschieht[1], antizipiert, mag ebenso unentschieden bleiben wie sein persönliches Verständnis vom zweiten Gegensatzbild:
auf der "Straße des Verliebten"[2] monologisiere dieser noch - er
wird also vom Maulwurf in seinem Alleinsein und nicht etwa in
der vom erotischen Dialog mit der Geliebten erfüllten Gemeinschaft betrachtet -, während andernorts "der Morgen stumm" eine
bestimmt gleicherweise sprachlose Welt erwachen lasse.
Der dritte Absatz sollte den Leser vielleicht nicht zu einer te-
lepathischen Diagnose über den Gesundheitszustand des Textspre-
chers oder seines Autors herausfordern; in der poetischen Maul-
wurfphysiologie (die immer eine Pathologie ist) ist ja die
"Milz" nicht nur für die Blutreinigung zuständig, sondern auch
anerkannter Sitz des Gedächtnisses[3]; Pankreas und Darm dürften
folglich auch einem anderen als bloß stofflichen Stoffwechsel
dienen; wichtig dagegen ist, daß in der Reihe ("Besorgnisse deiner (...), deiner (...)") auch der Unterton des Genitivus sub-
iectivus bemerkt wird, wodurch quasi körperinnere Körper zu potentiellen Dialogpartnern avancieren; eventuell irritiert aber
die etwas ungebräuchliche Rede von den "Hautenden", da das Ner-
vensystem zwar spätestens an der Haut endigt, sie selbst aber
als mehrschichtige, den ganzen Körper vollständig umschließende
Gewebehülle verstanden wird, also im gewöhnlichen Sprachgebrauch
weder Anfang noch Ende(n) aufweist; in der Textnachbarschaft des
"Darms" könnte lediglich auf Körperöffnungen (Mund, Anus[4]), die

---

1) Erinnert sei nur an die schon zitierte "Aufgabe, gestellt/
für die Zeit nach dem Tode.", aus "Zum Beispiel", cf. GW, I,
p. 130f.

2) cf. S. 133, Anm. 3, sowie Betreffendes aus der Textbetrachtung zum Maulwurf "Schlüsselfigur"; vielleicht ist die "Straße des Verliebten", indem sie die erotische Motivation zur
Dichtung betonen will, auch Eichs Definiens für den Weg der
Poesie.

3) cf. S. 50, Anm. 1.

4) cf. nur etwa: "Der Übergang vom Essen zur Literatur ist eine
Pubertät (...)", aus "In eigener Sache", GW, I, p. 346, oder:
"Oft sind Semmeln wahre Kunstwerke, unterscheiden sich von
ihnen nur dadurch, daß man Form und Inhalt trennen kann.",
aus "Semmelformen", ibid., p. 389; cf. zum Verhältnis Essen -
Sexualität auch S. 30f. und besonders S. 31, Anm. 2; eine be-
absichtigte assoziative Kollimation von diversen libidinösen
Prozessen (Nahrungsaufnahme, Verdauung als lebengewährende Ak-

ja auch vom Seh- (Auge) und Gehörsinn (Ohr) genutzt werden, angespielt sein; vielleicht sind aber auch Vorstellungen von Verwundung (Puls öffnen?) oder chirurgischen Eingriffen (man spricht
in diesem Zusammenhang von einer End zu End vernähten Haut oder
auch, etwa bei Transplantationen, von Hautfenstern) beabsichtigt; auf jeden Fall dürften die Hautenden als besonders sensible vorgeschobene Posten des Tastsinns gedeutet werden; wie das
Fenster so markiert auch die Haut eine Grenze zwischen Innen und
Außen, ihre Enden indizieren buchstäblich eine Begrenzung und
Endlichkeit; "das Mineralwasser", das hier, besonders unter Berücksichtigung der vielen an Kur- und Klinikaufenthalte erinnernden Texte Eichs, wohl als was auch immer neutralisierendes
Therapeutikum verstanden werden kann[1], dürfte dem Textsubjekt
"in den Gliedern" (wer meint, es zu müssen, kann dazu auch das
membrum virile zählen) wenig angenehme Empfindungen auszulösen;
außerdem wird mit dem Wasser[2], das immer schon auch den Fluß
der Zeit zu symbolisieren hatte und jetzt unmittelbar in den
Körper des Sprechers gelangt ist, die existenzzerstörende Temporalität bestürzend leibhaftig; das erneute Auftauchen des
orakelnden Kehrreimsatzes scheint im Anwachsen der besorgniser-
regenden Wahrnehmungen ausreichend motiviert zu sein.

Der vierte Textabsatz problematisiert ein Verhältnis von Wissen
und Nichtwissen, wie es die unvorhersehbare Einmaligkeit des
eben vergehenden Augenblicks erzeugt; was dem Sprecher während
seiner nächtlichen Meditation "das geöffnete Fenster in einem
Winter" ist und bedeutet und wie er den "leise und hier" beobachteten Schneefall auffaßt, das kann, wenn überhaupt, freilich

---

te, Sexualität und die kompensationsverdächtige Literatur -
der Freudsche Kunst-, Kulturbegriff -) scheint in der Maulwurflogik keineswegs ausgeschlossen.

[1] Neben dem posthum veröffentlichten "Es gibt Mineralwässer",
cf. GW, I, p. 389, cf. auch aus "Ziegeleien zwischen 1900
und 1910" die mit "3" bezifferte Passage, dort: "(...)/ in
diesem kurzen Leben,/ wenn die Glieder/ von Wasser anschwel-
len/ und man ratlos/ auf die verpichten Spaliere schaut,/
(...)".-

[2] Im Brief vom "31. 8. 71" an Brambach, cf. die bibliographi-
sche Angabe S. 55, Anm. 5, äußert sich der Maulwurfautor
selbst zum Mineralwassergenuß: "Dank für dein schönes Mond-
gedicht. Es kam als ich gerade aus dem Krankenhaus zurück
war und war mir ein Trost bei meinem Mineralwasser."

nur er wissen; daß er gar zu einem wenn auch vagen und als Implikation getarnten Kausalschluß - "Sind es Schritte, müssen da Hausschuhe sein (...)" - gewillt ist, muß umso mehr erstaunen, als nicht nur die Maulwurflogik insgesamt, sondern auch der den Text "Kehrreim" verantwortende Sprecher solchen Relationen (cf. nur die mit der ersten Refrainevokation implizit behauptete Irrelevanz des Geschehenen fürs Zukünftige) größte Skepsis entgegenzubringen gewohnt scheint; die "Schritte" als das Geräusch des Schuhwerks werden von den (fiktiven) Sprechern der späten Eichtexte nicht selten vorrangig als Zeit- und Endzeitzeichen[1] interpretiert; hier aber werden die Gemütlichkeit und entspannende Privatheit verbürgenden "Hausschuhe" mit der Sensation des Erstmaligen und also auch mit der Unvertrautheit gegenüber dem noch Unbekannten wahrgenommen, so daß auch das Textsubjekt nicht zu wissen scheint, wer oder was sich da auf leisen Sohlen (nicht oder noch nicht) nähert; die verdeckte Kausalität ("zum ersten Mal" weil "Hausschuhe" weil "Schritte") verdankt sich also weniger einer Logik der überzeitlichen (Denk-)Gesetze als vielmehr der poetischen Axiomatik des flüchtigen Augenblicks, mit dessen Verschwinden auch sie vergehen müßte[2]; die all dies nicht wissende und es nicht wissen könnende "Provence" kann natürlich einer touristischen Reminiszenz des Sprechers oder Autors wegen Aufnahme im Text gefunden haben, wo sie nun das zum Hier und Jetzt Ferngelegene markieren muß; über die Prädikation "so alt" allerdings könnte man auch auf literaturhistorischer Fährte bedeutungsfündig werden; die provenzalische Literatur gilt als die älteste postlatinische und also erste euro-

---

[1] Als Belegstellen cf. nur: "Ich verliere mich auf Gängen und Treppen, in Winkeln voll vom Echo der Hausschuhe, begeisterte Schritte werden aufbewahrt. Der Atem, der bewunderte und gepriesene ist schon in Sanitätswagen vorausgefahren.", aus "Verschollene Lazarette", GW, I, p. 390, sowie aus "Unterirdisch", ibid., p. 122: "Die Treppe, die zu den Kohlen hinabführt, -/ adieu!/ Noch klappern die Holzschuhe,/ dann zwischen gelesenen Zeitungen/ ein Rest von Zukunft,/ (...)", sowie, wieder aus "Ryoanji", ibid., p. 169ff.: "(...)/ auf den Holzgängen/ Regen und Holzsandalen,/ überall ende ich,/ (...)"; cf. ebenso aus "Ta dip", ibid., p. 346: "Das Diesseits zieht sich zu Holzsandalen zusammen und das Jenseits gibt es nicht. Ta dip. Es lohnt sich zu warten."-

[2] cf. das S. 69, Anm. 4, zitierte Diktum Eichs über die von ihm betriebene ästhetische Erkenntnisweise 'seiner' Wissenschaft'.

päische Volksdichtung der Nachantike; mit dem Ende des 11. Jahrhunderts beginnt die vorzugsweise vom ritterlichen Adel gepflegte Kunstlyrik; neben vielen Formen (Kanzonen, Sirventen, Tenzonen, Romanzen, etc.) entwickelten die Dichter des Provenzalischen, sie hießen trobadors (von trobar, finden, erfinden), auch die Alba oder das Tagelied, deren besondere Kehrreimstilistik auf die Refrainbildungen auch der mittelhochdeutschen Lyrik eingewirkt haben soll; thematisch enthielt diese Liedart den lyrischen Weckruf eines Wärters, der den Liebenden den Morgen (alba) und somit das Ende ihres nächtlichen Zusammenseins ankündigte[1]; was das Textsubjekt des Maulwurfs zu erfahren meint und wovon es weiß, daß es "keine" Provence "wußte", ist vielleicht, unterstellt man diese Lesart als plausibel, etwas, das es nicht einmal in Texten, die mit seiner Rede so manches gemeinsam haben, finden konnte.

Im vorletzten Abschnitt scheint der Sprecher die Arbeit seiner überwachen Sinne aufgeben zu wollen; nach so vielen "ist"-Feststellungen wirkt die rhetorische Nachfrage nach dem eigenen Wollen kontrastiv; vom "in den Schlaf"-Fallen und -Sichfallenlassen verspricht sich das Textsubjekt offenbar eine andere Ordnung der Temporalität, "hin und her" gehende "Zeiten"[2], und eine andere, jetzt gelingende Aussprache; in der Verkehrung einer ihm verkehrt erscheinenden Welt erlebt der schlafende Träumer eine von seinem in Stummheit und Stille getauchten Monolog unterschiedliche Kommunikation; die dort sprechenden und sich aussprechenden "Kümmernisse" nehmen ebenso die Besorgnis-

---

[1] Neben den einschlägigen Literaturgeschichten cf. auch Erich Köhler, Die provenzalische Literatur, in: Wolfgang v. Einsiedel (Hg.), Die Literaturen der Welt in ihrer mündlichen und schriftlichen Überlieferung, Zürich, 1964, p. 291ff.

[2] Daß Eich in seinen Texten die Reflexionen zwischen Zukunft und Vergangenheit pendeln läßt und deshalb diese Maulwurfstelle auch buchstäblich zu nehmen wäre, bezeugen schon auch nur zwei beispielhaft herangezogene Belege: "Wo, deine Zukunft,/ warst du, und du,/ in den Augenblicken/ aus Übermorgen und Schulweg,/ (...)", aus "Vorvorgestern", cf. GW, I, p. 154, sowie: "wir tauschen/ unsere persönlichen Fürwörter aus,/ wir haben vieles gemeinsam,/ die Sonnenaufgänge,/ die Zukunft bis neunzehnhundertsieben./ Dann üben wir das Atmen,/ (...)", ibid., p. 171, wieder aus "Ryoanji"; 1907 ist Eichs Geburtsjahr; cf. auch den Maulwurf "Erinnerung an morgen oder noch weiter zurück", ibid., p. 367f.

se der Milz und der anderen offenbar von Leid geprüften Substrate des Lebendigen sympathetisch und partnerschaftlich auf, wie sie auch die "von weither", "von der Provence" kommenden Mitteilungen mit denen, die der Sprecher aus seiner unmittelbaren nächtlichen Erfahrung, also "von hier" beisteuern kann, vereinigen.

Aber in dem nun folgenden "Nein" faßt sich nicht nur die Dominanz der diversen Negationen im Text (allein 6mal explizit "nicht", "keine", aber auch etwa die nicht oder nicht voll realisierbaren Geräuschwerte "stumm", "leise", schweigend, etc.) zusammen, auch der eben noch erwogene Ausweg aus der ihn bedrückenden Besinnlichkeit in den Schlaf scheint vom Textsprecher damit verworfen zu werden; die "Nacht", die er sich für "immer" attestieren zu müssen glaubt, ist die Nacht der Erinnerung, "die Milznacht", die ihm wie ein Duzfreund vertraute "Aschermittwochsnacht", die Nacht ohne den Trost der Musik und ohne den Zuspruch aus dem Weltall[1]; dies ist die Nacht eines doppelt bitteren Memento mori, denn während für den vielleicht lebenslustigen Karnevalisten am Aschermittwoch, wie es in seinem bekannten Song heißt, alles vorbei ist, beginnt für den Gläubigen mit diesem Tag im liturgischen Jahr[2] die große vierzigtägige Fastenzeit, die an die Askese Jesu in der Wüste erinnern soll; zum Zeichen der Buße und seiner eigenen Entbehrungsbereitschaft wird dem Katholiken die Stirn mit Palmasche bestreut; dazu spricht der Priester die wohl Gott, aber nicht dem Menschen, wie Eich ihn in seiner Dichtung verstehen will, gefälligen Worte: memento quia pulvis es et in pulverem reverte-

---

[1] cf. das von der Sprechsituation des Textsubjekts vergleichbare Stück "Ohne Symmetrie", GW, I, p. 328, das in sarkastischem Witz und mit anspielungsreicher Sprache die desperaten Daseinsbedingungen des Erdenmenschen mit einer phantastischen Szene auf Alpha Centauri zu einer absurden Kosmologie vereinigt.

[2] Eich ließ sich vom Kirchenjahr noch zu einem anderen Maulwurf inspirieren; der am "3.11. 1969", cf. ibid., p. 435, fertiggestellte Text "Wenig Reiselust", ibid., p. 341f., endigt: "Und regnen muß es, weil Feiertag ist, sonst wird der Winter nicht wie er soll, Gott weiß wie er soll, der Winter muß sich entscheiden. Ich auch, die Karussells fehlen heute, das würde es erleichtern. Allerseelen, ein Lostag. Die schwarzen Kirchgänger keuchen bergan, den nächsten Weg werden sie getragen, that's fine. Ich bin fest entschlossen."-

ris.

Die letzte Textbetrachtung dieser Arbeit hat den Maulwurf "Kehrreim" als persönliche Meditation seines Sprechers gelten lassen wollen; diesen hatten vor allem die Hinfälligkeit (Krankheit, Alter) und die Endlichkeit der eigenen Existenz (Tod) beunruhigt und wach gehalten; er war in einem Selbstgespräch um eine diese seine unmittelbar und individuell empfundene Rettungslosigkeit fassende Sprache bemüht, obwohl er in seinem Schicksal doch nur den mißratenen Charakter des "Gewöhnlichen" erkannte; der Leser hat die Begegnung mit einem einsamen Maulwurf gemacht, der aus einer begrenzten Anzahl alltäglicher oder besser allnächtlicher (Selbst)Erfahrungen, ohne durch listige Verschlüsselung das ihm dem Sinn nach Verschlossene zu verdecken, ein resignatives Resümee zieht, das zum Nichteinverstandensein mit den ewigen Bedingungen des nicht-ewig Kreatürlichen animieren soll; und Eich hat in der Entgrenzung einer vorgestellten Sprachlosigkeit sich einen Maulwurf geschrieben, dessen Sprecher in seiner intimen elegischen Kontemplation die dem Autor als Erfahrung vertraute Gewißheit an seine Leser weitergibt: "Deinen Maulwürfen entgehst du nicht."-

III.

1.

Bevor die beiden abschließenden Erörterungen über Logik und Poetik der Maulwürfe Voraussetzungen für die Einschätzung dieser
Literatur zu beschaffen versuchen, sollen in einem notwendigerweise verkürzenden Referat auch solche Aspekte der Texte angedeutet werden, die aufgrund der enggehaltenen Fragestellungen
dieser Arbeit weniger markant diskutiert werden konnten, in ausgewählten Beispielen der bisherigen Rezeption aber konzentrier-
tere Beachtung fanden. Präferenzen erhalten solche Untersuchungen, in welchen die gewonnenen Erkenntnisse sich auf konkrete
Beobachtungen am jeweils bearbeiteten Einzeltext stützen; wie
wenig die Mehrzahl der Rezensionen und Besprechungen sich aber
auf ernsthafte Konfrontation mit den Texten einließ, - weswegen
ihre Beurteilungen oft mehr übers sorgfältig opak gehaltene Li-
teratur(vor)verständnis der Autoren als über die Texte selbst
deutlich machen -, wird gerade auch von den Verfassern kritisiert, deren Arbeiten eine dezidiert textorientierte Untersuchung half, Merkmale der Maulwürfe nicht nur pauschalierend
und behauptend zu summieren, sondern diese am Erscheinungsort
ausweisen und spezifizieren zu können.[1]
Die Maulwurfrezensionen[2] unterscheiden sich - mit Ausnahme der

---

[1] Die immanenten Schwierigkeiten einer auf Aktualität ver-
pflichteten Literaturkritik sollen keineswegs bagatellisiert
werden; es ist jedoch fraglich, ob gegen die immer unüber-
sehbarar werdende Priorität ökonomischer Funktionen, die
solche Besprechungen von Neuerscheinungen erfüllen müssen,
überhaupt eine informative Literaturdiskussion sich behaupten kann; auch im Falle der Maulwürfe scheinen manche Rezensionen die Texte, die sich dem bequemen Konsum hartnäckig
widersetzen, aus falsch verstandenem Demokratisierungsbe-
streben wieder konsumierbar machen zu wollen; damit aber wäre weder der Literatur noch der Beschäftigung mit ihr ein
guter Dienst erwiesen.

[2] Gemeint sind hier insbesondere die Besprechungen von Baumgart, Bichsel, Böll, Hilsbecher, Holthusen, Kaiser, Michaelis, Reich-Ranicki, Vormweg, sämtliche l.c.; weitere Maulwurfrezensionen führt Susanne Müller-Hanpft (Hg.), Über Günter Eich, Ffm., 1970, an.

des an lauter Verrissen geschulten Reich-Ranicki[1] - nur in Nuancen: sie alle stellen die offenbar brisante Frage, ob es sich
bei den Texten denn noch um Literatur handele, ob, wenn ja,
diese sich der Poesie oder der Prosa zuordnen lasse, etc.; sie
alle sind mehr oder weniger angetan vom gesellschaftspoliti-
schen Engagement Eichs[2], das sich ihren Äußerungen zufolge in
früheren Werken nicht, oder aber weniger vehement artikuliert
habe; überhaupt hat es den Anschein, als ließen sich die Aufsäs-
sigkeit der Maulwürfe und die von ihnen ausgehende Verunsicherung des Lesers umso prägnanter darstellen, je fragloser dabei
auf ein Eichverständnis rekurriert wird, das ganz der unkritischen, nivellierenden Rezeption gelang, mit der Eich zu seinem
eigenen Bedauern bis in die Mitte der sechziger Jahre (und in
gewissen residualen Reformulierungen[3] bis heute) bedacht und

---

[1] cf. Reich-Ranicki, l.c.: "(...) schon seit Jahren kann er
(sc. Eich -MK) sich alles erlauben. Er mag in der Tat so
schlecht singen wie er will, er wird doch gelobt, gerühmt
und wohl aufrichtig geliebt"; deshalb fordert der Kritiker:
"Kein Denkmalschutz für Günter Eich", und erkennt: "offenbar
ist für Eich kein Spaß zu läppisch, kein Ulk zu dürftig (...)
Wer unbedingt will, kann Eichs Vorsichhinblödeln rechtferti-
gen oder gar verherrlichen", und so räsoniert er: "So will
es mir scheinen, daß Eichs müde und im Grunde lustlose,
meist nicht einmal artistische Spiele mit Formulierungen und
Motiven seine Lyrik eher pervertieren als konturieren (...)
Mit den resignierten Prosaparaphrasen schiebt er (...) die
Wirklichkeit von sich."

[2] Auffallend ist etwa die Beliebtheit, deren sich die Maulwürfe "Hausgenossen", "Sammlerglück" und "Episode", cf. GW, I,
p. 312ff., erfreuen, deren eindeutige 'Kernsätze' allenthalben dankbar zitiert werden, um an ihnen Eichs politische
'Richtung' einverständnisheischend zu demonstrieren; Eichs
Zorn gegen rückschrittliche, ja reaktionäre Tendenzen in der
gesellschaftlichen Entwicklung der Bundesrepublik läßt sich
wohl nicht auf eine irgendwie linke Position verpflichten,
will man nicht die kaum noch diskutablen Voraussetzungen für
ein 'fortschrittliches' Bewußtsein mit dessen spezifischen
Aussagen verwechseln.

[3] cf. etwa die 'ecce poeta'-Laudationen, mit welchen Eich noch
nach seinem Tode (etwa in diversen Beiträgen in: Günter Eich
zum Gedächtnis, hg. von S. Unseld. l.c.) - auch in Bezug auf
die Maulwürfe - etikettiert wurde; so stellt Sauder, l.c., p.
333, fest, daß im Gegensatz zu Vormweg, cf. l.c., die "meisten Verfasser von Nachrufen eine schon 1965 mit Eichs Werk
nicht mehr identische Vorstellung (wiederholten) vom 'poetischen Propheten', 'reinen', 'wirklichen', 'sehr deutschen lyrischen Dichter' - mit ihm sei wohl der 'letzte deutsche
Dichter' von uns gegangen."-

vereinnahmt wurde[1]; die meisten Rezensionen weisen dann auch
geschlossen auf die Irritation, die von den Texten bewirkt werde, hin, ohne aber ihrer spezifischen Wirkungsweise nachzufor-
schen; die schon fragmentarischen Texte werden fragmentarisch
zitiert, dem Einzelsatz (Einzelwort) wird kontextlos und unvermittelt argumentative Bedeutung aufgebürdet; ohne ein angemessenes Textverständnis entwickelt zu haben, werden literaturhistorische Zuordnungen versucht: während der eine Rezensent an
Dada, der andere an die angelsächsische Nonsensliteratur denkt,

---

[1] Die jetzt mögliche historische Distanz könnte wohl eine erneute Aufmerksamkeit für die Frage erfordern, ob Eich tatsächlich jener konforme Kahlschlag- und Naturlyriker war,
als welcher er von einer ihm selbst unsympathischen Kultur-
schicht gefeiert wurde, ob er tatsächlich jene verspielt unverbindlichen Träumereien zu Hörspielsujets verarbeitete,
die man aufgrund der meinungsmanipulierenden Stellungnahmen
nur noch herauszuhören in der Lage war; die spätere Distanzierung vom eigenen Werk (vorangegangener Jahre) hängt doch
wohl unmittelbar mit Eichs Enttäuschung zusammen, einsehen
zu müssen, wie wenig Widerstand die geleistete Arbeit dem
Lob und Einverständnis von der falschen Seite entgegenzuset-
zen hatte; es gibt Anzeichen dafür, daß der Autor auch seinen Maulwürfen eine ähnliche Selbstkritik auf Dauer nicht
erspart hätte; daß seine Naturlyrik von Anfang an betont dis-
harmonische Elemente aufweist, daß seine gegen die Wirt-
schaftswunderträume der damaligen Zeit gerichteten Hörspiele
(-von denen Karl Korn, Günter Eichs Traumspiele, Frankfurter
Allgemeine Zeitung, 13.3.1954, zu "seinem (sc. Eichs -MK)
Ruhme wohl mehr sagen (konnte), als daß er (sc. Eich
-MK) unser aller Träume dichtet", später dann auch als Wasch-
zetteltext zu: G. Eich, Träume. Vier Spiele, Ffm., 1967 -)
auch unbequeme Gedankenmodelle darstellen, daß seine Aufrufe,
gegen den Strom zu schwimmen, nicht nur in den Reden, bis in
die unmittelbare Nachkriegszeit zurückreichen (- was konnte
er denn anderes damit attackieren als die zur Restauration
bereite, sich und ihre 'Ziele' nicht mehr hinterfragende Auf-
baugeneration? -), wird heute zumeist außer acht gelassen,
einer Rezeptionstradition wegen, die sorgsam darauf bedacht
war, Eichs selbstbewußtes Querulantentum zu verdecken (die
Büchnerpreisrede wurde, und zwar zur Hochkonjunktur der Ade-
nauerära, gegen alle Gepflogenheit von der FAZ nur verstüm-
melt wiedergegeben, cf. Müller-Hanpft 1972, l.c., p. 79f. -),
und die sich darin, in geschickt angepaßter Neuauflage, fort-
setzt, in den Maulwürfen vor allem stimmige Wortparodien und
intellektuelle Spielereien zu erblicken; wenn diese neueren
Texte auch deutlichere Spuren sowohl der politischen wie der
literarischen Entwicklung (bis hin zur Kursbuchdiskussion,
Nekrolog auf die Literatur, etc.) zeigen, so ist es jedoch
noch nicht ausgemacht, ob der 'friedlichere' Eich der Zeit
bis zur Mitte der 60er Jahre nicht doch bloß dem Wunschbild
einer unheimlich-heimlich funktionierenden Zensur entspricht.

238

redet ein dritter von Bob Dylan und eben nicht - wie andere -
"von automatischer Schreibweise, von Breton und surrealistischem
Manifest"[1], etc.; die Verwunderung über das eigene Unverständnis wird so allzu leicht abgefangen von der beruhigenden Attitüde des 'Das gab's schon einmal'; der leicht zu erbringende
Nachweis von in die Texte eingearbeiteten Sprachspielen ersetzt
die differenzierte Untersuchung ihrer jeweiligen Funktionen,
und bevor man noch über Sinn- und Unsinnsgehalt der Maulwürfe
ein schärferes Bild gewinnen kann, orakelt Böll bereits: "Obwohl zur Literatur gezählt, sind die 'Maulwürfe' fast keine
mehr. Ich kenne nichts Vergleichbares, möglicherweise sind sie
Ansätze zu einer neuen Philosophie. Ich weiß es nicht."[2]
Auch Müller-Hanpft geht in ihrem Maulwurfkapitel[3] davon aus,
daß, insofern in der Montage sich "eine künstlerische Form möglichen philosophischen Denkens" (Bloch, Benjamin, Adorno) ver-
wirkliche, die auf die Implikationen totaler Tauschgesellschaft,
insbesondere auch für den Kunst- und Kulturbereich, reflektiere,
Eichs Prosastücke "in ihren guten Beispielen als die extremste
künstlerische Form gelten (können), der die Teilnahme an dieser
philosophischen Erkenntnis eignet und die durch aufschreckende
Brüche ihr Denken produktiv machen will." Die Autorin weist darauf hin, daß Eich, anders als in seiner Lyrik, hier "ebenso poetische Gattungsstücke (montiert), die nicht vollendet werden.
Ohne Verknüpfung, ohne synthetische Kausalität stehen aphoristi-
sche Sätze (denen jedoch der absolute Gültigkeitscharakter und
die starke Konzentration fehlen) neben Alltagsgeschwätz; stehen
Redewendungen und Sprichwörter (die oft spielerisch demontiert
und verändert werden) neben Lyrismen, die vorwiegend aus dem
eigenen Werk stammen; stehen Wortspiele (die Nonsense-Charakter
haben) neben intellektuellen radikalen Slogans und Sprachkli-
schees." Von ihrem Interesse geleitet widmet sich Müller-Hanpft
insbesondere den Stellen, wo Eich "in Anspielungen und Zitaten
auf seine frühere Produktion und vor allem auf deren Rezeption
ein(geht). Sosehr wehrt er sich gegen das Prädikat 'reine Dich-

---

1) cf. als Beispiel, Baumgart, l.c.

2) cf. Böll, l.c.

3) cf. Müller-Hanpft 1972, l.c., p. 188ff.; die Zitate folgen
dem Gang des Textes.

tung', das seinem Werk anhaftet, daß er die für ihn wichtigen
Metaphern selbst abbaut, demontiert, sie (...) als Fiktion entlarvt. So bleibt nichts übrig, an das man sich klammern könnte,
jedes Erstellte wird im gleichen Prozeß entstellt (...) Die Re-
zeptionsbedingungen wurden konstitutiv für die Kunst selbst."
Aus den (meist leider bruchstückweise) zitierten Maulwurftexten
liest sie, daß Eich das "Schreiben (...) als Provokation, als
polemische Kritik verstanden wissen (will)", daß er darin einen
"Affront gegen die affirmative Verwertung seiner Werke" ausdrückt, daß er die "philosophisch-lyrische Reflexion seiner
eigenen Position formuliert", etc. Aufgrund der Wahl dieser Le-
seperspektive kommt sie, nach einigen Textteilentschlüsselungen
(vor allem für "Ins Allgemeine" und "Ein Nachwort von König Midas") und diversen, recht subjektiv gefärbten Wertungen, zum
Schluß: "Er (sc. Eich -MK) reflektiert in diesen Stücken seine
eigene Position, die Verwertung seiner Werke und seines Namens,
er reagiert auf die reale Umwelt; aber er tut es nicht in nach-
vollziehbarer Essayform, sondern durch die schockartige Montage,
in der eine sprachkritische Wirklichkeit hergestellt wird, die
auf die polemische Entlarvung der Realität zielt. Die Form der
Aussage soll dabei zur Übereinstimmung mit dem Auszusagenden
kommen und diesem nicht nur als Vehikel dienen. Der Ausdruck der
Aussage wird so zum Wesen der Form."
Der Teil der Arbeit von Schafroth[1], der sich die Maulwürfe vornimmt, versucht Gubens Appell, Eich neu zu lesen[2], ausgehend
von der Betrachtung des Maulwurfs "Späne" zu unterstützen; die
von ihm gewählte Leseprobe bestätigt, daß der Text über eine Anzahl auch denotativ relevanter Konsistenzen gebildet ist, die
"'nachzuschlagen'" deutlich mache, "daß die Assoziationstechnik,
auch wenn sie scheinbar Wahnsinn ist, doch vielfach Methode
hat." Auch wenn Schafroth fürchtet, zu "indiskret" zu sein, wenn
er "Zusammenhang her(stellt), wo der Autor ihn bewußt zertrüm-
mert, weil er ihm mißtraut", erarbeitet die überwundene Berührungsscheu eine interpretierbare Vorstellung des Eichschen Ver-

---

1) cf. Schafroth 1976, l.c., p. 127ff.; die Zitate folgen dem
   Gang des Textes.

2) cf. Guben, l.c., p. 36.

ständnisses von Widerstand, wie sie, mit anderen äquivalenten
Texten zusammengelesen, sich dann akzentuieren läßt: "Die Thematik der 'Maulwürfe' ist fast durchweg unmißverständlich. Zusam-
mengenommen formulieren sie nochmals und in ganz neuer Weise
Eichs Nein zur Schöpfung im allgemeinen und zur Gesellschaft im
besonderen (...) Ob witzig oder bösartig, heftig oder verhalten,
direkt oder subversiv angebracht: das Nein entbehrt in jedem
Augenblick und in jeder Ausdrucksweise der heroischen Allüre,
ist ohne Wucht und Fulminanz. Die Weigerung ist geprägt vom Bewußtsein der Vergeblichkeit und des Scheiterns." In der resigna-
tiv-skeptischen Geste der eigenen Tätigkeit gegenüber gebe Eich
seiner Solidarität Ausdruck "mit denen, die benachteiligt sind,
die ausscheren"[1]; die "Themenkreise Altern, Verlassenheit,
Tod" erschienen "fast nur blitzartig, in Momentaufnahmen"; in
der Maulwurfsprache, die "Sinn von Unsinn zu scheiden" (Neumann)
sich weigere[2], würden die Möglichkeiten der Wortspieldimension
als "Elemente der Gegen-Sprache" eingesetzt, "die Zertrümmerung
der Zusammenhänge" verunmögliche "den unreflektierten Glauben
an sie", "die verabredete Sprache" werde "als lächerlicher Jargon entlarvt"; für alle diese einzel eruierten Merkmale findet
Schafroth Textbelege; auch er thematisiert die Gattungsfrage:
"Es gibt die Gattung vor Eich nicht. Und ihre Tendenz kaum (...)
Die Gattung 'Maulwurf' ist gleichermaßen von Form, Aussage, der
Tierart und dem Wort 'Maulwurf' ('Maul', 'mit dem Maul werfen'[3])
bestimmt. Sie ist nicht Gedicht und nicht Kurzprosa, sondern
eben 'Maulwurf' ((?)) und damit Ausbruch aus den Normen und Ka-
tegorien - und Absage an sie." Der Effekt, "den ideologischen
Charakter der hergebrachten normativen (Literatur-)Kategorien

---

[1] Schafroth denkt hier offensichtlich auch an Eichs Anarchisten-
sympathie; Eich schließt wohl in diese Solidarität "alle ein,
die sich nicht einordnen lassen, die Einzelgänger und Außen-
seiter, die Ketzer in Politik und Religion, die Unzufriedenen, die Unweisen, die Kämpfer auf verlorenem Posten, die
Narren, die Untüchtigen, die glücklosen Träumer, die Schwär-
mer, die Störenfriede, alle, die das Elend der Welt nicht
vergessen können, wenn sie glücklich sind."; cf. GW, IV, p.
455, das Ende der Büchnerpreisrede.

[2] cf. Neumann 1974 (b), l.c., p. 747.

[3] Etymologisch unkorrekt, wie u.a. Böll und Müller-Hanpft anzugeben wissen: Maulwurf leitet sich her von: Mulm werfen.

zu entlarven"[1], mache einen auch für andere Schriftsteller interessanten Reiz der Maulwürfe aus[2]; die Texte könnten, so Schafroth, "rückwirkend klar gemacht haben, wie sehr Eichs Schaffen seit 1959 gekennzeichnet ist durch eine radikale Wendung des Autors nicht nur gegen sich selbst (...), sondern auch gegen Leser und Lesegewohnheiten."-
Auch Briner[3] erkennt in den Maulwürfen ein Zusammenspiel von "Wahnsinn" und "Methode" (p. 214); seine Arbeit versucht, die Wandlungen im Eichschen Schaffensprozeß ausfindig zu machen, da "Kaum ein anderer Autor (...) seine Ansätze, sowohl thematisch wie formal, in dem Masse verändert, revidiert aber auch verworfen (hat) wie Günter Eich." (p. 5); dabei verfolgt Briner die ursprünglich von Neumann[4] stammende Anregung, in Eichs Werk die literarische Formulierung einer letztendlich scheiternden Theodizee zu sehen; das Spätwerk sei "gekennzeichnet durch eine ausgesprochene Privatheit" (p. 6); Briner konnte während seiner Forschungen Einsicht nehmen in eine auch später und bis heute "noch unveröffentlichte umfangreiche Eich-Biographie von Heinz Schwitzke" (p. 6)[5], weswegen er in der Anlage seiner Schrift die Werkchronologie Eichs beibehält; das gesamte dichterische Œuvre müsse als Ausdruck des Aufbegehrens gedeutet werden; "Eichs Aversion gegen das Einverständnis" habe neben einem poli-

---

[1] Schafroth zitiert hier Müller-Hanpft 1970, l.c., p. 17.

[2] cf. Schafroth 1976, l.c., p. 136: "Vor allem ist eine eigenartige Verschwörung der Schriftsteller zu Gunsten der 'Maulwürfe' zu bemerken - als hätten sie sie der üblichen Literaturkritik entziehen wollen. Dabei fanden sich Autoren von Eichs Generation (Hildesheimer, Böll, Krolow) mit denen einer jüngeren (Wohmann, Bichsel, Härtling, Baumgart). (...) Zum Erfolg bei der Kritik tritt ein Publikums-Erfolg. Nur 'Träume' (54. Tausend) und 'Botschaften des Regens' (34. Tsd.) hatten Ende 1973 eine höhere Auflage als die 'Maulwürfe' (16. Tsd.)."

[3] cf. Briner, l.c.; in Klammern die Seitenzahlen der Zitate.

[4] cf. Neumann 1974 (b), l.c., p. 746f.

[5] Zur Eichschen Biographie cf. neben der Eichliteratur auch etwa Christoph Meckel, Suchbild. Über meinen Vater, Düsseldorf, 1980; in diesem semidokumentarischen Text läßt der Autor Eich pass. als Mitglied eines Kollegenkreises, dem auch sein Vater, Eberhard Meckel, angehörte, auftreten; weite Strecken der Eichschen vita bleiben jedoch bisher unbekannt, was dem Unternehmen Schwitzkes eine besondere Relevanz verleiht.

tischen Akzent auch die Dimension "der religiösen Grundlage":
"Sein (sc. Eichs -MK) fragendes Eindringen in die Schöpfung hatte die Erkenntnis einer erschreckenden Absurdität und infernali-
schen Grausamkeit bewirkt, gegen die sich seine Ablehnung richtet. Konsequent setzte er deshalb auch der Glaubensweise, die
so alt ist wie das Christentum, sein non entgegen: Non credo
quia absurdum." (p. 7); anläßlich seiner Betrachtung des Maulwurfs "Erste Notiz zu einem Marionettenspiel", den er in Vergleich mit dem Spieltext "Unter Wasser" untersucht (p. 155ff.),
charakterisiert Briner "Die Kunst des polysemantischen Schreibens" als "das kaum mehr beschreibbare spekulativ-meditativ-
private Geflecht", welches die Besonderheit der Maulwürfe aus-
mache: "Auf kleinstem Raum wird in ihnen durch die Möglichkeit
vielfältiger Bezüge oft etwas ausgedrückt, was aufgeschlüsselt
nur in mühsamer Kleinarbeit über Seiten hinweg einigermassen
logisch nachvollziehbar wird." (p. 162); die Maulwürfe in ihrer
Gesamtheit seien als "literarischer Durchbruch" nach einer für
die schriftstellerische Biographie "entscheidenden Krise zu Anfang der sechziger Jahre" zu werten; nach Angaben in Schwitzkes
Biographie seien noch weit mehr als die bekannten Maulwurftexte
entstanden, die Eich "aber nach eigenen Angaben weggeworfen
hat." (p. 212); bei aller Innovation seien die Themen der Maulwürfe schon in Eichs früheren Werken nachweisbar, weswegen Briner zu Recht konstatieren kann: "Das, was Reich-Ranicki als
Perversion (cf. S. 236, Anm. 1) empfand, liegt nämlich durchaus
in der Kontinuität von Eichs Arbeit begründet"; in den Maulwürfen hätten demnach "eine abgründige Verzweiflung und ein tiefer
Ernst eine eigene Ausdrucksmöglichkeit gefunden." (p. 214); Briner liest neben der "Präambel", zu der er mit Erfolg "Brehms
Thierleben" heranzieht und wo er die Lektürebedingung, "jedes
einzelne Wort nach Randbedeutungen abzuhorchen", als "unabdingbar" erfährt - "Allerdings kann auch dieses Vorgehen die Irritation zusätzlich steigern, da durchaus nicht alle Elemente so be-
deutungsschwanger sind, wie man als Leser mit der Zeit vermutet"
(p. 217) -, auch die Texte "Konjunktivitis", "Ende Juni Anfang
Juli" und "Landausflug"; diese Texte sind relativ eingehend interpretiert, aber mehr noch auf ihren Gehalt an negativen Theo-
logismen abgefragt, als welche Briner prominente 'Metaphern' der

Maulwurfprosa deutet; Briner beschließt seine Arbeit, die durch
ihre thematische Beschränkung für ein literaturwissenschaftli-
ches Verständnis etwas an Gewicht einbüßt, mit einem resümieren-
den Überblick, der, entgegen ursprünglichen Intentionen, die
Kontinuität im Eichschen Werk betont: "Günter Eich hat sich mit
dem undurchschaubaren Dasein der zeitlichen Existenz immer nur
schwer abfinden können. Das Zeitliche hat er im wörtlichen Sinne
tatsächlich nie gesegnet[1], sondern permanent hinterfragt, ange-
zweifelt; immer galt sein Bemühen der Suche nach einem Sinn,
nach dem Grund, der hinter allem stehen musste. Ueber seinen
Tod hinaus bleibt aber auch sein Werk Zeugnis seines ständigen
Fragens, seines verzweifelten Ringens und seines erbitterten Re-
bellierens. Die zeitliche Befindlichkeit, die existenzielle (?)
Geworfenheit, das waren die grundsätzlichen Ansatzpunkte seiner
ersten Gedichte gewesen; sie sind es durch sein ganzes Werk hin-
durch geblieben." (p. 244).
Diesen Arbeiten, die einen Überblick über die Maulwürfe, ja
über das Eichsche Gesamtwerk geben wollen, sind Untersuchungen
mit definierter Erkenntnisabsicht an die Seite zu stellen. So
soll in Karthaus' Aufsatz[2] "ein Definitionsvorschlag unterbrei-
tet werden, der die scheinbar ästhetischen und formalistisch be-
schreibbaren Phänomene 'Humor', 'Ironie' und 'Satire' möglichen
geschichtlichen Konstellationen zuordnet." Der Verfasser ist
sich bewußt, daß eine brauchbare Unterscheidung "dieser drei
Schreibarten" nicht allein textimmanent zu gewinnen ist und
erst möglich wird, "indem der in der Einzelanalyse aufweisbare
Befund in den Zusammenhang gestellt wird, der das literarische
Werk mit der sozialen und geschichtlichen Wirklichkeit verbindet: mag eine solche Verbindung auch nicht auf den ersten Blick
sichtbar sein." Nach der Betrachtung je eines Textes von Keller

---

[1] Briner spielt hier auf ein Gedicht Hildesheimers an, das selber schon Programm eines Eichverständnisses ist: "Absage";
der Text: "Günter Eich hat/ abgesagt. Er sei leider/ tot,
lasse zwar grüßen,/ doch lege er Wert auf/ die Feststellung:/
das Zeitliche habe er/ nicht gesegnet."; zuerst in: Die Zeit,
5.1.1973, wieder gedruckt in: Unseld (Hg.), l.c., p. 60.

[2] cf. Karthaus, l.c., besonders p. 114ff.; die Zitate folgen
dem Gang des Textes.

und Thomas Mann wird Eichs Maulwurf "Episode" als Exemplar satirischer Literatur gewählt; Karthaus informiert, daß Eich anläßlich der Buchmesse 1968 diesen Text vor der Fernsehkamera gelesen habe; "diese Publizität verwundert nicht, denn das kleine in sich geschlossene Prosastück hält eine historische Stunde fest; auch ohne die Jahreszahl des Impressums ließe sich die Entstehungszeit zweifelsfrei ermitteln: der Text bezieht sich unmittelbar auf die Diskussion über die Notstandsgesetze im Sommer 1968"[1]; er erwecke "Erinnerungen an den Schah-Besuch, den Tod Benno Ohnesorgs, das Dutschke-Attentat und die Anti-Springer-Demonstrationen", sowie an den damals lautgewordenen "Argwohn intellektueller Kreise gegen das politische 'Establishment'"; wenn auch die einzelnen von Karthaus genannten politischen Ereignisse nicht explizit vom Text zitiert werden (können - cf. das Entstehungsdatum), so dürfte dem Verfasser doch wohl darin zuzustimmen sein, daß der Maulwurf sich bewußt an emanzipatorische Tendenzen zur Zeit der Studentenbewegung lehnt; warum den Verfasser allerdings der erste Maulwurfsatz ("Ich wache auf und bin gleich im Notstand."[2]) "an den Beginn des Romans 'Der Prozeß'" von Kafka und nicht etwa an dessen Text "Die Verwandlung" erinnert, wird weniger einsichtig; durch gelegentlichen Verweis auf den Sprachgestus ("die Kausalsätze der 'Episode' (sind) auf paradoxe oder tautologische Weise unplausibel"; die "fragmentarischen Begründungen verzichten auf rationale Rechtfertigung und charakterisieren so übertreibend eine bestimmte autoritätsgläubige Denkhaltung, ein Syndrom von Vorurteilen") und die Wortwahl ("so zersetzt ist alles", "Durchgreifen", "Standrecht", "auf Vordermann bringen", "staatsfeindliches (...) Schrifttum", "Hausgemeinschaft", etc.) des "Ich-Erzählers" ermittelt Karthaus die satirische Komponente des Textes: ein brutaler Hausgenosse, Ordnungsfanatiker - wobei es sich um eine ganz bestimmte Ordnung handelt -, führt seine private Säuberungsaktion gegen Zersetzung, Unmoral und Anarchie (Eichs Slapstick-Requisit: "Bananenschalen auf den Treppen") mit Methoden durch, die an nationalsozialisti-

---

[1] Datierung von "Episode" in den Anmerkungen, cf. GW, I, p. 432: "2. 3. 1968".

[2] cf. "Episode", ibid., p. 314.

scher Praxis sich zu orientieren scheinen; als fadenscheinige
Begründung gibt er an, er befinde sich "im Notstand"; Eich rea-
giere also "auf geschichtliche Zustände" (die tendenzielle Refa-
schisierung in der Bundesrepublik), antworte "auf politische Situationen - im weitesten Sinne"; zwar seien, so Karthaus, poetische Formen (Satire) nicht vollständig notwendige Konsequenzen
jeweiliger geschichtlicher Zustände, würden von ihnen aber so
bedingt, "daß sich der Dichter in einem Spielraum ästhetischer
Möglichkeiten bewegt, der deutlich abgegrenzt ist gegen formale
Unmöglichkeiten: es verbietet sich im Jahre 1968 schlechterdings, auf die in Eichs Text hintergründig gegenwärtige Welt
des Nationalsozialismus, deren Wiederkehr beängstigend beschwo-
ren wird, humoristisch, ohne Engagement oder mit frei spielender
Ironie zu antworten." Während Humor und Ironie mehr Distanz zum
und so weniger Beteiligtsein am historischen Geschehen dokumen-
tierten, liege es in der Absicht satirischer Schreibart, unmißverständlich aktuelle Ereignisse gesellschaftlicher Entwicklung
durch überscharfe Darstellung der Kritik auszusetzen. "In einer
Zeit aber, da auch der Protest als Ware verkäuflich geworden ist,
wird es für den Schriftsteller immer schwerer, sich Gehör zu verschaffen. Er ist dabei genötigt, immer deutlichere Mittel einzusetzen, da das Echo auf seinen Protest gegen die schlechte Wirklichkeit nicht seinen Absichten entspricht. Die Aggressivität
vieler moderner Autoren hat hier ihren Grund (...) die Satire,
(...) eine (...) Möglichkeit der Reaktion (...) legt sich insbesondere nahe in einer von den Massenmedien beherrschten pu-
blizistischen Welt, die alles und jeden zur Ware nivelliert."
Die Schwierigkeit, Kritik zu artikulieren gegenüber einer politischen Systematik, die eben diese Kritik noch dem Schein nach
zu integrieren und also affirmativ zu nutzen versteht, wächst
in der Weise, mit welcher das Prinzip des Systems auch über von
ihm noch nicht beherrschte Bereiche, Freiräume, Gewalt gewinnt;
am Ende wirkt Kritik der eigenen Absicht entgegen, stabilisie-
rend anstatt desavouierend; Eichs Wunsch, seine Maulwürfe mögen
"schädlich" sein, sieht Karthaus in zwei Kriterien der Satire
"Episode" ausgedrückt: "die Satire ist aus ihrer historischen
Stunde als Satire verstehbar; ist diese Stunde verstrichen, so
ist der Satire-Charakter dahin (...). So wäre es auch möglich,

daß der Text Eichs bereits heute (...) als humoristische Persiflage einer abseitigen Denkhaltung verstanden würde. Natürlich
wäre er als historisches Dokument intellektueller Reaktion auf
faschistische Tendenzen in der Bundesrepublik auch später noch
verständlich; als Satire aber, die unmittelbar berührende Fragen aufgreift, ist er an eine Stunde gebunden." Die Intensität
des am Aktuellen sich bildenden Widerspruchs hängt also ab vom
Mut des Kritikers, seine Aussagen bewußt einer früh drohenden
Musealität preiszugeben; unmittelbare und eindeutige Bezugnahme
sind nach Karthaus Momente satirischer Effizienz, die 'Schäd-
lichkeit' von Texten manifestiere sich in der etwaigen Langle-
bigkeit ihrer historischen Relevanz keineswegs, sondern nur in
der Spontaneität, mit welcher sie den Protest veräußern; es ist
offensichtlich, daß der Autor Eichs Intention, widerspenstige
Prosa zu schreiben, mit deren politisch-konkretem Aspekt gleich-
setzt; andrerseits sieht er das zweite Kriterium für die schäd-
liche Aggressivität des Textes in dessen "Modellcharakter";
"als übertreibend unrealistische Karikatur faschistoider Denk-
haltungen und Verhaltensmuster zeichnet er (sc. der Text "Episode"; -MK) das negative Modell einer aktuellen Möglichkeit.
Das heißt: wie in einem Simulator wird eine Situation durchgespielt, die auf Grund bestehender Verhältnisse so oder ähnlich
denkbar wäre."; in diesem Vermittlungstyp komplettiert sich also die direkte Bezugnahme aufs reale Geschehen zur Satire, die
als "Realität simulierendes Modell" auf herrschende Meinungen
indirekt einwirken kann[1]; "das satirische Modell ist zumindest
potentiell in der Lage, Bewußtsein zu verändern." Als eigentlich
spezifisches Bestimmungsmoment von Satire - denn Modellcharakter
besitzen wohl alle fiktionalen und fiktionreflektierenden Texte -, müßte dann die von Karthaus festgestellte "Nähe zum aggres-
siven, tendenziösen Witz" gewertet werden, wie ihm Freud[2] Sub-
limationsfunktion für nicht ausgeübte (gewalttätige) Feindselig-
keit zuschreibt.
Erst solche Betrachtungen von Einzeltexten, wie sie Karthaus un-

---

[1] Karthaus verweist an dieser Stelle auf Wellershoff, l.c., p.
163.

[2] cf. Sigmund Freud, Der Witz und seine Beziehung zum Unbewuß-
ten, Ffm., 1958, p. 72ff., besonders p. 83.

ter der von ihm gewählten Perspektive betreibt, geben ein Bild
davon, wie unterschiedlich die Maulwürfe die schriftstellerischen Absichten Eichs zu realisieren vermögen; denn obwohl satirische Passagen in viele Texte eingearbeitet sind, dürfte es
schwerfallen, noch andere Maulwürfe als Exemplare dieser Sorte
politischer Satire zu klassifizieren, selbst wenn auch sie un-
plausible Kausalsätze aufweisen und auf rationale Rechtfertigun-
gen offensichtlich keinen Wert legen. Eine generalisierende Untersuchung, die aufgrund weniger invarianter Textmerkmale die
phänomenologische Charakterisierung der Textsorte Maulwurf versuchte, ohne die spezifischen Momente der jeweiligen Stücke
miteinzuholen, müßte dem Gehalt- und Darstellungsreichtum, den
die Texte besitzen, notwendig ungerecht bleiben; solange nicht
noch mehr Maulwurftexte eingehend auf ihre denotative Valenz
und ihre konnotative Organisation befragt worden sind, besteht
keinerlei Anlaß, die bisher ermittelten Merkmale für repräsen-
tativ zu halten; will man nicht sich mit der ständig wiederholten Einsicht begnügen, die Maulwürfe realisierten die diversen
Möglichkeiten eines wie immer weitgefaßten Sprachspielreservoirs,
so muß man sich der mühevollen Konfrontation mit einem Text unterziehen, der, neben Verwandtschaften und Ähnlichkeiten mit anderen, auch eben individuelle Züge aufweist[1]; erst eine Samm-
lung von Ergebnissen solcher Nachforschungen schafft die Bedingung, hypothetisch erstellte Beurteilungen und Verständnisse
dieser Prosa, als Aggregat von an sich selbständigen Einzelstük-
ken betrachtet, zu überprüfen und, wenn nötig, zu korrigieren;
wenn die von den Texten durchgespielten Reflexionen nicht nur in
sich eine etwa durch Fragmentarisierung ausdrücklich gemachte
Tendenz gegen systematisches Denken behaupten, sondern auch in
ihrem Verhältnis untereinander, durch Betonung jeweils autonomer Individualität, eventuelle Kohärenzerwartungen enttäuschen,
dann ist wenig durch eine Beschreibung gewonnen, die nur auf
solche Einsichten abhebt, welche die Texte kollektiv evozieren.

---

[1] Erinnert sei noch einmal an Eichs Mahnung aus "Winterstudentin mit Tochtersohn", cf. GW, I, p. 302f.: "Auch Maulwürfe
sind abhängig von Liebesbeweisen (...), zumal es jetzt schon
über fünfzig sind, alle individuell ausgeprägt."

Von einem wie auch immer hypostasierten Eichschen Standpunkt
(sowohl in ästhetischen wie in ideologischen Fragen) auszugehen,
den dann die Einzeltexte nur noch mehr oder minder bestätigen
können, verkennt nicht nur die Intention, sondern auch die Realität dieser Texte, die neben Affinitäten auch starke Divergenzen
auszeichnen. Eine anzustrebende Bestimmung der Textsorte Maulwurf muß diesem asystematischen Zug Rechnung tragen und kann daher nicht deduzierend geleistet werden. Es kommt mithin einer
Verharmlosung von Eichs Maulwurfarbeit gleich, wenn man dem Verweis, in allen Texten stelle sich das Nichteinverständnis ihres
Autors dar, nicht an den konkreten Ort folgt, von dem her sich
die postulierte Protesthaltung motiviert.
Daß ausgeprägtes Desinteresse am Einzeltext, wie es die meisten
Rezensenten dadurch zu verdecken trachten, daß sie nahelegen,
auch diese Texte ließen sich von einigen wenigen (formalen und
inhaltlichen) Standardprinzipien her begreifen, oft auch auf
ein spätestens durch die Maulwürfe untauglich gewordenes Textverständnis der Verfasser schließen läßt, deutet die Kritik von
Großklaus[1] an; so sei es der vor allem von traditionellen Vorstellungen rigid gehaltene Prosabegriff, der die Maulwurfbe-
sprechungen mißlingen lasse; "unregelmäßige Prosa, die sich
Grenzverletzungen zuschulden kommen läßt", müsse vor einem ästhetischen Normkanon als "unzulässig" abgelehnt werden; so erklärt Großklaus Reich-Ranickis Maulwurfverriß unter anderem damit, daß dieser Kritiker sich "von der anfänglichen Erwartung
regelmäßiger Prosa nicht zu lösen vermag, sie hält ihn gefangen
in der Enttäuschung darüber, daß stattdessen Unregelmäßiges
sich ereignet, den Prosagesetzen Widersprechendes. So bleibt
nur noch seine normative Kritik, in der er sich leider über so
vieles ärgern muß."; aber auch andere Rezensenten (Krolow, Bichsel, Holthusen) zeigten sich, so Großklaus, vom Titel 'Prosa'
irritiert; "die Normhypothesen der Erwartung - wie gewohnt in
Anschlag gebracht - lassen sich plötzlich nicht verifizieren.";
Großklaus zeigt an lesenswerten Beispielen, mit welchen Formu-
lierungskünsten diese Rezensenten den mehr erspürten "Sachverhalt" der "Eigengesetzlichkeit der Eichschen Kurztexte umkrei-

---

[1] cf. Großklaus, l.c.; die Zitate folgen dem Gang des Textes.

sen"; die Unwilligkeit (Unfähigkeit?), den eigenen Prosabegriff
zu revidieren, zwingt die Verfasser zur fluchtartigen Abkehr
vom Textphänomen und zur vorschnellen Hinwendung an historische
Komparation: "Wenn statt normalsemantischer Anschlußfolge von
Wörtern und Sätzen im Gesamtkontext assoziative Textzusammenhän-
ge ganz anderer Art zustandekommen, ließe sich von hier aus (..
..) fragen, ob wir es mit einer neuen Prosatextsorte zu tun haben oder nicht. Nun wird eine derartige Frage traditionell historisch behandelt und erledigt. Man wird in der Literaturge-
schichte irgendeine Vorform, einen antizipierenden Texttyp ausmachen können und dieser Fund verspricht eine gewisse Beruhigung gegenüber dem scheinbar so Neuartigen"; Großklaus selber
leistet dann am gewählten Einzelbeispiel den evidenten Nachweis,
daß sich die verwirrende Textoberfläche mit ihren anscheinend
bezuglosen Elementen als Projektion einer ihr zugrundeliegenden,
diszipliniert verwerteten Organisation (Textverfassung) bestimmen läßt; er bleibt nicht bei der Entdeckung irgendwelcher for-
maler Besonderheiten, sondern versucht diese auf ihre mögliche
Funktion im konkreten Kontext zu befragen; so kann er nicht zuletzt auch inhaltliche Konsistenzen rekonstruieren, die Eichs
assoziative Technik als erstaunlich mitteilungsträchtig zeigen;
erst wenn das Zusammenspiel dieser Mitteilungen mit der jeweils
gewählten Weise der Vermittlung angebbar wird, könnte man von
einem für Einschätzungsfragen brauchbaren Textverständnis sprechen. Die von Großklaus so erfolgreich genutzte strukturale
Textbeschreibung bietet Einsicht in die Textverfassung, indem
sie aus ihr Subtexte herauslöst, deren Konstitution dann beschreibbar werden kann; ihre Erkenntnisgrenze liegt wohl erst
dort, wo der Synthesecharakter von Texten selbst problematisch
wird; nachdem das Textkorpus in seine phonetischen, syntaktischen und semantischen Substrate zerlegt worden ist, erscheint
es nicht mehr als deren Synthese, sondern bloß noch als deren
Summe; was die Analyse angerichtet hat, ist nicht durch die Versicherung wiedergutzumachen, die voneinander getrennten Textschichten würden durch Integration wieder das Ganze ergeben;
nach vorangegangener Analyse erscheint der Text als Komposition
seiner (phonetischen, syntaktischen, lexikalischen, etc.) Subtexte, nicht als deren unmittelbare Einheit; der wissenschaftli-

che Eingriff entstellt schon das zu erkennende Objekt; die für
ihn nicht zu hintergehende Dialektik von Vermittlung und Unmittelbarkeit schränkt nur dann das jeweilige Forschungsergebnis
nicht ein, wenn sie als erkenntnistheoretisches Dilemma mitre-
flektiert und so im wissenschaftlichen Vorgehen selbst nicht
unterschlagen wird.[1]

In seinem Versuch, die "Anfänge des 'neuen' Günter Eich" her-
auszuarbeiten, bemerkt Sauder[2], daß noch den nach Eichs Tod
erschienenen Würdigungen ein Bild vom Autor zugrundeliege, das
vor allem an dessen Lyrikwerk sich orientiere; "die Maulwürfe
werden meist als späte Kuriositäten erwähnt, dem erstaunlichen
Hörspielwerk nur pauschale Sätze der Erinnerung gewidmet."; dabei hätte die "gern mit mystifizierendem Geraune" vorgetragene
"Rede vom 'reinen Dichter'", etc., auf "Eich bezogen (...)
nicht zuletzt den Effekt, das jeweilige Bild vom Autor zu immu-
nisieren gegen dessen am Ende der Nachkriegszeit immer deutlicher artikulierte Absicht, dem allgemeinen Einverständnis mit
dem Gang von Natur und Geschichte zu opponieren."; während Eich
sich längst von reiner Dichtung als möglicher Konzeption, von
der "Forderung nach dem 'Inkommensurablen' und der Enthaltsam-
keit der zeitgenössischen Realität gegenüber" distanziert habe,
so deutlich einen "qualitativen Unterschied" zu seiner Position
"um 1930" gesetzt habe, sei, "was unter Lyrik zu verstehen sei",
immer noch an "Benns problematischen 'Problemen der Lyrik'[3] gemessen" worden, einem Standpunkt, zu dem Eich, besonders in seinen Äußerungen der fünfziger Jahre, ein ambivalentes Verhältnis
zum Ausdruck gebracht habe; Notizen "zwischen 1950/1960" zeigten,
daß sich Eich einer "gewissen Affinität zu Benn bewußt gewesen"

---

[1] Will man darin eine Kritik der von Großklaus angewandten Methode sehen, so müßte sie gleichwertig auch gelten für die
hier unternommene Analyse des Maulwurfs "Schlüsselfigur"; da
es wohl nicht darum gehen kann, Bewußtseinsaporien zur Rechtfertigung eines unkritischen Objektverhaltens (in diesem Fall
eines quasinaiven Leseverhaltens) zu verwenden, mag vorerst,
mangels logisch erfüllbarer Kriterien, die heuristische
Brauchbarkeit die Methodenwahl bestimmen; der Erkenntnisumweg
über die operativ eingesetzten Konstrukte (Subtexte, Strukturalität) ermöglicht - zumindest bei Großklaus - ein Textverständnis, das brauchbar für die Diskussion der gesellschaftlichen Funktion von Literatur Anwendung finden könnte.

[2] cf. Sauder, l.c.; die Zitate folgen dem Gang des Textes.

[3] cf. Gottfried Benn, Probleme der Lyrik, Wiesbaden, 1951.

sei, worauf auch, so Sauder, die Gedichte bis zu den "Botschaften des Regens" zu überprüfen wären[1]; einerseits ließen sich
Nietzsche- und Benn-nahe Thesen (absolute Form, das Ästhetische
als neu gesetzter Wert, die theologische Qualität der künstlerischen Produktion, die als Nihilismus zu kritisierende Zivilisation, der Verzicht auf Anerkennung durch eine gläubige Gemeinschaft) in vor allem Eichs Reden[2] wiederfinden; "auch hier
wird der 'mechanische Segen' der Gegenwart kritisiert - die Ka-
tegorie 'Zeit' aber überhaupt in Frage gestellt. Auch hier legt
Eich weniger Wert auf die große Zahl der Hörer seiner Hörspiele,
mehr auf die Direktheit und Authentizität des Mediums. In der
Konzentration auf das einzelne Wort[3], das 'Dingwort', die 'Definition' als 'trigonometrischer Punkt' in einer unbekannten
Wirklichkeit wird - scheinbar wie bei Benn - Wirklichkeit erst
durch Schreiben hergestellt."; andrerseits aber "akzentuiert
Eich seine Arbeit nicht wie Benn (und Nietzsche) im Sinne von
Ästhetik als letzter anthropologischer Möglichkeit. Er beschwört
mit der ihm eigenen Scham eine andere Transzendenz, die sich
nicht auf 'Religion' festlegen läßt. Er möchte, daß alles Geschriebene sich der Theologie nähere: Das Wort sei Abglanz des
magischen Zustandes der mit sich selbst identischen Schöpfung

---

[1] Sauder zitiert: GW, IV, p. 297ff.: "Wenn es die absolute
     Form gibt (als Wertmaßstab) ist dies ein Übergang zur Theolo-
     gie. Schaffung eines Wertmaßstabes, unabhängig von der Aner-
     kennung einer gläubigen Gemeinschaft. - Zivilisation als ni-
     hilistischer Akt. - Benn. Die formfordernde Gewalt des Nichts.
     Also Setzung des Ästhetischen als neuen Wertes. Das Nichts
     zwingt zur Schöpfung. Schöpfungsgeschichte. - Wert ist mögli-
     cherweise eher dort, wo keine Inhalte mitgeteilt werden. -
     Die Tiefe der Dinge ist ihre Oberfläche."; zum letzten Satz
     cf. GW, I, p. 362f., "Ein Tibeter in meinem Büro", und S.
     199ff.

[2] Gemeint sind: "Rede vor den Kriegsblinden" (1953), jetzt GW,
     IV, p. 437ff., "Der Schriftsteller vor der Realität" (1956),
     jetzt ibid., p. 441f., zuerst als: "Einige Bemerkungen zum
     Thema 'Literatur und Wirklichkeit' in: Akzente, Jg. 3, 1956,
     Heft 4, p. 313ff.

[3] Sauder verweist hier auf eine Verwandtschaft Eichs zu Loerke:
     "vgl. Oskar Loerkes Gedicht 'Dichter': 'Mit einem Worte alle
     Worte sprechen!'", in: Gedichte. Ausgewählt von Günter Eich,
     Ffm., 1963, p. 52; cf. auch das Loerke gewidmete Eichgedicht
     "Der Hauch aus meinem Munde steigt", GW, I, p. 185; Eich
     selbst soll mehrfach den Einfluß der Lyrik Loerkes auf sein
     Werk betont haben.

(...) Auf die romantische Abkunft dieser Sprachphilosophie ist
gelegentlich hingewiesen worden - die Nähe zu Benjamins Verständnis von Sprache und Übersetzen in der Tradition lurianischer My-
stik sei hier nur angedeutet."; Sauder vermutet, daß eine mögliche Erklärung fürs penetrante Mißverstehen der Eichschen Entwicklung darin zu suchen sei, daß "diese Differenzen zu Benns Trans-
zendenz-Ästhetik[1] (...) kaum beachtet, Eichs Äußerungen jahre-

---

[1] Die Auseinandersetzung mit Benn scheint allerdings auf die
Zeit unmittelbar nach dem Kriege zurückzugehen; sieht man in
ihr ein Movens für Eichs Hinwendung zum 'Engagement', so darf
gerade nicht der Text "Der Schriftsteller 1947" (1947) übersehen werden, in welchen der Autor die Bennsche Testfigur
"Rönne" (bei Benn ja autobiographisch gefärbt) transportiert:
"Der Schriftsteller, er sei mit ironischem Ernst nach einem
verschollenen Vorbild Rönne genannt, Rönne also betrachtet
sorgenvoll eine bereits arg angegriffene Lebensmittelkarte.
Die sich sonst im Weltall bewegenden Gedanken sind seit lan-
gem auf die Erde zurückgekehrt. Er denkt in Feuerung und Kartoffeln, seine Vision ist ein Linsengericht (...) Seit Mona-
ten bemüht er sich um einen Bezugsschein für Schuhe, und hat
er etwas geschrieben, so tippt ers auf der Schreibmaschine,
die ihm der Bäckermeister von nebenan stundenweise leiht. (..
..) Der arme Rönne! Sein Arbeitsmaterial, die Sprache, macht
es ihm recht schwer. Er bemüht sich, sie zu einem angenehmen
Teig zu zerkneten, doch gelingt es ihm schlecht. Der Stoff
ist widerspenstig. Wie ärgerlich, daß die Sprache letzten Endes doch immer wieder Gedanken ausdrückt! (...) Der hier an
Rönne demonstrierte Vorgang der Verwandlung vollzieht sich
nicht allein im Schriftsteller, aber in ihm am sichtbarsten.
Er hat auch nicht genau nach dem zweiten Weltkrieg begonnen,
sondern dauert schon länger an. (...) Das bedeutet vor allem,
daß die Möglichkeit der Isolation verschwindet. Die Verkapse-
lung in die private Sphäre wird undicht. Die Atomkraft zer-
trümmert die starken Mauern, die sich die Seele errichtet
hat; durch die Bresche pfeift der schneidend kalte Wind der
unentrinnbaren Wirklichkeit. Da Schreiben ein Akt der Erkenntnis ist, ist die Situation des Schriftstellers die eines
vorgeschobenen Postens. Im Treiben der Welt kann er sich der
immer stärkeren Aktivierung nicht entziehen. Seine Aufgabe
hat sich vom Ästhetischen zum Politischen gewandelt (-was der
Wendung des Menschen vom Genuß zur Arbeit entspricht). - Man
mißverstehe mich nicht. Rönne soll nicht unbedingt die Kol-
lektivschuld in Sonettform abwandeln oder die deutsche Romantik zugunsten des amerikanischen Romans in Fetzen reißen, er
muß auch nicht vom Dichter zum Journalisten werden, aber alles, was er schreibt, sollte fern sein jeder unverbindlichen
Dekoration, fern aller Verschönerung des Daseins. (...) Ich
will nicht sagen, daß es keine Schönheit gibt, aber sie setzt
Wahrheit voraus. - Der Zwang zur Wahrheit, das ist die Situation des Schriftstellers. Er bedauert sie nicht, er begrüßt
sie, auch wenn sie nur um den Preis des bequemen Lebens zu er-
kaufen war. (...)"; cf. GW, IV, p. 392ff.; cf. auch die An-
merkung über den Erstdruck, ibid., p. 471; hier wird deutlich,

lang affirmativ als Interpretationshilfen benutzt" worden seien;
während sich die Gedichtdeutungen dem "Primat des Formalen" un-
terstellten, sei die "Intention Eichs, mit seinen Texten auf
heillose Gegenwart zu reagieren", nicht erkannt worden; Sauder
stellt fest: "Die Gewohnheit vieler Interpreten, die jüngste
Produktion Eichs zu vernachlässigen, auf die frühen Werke und
Äußerungen zu rekurrieren und das Neue bestenfalls in Gattungs-
und Motivtraditionen ins 'Bekannte' einzureihen, verhinderte die
Beobachtung der Abkehr Eichs von 'Naturlyrik' als Folge seiner
Reflexion der eigenen schriftstellerischen Position im Kontext
der Rezeptions- und Zeitgeschichte."[1]; erst die Würdigung dieser Entwicklung ermögliche es, die Bedeutung der späteren Arbeiten fürs Gesamtwerk einzusehen; Sauder zeigt dann sehr genau,
wie die Maulwürfe und die letzten Gedichte auf eine bewußtge-
machte Situation reagieren, die zum einen durch die politischen
und wirtschaftlichen Veränderungen innerhalb (wachsende ökonomi-
sche Schwierigkeiten, Aufkommen einer sich neu formierenden Linken, sich formulierende Systemkritk kurz vor und zur Zeit der
Großen Koalition, etc.) und außerhalb (Vietnamkrieg und stärker
werdende Kritik am militanten und wirtschaftlich imperialisti-
schen Verhalten der Großmächte) der Bundesrepublik, zum anderen
durch die einsetzende Selbstbesinnung in der Literatur ("Kurs-

---

wie bestimmt Eich sich von allen Spielarten des poetischen
Purismus entfernt sehen will; wenn auch die politische Intention Eichs um 1965 selbst für seine Bewunderer nicht mehr zu
überhören ist, ein wesentliches Moment seines Selbstverständnisses war sie schon vorher.

[1] Sauder verweist hier auf Müller-Hanpft 1972, l.c., p. 187ff.,
besonders p. 202f.; diese zweifellos einsehbare These darf
aber nicht ausschließen, daß man Eichs Entwicklung letztendlich als kontinuierliche, wenn auch nicht gleichmäßige Bewegung zu verstehen sucht; will man 'Naturlyrik' nicht global
als die Gattung damaliger poetischer Jasager verurteilen, so
wäre es gerade sinnvoll, (Vor)Formen der Eichschen Protesthaltung in den fraglichen Texten nachzuspüren; dies könnte
um so besser gelingen, wenn man im Gesamtwerk (jeweils modifiziert) beibehaltene Motive vergliche; gerade die hektische
beschwichtigende Rezeption läßt mit Schafroth 1976, l.c., p.
140, vermuten, daß "die Gedichte, die ihm den Preis der Gruppe (Eich erhielt 1950 den Preis der Gruppe 47 für Gedichte,
die später in "Botschaften des Regens" aufgenommen wurden,-MK)
einbrachten, bereits einen Ausbruch aus ihrer damaligen Literaturtheorie dar(stellten)."; das 'Neue' am Eich der Maulwürfe ist vielleicht auch das zu lange nicht Gesehene, auf das
der Dichter gleichwohl jetzt hartnäckiger insistieren zu müssen glaubt.

buch", "Kürbiskern", Ablösung des meist autonom verstandenen
Kunstbegriffs der Nachkriegszeit, Politisierung des ästhetischen
Produktionssektors, etc.), die zur Besinnung auf mögliche ge-
sellschaftsverändernde Funktionen der Literatur fortschritt, gekennzeichnet war; daneben beobachtet Sauder in Eichs Äußerungen
zum eigenen Werk, wie sie aus den späten sechziger Jahren vor-
liegen, eine Tendenz zur Katharsis des poetischen Instrumenta-
riums: die Medien Lyrik und Hörspiel werden vernachlässigt,
zeitweilig ganz aufgegeben, der Metaphergebrauch wird abgelehnt,
der Reim, das Metrum für Eich ideologieverdächtig, das eigene
Werk ihm selbst suspekt; "um angesichts dieses Negativ-Katalogs
überhaupt noch arbeiten zu können, forciert Eich den Lakonismus
und das Signum"; alle irgendwie Schönheit und Harmonie (was für
Eich schon Einverständnis bedeutet) evozierenden oder simulie-
renden Stilmittel werden nun mit Argwohn bedacht; einzig die ohne jede Feierlichkeit sich bis in die Konkretion des Einzelwortes zurückziehende Sprache entgeht nach Eich der Gefahr, aufs
banale Niveau von Existenzbejahung und Daseinsverherrlichung
herunterzukommen (deshalb: "Formeln", vier Zeilen "Lange Gedichte", "Postkarten", etc.); die formalen Reduktionen sollen eine
Intensivierung des gemeinten Protestes leisten, der sich dann
selbst gegen Form als Verschleierung wendet; Sauder vermutet
eine Verbindung der solcherart vag sichtbar werdenden Sprachthe-
orie Eichs zu "Weisgerbers Konzeption von Sprache als geistiger
Grundkraft"; danach "erschließe (Sprache) dem Menschen den Zugang zur Wirklichkeit, das 'Worten der Welt' sei eine gesellschaftliche Erkenntnisform"; andrerseits arbeite Eich immer
deutlicher mit der Vorstellung von variabel zu aktualisierender
Disponibilität über die Relationen des Zeichens, wie sie der
de Saussuresche Zeichenbegriff nahelege; dadurch verringere Eich
den Grad an Kommunizierbarkeit seiner Texte: "Wer die Geltung
der Zeichen neu festlegen möchte (...), erschwert die Kommunikation, selbst mit den Menschen, mit welchen er kommunizieren
möchte"; mit Verweis auf das selbstreflexive Gedicht "Entwicklung"[1] meint Sauder: "Eichs Programm der Chiffrierung kommuni-

---

1) cf. "Entwicklung", GW, I, p. 151: "Verzögerungen erfinden,/
Relais einbauen,/ Umwege, Aufenthalte, Wartesäle.// Kann, soll
und muß,/ und kreuzungsfrei,/ im Hundert, vom Hundert, auf
Hundert.// Und schließlich einsilbig,/ Buchstaben, Interjek-

kativer Signale (...) demonstriert, in welche Aporien auch sein
Spätwerk geriet"; neben der Erläuterung dieses dargestellten
Entwicklungsganges anhand später Gedichte und Hörspiele untersucht der Verfasser auch einen Text der von Eich so genannten
"Kulka-Prosa": "Dem Libanon". Dieser, den weitaus kürzeren Maulwürfen zeitlich vorausgehende Text, sei "nicht in dem Maße 'Gefüge', daß der Leser nur aus den Mikrostrukturen und dem Einzelwort gelegentliche Zusammenhänge erkennen könnte"; zwar würden
größere Sinnfelder aufgebaut, die Anschließbarkeit im einzelnen
aber auch hier durch assoziative Komposition niedrig gehalten;
die Betrachtung Sauders legt aber nicht nur die spezifische formale Textorganisation frei, sondern bestätigt auch eine an "Telefonisch" gewonnene Erfahrung, daß nämlich "die Lese-, Wahrneh-
mungs- und Verständnishemmungen, die Eich (...) dem Leser zumu-
tet, nicht allein durch die Montage-Technik und die konnotativ
gebrauchten Einzelwörter bedingt" sind; wie bei jeder eingehenden Textbetrachtung zeigt es sich hier, daß Eich seine Texte
über Elemente konstruiert, deren denotativer Stellenwert dem
Leser nur, wenn überhaupt, durch mühevolles Nachprüfen einsichtig wird; die in den Rezensionen wiedergegebenen Beobachtungen
weisen kaum auf solche Bezüge hin und übersehen somit wichtige
Aspekte der vom Text vermittelten Information; so wird auch der
Text "Dem Libanon" erst verständlich vor dem faktischen Hintergrund der Kulkaschen Biographie, wie ihn Sauder in seinem Kommentar rekonstruiert.[1]
In seinen "Frankfurter Vorlesungen"[2] über das Phänomen der Absurdität, wie es sich in der modernen Literatur darstelle,
kommt Hildesheimer in prononcierter Weise auf Günter Eich zu
sprechen; zum einen geht er von dessen Vézelay-Rede aus, um
"die Wirklichkeit des Absurden" als Problem literarischer Produktion vorzustellen; zum anderen widmet er sich dem Maulwurf
"Iecur", den er in seiner Interpretation als Exemplar "absurder
Prosa" charakterisiert; es sei für die Einschätzung der hier

---

tionen/ zusammenschrumpfend,// Hinweise auf Wörterbücher,/
Journale, der Vorzug/ von Sprachfehlern."

[1] cf. noch einmal S. 112, Anm. 2.

[2] cf. Hildesheimer, l.c., p. 55ff., die Zitate folgen dem
Gang des Textes.

referierten Ansichten darauf verwiesen, daß Hildesheimer ausdrücklich sich in seinen Überlegungen mit Eich weitgehend identifizierte. Er verstehe die Rede nicht als Bekenntnis, sondern
als "Polemik gegen den Roman, zumindest gegen jene Romane, die
Eich n i c h t zu den Gedichten rechnen würde, und das sind die
meisten."; das Gedicht im Eichschen Sinne setze nicht voraus,
"daß wir wissen, was Wirklichkeit ist", täusche so aber auch
nicht über die Bereiche des uns Unzugänglichen; "die Präsenz
des Unbekannten, des Rätselhaften, Unlösbaren (ist) zwar subjektiv eine ewige Quelle des Unbehagens, wenn nicht der Trauer,
aber objektiv gehört sie für (...Eich) zu den wesentlichen
schöpferischen Impulsen"; vor dem Hintergrund des Camusschen
Absurditätsbegriffs[1] verdeutlicht Hildesheimer Eichs Unterscheidung in Wirklichkeit akzeptierende und Wirklichkeit erst
herstellende Literatur: "Mit Eich bin ich der Meinung, daß der
Roman, indem er Ausschnitte aus einer fiktiven Realität beleuch-
tet, die Realität nicht wiedergibt, und daß er heute die maxima-
le Anzahl seiner Konstellationen erreicht hat. Wie Eich lese
auch ich die Fabel lieber ungeschmückt in der Zeitung"; unterm
Titel 'Roman' wird also nicht primär die literarische Großform
kritisiert, sondern poetische Wirklichkeitsadaption, die über
die dargestellten Teilaspekte die Realität des Absurden aus dem
Blick verliere[2]; der Roman bagatellisiere die Dimension, die in
der "Instabilität der Welt" sich zeige, wohingegen Eich eintrete

---

[1] Hildesheimer zitiert hier "die bekannte Definition des Begriffs": "Das Absurde entsteht aus der Gegenüberstellung des
Menschen, der fragt, und der Welt, die vernunftwidrig
schweigt."-

[2] Neben Kafkas Werk werden auch ausdrücklich die Beckettschen
Romane zu den 'Gedichten' gezählt; an einem Textausschnitt
aus "Molloy" illustriert Hildesheimer ebenfalls seinen Begriff
absurder Prosa; in diesem Zusammenhang ist es aufschlußreich,
daß er zu berichten weiß: "In der Tat besteht zwischen Eich
und Beckett eine sehr starke, von beiden anerkannte Affinität."; cf. auch Eichs aufs Godot-Stück anspielende Gedicht
"En attendant", GW, I, p. 278, unter den unveröffentlichten
Texten; Beckett konnte auch vom Suhrkamp Verlag gewonnen werden, zum 'Gedächtnisband', cf. Unseld (Hg.), l.c., p. 10ff.,
einen Originalbeitrag ("As the story was told", abgedruckt
mit der Übersetzung von Hildesheimer) beizusteuern; die handschriftliche Widmung dort lese ich allerdings als: "A la mé-
moire de Günther (?) Eich - Samuel Beckett - Paris août 1973"-

"für das weite Panorama eines an allen Schrecken und Grauen, an
aller Tragik und Komik des Lebens geschulten Bewußtseins, - und
dafür kann der Roman nicht der Ort sein, denn er konstruiert den
Einzelfall und bietet ihn dem Leser zur Identifikation an."; absurde Prosa setze Identifikation immer schon voraus "mit der
handelnden, der behandelten oder mißhandelten Zentralfigur -
meist dem Ich-Erzähler"; seine Situation sei auch die des Lesers;
"das Ich weist den Leser auf das Schweigen der Welt hin, es exer-
ziert das Fragen vor, das Warten auf Antwort, und es verspottet
sich selbst, indem es die Vergeblichkeit des Wartens demonstriert."; der Erzähler entberge sich in seiner Tragik und Komik
und Lächerlichkeit, er führe vor, "was das Leben aus ihm gemacht
hat."; aus dieser Erzählhaltung scheine Verzweiflung durch, die
"Erkenntnis der Unaufhebbarkeit alles Zweifelns; niemals erwähnt,
wird sie von den Gegenständen, den Requisiten des absurden Raums
reflektiert"; absurde Prosa erfülle so Eichs Grundsätze für das
Gedicht, indem sie nicht die "präfabrizierte Realität, aus der
der Roman ihm genehme Konstellationen greift", als das "Original"
anerkenne, aus dem es nach Eich zu übersetzen gelte; sie finde
sich damit ab, daß der "Urtext" nicht gefunden wird, sie regi-
striere Ersatzantworten; eine mögliche Funktion von Dichtung bestehe dann darin, "das Rezeptionsvermögen zu erweitern und das
Bewußtsein so zu schärfen, daß es ihre Sprache und damit ihr Objekt aufnimmt, anstatt das Geschehen der Zeit durch fiktives Geschehen zu ergänzen; (...) Man könnte sich an der Qualität der
Fragen aufrichten, wie sie das Schweigen der Welt hörbar machen,
wenn nicht gar zum Dröhnen bringen." - Absurde Prosa, oder besser: die Prosa des Absurden, sei also nicht gattungsmäßig bestimmt, könne "die äußere Form jeder anderen Prosa" (also Roman,
Novelle, Kurzgeschichte, Prosagedicht, etc.) annehmen; im Gegensatz zu verwandten Bestrebungen auf dem Theater bleibe die Mitteilung des direkten Erlebens absurder Realität allerdings der
Prosa vorbehalten, "in der ihr Autor mit dem Erlebenden identisch ist, während das Theater notwendigerweise nur das Sekundär-
Erlebnis des Absurden vermitteln kann, ein in den Rahmen der Bühne gezwängtes Konzept, vertreten durch andere, durch Schauspie-
ler"; gemeinsam sei aller absurden Prosa dieser unmittelbare Er-
fahrungsausdruck "oft noch im Prozeß des Erfahrens", sowie die

"Identifikation des Autors mit dem Sprechenden[1], der seine Umwelt reflektiert, ohne sie zu deuten"; neben Texten von Weiss
und Lettau werden auch "Der Querbalken" von Aichinger[2] und
Eichs Maulwurf "Iecur" als Beispiele solcher Literatur untersucht[3]; in seinen Maulwürfen vermittele Eich kein Geschehen,
sondern beleuchte den Augenblick, in dem "das Ich sich seiner
absurden Umwelt bewußt wird und damit sich selbst definiert";
das Prosagedicht sei gegenüber erzählender Prosa "statisch":
"Es konstatiert einen Zustand, entweder wörtlich oder metaphorisch umschreibend oder assoziativ. Es läßt seinen Gegenstand
entstehen, indem es ihn umzirkelt oder suggeriert, ohne ihn zu
nennen. So stellt es einen Anspruch auf die Assoziationsfähig-
keit des Lesers. Die Prosagedichte von Eich arbeiten mit Asso-
ziationsketten, deren Glieder sich zwar, eines aus dem anderen,
erschließen, die sich aber vom Gegenstand entfernen."; Hildesheimer interpretiert dann "Iecur" mehr aufgrund seiner genauen
Kenntnis der Eichschen Arbeitsweise (Wörterbücher lesen, den
semantischen Spielraum des Einzelwortes eröffnen, etc.), so daß
die von ihm referierte Konstruktionstechnik im Text selbst wiedererkannt werden kann, als von einer aufs Textresultat angewiesenen Rezeptionshaltung aus. Am Ende seiner erfrischend un-
akademischen "Vorlesung", die sich weniger der vermeintlichen
Stringenz wissenschaftlicher Begrifflichkeit als der Überzeu-

---

[1] Für die Maulwürfe gilt wohl, daß diese Identifikation nicht
eine einfache Identität zwischen Autor und Textsubjekt anstreben muß; zwar wird der Autor niemals bloß durchs Textsubjekt repräsentiert, sondern stellt sich selber in dessen
Gestalt aus; diese Gestalt aber kann sehr wohl die Funktion
einer (etwa ironisch oder selbstentlarvend eingesetzten)
Spielfigur übernehmen.

[2] cf. Ilse Aichinger, Der Querbalken, zuerst in: Eliza, Eliza,
l.c. S. 113, Anm. 1, p. 114ff.-

[3] Hildesheimer ist meines Wissens der einzige, der damit, wenn
auch indirekt, eine auch literarische Verwandtschaft zwischen
Aichinger und Eich (insbesondere dem späten Prosa-Eich) an-
merkt; neben der auffallend ähnlichen Erzähl-, beziehungsweise Montagetechnik, lassen sich vor allem der Austausch wich-
tiger Motive und die Übereinstimmung einzelner Formulierungen,
ja eine teilweise Kongruenz der Textvokabularien feststellen;
es wäre vermutlich eine lohnende Aufgabe, das äußerst obskure
Werk Aichingers mit (zumindest) den Maulwürfen zu vergleichen.

gungskraft vorsichtig vermittelter Intuition anvertraut, reflektiert er noch einmal das Verhältnis von absurder Prosa und Realität; "wenn - wie Eich (sc. in der Vézelay-Rede; -MK) sagt -
das Wort mit dem Ding zusammenfallen soll, so würde das erfundene Wort mit dem erfundenen Ding zusammenfallen. Der zu be-
schreibende Raum würde durch Erfindung bereichert und würde an
Kontrollierbarkeit einbüßen. Aber das absurde Ich erfindet seinen Gegenstand nicht, es findet ihn vor und definiert ihn ad absurdum[1], das heißt: so weit, daß er sich entlarvt und als Re-
quisit und Kennzeichen einer schweigenden Welt dasteht."-
Die hier zitierte Literatur mag andeuten, in welchem größeren
Zusammenhang die sehr speziellen Untersuchungen dieser Arbeit
zu diskutieren wären; sie gibt auch einen kleinen Ausblick auf
die zahlreichen Perspektiven, für die Eichs späte Prosa relevant gemacht werden kann; beim gegenwärtigen Stand von Text-
kenntnis und -verständnis schien es allerdings geraten, sie
- größtenteil kommentarlos - bloß zu referieren und sie nicht
selbst wieder einer Kritik zu unterziehen; vor allem die
sprachtheoretischen und poetologischen Fragestellungen, aber
auch die dargestellten Bezüge zu historisch-politischen Entwicklungen wie zu (existential)philosophischen Positionen implizieren ein derart fundiertes Problembewußtsein, wie es hier
weder vorausgesetzt noch hinreichend erarbeitet werden konnte.
Im Spiegelbild dieser Reflexionen über die Maulwürfe können die
in dieser Arbeit vorgenommenen Textbeschreibungen ihr hermeneu-
tisches Korrektiv erfahren.[2]

---

[1] Hildesheimer spielt auf Eichs Vézelay-Rede an; das Kriterium
für 'Gedichte' ist dort, 'Definitionen' zu setzen; im übrigen ermöglicht es Hildesheimer, indem er anscheinend aus der
literarischen Werkstatt Eichs plaudert, auch bestimmte Intentionen und ästhetische Positionen seiner eigenen Person als
Schriftsteller kennenzulernen, was für die Lektüre etwa von
Romanen wie "Tynset" oder "Masante" äußerst hilfreich sein
könnte.

[2] Freilich konnte nicht alle interessante Eichliteratur hier
auszugweise dargestellt werden; verwiesen sei noch auf die
Arbeiten von Hart Nibbrig, Jakobsh, Königer, Krispyn, Neumann
1974 (b), sowie Neumann 1975, denen diese Arbeit wichtige An-
regungen verdankt und die im Literaturanhang aufgeführt sind.

2.1.

Ohne die Ergebnisse dieser Arbeit systematisch zusammenfassen
zu wollen, möchte ich in zwei knappen Durchgängen mögliche Reflexionen über Logik und Poetik der Maulwürfe andeuten. Zum ersten sei der Versuch unternommen, von zwei markanten Schlüssel-
begriffen der Prosa (Anarchie, Melancholie[1]) aus die spezifische Verfassung der Denkprozesse, die sich in den Texten zu erkennen geben, in einen noch einmal konzentrierten Blick zu nehmen. Beide Begriffe scheinen mir nicht ausschließlich in ihrer
politischen beziehungsweise psychologisch-psychiatrischen Bedeutung gebraucht, sondern primär zwei Determinanten für die
unkonventionelle und antisystematische Logik der Eichschen
Denk- und Darstellungsmethode anzugeben; vielleicht könnte man
sogar die Texte des Maulwurfdiskurses nach ihrem emotiven
Sprachgestus und nach der damit fingierten Mentalität ihres
Textsubjektes in solche unterteilen, die Resignation und Schwermut ausdrücken, und andere, welche ihrer zerstörerischen Auf-
müpfigkeit wegen aggressiv anarchische Tendenz entwickeln sowohl gegen das, was sie reflektieren, als auch gegen diese Reflexion selber; dann gäben politischer Anarchismus (Bakunin,
aber auch Anspielungen auf den Ende der sechziger Jahre neu
aufkommenden Anarchismus der Kaufhausbrände und Attentate) und
(auch schriftstellerische) Handlungsunfähigkeit bewirkende
Schwermut die Extreme für einander verwandte Vorstellungsbilder
ab, die jenes zu kündigende Einverständnis evozieren, dessen
vorgefundener Sprachlosigkeit Eich zur Sprache verhelfen wollte.
"Anarchie - als Reich der Freiheit und des wiederzugewinnenden
Goldenen Zeitalters bereits von Novalis, Friedrich Schlegel und
Görres positiv beschrieben[2] - scheint für Eich die letzte Möglichkeit gewesen zu sein, dem 'harmonischen Institutionellen'
wie den 'windigen Antworten der Soziologie' oder des Marxismus

---

[1] Beide Begriffe oder ihre Substitute gehören zu den häufigsten Abstrakta im Maulwurfvokabular und treten passim, oft
in unmittelbarem Zusammenhang auf, cf. nur: "Jedenfalls
führt Schwermut in die Anarchie, so einfach ist das.", aus
"Beethoven, Wolf und Schubert", GW, I, p. 364.

[2] Verweis auf Peter Christian Ludz, Anarchie, Anarchismus,
Anarchist, in: O. Brunner u.a. (Hg.), Geschichtliche Grundbe-
griffe. Historisches Lexikon zur politisch-sozialen Sprache
in Deutschland, Bd. 1, Stuttgart, 1972, p. 75ff.

offene Alternativen gegenüberzustellen"[1]; angesichts dieser
utopisch orientierten Emanzipationsintention ist dann aber
Eichs 'Negativität' wohl ein wenig unvollständig gewürdigt,
reduziert man sie auf einen Protest gegen bürokratisch verwal-
tete Welt und politische Pseudovernunft.[2]

Es scheint eher, als wolle Eich nicht mehr glauben, daß mit
einem lauten Schrei der Schriftsteller die Ordnungen und Unord-
nungen der Realität aufheben könne; einzig die des Bewußtseins,
das als Lebenslogik solche Wirklichkeit immer wieder zu recht-
fertigen geneigt und auch gezwungen ist, können mit Sprache an-
gegriffen und verändert werden; wo Affirmation und totale Ablehnung des Bestehenden sich teilweise einer kaum noch zu unter-
scheidenden Sprache bedienen, sieht Eich Aufgabe und Möglichkeit
des Literaten nicht darin, die jetzt einzig auf politische Praxis angewiesene und auf sie abzielende Kritik durch verbale Wiederholung zu vermehren, sondern eher darin, der noch ausstehen-
den Freiheit ein gedankliches und das heißt sprachliches Vorbild
zu entwerfen; in der anarchischen Weise, in welcher er mit Sprache verfährt, konstituiert sich ein Bedürfnis nach Herrschafts-
losigkeit, das selbst von den schon wieder etablierten oder den
Untergrund zur eigenen Domäne kürenden Protestbewegungen nicht
mehr artikuliert wird; damit bildet er für Verstand und Phantasie Freiräume aus, in denen das historisch Unerfüllte vor Vor-

---

[1] cf. Sauder, l.c., p. 350.

[2] cf. ibid.: "Für die Lage des Schriftstellers und Intellektuellen in der Gegenwart ist es bezeichnend, wie Eich den Anspruch des schöpferischen und widerspruchsvollen Individuums
in eine politische Vorstellung zu integrieren versuchte, die
außer den häufigeren Evokationen Bakunins jede Konkretisierung von Anarchie vermissen läßt. Der Schrei, 'der die Ordnungen aufheben' möchte, die Kritik an 'Leitfossilien', die
für Eich auch in Formen der Zeitmessung (Fahrpläne, Dienst-
stunden, Uhren) und der bürokratischen Datenerfassung (Tabellen, Statistiken, Katasterämter) zum Skandalon werden, begründen bestenfalls, warum zeit- und zahlüberdrüssige 'Schwermut
in die Anarchie' führt. Das von Eich öfter beschworene Bild
der Seepferde, die immer gegen die Strömung schwimmen, der Ab-
scheu vor einer Welt, die 'eine Richtung' hat, dokumentieren
hinreichend, wie formal der Eichsche Anarchismus bleibt. –
Die innovatorische Kraft der 'Maulwürfe' trieb neue Aporien
hervor. Zum Paradoxon einer Sprache, die das Schweigen bewah-
ren soll, trat das ästhetische und politische Konzept der Negativität: Auf Nichteinverständnis angelegte, schwer versteh-
bare Texte, Zeugnisse einer Welt der Risse und Sprünge, mit
anarchischer Absicht."–

stellungen zu kontrastieren wäre, deren Kommunizierbarkeit nicht
wieder den kategorialen Bedingungen des Zuüberwindenden unterliegen soll; gegen die Herrschaft und die Sprache der Herrschaft
führt Eich nicht Rede und Denken, die zwar repressionsnegieren-
de Inhalte meinen, selbst aber Herrschaftsstrukturen (Hypotaxen,
Hierarchien, begriffliche Subordinationen und Subklassifikatio-
nen, etc.) nach- oder gar vorbilden; da Form und Inhalt in der
Perspektive ihrer Veränderbarkeit aufeinander bezogen sein sollen, könnte man vielleicht in Eichs individuell freien Assoziationen die Assoziation freier Individuen antizipiert und intendiert sehen.

Einige Merkmale dieser Maulwurflogik ließen sich analog zu der
des 'wilden Denkens', wie es Lévi-Strauss[1] faßt, beschreiben;
der französische Anthropologe und Ethnologe stellt dem Denken,
das sich in der Zivilisation des Abendlandes entwickelt und zu
den dort herrschenden Wissenschaften fortgebildet hat, einen Be-
wußtseinstyp entgegen, den er "die Wissenschaft vom Konkreten"
nennt[2] und bei vor allem mythisch orientierten Sozietäten beobachten zu können glaubt; dieses Denken[3] der sogenannten Primi-
tiven habe erstaunliche Entdeckungen machen und Erkenntnisse
(von Naturerscheinungen und -vorgängen) gewinnen können, deren
Würdigung dem rationalen Bewußtsein deshalb schwerfalle, weil
deren sozio-kulturelle Relevanz vom auch intellektuellen Impe-

---

[1] cf. Claude Lévi-Strauss, La pensée sauvage, dt.: Das wilde
Denken, Ffm., 1969, Kap. I, II, pp. 11ff., 49ff., übersetzt
von Hans Naumann.

[2] Eich redet in seinem Spätwerk des öfteren von einer solchen
Wissenschaft und - fast immer - gegen die uns bekanntere; den
Maulwurfsprecher von "Bewendung", cf. GW, I, p. 368, läßt er
ja ausrufen: "Endlich ein Abstraktum konkret geworden, ich
war glücklich (...)".-

[3] Es geht hier nicht um die ethnologische Richtigkeit der
äußerst erhellenden Analysen von Lévi-Strauss, die von zahlreichen Empiristen bezweifelt wird; einzig das Muster eines
nach habituellen Maximen unsystematischen Denkens, das dennoch zu einer Problem- und Weltbewältigung freisetzt, ist
hier von Interesse; daher müssen auch nicht die anderen Publikationen des französischen Forschers hier herangezogen
werden; ebenso wie bei der Maulwurfbetrachtung wirft natürlich das wissenschaftliche Interesse von Lévi-Strauss die
Frage auf, wie sich begriffliche Rationalität dem ihr - per
definitionem - Anderen, ohne es begrifflich zu entmündigen,
annähern könne.

rialismus schon zerstört worden sei. Am Bild des 'bricolage (Bastelei)'[1] verdeutlicht Lévi-Strauss die produktiven Operationen
des mythischen Denkens: der Bastler hortet Werkzeuge, die er
vorfindet oder auf simple Weise herstellt, ohne daß er schon genaue Zweckvorstellungen damit verbindet; so sammle sich in seiner Werkstatt ein Set disparater Elemente, die er nicht an einen
fest umrissenen Gebrauch bindet; innerhalb eines bestimmten
Spielraums können sie ihm unterschiedliche Funktionen erfüllen[2];
die Analogie zum spielerisch benutzten Zeichen der Maulwürfe ist
eklatant; der Bastler ist, nach Lévi-Strauss, ein methodologi-
scher Konkurrent des Ingenieurs, vom Maulwurf auch einmal als
'Konstrukteur' apostrophiert[3], und arbeitet, wie die Textsubjekte der Prosastücke denken und sprechen; "wie die konstitutiven Einheiten des Mythos, dessen Kombinationsmöglichkeiten durch
die Tatsache begrenzt sind, daß sie einer Sprache entnommen sind,
in der sie schon einen Sinn besitzen, der die Manövrierfähigkeit
einschränkt, sind auch die Elemente, die der Bastler sammelt und
verwendet, bereits von vornherein eingeschränkt. Andrerseits
hängt die Entscheidung (sc. des zu bestimmenden Gebrauchszwecks,
-MK) von der Möglichkeit ab, ein anderes Element in die frei gewordene Funktion einzusetzen, so daß jede Wahl eine vollständige
Neuorganisation der Struktur nach sich zieht (...)"[4]; der inhärente Fortschritt des Bastelns bestehe darin, daß der ehemalige
Zweck zum neuen Mittel[5] wird; Lévi-Strauss sieht die Verwandt-

---

1) cf. Levi-Strauss (dt. Ausg.), l.c., p. 29ff.

2) Auch der Maulwurf hortet ja allerlei hier und da Aufgesammel-
   tes, seien es nun Lexikonweisheiten oder die unweisen Kalauer
   einer in Melancholie verbrachten Lebensstunde seines Autors,
   der bisweilen darüber klagen läßt, den Erinnerungen und Vorstellungen nicht mehr Herr werden zu können, als hätten sich
   zuviele Kleinigkeiten und zuviel Krimskrams angesammelt; im
   Text "Schlüssel", cf. GW, I, p. 333f., heißt es dann aber
   klar: "Ich werfe nichts weg."; cf. dazu aus dem schon zitierten Gedicht "Steuererklärung", ibid., p. 175f., die Zeile:
   "wir sammeln alles."-

3) cf. GW, I, p. 293 aus "Dem Libanon", dort: "Daran waren auch
   die Konstrukteure schuld. (...)".-

4) cf. Lévi-Strauss, l.c., p. 32.

5) cf. die schöne Metathesis "der Mett heiligt die Zwickel.",
   als Schlußvers des Gedichtes "Und Wirklichkeit", GW, I, p.
   165.

schaft von Mythos und Kunst gerade darin, daß "der schöpferi-
sche Akt, der den Mythos erzeugt, (...) umgekehrt symmetrisch
zu dem (ist), den man am Ursprung des Kunstwerks feststellt."[1];
wie die intellektuelle Bastelei des wilden Denkens, so benutzt
auch die Maulwurfarbeit (sprachliche) Abfälle und Bruchstücke,
Spuren biographischer, psychologischer oder historischer Vorgänge, die zu neuen Bedeutungsverhältnissen montiert werden; insofern mit Logik die Herstellung notwendiger Beziehungen gemeint ist, könnte eine Sprache, die Elemente zusammenfügt, welche ihrer Kontingenz wegen nichts zur Erfüllung dieser Funktion
prädestiniert, nur paradoxerweise als Logik charakterisiert
werden; die unzweideutige Definition ihrer Grundelemente (Begriffe) und deren Verknüpfungen (Regeln des Urteilens, Schlie-
ßens, etc., Sätze der philosophischen Logik) kann bei den Maulwürfen jedenfalls nicht beobachtet werden.
Die Texte verwenden fragmentarisierte Sinnkomplexe, die sie primär als Spielmöglichkeit nutzen; diese werden also aus ihrem ge-
formten konsistenten Zusammenhang herausgelöst, von ihrer vorgefundenen Funktion befreit und zu neuen Gesamtheiten angeordnet;
in diesen Transformationen verlieren sie einen guten Teil der
Strenge, die sie im ehemaligen Kontext besessen haben; da sie
aber nicht unmittelbar Vorgegebenes, sondern schon verarbeitete
Produkte (Bestandteile einer Menge bestimmbarer Sprachen und
Kodes, etwa die der Sprichwörter, die des Marionettenspiels "Unter Wasser", die des Hölderlinschen "Andenken", etc.) sind,
bringen diese Elemente dennoch Determination mit, die sich als

---

[1] cf. Lévi-Strauss, l.c., p. 40; die äußerst aufschlußreichen
Bemerkungen über Kunst und Spiel, wie sie vom Autor im Folgenden vorgetragen werden, müssen hier unberücksichtigt bleiben; cf. nur, damit die etwas unglückliche Rede von der 'um-
gekehrten Symmetrie' zu verstehen ist, ibid.: das Kunstwerk
geht "von einer Gemeinsamkeit aus, die aus einem oder mehreren Objekten und aus einem oder mehreren Ereignissen besteht
und die der ästhetischen Schöpfung durch das Sichtbarmachen
einer gemeinsamen Struktur den Charakter einer Totalität verleiht. Der Mythos geht denselben Weg in umgekehrter Richtung:
er verwendet eine Struktur, um ein absolutes Objekt hervorzu-
bringen, das den Aspekt einer Gesamtheit von Ereignissen bietet (denn jeder Mythos erzählt eine Geschichte). Die Kunst
geht also von einem Ganzen aus (Objekt und Ereignis) und hin
zu der 'Entdeckung' seiner Struktur; der Mythos geht von
einer Struktur aus, mittels derer er die 'Konstruktion' eines
Ganzen unternimmt (Objekt und Ereignis)."-

Begrenzung ihres jeweiligen Verwendungspotentials auswirkt. Weil
die Textelemente als Versatzstücke nicht bis zur absoluten Bin-
dungslosigkeit seziert worden sind, initiieren sie die Erwartung,
sie würden auch dort noch Mitteilungen präsentieren, wo diese
vom Leser nicht mehr scharf realisiert werden können. So erfüllen sie abstrakt die Bedingungen von kommunizierbarer Sprache
(das heißt: Sprache, die nicht Privatsprache ist), obwohl ungestörte Kommunikation mit dem Rezipienten fast gar nicht stattfindet. Dazu tritt dann noch die Verbindungsleistung, welche die
jeweilige dem Text inhärente Kombinatorik (Musterbildung) hervor-
bringt; die Prozesse, in denen sich Sprache aktualisiert, werden
in der Maulwurfsprache selbst ausdrücklich.

Da die Maulwürfe wohl nicht zu den präzivilisatorischen Phänomenen (wie die des wilden Denkens) zu rechnen sind, könnte man ihre sprachliche Technologie (Logik) als die eines an den herrschenden Verfahrensweisen herrschender Bewußtseinstypen wildge-
wordenen Denkens bezeichnen, das sich in anarchischer oder
schwermütiger Gestimmtheit von diesen abzusetzen sucht, um sie
so selbst noch hypostasieren zu können. Die Bedingungen für
(Welt)Verständnis, die den singulären Verstehensakten nicht mehr
disponibel sind, werden mit einer Sprache hinterfragt, die sie
anscheinend ignoriert, aber damit gerade ihre axiomatisch-kate-
gorische Geltung aufhebt. Die Veränderung und Entwicklung nicht
durch den Inhalt, sondern durch die Sprache[1] anzustreben, zielt
darauf ab, gerade die Etablierung bestimmter Inhalte in bestimmten, längst verschlissenen Bewußtseinsfiguren zu stören und zu
zerstören. So greifen die Maulwürfe auch nicht in erster Linie
die zugegeben nicht geliebten Materialisationen eines taxonom
funktionierenden Denkens (Tabellen, Statistiken, etc.) an, - ja,
sie benutzen diese selbst, wenn auch in illusiver und demaskie-
render Absicht; wogegen sie sich aber hauptsächlich wenden, ist
ein Bewußtsein, das die Welt als abzählbar und auf den Begriff
zu bringende, als schon hinreichend verstandene oder hinreichend
zu verstehende vorstellt; die Dinge, die bereits in Ordnung ge-

---

[1] Erinnert sei in diesem Zusammenhang noch einmal an diesbezüg-
liche Passagen vor allem der Büchnerpreis-Rede, aber auch an
Interviewbemerkungen in Eichs letzten Lebensjahren, cf. dazu
S. 77, Anm. 5.

bracht schienen, entdecken sich in der Entlarvung der ordnung-
setzenden und ordnungdekretierenden Bewußtseinsinstanzen als solche, die jeder Harmonie und jeder Harmonisierung widersprechen.

Und so werden nicht nur die Erscheinungsformen des in (-für den
Maulwurf- falscher) Geltung Befindlichen, das von gesellschaftlichen, moralischen oder religiösen Ideologien abgesichert ist,
attackiert; der Maulwurfautor will auch den Begriff der Wahrheit selbst im Prozeß seiner Reflexionen auflösen; wenn, wie es
ein relativ spätes Eichwort nahelegt, "Agonie eine genaueres/
Wort für Wahrheit."[1] ist, dann kommt den flüchtigen, zu keiner
Ordnung dressierten Erfahrungen während einer solchen gedanklichen Auflösungspraxis die größere Bedeutung zu als den möglicherweise zu erwartenden neuen Wahrheitsformulierungen; daß ein
solcher Skeptizismus, wollte er sich erneut über rationale Kohärenzen legitimieren, in eine unausdenkliche Aporetik geriete,
scheint das Maulwurfbewußtsein nicht weiter zu bekümmern, da es
seine eigene Finalität offenbar ohne Skrupel paradoxal preisgibt, indem es gerade diejenige des weithin herrschenden Zweck-
rationalismus als widersinnig erkennen läßt:
Ich "(...) verstehe die Menschen nicht, die ihr Ziel erreichen,
solange es noch eines ist. Odysseus, eine lebende Flaschenpost,
und die Mitteilung hat sich überlebt."[2] In den Irrfahrten der
menschlichen Existenz kann, gemäß diesen Worten des Maulwurfsprechers, die über Urteile zustandekommende Wahrheit[3] nicht
länger dem umhertreibenden Selbstverständnis Orientierung und

---

[1] cf. "Helvi Juvonen", aus dem Gedichtband "Anlässe und Steingärten", Ffm., 1966, jetzt GW, I, p. 162; Wahrheit und Tod
werden passim als wechselweise existentielle Korrektive be-
schworen, so auch in der wohl das Freundschaftsverhältnis zu
(dem lang verstorbenen) M. Raschke wiederaufnehmenden "Fortsetzung des Gesprächs", GW, I, p. 147ff., dort: "Wer leugnet,/
daß das Grüne grün ist?/ Das gibt unserm Wort/ die schöne Sicherheit,/ die Bedeutsamkeit des festen Grundes./ Aber die
Stilisierung,/ die ein Herz sich auferlegt,/ behält seine Mo-
tive/ wie der Ammonit,/ den der Tote betrachtet."; dies unterm Motto: "Die Scham, daß der Überlebende recht hat,"; cf.
dazu auch GW, IV, p. 300ff., wo nahezu wortgleiche Formulierungen zu finden sind.

[2] cf. "Bei der Betrachtung von Schillers Feder", GW, I, p. 381f.,
und eine der paradoxen Formeln, ibid., p. 168: "Die Flaschenpost abgeheftet".

[3] Eich spricht im zuletzt zitierten Gedicht, ibid., p. 148, vom
"Hochmut des Urteils!".-

Sicherheit gewähren; ein Denken, das wie das der Maulwürfe,
Wahrheit nicht anders als täuschenden Ausdruck und unberechtig-
ten Anspruch des Herrschenden (und der Herrschaft) über andere
(und die Andersartigkeit des unmittelbaren Lebens) verstehen
und verstanden wissen will, begibt sich freilich der Möglichkeit, sich selbst mit der Einlösung von Wahrheitskriterien im
Konsens zu etablieren; gegen die Autorität des Begriffs arbeitet ein Denken, das damit quasi seinen eigenen Grund verläßt,
in einem endlosen Prozeß an der Aufklärung über die Verknüpfung von Vernunft und Macht; wenn nicht nur das für wahr Genom-
mene, sondern auch die Qualität der Wahrheit selbst als gefähr-
liches Ideologem diagnostiziert wird, dann läßt sich auch die
Identität des Menschen nicht mehr aus ihrem Begriff und dessen
vernunftgemäßer Herleitung 'erleben'; sie selbst ist, so könnte man diese Implikationen der Maulwurflogik paraphrasieren,
nicht der immer sichere Besitz eines idealistisch verstandenen
Selbstbewußtseins, sondern bestenfalls unerreichbarer Grenzwert
des individuellen Lebensvollzugs, dessen anarchische Energien
für eine Wirklichkeit werdende Humanität erst noch enthemmt
werden müßten.
Darin nicht zuletzt auch den Anstrengungen Nietzsches[1] fol-
gend, vermittelt das Räsonnement der Maulwurftexte die Selbst-
zweifel eines modernen, von der Dialektik der Aufklärung betroffenen Bewußtseins, das sich von seiner eigenen, ihm von der
Ratio bestimmten Einheit befreien zu müssen glaubt; die abend-
ländische Philosophie und ihre neuzeitliche Fortsetzung in den
obzwar antimetaphysischen, jedoch strikt systematischen Wissenschaften erscheinen unbrauchbar, wenn das individuelle Subjekt
seine Emanzipation von vorgefundener Unfreiheit anstrebt, die
sich im tradierten Denk- und Wertverhalten ebenso konkret ausdrückt wie in der Struktur gesellschaftlicher Repression.

Die Maulwurflogik schwört also der Wahrheit als Korrespondenz
von Wissen und der Wirklichkeit des Sachverhalts ab; daß Wissen
Macht bedeute, wird in ihr ernst genommen und ernsthaft kriti-

---

[1] Ich supponiere hierbei ein Nietzsche-Verständnis, wie es zuletzt wohl Claudio Magris, "Ich bin die Einsamkeit als
Mensch". Nietzsche und die neue Linke, in: Süddeutsche Zeitung, 3./4.1.1981, knapp skizziert hat.

siert; aus dieser Wissens- und Vernunftkritik entwickelt sich
die Möglichkeit eines sprachlichen Bewußtseins für das Unterschiedliche und Unzusammenhängende; der neue Sinn in der neuen
Maulwurflogik, der sich zu dem habituellen Rationalismus von
Welt- und Selbstverständnis negativ und also als Unsinn verhält,
läßt Sprache und Denken als eine existentielle Bewegung stattfinden, die, damit auch auf ein unerreichbares Ziel gerichtet,
dem Widerspruch seine logische Exkommunikation ersparen will;
die Erkenntnisse des Maulwurfdiskurses gipfeln daher nicht in
der Neuformulierung eines systematisierbaren Kanons der Weisheiten[1], sondern verstehen sich als Angebote und Ermutigungen,
zu den Sätzen der Wahrheit, die als gleichsam überzeitlicher
Potentat divin[2] zu herrschen beliebt, den Gegensatz einer zu
Trotz und Trauer befähigten Humanität zu finden, welche die
Endlichkeit der menschlichen Existenz bei der Bewältigung ihrer
Wahrheitsprobleme nicht zu vergessen gewillt ist.[3]
Die Protagonisten der Maulwürfe, die sich nicht selten dazu genötigt sehen, gegen das Wirkliche mit dem Unmöglichen zu argu-
mentieren - man denke nur etwa an den Appell zum transmortalen
Neuentwurf im Text "Farbenblind" -, scheinen insofern auch
Eichs ästhetische Kritik zu teilen, wonach die Welt nicht in
den Antworten, sondern in den Fragen[4] wahr werden müsse. Ihr
Denken erweist sich als der Widerspruch zum Bestehenden
schlechthin, der nun selbst nichts hervorzuzaubern will, was
scheinbar Bestand besäße; in ihrer intellektuellen Flüchtigkeit
geben die Maulwurftexte Meditationsvorlagen ab, die den ihnen

---

1) cf. etwa: "Landschaftskunde", GW, I, p. 146, wo knapp konstatiert wird: "Es gibt nichts zu hören,/ gibt keine Familien-/
zusammenhänge, keine/·Vorwände und Weisheiten.// (...)".-

2) cf. das bei Schwitzke, l.c., p. 663, kommentierte Eichzitat
über die Gegensätzlichkeit von human und divin.

3) cf. die ins Jahr 1956 datierte Notiz, GW, IV, p. 299: "Die
eigentliche Antwort ist immer der Tod."; und die Bedeutung
solcher Sätze im Hintergrund etwa der Interpretation zum Maulwurf "Farbenblind".

4) cf. aus "Fortsetzung des Gesprächs", GW, I, p. 147ff., dort:
"Keine Variation geduldet,/ nicht die Ausflüchte der Macht/
und die Beruhigungen der Wahrheit,/ mit List/ die Fragen auf-
spüren/ hinter dem breiten Rücken der Antwort.//"-

geneigten Leser veranlassen, mit ihnen das Definierte und Defi-
nitive für eine Wirklichkeit zu entgrenzen, welche die Authentizität des unvergleichbaren Augenblicks und seiner vernunftwi-
drigen Vergänglichkeit unverfälscht aufnehmen kann; Realist zu
sein, indem man das Unmögliche verlange, war eine mit den Maulwürfen zeitgleich aufkommende Forderung der Unzufriedenen; die
Texte sind ein Beitrag zur Erfüllung dieser Anstrengung, in deren Zwecklosigkeit sie ihren Sinn suchen; denn "Es hieß:/ die
Kritik des Vogelflugs trennen/ von den Vormittagseinkäufen/ und
der Erwartung der Liebe./ Dorthin gehen,/ wo die Parallelen
sich schneiden./ Die Forderungen der Logik/ durch Träume erfüllen./ Die Versteinerungen aus den Vitrinen nehmen,/ sie auftau-
en mit der Wärme des Blutes./ Das Zeichen suchen/ statt der Me-
tapher/ und also den einzigen Ort,/ wo du immer bist."[1]_

2.2.

Die Weisheit des Alters hat sich im poetischen Werk Günter
Eichs nicht als die Brillanz des souveränen Wissens, sondern
als die ohnmächtige Gültigkeit des Nichtwissens zu erkennen gegeben; die beharrliche Option für die Frage, die nach den (vor-)
gegebenen Antworten diese erneut einem wenn auch nicht cartesia-
nischen, so doch methodisch oppositionellen Zweifel unterzieht,
läßt den Dichter, darin eine sokratische Merkwürdigkeit inmitten
der ideologischen Affirmationen, die sich in den gesellschaftlichen und kulturellen Konfrontationen der späten sechziger Jahre
gegensätzlich ausdrückten, eine (auch gegen sich) aporetische
Position gewinnen, in welcher er die Unversöhnbarkeit seines emphatisch proklamierten Nichteinverstandenseins mit den Bedingungen für Wirklichkeit und wirkliche Existenz zu festigen suchte;
mit der Paradoxie eines Lebens, das der aus ihm erfahrenen, als
notwendig erfahrenen Kritik nicht mehr standhalten kann, hat
sich eine Argumentation des Widerspruchs entwickelt, deren Instabilität Eich sich anvertrauen mußte, um für Trauer und

---

[1] cf. wieder die "Fortsetzung des Gesprächs", GW, I, p. 147ff.

Leiden eine Sprache freizuhalten, die weder für die gewohnte
Macht der Gewohnheit noch für die ihres selbstbestätigenden Im-
poniergehabes (miß)brauchbar sein sollte; der platte Tadel, das
Maulwurfdenken wehre nicht der Gefahr der Irrationalität, disqualifiziert sich selbst, solange Eichs Kritik an den am weitesten fortgeschrittenen Fassungen philosophischen und wissenschaftlichen Denkens, also an dem, was gemeinhin unterm Titel
'Rationalität' firmiert und im vermeintlichen Schutz dieses
Etiketts sich gegen jeden schlagenden Einwand immun glaubt,
nicht gleichzeitig entschärft werden kann.

Hatte Eich die schriftstellerische Tätigkeit in Vézelay[1] als
Kollation von Text ("Wort") und Urtext ("Ding") zu charakterisieren versucht, um so auf die Intention hinzuweisen, die Wirklichkeit, statt sie "ungesehen zu akzeptieren", durch "Solche"
poetischen "Definitionen" fürs Bewußtsein "nutzbar" zu machen,
so modifiziert die Maulwurfpoetik dieses Interesse, indem sie
in beständiger Umverwandlung des Definiens ins Definiendum die
Anstrengung zur Definition von jedem teleologischen Kalkül ab-
trennt; war die "Richtigkeit der Definition und Qualität" dem
"Schriftsteller vor der Realität" noch "identisch", und konnte
er folglich noch "Die gelungenste Übersetzung" von Sein in
Sprache schon in einer "gelungenen Zeile" anstreben, so prakti-
ziert der Maulwurfautor, längst ein Schriftsteller gegen die
Realität, die Tragik des ihm "lebensnotwendig" bleibenden Defi-
nierens, - notwendig trotz aller schon resigniert registrierten
Vergeblichkeit einer jeden schlußendlich fixierten Definition;
die im Maulwurfjargon, gemessen am habituellen Sprachverständnis, deformierte Sprache leistet so nicht nur Eichs letzte
Übersetzung der von ihm als deformiert wahrgenommenen Wirklichkeit, sie formuliert gleichzeitig auch den prononciert vorgetragenen Verriß des vor der Instanz der individuellen Lebens-
erwartung durchgefallenen Urtextes.

Mußte der Naturlyriker noch in der Attitüde einer (zumeist kritischen) Verstehensbereitschaft "übersetzen, ohne den Urtext
zu haben", so scheint ihn dieser gerade im Schmerz über seine
Abwesenheit, die alle Evokationen ersehnter Bedeutung katastro-

---

[1] cf. zum letzten Mal "Der Schriftsteller (...)", GW, IV, p.
441f.

phisch überschattet, zur Verweigerung eines noch duldenden (Ein-
Verständnisses provoziert zu haben; indem das Subjekt, mächtig
über Begriff und Bewußtsein, dennoch nicht mehr bestimmen (definieren) kann, was es bestimmt und definiert haben will, und nach
allen von ihm selbst zu verwerfenden Sinndefinitionen nichts anderes erfährt als die Unbestimmbarkeit des weiterhin Unbestimmten, realisiert eine dies nicht unterschlagende Sprache ihre begrifflich nicht mehr begreifbare Selbstkritik, die auf die Reha-
bilitation des mit ihr Nichtidentischen dialogisch abzielt; diese andere Sprache, die in den Reflexionsbemühungen der Maulwürfe
angestrebt und in der Linguistik ihres Räsonnements unter der
Form vermeintlicher Sinnzerstörung tendenziell wortwörtlich
wird, soll die Sprachlosigkeit des fürs Bewußtsein Anderen ver-
nehmbar machen; in der skurrilen Utopie eines Dialogs von
Schweigen und Nichtschweigen, in welchem sich nicht mehr ein
das Sein der Welt dominierendes Bewußtsein monologisch verherr-
licht, sondern als im Vernunftlosen sich verlierende Vernunft
um sein eigenes Sein verzweifelt besorgt sein muß, gipfeln neben existentiellen auch ästhetische Implikationen, die mit traditionellen Denksystemen nicht noch einmal eingefangen werden
können.
Bei aller Beiläufigkeit des Maulwurfdiskurses und trotz seiner
betonten Reserve gegenüber jeglicher Theorie lassen sich dennoch wesentliche Elemente der zugrundeliegenden Poetik mit einigen Bewegungen des Adornoschen Denkens, wie dieses sich zuletzt
in der Ästhetischen Theorie (ÄT)[1] zusammenfaßte, diskutieren;
in einer kurzen Skizze über die Relevanz ästhetischer Erfahrung
für ein zeitgenössisch dialektisches Denken sei der Versuch unternommen, die avantgardistische Poetik der Maulwürfe indirekt
auszuweisen; ohne etwa die Kunsttheorie Adornos und die an den
Eichtexten gesammelte Lektüreerfahrung unmittelbar aufeinander
zu beziehen, soll dennoch die philosophisch-ästhetische Wahl-
verwandtschaft dieser beinah zeitgleich publizierten Werke zum
Ausdruck kommen.
Auch Adorno betonte die Aporie des modernen Bewußtseins, mit
welcher dem Verstehen das Unverständliche zu denken aufgegeben

---

[1] cf. Adorno 1970, l.c.,

sei[1]); das Denken, das er nie im Begriff sich verwirklichen sah,
lasse sich durchs Ästhetische an diese Aufgabe erinnern; auf den
Begriff (herunter)gekommen, der immer schon mit dem Positiven
paktiere, sei das Denken, historisch nicht zuletzt in der Epoche
seiner eigenen Selbstaufklärung, zum Saboteur seiner Möglichkeiten geworden, es begreife, was seinem Wesen nach sich nicht begreifen lasse, und täusche so die Subjektivität, wo es sie über
ihre Macht und Ohnmacht zu unterrichten hätte; erst eine Dialektik, die sich mit dem ihr Anderen konfrontiere, anstatt es (wie
die Hegelsche), degradiert zur hilflosen Bestimmung (etwa: Unmittelbarkeit) intern abzuhandeln, entgehe der Illusion, Versöhnung zwischen Welt und Bewußtsein erpressen zu können; die phi-
losophisch-wissenschaftliche Rationalität, deren einseitige Verfassung von einer heillos verwertenden Gesellschaft immer mehr
zu einer historisch-politischen Realität festgeschrieben werde,
leiste diesen Kraftakt des Negativen (nicht mehr oder) nicht;
das Denken müsse, um vorwärtsgedrängt zu werden, sich auf sein
ästhetisches Moment zurückbesinnen, insofern dieses einzig die
auseinandergerissene Welt als Vorwurf auszudrücken in der Lage
sei; Kunst werde in dem Maße legitimer Träger der Erfahrung bisher gescheiterter Selbst- und Weltbeherrschung, wie begriffli-
ches Denken das Scheitern seines Herrschaftsanspruches nicht
mehr für wahr nehmen kann; Theorie - und das ist über sich
fortschreitendes Denken - werde so - und nicht nur als solche
des Ästhetischen - ästhetisch.
Da aber die Erfahrungen der Kunst nicht am Muster wissenschaftlicher Erkenntnis ihren Maßstab suchen - sie realisierten einen
anderen Logos als den diskursiver Vernunft -, fällt ästhetisch
verstandener Theorie die Aufgabe zu, diesen spezifischen Logos
erkenntnistheoretisch zu legitimieren, wobei dann für Adorno Er-
kenntniskritik und Gesellschaftstheorie konvergieren[2]); da das

---

1) Thomas Baumeister/ Jens Kulenkampff, Geschichtsphilosophie
und philosophische Ästhetik. Zu Adornos 'Ästhetischer Theorie', in: Neue Hefte für Philosophie, Bd. 5, 1975, p. 74ff.,
sehen in dieser neuformulierten 'Nötigung zum Vergeblichen'
"das ganze Geheimnis der 'Negativen Dialektik'."; cf. ibid.,
p. 102.

2) cf. dazu Friedemann Grenz, Grundzüge der Ästhetik Adornos,
in: F.G., Adornos Philosophie in Grundbegriffen. Auflösung
einiger Deutungsprobleme, Ffm., 1974, der, p. 182ff., die
"Notwendigkeit des Übergangs von Gesellschaftstheorie in
Ästhetik" diskutiert.

Marxsche Proletariat als gesellschaftliches Subjekt der Befrei-
ung immer weniger seine geschichtliche Bestimmung erfülle, Negation der nur ideologischen Versöhnung von Begriff und Realität
in der Idee zu sein, wachse der Kunst als Bewußtseinsgestalt,
welche ihrem Wesen nach dem gesellschaftlich einzig sanktionier-
ten Typus der Zweckrationalität widerspreche, das kritische Potential zu, das bestimmte gesellschaftliche Dasein zu negieren;
gerade als "fait social" könne Kunst auch "Kritik von Praxis
als der Herrschaft brutaler Selbsterhaltung" (ÄT, p. 26) werden,
indem sie - als zur Autonomie avanciert - sich gegen Gesellschaft und deren inhumane Nützlichkeitsnormen stelle; so wie die
Kunst durch Verneinung der Prinzipien des Warenfetischismus[1]
dem empirischen Selbstbewußtsein der Gesellschaft wirksam widerspreche, mache sie deren Rationalität als Irrationalität sichtbar.

In den Werken der Kunstmoderne signalisiert, nach Adorno, die
Sinndemontage den emphatisch artikulierten Widerstand gegenüber
einer historischen Situation, die, anstatt in gesellschaftlicher Praxis gegen die eigene reale Sinnlosigkeit zu rebellieren,
diese in zwanghaften Selbsterhaltungsbestrebungen perpetuiert;
in der Reflexion auf sich und die eigenen Verfahren sei sich
Kunst der Ambivalenz des ästhetischen Scheins bewußt geworden,
insbesondere seiner Tendenz zur Vorspiegelung schon geschehener
Versöhnung; die Sinnkrise stelle sich als Resultante dieser Be-
wußtwerdung dar.[2]

Die Möglichkeit von Kunst - gesellschaftlich vermittelt und
autonom zugleich -, als "Verhaltensweise" (ÄT) Gesellschaftskritik zu leisten, verdankt sich nicht zuletzt dem besonderen Er-
kenntnistyp ästhetischer Erfahrung; Adorno bestimmt ihn als
"Zwieschlächtigkeit des Bestimmten und Unbestimmten" (ÄT, p.
188); damit soll Ästhetisches befreit werden von den zwei einan-

---

[1] cf. Heinz Paetzold, Neomarxistische Ästhetik, I (Bloch, Benjamin), II (Adorno, Marcuse), Düsseldorf, 1974, der den gesellschaftlichen Zwangszusammenhang von Ware und Nützlichkeit
herausstellt.

[2] Hierin sieht Paetzold, l.c., eine Modifikation der ansonsten
starken Affinitäten zur Theorie des Ästhetischen als Vor-
Schein (Bloch), dem Adorno die konstitutive Geltung ab- und
eine nur hypothetisch-kontingente zuspreche, weswegen die Ka-
tegorie des Scheins bei ihm "von ontologischen Suppositionen
frei" sei.

der polaren, doch komplementären Mißdeutungen: es gehe ganz in
bloß Anschaulichem auf, und, es sei restlos in diskursive Vernunft zu übersetzen; Kunst sei, so die ÄT, p. 148, "Begriff so
wenig wie Anschauung, und eben dadurch protestiert sie wider die
Trennung"; als Sprache verbinde jegliche Kunst unabdingbar Be-
griffliches und Zeichenhaftes; darin dem Rätsel verwandt, sei
der Zweck (!) des Kunstwerks die "Bestimmtheit des Unbestimmten" (ÄT, p. 188); als aufgegebene Frage, deren Lösbarkeit mo-
menthaft erscheine, um dann doch dementiert zu werden, verweise
Kunst auf die empirisch nicht erfaßbare und nicht rational setz-
bare "Unbestimmtheitszone zwischen dem Unerreichbaren und dem
Realisierten" (ÄT, p. 194).
Die spezifische Logizität ästhetischer Erkenntnis ermögliche es
den Kunstwerken, einen Modus von Identischsein jenseits des Iden-
titätszwangs der Gesellschaft, wo das nichtidentische Besondere
unterdrückt werde, zu erreichen; durch eigene Identitätsbildung
sympathisiere sie mit dem gegenüber herrschender Vernunft (- die
sich immer hemmungsloser dem Idol der instrumentellen angleiche
-) Nichtkonformen, mit dem in allem Verständnis Nichteinver-
standenen; sie müsse versuchen, einerseits die vom vermeintlichen Sachzwang diktierten, zu unberechtigter Geltung gekommenen
Perzeptionsmuster zu boykottieren, um deren auf Herrschaft begrenzte Funktion zu entlarven, andrerseits solche Weisen der
Welterfahrung (wieder) aufzuspüren und zu entwickeln, die den
pervertierten gesellschaftlichen Verkehr ihrerseits blockieren
könnten; das kritische Potential der Kunst erfülle sich also
keineswegs darin, konkrete, also zusammengewachsene Mißverhält-
nisse zur Sprache zu bringen, sondern bestimme sich auch dazu,
die ideellen Prinzipien ihrer Genese zu attackieren; politisch
relevant sei Kunst gerade da, wo sie nicht einem Programm ein
anderes entgegenstellt, sondern das funktionierende Programmie-
ren selbst durchbricht; das Schöne als Glücksversprechen behaupte, daß menschliche Selbstverwirklichung nicht im rational
legitimierbaren Bereich stattfinde, sondern in der Tendenz auf
Utopie (cf. etwa: Kunst "optiert für einen Stand der Praxis jenseits des Bannes von Arbeit", ÄT, p. 26; zum Spielcharakter cf.
insbesondere p. 469ff.).-
Solche anvisierten utopischen Vorstellungen seien für Kunst aber

nicht unmittelbar darzustellen, will sie nicht zu lähmender Be-
schaulichkeit verkümmern; nur das mit Negation besetzte Gegen-
bild der Sehnsucht, an dem das sein Leiden ignorierende Bewußtsein irre werde, könne den an erstarrter Welt erstarrten Wider-
spruchsgeist beleben; die Aufkündigung selbst dessen, was als
Kommunikation gelte, in moderner Literatur etwa, weise auf das
Dilemma einer Gesellschaft, die sich über sich nur zum Schein
noch verständigt; das real drohende Unheil werde in Kunst als
reales durchprobiert, um die skandalöse Selbstsicherheit des
Subjekts in einem Zustand zu erschrecken, in dem das, was sein
soll, sich schon nicht mehr sagen läßt; bei Adorno changiert
der Wahrheitsgehalt der Kunst von dem, was sie thematisiert/re-
alisiert, in das, was sie nicht mehr thematisiert/ nicht realisiert und eben dadurch als Unbestimmtes bestimmt (zum "Rätsel-
charakter" cf. aus den vielen Textstellen besonders: ÄT, p.
182ff.); indem Kunst ihre Möglichkeit bewußt ergreift, Individualität von innen her zu überschreiten und noch in ihrem Hang
zum vermeintlich Esoterischen ihren Anspruch auf Allgemeinheit
behaupten zu wollen, falle der Kunstinterpretation die Aufgabe
zu, auf das im Werk synthetisch dargebotene Potential an ästhetischer Vernunft zu reflektieren, ohne es seiner unbegriffli-
chen Signifikanz zu berauben; Interpretation dürfe nicht am Befund, es gebe nichts Substantielles mehr zu interpretieren, kapitulieren: was etwa für die Dunkelheit des Absurden in manchen
Werken moderner Literatur gehalten werde, sei selber als deren
Wahrheit herauszustellen, "nicht durch Helligkeit des Sinns zu
substituieren" (ÄT, p. 47).
Die hier angedeuteten Theoreme Adornoscher Reflexion zur Ästhetik öffnen, wie ich meine, auch einen Diskussionsrahmen, in
welchem dem Kunstcharakter der Maulwürfe nachgeforscht werden
könnte; nicht nur wird ja die argumentative Ähnlichkeit mancher
dieser theoretischen Denkfiguren (etwa: Engagement in der Kunst,
ihr Rätsel-, ihr Spielcharakter, ihre Konkurrenz zum wissen-
schaftlich-diskursiven Denken, ihre Tendenz zum anarchisch-herr-
schaftsfreien Umgang mit dem Besonderen, in welcher das Allgemeine seinen Rechtsanspruch kundtun müsse, das Bestimmtheit-Un-
bestimmtheit-Verhältnis, etc.) mit den Intentionen der Maulwurftexte unmittelbar evident; auch die Spuren der für das schrift-

stellerische Werk Eichs signifikanten poetologischen Metamorpho-
se lassen sich als Indizien eines Reflexionsprozesses werten,
der, auch wenn die Maulwürfe nicht in die Frankfurter Schule
gegangen sein sollten, mit dem der Adornoschen Philosophie zumindest dieselbe Richtung nimmt.-

Auf eine Frage, die kurioser Weise, als hätten die Maulwürfe ihre Pfote im Spiel, verlorengegangen ist, hat "'Günter Eich im
Gespräch' (1965)"[1] die Antwort versucht: "Alles addiert, ergibt, so meine ich, die Welt eine negative Zahl."; seine Verse,
das von ihm Geschriebene, - "Lebenshilfe irgendwelcher Art ergibt das nicht."; aber in das, was sich da nicht als positives
Resultat ergibt, soll sich das betroffene "Ebenbild Gottes"[2]
nicht in Demut ergeben; Eich stimmt mit seinen Texten für das
Unstimmige und dafür, daß das, was ist, so, wie es (geworden)
ist, nicht stimmt und nicht als stimmig deklariert werden soll;
seine Maulwürfe geben Anleitung zu einem Widerstand, in dem das
menschliche Subjekt seine Würde gegen die Bedeutungslosigkeit
der Existenz verteidigt, ohne sich diese auszureden; zwei späte
Stücke, eine Szene aus der Sage, eine Szene aus der Geschichte
der Welteroberung[3]:

Bevor Störtebeker stolpert

Kniend, geschoren. Eine Reihe zu neunt, an eine Deichsel gebunden. Des Hauptmanns Kopf in einem Weidenkorb. Sein Rumpf
steht aufrecht, setzt die Füße. Wen er erreicht, der kommt frei.
Ich bin der neunte, ein schlechter Platz. Aber noch läuft er.

---

[1] cf. GW, IV, p. 406f.

[2] cf. nur, neben einigen Passagen der Maulwurfrede: "Aber der
würdigste Gegenstand der Satire ist der Mensch überhaupt, das
Ebenbild Gottes.", aus dem "Nachwort" zu einem Hörspiel von
Hildesheimer, jetzt GW, IV, p. 432f.

[3] Beide Texte, von den Anmerkungen, cf. GW, I, p. 441, in den
März 1970 datiert, finden sich ibid., p. 374; Claus Störtebeker, Hauptmann der Vitalienbrüder (Piraten der Nord- und Ostsee im 14./15. Jahrhundert), soll, nach seiner Enthauptung,
die Mitverurteilten freigelöst haben, indem er, den Kopf unterm Arm, die Reihe der aufgestellten Kameraden entlanglief;
zum "Monolog (...)" cf. auch "Formel 12", ibid., p. 132:
"Dir, Scott, der zu spät kam!", sowie das Gedicht "Satzzeichen",
ibid., p. 153, wo ähnliche Satzformzerstörung wie im Maulwurf
stattfindet; R. Scott, britischer Polarforscher, der einen Monat nach dem Norweger Amundsen den Südpol (1912) erreichte und
auf dem Rückmarsch mit seiner Crew ums Leben kam; "Oates",
Name eines Mitglieds der Expedition, starb einige Tage vor
Scott, dessen Reisetagebuch später gefunden und veröffentlicht
wurde.

Monolog des Kapitäns Robert Scott

Oates hat sich gestohlen, hat uns entledigt, adverbiale Bestimmung des Ortes, Genitiv. Oates, der fiebert, hat gefunden, durch. Zelt, Gewicht, Nebelloch. Wir kommen, schaffen, haben, haben, hin, Akkusative. Loch in der Zeit. Haben Akkusative, was meinst du?

Letzten Endes klemmt sich die Sprache zwischen die Satzzeichen; die Grammatik ihrem Zerfall, die Redenden dem Tod geweiht, so spricht es sich aus; der Atem ist kurz, und der Sinn ist endgültig wie sein Verlust; die Mitteilung erstarrt, die Erstarrung teilt sich mit; aus dem Monolog eines längst Erfrorenen bricht die - an wer weiß wen gerichtete - Frage.

Am Schluß dieser Bemühungen, ein Verständnis der Eichschen Prosatexte vorzubereiten, sei, statt eines diskursiven Fazits, ein Satz ihres Autors gegeben, der, in der Manier der Maulwürfe, aus seinem zurückliegenden Zusammenhang[1] herausgedacht werden muß, damit die Fragen, die in seiner Aussage enthalten sind, sich weiterhin stellen lassen: "Es ist das Ganze ein Zeichen sozusagen, eine Hieroglyphe."

---

[1] cf. das Interview aus dem Jahre 1949, GW, IV, p. 397f.

IV.

Zitierte Literatur:

Günter Eich: Gesammelte Werke (hg. vom Suhrkamp Verlag in Ver-
        bindung mit I. Aichinger und unter Mitwirkung von
        S. Müller-Hanpft, H. Ohde, H.F. Schafroth und
        H. Schwitzke), Ffm., 1973, Bd. I - IV.

Theodor W. Adorno 1964, Parataxis. Zur späten Lyrik Hölderlins.
        Vortrag auf der Jahresversammlung der Hölderlin-
        Gesellschaft, Berlin, 7. Juni 1963; die erweiterte
        Fassung erstmals publiziert in: Neue Rundschau, Jg.
        75, H. 1, jetzt in: Noten zur Literatur, Gesammel-
        te Schriften, Bd. 11 (hg. von R. Tiedemann), Ffm.,
        1974.

Theodor W. Adorno 1970, Ästhetische Theorie, Gesammelte Schrif-
        ten, Bd. 7 (hg. von G. Adorno und R. Tiedemann),
        Ffm., 1970, zit. nach 1972, 2. Aufl.

Martin Anderle, Hölderlin in der Lyrik Eichs, in: Seminar, A
        Journal of Germanic Studies, vol. VII, No. 2, June,
        1971, p. 102ff.

Hanns Bächtold-Stäubli (Hg.), Handwörterbuch des deutschen
        Aberglaubens, Berlin und Leipzig, 1927ff., 10 Bän-
        de und Register.

Reinhard Baumgart, Texte zum Tränenlachen, in: Süddeutsche Zei-
        tung, 28./29. 9. 1968, jetzt in: S. Müller-Hanpft
        (Hg.), Über Günter Eich, Ffm., 1970.

Peter Bichsel, Wie ein stiller Anarchist, in: Der Spiegel, 16.
        9. 1968; und: Zum Lesen empfohlen, Sendung des
        Norddeutschen Rundfunks, 9. 12. 1968; zusammen
        jetzt in: S. Müller-Hanpft (Hg.), Über Günter
        Eich, Ffm., 1970.

Heinrich Böll, Flinke, zersetzende, schwer begreifliche, prosa-
        ische Maulwürfe, in: Kölner Stadt Anzeiger, jetzt
        in: S. Müller-Hanpft (Hg.), Über Günter Eich, Ffm.,
        1970.

Nicolas Born, Die Poesie der wirklichen Dinge. Über Günter
        Eichs 'Maulwürfe', in: N. Born, Die Welt der Ma-
        schine, Aufsätze und Reden (hg. von R. Haufs),
        Reinbek/Hamb., 1980.

Heinrich Georg Briner, Naturmystik, biologischer Pessimismus,
        Ketzertum. Günter Eichs Werk im Spannungsfeld der
        Theodizee, Bonn, 1978.

Umberto Eco 1962/67, Opera aperta, Mailand, 1962, [2]1967; zit.
        nach der Übersetzung von G. Memmert, Das offene
        Kunstwerk, Ffm., 1977.

Umberto Eco 1968, La struttura Assente, Mailand, 1968; zit. nach der Übersetzung von J. Trabant, Einführung in die Semiotik, München, 1972.

Umberto Eco 1973, Segno, Mailand, 1973; zit. nach der Übersetzung von G. Memmert, Zeichen. Einführung in einen Begriff und seine Geschichte, Ffm., 1977.

Antje Friedrichs, Untersuchungen zur Prosa Ilse Aichingers, Diss., Münster, 1970.

Max Frisch, Skizze, in: Merkur, Jg. 21 (=1967), H. 6, p. 557ff., jetzt in: S. Unseld (Hg.), Günter Eich zum Gedächtnis, Ffm., 1973.

Günter Bruno Fuchs, An einen Maulwurf, in: Süddeutsche Zeitung, 1. 2. 1972, jetzt in: S. Unseld (Hg.), Günter Eich zum Gedächtnis, Ffm., 1973.

Götz Großklaus, Textgefüge und Wortgewebe. Versuch zur Bestimmung des Prosaaufbaus in Günter Eichs 'Maulwürfen', in: G. Großklaus (Hg.), Geistesgeschichtliche Perspektiven. Rückblick-Augenblick-Ausblick (FS Fahrner), Bonn, 1969, p. 345ff.

Günther Guben, Eich-Lesen, in: H.L. Arnold (Hg.), Text + Kritik, H. 5, München, 1971, 2. Aufl.

Elisabeth Gülich/ Wolfgang Raible 1972 (Hg.), Textsorten. Differenzierungskriterien aus linguistischer Sicht, Ffm., 1972, Wiesbaden, 1975, 2. Aufl.

Elisabeth Gülich/ Wolfgang Raible 1977, Linguistische Textmodelle. Grundlagen und Möglichkeiten, München, 1977.

Christian L. Hart Nibbrig, Sprengkitt zwischen den Zeilen. Versuch über Günter Eichs poetischen Anarchismus, in: Basis, Jg. 7 (=1977), p. 118ff.

Hans Jürgen Heinrichs, Spielraum Literatur. Literaturtheorie zwischen Kunst und Wissenschaft, München, 1973.

Hans-Jürgen Heise, Günter Eich zum Gedenken, in: Neue Rundschau, Jg. 84 (=1973), p. 176ff. (nahezu identisch mit H.-J. Heise, Günter Eich: Zerfall der Wirklichkeit zu Wörtern, in: H.-J. Heise, Das Profil unter der Maske. Essays, Düsseldorf, 1974.

Wolfgang Hildesheimer, Frankfurter Vorlesungen (1. Die Wirklichkeit des Absurden, 2. Das absurde Ich), in: W. Hildesheimer, Interpretationen (J. Joyce, G. Büchner)/ Zwei Frankfurter Vorlesungen, Ffm., 1969.

Walter Hilsbecher, Unernste Meditationen, in: H.L. Arnold (Hg.), Text + Kritik, H. 5, München, 1971, 2. Aufl.

Hans Egon Holthusen, Günter Eich in Viareggio, in: Die Welt der Literatur, 19. 1. 1968.

Wolfgang Iser 1970, Die Appellstruktur der Texte. Unbestimmt-
        heit als Wirkungsbedingung literarischer Prosa,
        Konstanz, 1970, 1971, 2. Aufl.

Wolfgang Iser 1972, Der implizite Leser. Kommunikationsformen
        des Romans von Bunyan bis Beckett, München, 1972.

Wolfgang Iser 1975, Die Figur der Negativität in Becketts Pro-
        sa, in: H. Mayer und U. Johnson (Hg.), Das Werk
        von Samuel Beckett - Berliner Colloquium, Ffm.,
        1975.

Wolfgang Iser 1976, Der Akt des Lesens. Theorie ästhetischer
        Wirkung, München, 1976.

F. K. Jakobsh, Günter Eich: Homage to Bakunin, in: Germano-Sla-
        vica, A Canadian journal of Germanic and Slavic
        comparative studies, ed. by J.W. Dyck, Waterloo,
        Ont., Can., 1974, H. 3, p. 37ff.

Uwe Johnson, Einatmen und hinterlegen, in: S. Unseld (Hg.),
        Günter Eich zum Gedächtnis, Ffm., 1973, p. 74ff.

Joachim Kaiser, Schmerzen, wo er nicht ist. Eine Antwort auf M.
        Reich-Ranickis Rezension von G. Eichs 'Maulwürfen',
        in: Die Zeit, 4. 10. 1968.

Ulrich Karthaus, Humor - Ironie - Satire, in: Der Deutschunter-
        richt, Jg. 23 (=1971), H. 6, p. 104ff.

Paul Kersten, Krallentiere in Prosa. Das 'Lesebuch' revidiert
        das vertraute Bild vom alternden Dichter, in: Die
        Zeit, 28. 7. 1972.

Rolf Kloepfer, Poetik und Linguistik. Semiotische Instrumente,
        München, 1975.

Hans Königer, Die Maulwürfe sind unter uns. Zu Günter Eichs
        Spätwerk, in: J. Lehmann (Hg.), Umgang mit Texten.
        Beiträge zum Literaturunterricht, Bamberg, 1973.

Egbert Krispyn, Günter Eich und die Wirklichkeit, in: Rezeption
        der deutschen Gegenwartsliteratur im Ausland. In-
        ternationale·Forschungen zur neueren deutschen Li-
        teratur, hg. von D. Papenfuss und J. Söring, Stutt-
        gart, Berl., Köln, Mainz, 1976, p. 379ff.

Eckard Lobsien, Theorie literarischer Illusionsbildung, Stgt.,
        1975.

Jurij M. Lotman, Die Struktur literarischer Texte (übersetzt von
        R.-D. Keil), München, 1972.

Herbert Malecki, Spielräume. Aufsätze zur ästhetischen Aktion,
        Ffm., 1969.

Rolf Michaelis, Deutscher Meister im Maul-Wurf, in: Frankfurter
        Allgemeine Zeitung, 17. 9. 1968.

Charles Morris, Signs, Language, and Behavior, New York, 1946.

Susanne Müller-Hanpft 1970, Vorbemerkung, in: S. Müller-Hanpft (Hg.), Über Günter Eich, Ffm., 1970.

Susanne Müller-Hanpft 1972, Lyrik und Rezeption. Das Beispiel Günter Eich, München, 1972.

Susanne Müller-Hanpft 1973, Anmerkungen, Maulwürfe, in: GW, I, p. 428ff.

Jan Mukařovský, Kapitel aus der Ästhetik, Ffm., ^{2}1974; insbesondere der Aufsatz: Ästhetische Funktion, Norm und ästhetischer Wert als soziale Fakten, pp. 7 - 112 (übersetzt von W. Schamschula).

Rainer Nägele, Jenseits der Mimesis. Stefan George: 'Ein Angelico' und Günter Eich: 'Verlassene Staffelei', in: Neophilologus, Jg. 59 (=1975), p. 98ff.

Peter Horst Neumann 1974 (a), Zu schön, zu schnell. Günter Eichs 'Gesammelte Werke' in vier Bänden, in: Die Zeit, 8. 2. 1974.

Peter Horst Neumann 1974 (b), Dichtung als Verweigerung. Versuch über Günter Eich, in: Merkur, Jg. 28 (=1974), p. 743ff.

Peter Horst Neumann 1975, 'Akazien sind keine Akazien'. Schwierigkeiten mit unpolitischen Gedichten, in: Neue Rundschau, Jg. 86 (=1975), p. 448ff.

F. und G. Oberhauser (Hg.), Literarischer Führer durch die Bundesrepublik Deutschland, Ffm., 1974.

Horst Ohde, Günter Eichs Gedicht 'Gärtnerei', in: S. Müller-Hanpft (Hg.), Über Günter Eich, Ffm., 1970, p. 90ff.

Heinrich F. Plett, Textwissenschaft und Textanalysen. Semiotik, Linguistik, Rhetorik, Heidelberg, 1975.

Klaus Dieter Post, Günter Eich zwischen Angst und Einverständnis, Bonn, 1977 (erweiterte Fassung von: K.D. Post, Zum Verständnis des Eich'schen Werkes aus dem Begriff der Angst, Diss., The Ohio State University, 1970).

Marcel Reich-Ranicki, Kein Denkmalschutz für Günter Eich. Zu den Prosastücken 'Maulwürfe', in: Die Zeit, 27. 9. 1968.

Gerhard Sauder, Anfänge des 'neuen' Günter Eich (mit Blick auf Kulka), in: H. Anton et al. (Hg.), Geist und Zeichen (FS Henkel), Heidelberg, 1977, p. 333ff.

Hans Dieter Schäfer 1971, Zur Spätphase des hermetischen Gedichts, in: M. Durzak (Hg.), Die deutsche Literatur der Gegenwart. Aspekte und Tendenzen, Stgt., 1971, p. 152ff.

Hans Dieter Schäfer 1973, Die Interpretation. 'Nach Seumes Papieren'. Über ein spätes Gedicht von Günter Eich, in: Neue deutsche Hefte, Jg. 20 (=1973), p. 45ff.

Heinz F. Schafroth 1973, Anmerkungen, in: GW, IV, p. 463ff.

Heinz F. Schafroth 1976, Günter Eich (Autorenbücher 1), München, 1976.

Heinz Schwitzke, Ein Wort ist länger als zehn. Versuch über Günter Eich, in: Neue Rundschau, Jg. 84 (=1973), p. 644ff.

Viktor Šklovskij, Die Kunst als Verfahren, jetzt in: J. Striedter (Hg.), Russischer Formalismus. Texte zur allgemeinen Literaturtheorie und zur Theorie der Prosa, München, 1969/71, p. 3ff.

Siegfried Unseld, Zum 20. Dezember 1973, in: S. Unseld (Hg.), Günter Eich zum Gedächtnis, Ffm., 1973.

Heinrich Vormweg, Dichtung als Maul-Wurf, in: Merkur, Jg. 23 (=1969), H. 2, p. 85ff.

Dieter Wellershoff, Fiktion und Praxis, in: H. Bender (Hg.), Akzente, Jg. 16 (=1969), H. 2, p. 156ff.; Nachdruck jetzt: Akzente 1966 - 1969, Bd. 6, Ffm. (Zweitausendeins), 1975, und D. Wellershoff, Literatur und Veränderung, Köln, Berl., 1969, 1971, 3. Aufl., p. 9ff.

Livia Z. Wittmann, Ein Überblick über Günter Eichs literatur- und sprachtheoretische Äußerungen 1930 - 1971, in: Deutsche Vierteljahresschrift für Literaturwissenschaft und Geistesgeschichte, Jg. 48 (=1974), p. 567ff.

Gabriele Wohmann, Eichs kleine Wühler, in: Christ und Welt, 11. 12. 1968.

Die neueste Eicharbeit von Peter Horst Neumann, Die Rettung der Poesie im Unsinn. Der Anarchist Günter Eich, Stuttgart, 1981, konnte bei Fertigstellung des Manuskripts leider nicht mehr berücksichtigt werden.

(Allgemein zugängliche Nachschlagwerke, Enzyklopädien, Standardwörterbücher, etc. werden, ebenso wie in den Anmerkungen bereits bibliographisch nachgewiesene oder bloß konsultierte Literatur hier nicht aufgeführt; eine Eichbibliographie auf neuerem Stand ist mir nicht bekannt; die immer noch ausführlichste wäre dann die von S. Müller-Hanpft (Hg.), Über Günter Eich, Ffm., 1970, publizierte.)